TOUS LES DRAGONS
DE NOTRE VIE...

Guillemette de Sairigné

Tous les dragons de notre vie...

Chroniques du bord du gouffre

Fayard

« Tous les dragons de notre vie sont peut-être des princesses qui attendent de nous voir beaux et courageux. »

RAINER-MARIA RILKE,
Lettres à un jeune poète.

A celle qui m'a appris que la vie l'emportait toujours, et pas seulement dans les contes de fées ;

A celui sans qui jamais ce livre n'aurait été écrit.

« Lécher les murs » : une expression glanée autrefois dans un roman, qui voulait exprimer une intense souffrance. Formule intrigante, vaguement choquante : on peut être malheureux à en crever, on n'est pas un animal, que diable !

Et puis, un jour, vous vous retrouvez à votre tour projetée contre la paroi lisse, le front écrasé dessus comme pour annihiler vos pensées, la bouche entrouverte dans un ultime appel d'air, les mains tâtonnant vers une sortie imaginaire. Ou bien encore arc-boutée devant une glace au rebord de la cheminée, regardant sans le voir cet être qui vous ressemble beaucoup et si peu, qui se balance d'avant en arrière, d'arrière en avant, comme les orphelins roumains dans leurs lits-cages ou ces grands fauves qui s'usent désespérément le museau aux barreaux du zoo. Vous avez reçu un coup de téléphone ou une lettre plutôt, une lettre comme on voudrait n'en recevoir jamais, et vous répétez indéfiniment, pendant des minutes, des heures peut-être, la même rengaine : « C'est trop de malheur, trop de malheur, trop de malheur » ; vous ne pleurez même pas, vous ne pleurez même plus. Ou bien vous êtes au volant de votre voiture, revenant d'un rendez-vous professionnel ou d'un dîner où vous avez fait bonne figure, et vous vous mettez à pousser des hurlements de bête blessée — si possible de nuit, dans un tunnel, la stéréo poussée à fond. Ou bien vous vous sentez soudain comme happée vers l'arrière, votre tête se renverse, votre corps flanche, se recroqueville sur le plancher. « Des crises hystériformes, conclut le médecin avec placidité, un moyen très sain d'évacuer le trop-plein. »

Vous êtes folle, c'est vrai, affolée de souffrance. Jusque-là, la vie vous avait été plutôt douce. Et puis il y a eu l'inconcevable — la maladie, l'accident, un licenciement, la mort d'un de vos proches. Ou le départ de l'homme que vous aimiez. Oui, c'est ça : il y a eu ce mal d'amour. On vous le répète, c'est banal, un couple sur trois divorce en France, près d'un sur deux en région parisienne. Mais vous, vous vous souciez comme d'une guigne des réalités statistiques. Votre douleur ne se mesure pas en pourcentages. Vous aviez un époux, il était votre double, votre monde, le seul et unique homme de votre vie, rencontré au sortir de l'adolescence, et il est parti.

Lécher les murs... *On a quarante ans, ou trente, ou cinquante, qu'est-ce que ça change ? On tient debout dans la journée, par habitude et pour l'exemple — celui qu'on a reçu, celui qu'il faut donner —, on va au bureau, on fait les courses pour remplir le frigo, on surveille le travail du petit dernier, on continue à partir en vacances, à sortir avec des amis, mais, régulièrement, l'idée fatale vous traverse de part en part : « Il est parti. » A vrai dire, vous ne pensez qu'à ça. Vous ne vous dites même pas : « Il ne m'aime plus », cela il faudra encore des années pour l'imaginer, et on n'y croira jamais tout à fait. Mais il est parti. Et cela change les couleurs de la vie.*

Les couleurs du petit matin, surtout. Des petits matins. Car il y en a deux. Le premier, sur le coup de trois-quatre heures, quand il fait encore noir dehors. Pas besoin de prendre les nouvelles à la radio. La seule qui vous importe vraiment sort tout armée de votre corps, de votre cerveau : « Il est parti. » Et c'est comme si, chaque matin, une nouvelle catastrophe s'abattait. On débite vite, vite, des prières pour éviter de penser, ou on compte les moutons, rêvant de replonger dans ce sommeil-tippex qui gomme la conscience et le malheur avec. Sur le coup de sept heures, second réveil : même cause, mêmes effets. Cette fois, au moins, on a le recours de mettre immédiatement le pied par terre, de brancher la radio — la vraie, pas l'éternelle Radio-Nostalgie intime — pour meubler le silence, batailler pied à pied avec l'angoisse qui rôde déjà. Un à un, on procède aux gestes salvateurs : mettre le bol de café dans le micro-ondes, beurrer deux tartines, réveiller les enfants — avec, si possible, une voix un peu gaie —, les faire partir pour l'école, s'habiller, se maquiller, se mettre au travail. Après, on bricolera sa journée pour que le temps s'écoule jusqu'au soir, jusqu'à ce moment béni où, après avoir lu jusqu'à plus soif dans un lit trop vaste, on s'écroulera de fatigue.

Un jour passe, un autre. Vous êtes gâtée, tout vient à votre aide : les enfants, la famille, les amis, votre métier, une solide santé. Mais c'est terriblement long. On vous avait annoncé qu'il faudrait un an, dix-huit mois avant de revoir le ciel bleu. Deux ans passent, bientôt trois, et le cœur est toujours en écharpe. Et pourtant... Pourtant, si l'on y prête attention, il semblerait que les nuages se fassent moins menaçants. De toute façon, les jours noirs, on a appris à les gérer ; la recette, on la connaît : laisser gonfler le cœur toute une journée, assaisonner au soir de quelques larmes et d'un gentil cachet, faire réduire le tout avec un sommeil de plomb — et le tour est joué ! D'ailleurs, le désespoir a doucement laissé place à la tristesse ; c'est délicieux, la tristesse, on vit très bien avec, on en redemanderait presque. Arrive un jour où l'on réalise qu'on n'a pas pensé à « ça » de toute une heure, de toute une soirée. Un autre jour encore et on se surprend à fredonner au beau milieu de la rue quand, à l'instar d'un oiseau malade, il y avait des saisons qu'on ne chantait plus. Sur votre journal intime, précieux papier-buvard pour gros coups de cafard, les jours s'espacent.

On n'est pas guérie — l'est-on jamais d'un amour vrai ? —, mais on a cessé de se déchirer entre le passé que l'on pleure et l'avenir qui fait peur. On vit le jour d'aujourd'hui et on le vit bien. On rit, on râle, on a vieilli, c'est sûr, mais on se sent plus libre, plus forte, plus sereine. On se passionne pour des choses, des gens. On est peut-être un peu moins naïve qu'avant. On a surtout envie d'aller vers les autres, vers tous les souffrants de la terre. En se cantonnant — exorbitant privilège ! — aux questions. A d'autres maintenant de faire les réponses...

Les Ardias, décembre 1992.

Il est des mots qu'on aimerait réhabiliter. Ainsi de celui d'*épreuve*. Longtemps il a pâti d'une certaine connotation morale ; il y avait dedans je ne sais quel arrière-goût de « Mon Dieu, je vous l'offre » qui irritait l'homme moderne, définitivement brouillé avec le dolorisme des Anciens. On lui substituait volontiers d'autres termes : « malheur », « coup dur », « catastrophe », en oubliant que, ce faisant, on l'amputait de moitié.

Car l'épreuve, au-delà de la souffrance qu'elle entraîne, c'est aussi, *dixit* le dictionnaire, « ce qui permet de juger la valeur d'une personne ». L'épreuve est preuve, test. Vérité humaine illustrée par nombre de bons auteurs : « C'est par l'épreuve que nous apprenons », dit Eschyle qui s'y connaissait en tragédies ; « l'homme est un apprenti, la douleur est son maître... », reprend plus de vingt siècles après le fragile Musset, tandis que Rilke, du haut de ses vingt-huit ans, recommande à son correspondant[1] d'accueillir avec confiance nos grandes tristesses, ces « aubes nouvelles où l'inconnu nous visite ».

Ce livre n'est en rien une « somme » sur l'épreuve, il n'a aucune prétention à l'exhaustivité. Il n'est qu'un parcours, une quête, une série de rencontres avec, pêle-mêle, des gens connus et d'autres qui ne le sont pas — face à la souffrance, tout le monde d'une certaine façon se ressemble. Il ne prétend pas non plus à l'impartialité, chacun parlant en son nom, racontant son histoire telle qu'il l'a éprouvée dans sa chair : « Le microbe n'est rien, le terrain est tout », disait déjà Pasteur, et, de fait, seul compte le vécu de l'épreuve, affirment derrière lui tous les

1. In *Lettres à un jeune poète*, éd. Grasset.

experts ès souffrances qui viendront nous aider à y voir plus clair.

Certains, sans doute, s'étonneront de mes silences ; ils auraient bien vu là un beau chagrin d'amour, une plongée dans l'enfer de la drogue, une douloureuse crise spirituelle ; mais ceux-là n'étaient pas sur ma route, ou peut-être n'ai-je pas pu ou su les entendre. D'autres s'indigneront peut-être de voir voisiner dans ces pages un parent orphelin et un chômeur, l'abbé Pierre et Paul-Loup Sulitzer... Mais qui parle ici de hiérarchiser les épreuves ? Il ne s'agit pas de décerner la palme du plus souffrant, seulement de comprendre pourquoi, un jour, la vie d'un homme ou d'une femme a basculé, remettant en question tout son équilibre, lui faisant perdre ses repères, le plongeant parfois au fond de l'abîme. Car c'est bien de cela qu'il s'agit : du ciel qui vous tombe sur la tête, du coup de massue, de la souffrance aiguë.

Bien sûr, l'épreuve, c'est aussi le malheur ordinaire, celui qui, dès l'enfance, vous range au nombre des sinistrés de la vie — la pauvreté, l'inculture, l'absence d'amour, la maladie ou le handicap de naissance... De ces maux-là, si cruels soient-ils, on ne parlera guère ici.

On ne parlera pas non plus — ou à peine — de la guerre, de la torture, des camps de concentration nazis, mais des drames du temps présent, de ceux qui, dans la France des années 90, « n'arrivent qu'aux autres »... jusqu'au jour où ils vous arrivent, à vous. De la maladie grave et des accidents de la route, du divorce, du chômage, du déséquilibre mental...

On parlera peu, enfin, de ceux que l'épreuve a écrasés, et beaucoup — parce que leur exemple est contagieux — de ceux qui s'en sont tirés ; de ceux qui, même si le problème du mal reste entier, ont absorbé le choc, en ont fait une leçon de vie, sont d'une manière ou d'une autre — parfois à leur insu — repartis.

Le malheur de mes filles

Elle est écrivain, journaliste. Grande et belle, lisse, saine. Avec des yeux très clairs. Quand je lui ai demandé d'apporter son témoignage, Geneviève Jurgensen, quarante-cinq ans, a dit oui tout de suite. Quand elle a eu fini de me parler — sans une larme, la voix seulement cassée par moments —, je lui ai demandé pourquoi elle n'avait pas écrit elle-même sur ce drame au cœur de sa vie. Elle m'a simplement répondu qu'elle ne s'en sentait pas encore la force, seule : « Et puis l'idée de susciter des articles intitulés : "Le courage d'une mère"... » Elle m'a dit aussi qu'elle avait « des choses plus gaies à écrire ».

« A l'époque, j'avais trente-trois ans et Laurent, mon mari, trente-deux. Il était architecte — il l'est toujours —, moi orthophoniste à mi-temps dans un centre d'hygiène mentale. J'avais aussi une pratique privée, mais je ne commençais mes consultations qu'après dix-sept heures. Le reste du temps, j'écrivais des éditoriaux pour *Elle* et des livres pour enfants. Au total, un certain équilibre : je travaillais beaucoup, mais surtout chez moi, en tout cas en dehors des heures d'école, et je pouvais aller chercher les filles en classe. Mathilde avait sept ans et demi, Élise trois de moins.

Le 30 avril 1980, je les ai prises à l'école à midi. Pour la première fois de leur existence, elles devaient partir sans moi à La Haye, où les attendaient leurs grands-parents paternels (M. Jurgensen père est alors ambassadeur de France aux Pays-Bas), cependant que j'accompagnais mon mari dans un voyage professionnel au Maroc. Je ne l'avais encore jamais fait, voulant rester près des filles. On était taillés comme ça : les enfants d'abord. Et elles nous le rendaient bien : Mathilde, avec sa clémence naturelle et sa permanente ouverture aux autres, au demeurant une gentille petite blonde aux yeux bleus, très moyenne, qu'il fallait peut-être se donner un peu de mal pour remarquer, ce qui la rendait plus précieuse à mes yeux ; et Élise, plus tragique, plus intense, grande pour ses quatre ans, très grande, j'avais peur qu'elle ne le soit trop — finalement, je ne saurai jamais quelle taille elle aurait eue.

Elles devaient déjeuner chez ma mère qui habitait à deux cents mètres de chez nous. Au passage, en prévision du crachin hollandais, nous avons acheté au Prisunic des petits cirés transparents à trois sous, moins encombrants que les gabardines anglaises : les filles partaient avec Aline (la jeune sœur de Laurent), son mari et Aude, leur bébé ; il fallait bien que tout ce monde-là tienne dans une petite R.5. Ensemble, nous avons décidé de faire une blague à Maminette — c'était le nom qu'elles donnaient à ma mère —, elles sont arrivées devant sa porte encapuchonnées l'une de rouge, l'autre de bleu, je me suis cachée et elles ont montré leur museau à leur grand-mère qui a poussé les cris de surprise qui convenaient.

Je suis revenue chez moi pour mes consultations. J'ai encore une fois téléphoné à la maison — quand je dis « à la maison », c'est chez Maman, dans mon appartement de jeune fille — parce que, jetant un coup d'œil sur l'écran de télévision où se déroulait le couronnement de Béatrix de Hollande, je venais d'apercevoir mon beau-père remontant la nef (c'est cette cérémonie qui m'avait découragée d'envoyer les filles par avion — mon idée première —, mes beaux-parents et le chauffeur de l'ambassade, mobilisés par la cérémonie, ne pouvant aller les prendre à l'aéroport). A Mathilde qui regardait la retransmission, j'ai lancé : « Tu as vu J.D. ? » — c'est ainsi qu'on appelait mon beau-père ; elle m'a répondu, désolée, que non. Élise, elle, qui dessinait le dos tourné à la télé, a affirmé que si, si, elle l'avait aperçu, justement.

J'ai continué mes consultations. Ma belle-sœur est passée prendre, comme prévu, les filles chez Maman après le déjeuner ; elles adoraient cette jeune tante qui, avant son récent mariage, leur avait souvent tenu lieu de baby-sitter. Et puis... Et puis rien. La chose suivante que j'ai apprise, c'est que mes deux filles étaient mortes.

Mon mari est rentré du bureau. Nous projetions d'aller au cinéma. Il était 7 heures. Le téléphone a sonné. Toujours un peu bizarre, le téléphone qui sonne une veille de fête. Ça avait l'air de venir de province. J'ai pensé que c'était ma sœur qui débarquait à Paris. Une voix d'homme a dit : "Ne quittez pas." Quand j'ai reconnu la voix de mon beau-frère, mon mari s'est mis à l'écouteur, nous avons calculé qu'ils ne pouvaient pas être déjà arrivés. Je me souviens de la conversation mot pour mot :

— Ça va ?

— Très mal, nous avons eu un accident.

— Et les filles ?

— Les deux petites filles sont mortes.

Mon mari et moi nous avons cru que c'était une blague. Mais, dans le même instant, nous nous sommes dit que personne ne nous ferait une blague d'aussi mauvais goût, que c'était donc vrai.

J'ai demandé :

— Et Aude ? Et vous ?

— Nous allons bien, je te remercie de ton courage.

Mon mari a attrapé le combiné :

— Christian, ce n'est pas possible !

— Ce n'est pas de notre faute a-t-il répondu, éperdu.

— Où êtes-vous ?

— A l'hôpital de Péronne.

Nous avons raccroché. Le téléphone était dans le couloir, la porte de la chambre des petites bâillait et je l'ai fermée. J'ai essayé d'émettre un son, ça a donné un gémissement et je me suis dit : "Je joue la comédie."

"Ne crie pas", m'a dit mon mari. Il a dit aussi : "Quand je pense qu'il faudra se relever de ça."

Moi, je n'en étais pas là : le sentiment que la foudre était en train de me pénétrer, que mon enveloppe corporelle n'était pas assez grande pour toute cette souffrance. Je ne sais plus combien de temps cela duré. Il y a eu un coup de sonnette et nous y sommes allés, appuyés l'un contre l'autre, cachés l'un derrière l'autre, craignant un nouveau malheur. C'était la mère de mon beau-frère Christian ; son autre fils attendait en bas, au volant, pour nous conduire à Péronne.

J'ai cherché quelque chose d'efficace à faire, j'avais besoin d'un truc concret. Mais de quoi avaient-elles besoin ? Ni de vêtements, ni de mercurochrome, ni de carnet de santé ; tout ce qu'une mère peut faire était devenu inutile. Quand on a des enfants de quatre et sept ans, on peut tout pour elles, leur rapporter à l'école les affaires de gym oubliées, dénicher une bricole même le dimanche pour l'anniversaire d'une petite amie, enlever les graviers dans un genou écorché, courir si nécessaire aux urgences de l'hôpital le plus proche. Mais là... Enfin, j'ai pensé qu'ils auraient besoin du livret de famille, et j'ai été contente de moi, j'étais une bonne mère, j'avais eu le bon réflexe. J'emportais la pièce qu'il fallait.

Nous nous sommes mis l'un contre l'autre à l'arrière de la voiture et nous avons recommencé à fumer, alors que nous avions arrêté depuis des années. A un moment, sur l'autoroute, j'ai dit : "J'ai mal au cœur" ; on s'est arrêté. On s'est également arrêté pour prendre de l'essence ; on a bu un café, je crois ; je voyais les gens circuler autour de moi et j'avais l'impression d'être au cinéma — eux étaient dans la vie, moi pas.

Parfois, je serrais le bras de Laurent quand je croyais voir une voiture échouée au bord de la route. Il me disait, un peu agacé : "Mais non, ce n'est pas une R.5." Lui avait moins perdu pied que moi. La nuit tombait quand nous nous sommes présentés devant le guichet de l'hôpital ; le frère de mon beau-frère a précisé que nous étions là pour une famille accidentée. On lui a dit : "Ils sont en chirurgie." Et, tout à coup, j'ai pensé que mes filles avaient peut-être été opérées, avaient peut-être souffert avant de mourir, que ce malheur que je croyais total pouvait prendre une dimension encore pire.

Nous sommes arrivés dans le service, on les avait mises là parce qu'il fallait bien les mettre quelque part, mais elles étaient mortes au bord de la route. Je n'ai pas voulu les voir, mon mari non plus. Lui — c'est ce qu'il m'a dit plus tard — parce qu'il ne voulait pas risquer d'apprendre quelque chose d'inutile, leurs visages abîmés peut-être. Moi, tout simplement parce que j'étais incapable de passer de mes deux filles encapuchonnées à la sortie de l'école, quelques heures plus tôt, à leurs corps inertes. Je ne pouvais pas, il aurait fallu m'y traîner de force. Là, j'ai revu Aline et son mari. Pas un instant, je n'ai eu de révolte contre eux, indemnes ainsi que le bébé. J'ai seulement voulu savoir comment c'était arrivé, juste assez, en tout cas, pour pouvoir délimiter le champ de bataille où mes filles étaient tombées (heurtée sur le côté par un jeune automobiliste au volant d'une grosse Toyota, la R.5 avait éjecté Mathilde et Élise sur la chaussée).

On m'a demandé mon livret de famille, j'ai répondu fièrement : "Oui, oui, je l'ai." Une personne de l'hôpital m'a aussi posé la question de savoir si nous voulions prévenir quelqu'un et ça a été, dans le malheur, une nouvelle étape : il allait falloir annoncer cela à Maman, lui faire ce chagrin ! C'étaient ses petites-filles, quoi... Moi, j'étais d'attaque, je ne refusais rien de ce qui arrivait, mais l'annoncer à Maman, c'était insurmontable. J'ai décidé que ce n'était pas urgent, qu'on pouvait attendre demain.

Nous sommes rentrés sur Paris ; la mère de mon beau-frère nous a proposé de venir chez elle. Laurent est allé chercher dans l'appartement nos affaires pour la nuit ; moi, je n'ai pas voulu monter, pendant une semaine je ne suis pas revenue chez moi. Avant de nous coucher, nous avons joint mon beau-père à la réception où il se trouvait, car il n'y avait personne à l'ambassade. Il fallait bien qu'il sache que la voiture attendue n'arriverait jamais. Dans la nuit, le téléphone a sonné : son mari n'ayant sans doute pas réussi à la prévenir, ma belle-mère s'inquiétait de ne pas voir arriver la petite troupe. Titubant sous l'effet du choc et des somnifères, je lui ai dit la vérité.

Le lendemain matin, nous nous sommes réveillés tôt. J'avais soudain un désir frénétique que tout le monde soit au courant. Pour prévenir Maman, je m'étais défaussée sur de vieux amis, ils devaient passer chez elle à 9 heures. Mon mari a appelé le Maroc pour se décommander ; moi, ma meilleure amie et un ami de travail très cher. Il fallait qu'une chaîne s'établisse, qu'une conscience plus large que la nôtre prenne ce malheur en charge, j'avais besoin que les lumières s'allument dans la ville, qu'on pense à nous, qu'on pleure mes enfants, qu'on souffre avec elles.

Car, très honnêtement, je n'avais pas l'impression d'un malheur qui m'était arrivé, cela n'est venu que des années après. Ce malheur, c'était leur malheur *à elles*. Qui veut mourir à sept ans ? Qui veut mourir à quatre ans ? Cette chose-là qui terrifie tout le monde et dont même les vieillards font tant de cas, elles l'avaient affrontée. D'une certaine manière, Mathilde et Élise étaient devenues des héroïnes en mourant avant moi ; en assumant mon rôle, elles étaient devenues mes mères.

Mon mari a enfilé son manteau pour aller voir Maman ; logiquement, elle devait être au courant. Il est sorti seul dans la rue, dans notre quartier d'Auteuil, quand, pendant de longs jours, je n'ai pas eu cette force. Le téléphone a sonné, c'était elle, j'ai jappé : "Maman, maman, viens tout de suite." Ce furent mes premières larmes.

La famille, les amis sont arrivés, établissant un mur autour de nous, prenant pour nous les décisions. Mon beau-frère aîné et sa femme ont installé leurs trois garçons chez leurs grands-parents maternels pour nous accueillir chez eux, dans le XIIe, loin d'Auteuil ; c'était bien. La seconde nuit, j'ai commencé à vomir, à m'évanouir, on a appelé S.O.S.-Médecins.

Et puis on s'est mis à parler d'enterrement ; je n'y avais pas pensé, mais on ne pouvait pas les laisser indéfiniment à l'hôpital. Tout de suite, j'ai dit : je n'irai pas. Comme de les voir mortes, c'était au-dessus de mes forces. Hier, on achetait pour elles les cirés ; le lendemain, il fallait les enterrer ! Il a été décidé que l'inhumation aurait lieu le surlendemain à Compiègne, près de la maison de famille, une maison qu'elles aimaient. Dans le jardin, le week-end précédent, elles avaient creusé des tombes pour leurs poupées cassées. Ce lieu avait un sens.

Ce qui n'en avait pas, c'est le texte du faire-part qu'on m'a lu avant sa publication dans *Le Monde* et *Le Figaro* et qui comprenait des mots comme : "Son Excellence l'ambassadeur..." J'ai stoppé net : « Il n'en est pas question » ; on m'a répondu que c'était trop tard, que l'édition roulait déjà. Là, j'ai inauguré une attitude dont je ne me suis plus départie au cours des dix années suivantes, à savoir : "Je me fous de tout, rien ne m'intimide, il y a toujours un remède quelque part."

Car vraiment, quel rapport, dites-moi, entre le statut social de Son Excellence l'ambassadeur et deux petites filles de sept et quatre ans qui meurent sur le bord de l'autoroute ? Je voulais que ce soient elles, les vedettes du faire-part. Et que les inconnus qui liraient leurs deux noms accolés dans la mort sachent ce qui s'était passé. Alors, j'ai dicté :

Laurent et Geneviève Jurgensen ont la douleur de faire part de la mort de leurs deux petites filles,

Mathilde, âgée de sept ans et demi

et Élise, âgée de quatre ans et demi.

Elles ont été tuées sur le coup dans un accident de la route, le 30 avril 1980.

Suivaient la date et le lieu des obsèques, et "de la part des familles Jurgensen, Bertrand, etc.".

Ce faire-part est tombé sous les yeux d'un prêtre que je n'avais pas revu depuis des années, celui-là même qui avait accepté de baptiser Mathilde à l'église Saint-Séverin, bien que nous eussions choisi pour elle un parrain et une marraine juifs non pratiquants (Laurent est baptisé mais incroyant ; moi-même j'étais catholique, plus croyante que pratiquante). Au téléphone, il m'a dit : "Je concélébrerai cette messe." Et j'ai dit que j'y serais. Désormais, je savais quels textes, quelle musique je voulais.

D'un baptême l'autre... De la vie à la mort, les fils se renouaient.

C'était le samedi matin 3 mai. Elles venaient de Péronne, nous de Paris ; nous nous sommes retrouvés sur le parvis. Je m'étais fait prêter des vêtements noirs, mon mari aussi. Il faisait froid, en tout cas nous avions froid. Je voyais mes amis arriver, j'avais envie de les serrer tous contre moi. Je leur avais dit : des fleurs blanches, rien que du blanc. Et je me souviens d'un copain, désolé parce qu'il n'avait trouvé que du rose pâle, à Compiègne il n'y avait plus une seule fleur blanche, les fleuristes avaient été dévalisés.

Le corbillard est arrivé. Je suis allée au-devant d'elles. On a sorti les cercueils si petits, l'un à peine plus grand que l'autre ; jusque-là, je n'avais jamais vu que des cercueils d'adultes. J'ai vérifié sur chaque plaque le nom, la date, pour qu'il n'y ait pas d'erreur.

Avec Laurent, nous sommes entrés dans l'église main dans la main. A l'entrée de l'église, il y avait une folle en costume médiéval qui gesticulait, elle a crié pendant toute la messe, on n'osait pas la faire sortir. Au même moment, on a joué le *Stabat Mater* de Pergolèse, le premier air à deux voix. Une de mes amies anglaises a murmuré : "*It's unfair*" — déloyal de jouer une musique si tragique que, même heureux, on a en l'écoutant les larmes aux yeux ! Mais, sur ce chant, me parvenaient, à moi qui étais au premier rang, les gémissements de douleur d'une église entière, une houle de chagrin, et c'était autant qui m'était enlevé. Maintenant je sais d'expérience que nous sommes utiles les uns aux autres, que la douleur se partage.

Certains ont été aidés par l'idée qu'elles vivaient d'une autre manière. Pas moi. Peut-être y aura-t-il une Résurrection, je veux y croire, puisque le Christ me le dit. Mais, pour le moment, il n'y a que la mort. Et mes filles ne sont pas ailleurs, dans quelque monde merveilleux ; elles sont sous la terre, à Compiègne, et puis, bien sûr, dans le souvenir de cet arrachement en un instant à la totalité de mes enfants. Les retrouver signifie pour moi m'allonger près d'elles dans la même inconscience, la même obscurité, le même froid.

L'enterrement fini, nous sommes revenus à Paris. Mon mari est retourné travailler tout de suite, moi j'ai fermé mon cabinet, je ne pouvais recevoir ces enfants qui, lorsqu'ils attendaient leur tour, allaient souvent jouer avec les filles dans leur chambre. Je ne pouvais pas non plus rester chez ma belle-sœur, elle devait récupérer ses garçons — même dans la rue, j'ai mis longtemps à m'habituer à réentendre des voix d'enfants, elles se ressemblent toutes tellement ! Alors nous nous sommes installés dans l'appartement vide de mes beaux-parents, dans une tour du XVe arrondissement, et la grand-mère de mon mari, qui habitait Mâcon, est venue vivre avec nous, à quatre-vingt-trois ans. Elle m'a fait éviter l'hôpital. Je n'étais pas seule et elle me préparait les repas ; je ne savais d'ailleurs même plus ce que j'aimais manger, moi qui pendant des années avais été abonnée à ce qu'aimaient les filles, la purée Mousseline et les croquettes de poisson. Après, il a fallu s'occuper de notre appartement. J'avais demandé qu'on mette toutes les choses des filles dans des valises, qu'on enferme leurs jouets dans des malles, qu'on décroche les dessins, les tableaux des murs. Au moins, ne pas retrouver les choses en l'état, mieux valait qu'un tremblement de terre soit passé par là. Alors, avec ma meilleure amie, Nathalie, je me suis mise à trier.

Il n'y avait que moi qui pouvais le faire, que moi qui pouvais savoir ce qui était encore vivant, ce dont elles se servaient, ce qu'elles avaient abandonné. Mais je ne pouvais le faire seule. Il a fallu trier vêtement par vêtement, jouet par jouet. On a fait plusieurs piles : une pour les œuvres de charité, et là — ce qui ne se fait pas — je n'ai pas eu le cœur de découdre les étiquettes portant leur nom. Ce qui était trop petit, trop bébé, mais encore bien et qu'elles avaient vraiment aimé, je l'ai donné à leur école. Le reste, tout ce qui serait parti si on avait déménagé, Nathalie l'a entreposé à la campagne chez son père, avec le mobilier de la chambre. Il y a eu seulement le cartable de Mathilde — il était à l'école, on me l'a rendu après — que, longtemps, je n'ai pas eu le courage d'ouvrir. L'idée de lire sous sa plume la date de sa propre mort... Les tabliers, je ne les ai pas encore lavés ; dans les poches, il y a des miettes de goûter...

D'autres amies sont venues et ont repeint la chambre, jusque-là vert pomme et jaune acide, en bleu gauloise et blanc laqué. Je voulais en faire un bureau, mais transformable en chambre d'enfants. Dix jours après l'accident, j'avais demandé à ma gynécologue de retirer mon stérilet. J'avais trente-trois ans, il n'y avait pas de temps à perdre pour faire à nouveau le plus d'enfants possible. Un jour, j'ai retrouvé les amies qui peignaient la chambre, les bras ballants, devant un whisky. Elles m'ont montré sur le mur la toise que j'avais tracée et sur laquelle, chaque année, je marquais la taille des petites. J'ai relevé ces tailles sur un carnet, il fallait pouvoir un jour les comparer à celles des enfants qui viendraient. Et puis j'ai dit : "Allez-y maintenant, peignez." C'était dur, cette vérité qui vous rentre dedans petit à petit.

Le plus dur, c'était d'avoir le choix de faire ou de ne pas faire. Voir ou non nos enfants mortes, prévenir ou non ma mère, on avait le choix, on n'a pas pu. Heureusement, souvent, on n'avait pas le choix. Ainsi, de vivre ou de ne pas vivre. Bien sûr, il aurait mieux valu mourir tous les quatre, car mourir à leur place, ce n'était pas une solution, on voit mal ce qu'elles auraient fait sans nous. Mais une fois que c'était raté, que faire ? Nous habitions, c'est vrai, chez mes beaux-parents, au trente et unième étage d'une tour ; les moyens de mourir étaient à portée de fenêtre. Mais ce n'était pas dans notre culture, ce n'était pas en nous. Nous étions jeunes, en pleine santé, peu violents de nature, nous étions sur la lancée du bonheur et de la croissance, notre rôle avait toujours été de protéger la vie, de soigner les bobos, d'arroser les plantes.

Pourtant, un jour que Nathalie n'avait pu venir trier les

vêtements avec moi, j'y suis allée quand même. Et j'ai fait ce que je n'aurais jamais dû faire, j'ai mis un disque qu'Élise adorait, celui du *Livre de la jungle* avec, à la fin, la voix d'une petite fille qui chante en rapportant de l'eau à la maison. Cette voix de petite fille... L'électrophone était par terre dans le salon, et je me suis vue ramper vers la fenêtre, comme emportée par un fleuve. J'ai pensé : "Je vais mourir." Et je me suis accrochée à la moquette pour remonter vers le téléphone, j'ai composé le numéro de Maman qui m'a dit : "Viens." Je ne suis arrivée qu'une heure plus tard, je n'ai aucune idée de ce que j'ai fait entre-temps.

Il y aurait eu d'autres solutions. J'aurais bien aimé, par exemple (elle rit), sombrer dans l'alcoolisme, tout le monde aurait compris, mais bon, je n'avais que peu de don pour la destruction. Il fallait garder le cap. Avec mon mari, on s'est bien juré de ne plus fumer un joint de notre vie ; tout ce qui pouvait nous faire basculer était pour toujours banni. Quand on est solide, on peut s'accorder de petites permissions. Mais là, non. Nous étions nos propres gardes-malades, toujours à nous demander ce qui était bon pour nous et ce qui ne l'était pas. Voyager ? Bon, pas bon ? Déménager ? Bon, pas bon ? On a appelé l'intelligence à notre secours.

Et la beauté. Quand est arrivée la fin de l'année, nous nous demandions où passer Noël, ne voulant pas encombrer de nos grands corps déjetés les amis ou la famille. Alors nous sommes partis en Toscane. Et, au détour d'un chemin, j'ai découvert Assise, blottie sur sa colline, et cette vision m'a rappelé les émotions esthétiques que j'avais pu avoir autrefois. Tout à coup, le monde ne se réduisait plus à la mort de deux petites filles. La beauté existait aussi, et elle était aussi mystérieuse que la mort, elle me dépassait infiniment. J'avais soudain l'impression qu'il y avait deux forces en présence : d'un côté, l'injustice et l'horreur qui étaient l'œuvre de l'homme et avaient fait mourir mes enfants ; de l'autre, toute la beauté du monde qui, elle, était l'œuvre de Dieu. Le moment de grâce n'a peut-être duré que deux secondes. Mais ces deux secondes ont compté. Elles en ont engendré d'autres.

Mon mari m'a emmené aussi au Mexique, un voyage de gens malheureux, de pauvres gens libres de voyager sans plus personne à surveiller. Mais j'ai eu du mal à partir : l'idée vague que si "elles" revenaient, "elles" ne trouveraient personne à la maison.

Arrivée au Mexique, je ne cessais d'y chercher mes filles : elles étaient peut-être là, puisqu'elles n'étaient pas à Paris. Dans un petit village de montagne, on vendait des jupons de tulle aux couleurs éclatantes, je me tenais à quatre pour ne pas les acheter, cela aurait fait de si belles robes pour mes princesses de contes de fées. A trois petits mendiants qui dormaient la main ouverte, nous avons glissé des chewing-gums. Tous les enfants du monde étaient un peu devenus nos enfants.

J'ai voyagé dans ma tête aussi, lu énormément, mais seulement des gens qui avaient traversé la même épreuve que nous. Je cherchais ce qu'ils avaient bien pu en dire : parfois il n'y avait rien, pas une ligne — Malraux, Raymond Aron —, parfois quelques éléments épars — Sophie Tolstoï —, parfois des trésors — Victor Hugo. Toute fiction était bonne aussi : une nouvelle de Mishima narrant la mort d'un enfant au bord d'une plage, *La Petite Fille aux allumettes* d'Andersen... Plus tard, je me suis nourrie d'autres types d'épreuves ; les textes des dissidents soviétiques m'ont été précieux, j'ai écrit un jour à Vladimir Boukovski et il m'a répondu : sa lutte contre le bolchevisme m'apparaissait très proche, je me sentais écrasée par le malheur comme par un dictateur.

Pourtant, j'avais des clefs pour m'en sortir, un bagage culturel, et puis l'éducation reçue de mes parents. Une éducation de l'authenticité. Jamais, à ma sœur et à moi, ils n'ont déguisé la vraie vie, si protégée que fût la nôtre ; à table, on parlait de choses sérieuses, de vrais problèmes : Papa et Maman — lui agrégé de droit, elle écrivain — se montraient à nous tels qu'ils étaient, pas tels qu'ils voulaient qu'on les voie. Ils nous ont aussi appris à bien nous entourer, ils savaient reconnaître un être de qualité. Et, d'une certaine manière, cet entourage nous a sauvés, Laurent et moi.

Et puis il y a Bruno Bettelheim avec qui j'avais travaillé aux États-Unis, juste avant la naissance de Mathilde, et qui m'a aidé à ne pas me laisser submerger par l'émotion. J'avais déjà fait, jeune mariée, une psychanalyse. Plus tard, j'en ai repris une seconde.

Mais cela, ce fut des années après...

Dès notre retour à la maison, par contre, six semaines après l'accident, nous avons acheté un chien — quelques mois auparavant, nous avions perdu le nôtre, Triton, un petit beagle fugueur avec qui les filles avaient été élevées et qui un jour n'est pas revenu. Comme Triton avait été notre premier achat de jeunes mariés, Rochelle, un braque de Weimar, a été notre première acquisition de parents orphelins. Pour ma mère, c'était une horreur de me voir avec ce chiot, après m'avoir vue avec mes filles : une blessure supplémentaire, la signature du malheur. Pour moi, non, c'était très bien : un bon compagnon de promenade à qui je pouvais faire faire pipi dans le caniveau, donner la pâtée — des gestes qui ne recouperaient en rien ceux de ma vie avec les enfants.

Très vite j'ai été enceinte. Trois mois après l'accident. Aucun bonheur, aucun romantisme n'était attaché à cet état. C'était comme ça. Un simple constat. Fondamentalement, ce que nous voulions, évidemment, ce n'était pas un bébé, mais deux petites filles de quatre ans et demi et de sept ans et demi. Lorsque je feuilletais le catalogue de *La Redoute* ou des *Trois-Suisses*, rien à faire, je tombais sur les pages "Enfants de deux à dix ans" avant de remonter péniblement jusqu'aux pages "Nourrissons".

Mon idée fixe était d'accueillir cet enfant dans le luxe. Jusque-là, nous avions été plutôt fauchés ; et voici que tout à coup, nos deux salaires ne tombaient que pour nous deux, il y avait aussi l'argent de l'assurance ; on ne savait pas quoi en faire. Je voulais des signes de richesse comme pour m'en faire un rempart ; ma vie serait peut-être moins fragile si j'étais riche. Je me vois encore avenue Victor-Hugo, avec ma mère, dans un endroit chic et cher où je n'avais jamais mis les pieds de ma vie, pour y choisir une poussette coûtant mille francs à l'époque, je me souviens encore du prix.

Je voulais absolument une fille. Mais je pensais que ce serait un garçon, puisque la chance m'avait quittée. Tout le monde d'ailleurs me souhaitait un fils. Et puis l'enfant fut là et c'était une fille, et je me suis mise à pleurer comme une folle, ce n'était pas du bonheur, non — le bonheur, la détente, ce ne sont plus des mots pour moi —, mais un ouragan d'extase, un délire de joie : l'annonce de cette naissance a été une ivresse à la mesure de l'arrachement que j'avais connu un an plus tôt.

Car l'anniversaire de la mort des filles approchait. Après les six jours privilégiés passés à la clinique, à l'abri du monde extérieur, je suis rentrée à la maison avec Elvire pour le 30 avril. Ce jour-là, mon amie Nathalie est arrivée en apportant trois bouquets ; elle s'est assise près de moi et je me suis mise à pleurer doucement sur la tête du bébé qui tétait. Il faisait chaud, Elvire transpirait et mes larmes se mêlaient aux goutelettes de sueur qui perlaient sur son petit crâne.

Le bébé et moi, on ne se quittait pas. Je la tenais beaucoup contre moi, je lui parlais peu, mais elle était tellement gaie et communicative que je la faisais rire dès l'âge de trois, quatre mois rien qu'avec des regards en coin. Il lui arrivait de pleurer, bien sûr, et j'aurais voulu alors la consoler, mais il y avait des mots qui ne sortaient pas de ma gorge, des phrases rassurantes du style : "Maman est là" — car moi, je savais que Maman est incapable de protéger de l'essentiel.

La naissance d'Elvire fut aussi une formidable joie pour tous ceux qui avaient tant pleuré avec nous. Le trousseau des enfants de lady Di n'est rien en comparaison de celui que reçut à sa naissance Elvire Jurgensen. J'aurais pu ne jamais rien laver et tout jeter directement, tant elle avait de vêtements — plus qu'on n'en peut porter dans une vie de bébé. Sans compter les quelques rares jolies choses que j'avais gardées de ses sœurs et qu'Elvire a mises jusqu'à ce qu'elle atteigne l'âge de Mathilde : c'était mon troisième enfant, je tenais à ce que, comme dans toute famille nombreuse, on se passe les vêtements d'un enfant à l'autre...

Comment se sont passées les toutes premières années d'Elvire, je ne saurais trop le dire. Sans doute a-t-elle eu de la santé pour deux. Elle m'élevait autant que je l'élevais. Encore est-ce là un grand mot : je ne faisais qu'éviter les catastrophes. Après une fausse couche, j'ai été de nouveau enceinte. Sans avoir posé la question du sexe de l'enfant à mon gynéco, à sa tête, j'ai vu qu'il savait : « J'ai inscrit, m'a-t-il dit, le résultat derrière l'échographie. » A la maison, j'ai regardé : ce n'était pas le signe fille, pas la croix au-dessous du rond. Et ça a été un nouveau malheur qui me tombait dessus. J'avais trente-sept ans, je ne savais pas si j'aurais d'autres enfants. Peut-être ne dirais-je plus jamais « mes filles ». Bien sûr, attendre un enfant dans ces conditions comme un être de substitution était contraire à toutes les règles de la psychologie moderne, mais je m'en fichais bien, j'avais pour mes sentiments le plus profond respect et je veillais seulement à ce qu'ils ne me conduisent pas à mal agir. Mes deux filles étaient mortes, il fallait bien vivre ; et, pour cela, il me fallait deux filles. Or j'attendais un garçon.

Gauthier est né trois mois après. Et cette naissance a été l'amorce de ma seconde vie. Il était tellement beau, ce petit garçon, que je ne le quittais pas des yeux à la clinique. Et on était quatre, enfin ! Bizarrement, depuis l'accident des filles, j'avais perdu l'usage du calcul ; les divisions, les multiplications, je ne savais plus les faire, je ne savais jamais combien on était à table. Dès l'instant où Gauthier est né, le problème a été réglé.

Nos deux derniers, je ne crois pas les avoir élevés très différemment des aînés : ce qui était bon pour les unes était bon pour les autres. Une chose pourtant avait changé : conscients d'avoir survécu à quelque chose d'exceptionnel, nous avions, telle une armée aguerrie, confiance en notre force, nous savions pouvoir aider les enfants même dans les coups les plus durs (j'avais fait des progrès depuis la naissance d'Elvire). A côté de cela, il y avait des terreurs irraisonnées que je n'aurais pas eues avec mes filles aînées. Impossible, par exemple, de jouer à cache-cache avec eux ; s'ils se cachaient trop bien, je me mettais à crier : "Sortez de là, sortez de là !", et je fondais en larmes. Une fois, j'ai perdu Elvire dans la rue ; je m'étais arrêtée un instant avec Gauthier devant la vitrine d'un magasin et elle a disparu ; mon manque de sang-froid a été total. Une autre fois, c'est Gauthier qui s'est volatilisé tandis que je parlais avec mes beaux-parents sur le palier de leur trente et unième étage ; en fait, il avait pris l'ascenseur tout seul et pleurait sur les genoux du gardien de l'immeuble quand on l'a retrouvé cinq minutes plus tard. Mais, dans ce laps de temps si court, j'étais déjà devenue une loque, faisant les choses les plus absurdes, comme de regarder dans le vide-ordures. Il faut me comprendre : les malheurs absolus, j'y crois. Mes filles étaient vivantes, et puis elles sont mortes, comme passées dans une trappe ; je me sens en permanence au bord du gouffre.

Un jour, j'étais en réunion, ma secrétaire est venue me prévenir que ma mère me demandait au téléphone ; je lui ai dit après : "Par pitié, ne me faites plus ce coup-là !" Si on vient me chercher en réunion, c'est que mes deux enfants sont morts ; en dessous de ce malheur, je ne connais rien. Je n'imagine même pas qu'ils puissent seulement se casser une jambe, ça n'existe pas pour moi. Mon fils s'est ouvert le visage à deux reprises ; autour de moi, les gens me voyaient déjà dévastée, mais pas du tout, j'éprouvais presque de la joie à l'idée d'aller chez le médecin, de faire recoudre tout ça — après tout, c'est la vie, et tant qu'il y a de la vie...

Aujourd'hui, Elvire et Gauthier ont neuf ans et demi et six ans et demi. Après Gauthier, j'ai encore fait une fausse couche si dramatique que, cette fois, j'ai su que je n'aurais plus d'autres enfants. Nous prétendons les élever "normalement". Cet été, comme d'autres enfants, ils partiront en colonie. Mais ils savent que leurs sœurs sont mortes, et eux aussi ont peur de mourir, peur de se perdre, peur l'un pour l'autre. Un jour, en revenant du catéchisme, Elvire m'a affirmé que ses sœurs étaient au ciel. Je lui ai répondu que si Jésus le disait, c'est que c'était vrai : à chacun son métier. Mais, pour moi, je me sens vis-à-vis de ces assurances comme la petite fille que j'étais à six ou sept ans : mon père est parti deux mois entiers pour le Pakistan, c'était la première fois qu'il me laissait seule avec ma mère et ma sœur. Il m'a dit : je reviendrai. Il ne racontait sûrement pas n'importe quoi. Mais le Pakistan n'avait aucune réalité pour moi, et en attendant il n'était pas là...

Le problème, c'est que, pour résister au malheur, il nous faut vivre constamment au-dessus de nos forces, avec un surcroît de savoir-faire, de technique que les autres n'ont pas, un peu comme les personnes qui ont vécu au Liban sous les bombes. Pas un moment où l'on puisse rêvasser, les doigts de pied en éventail. C'est fini, tout ça ! Pendant des années, à chaque moment dit « de détente », je pleurais mécaniquement ; un embouteillage, et je me transformais en fontaine ; un silence tandis que le pédiatre examinait Elvire, et c'était reparti. Il m'arrive bien sûr de regarder la télévision, de m'allonger sur mon canapé, mais alors elles arrivent tout de suite. Une obsession. Un traumatisme constant. C'est là pour moi l'injustice suprême : que les filles, aujourd'hui, soient présentes par leur mort plutôt que par leur vie. Il n'y a que la nuit que je les rencontre parfois dans mes rêves ; quand je me réveille, ma journée entière est alors baignée par ces retrouvailles, par leur sourire, leur odeur, leurs babillages. Mais, d'ordinaire, je n'ai plus d'autre façon d'aimer mes filles que de souffrir par elles.

L'épreuve m'a-t-elle modifiée ? En fin de compte, assez peu. Le vrai changement en moi, peut-être, c'est l'indifférence totale au qu'en dira-t-on. Dans l'association que j'ai fondée, par exemple (la Ligue contre la violence routière), beaucoup de gens, lors du procès autour de la mort de leurs enfants, s'apprêtent à ne demander que le franc symbolique. Renoncer à faire chiffrer le préjudice moral leur semble la seule attitude digne. Et c'est moi qui leur dis : « Mais comment ça, bien sûr que vous allez demander de l'argent, et même le maximum ! La société n'a pas d'autre moyen de vous signaler qu'elle a bien entendu votre détresse. Et puis, cet argent, vous êtes toujours libre de le donner à une œuvre, mais peut-être en aurez-vous besoin. Ou vous aurez envie de vous acheter des canapés de cuir blanc, comme nous l'avons fait, et ce jour-là, c'est cette folle dépense qui vous empêchera de mourir. » Si l'on estime que tout ce qui permet de survivre est bon du moment que cela ne fait de tort à personne, alors on atteint un rare degré d'anticonformisme.

Bien sûr, ce genre d'attitude n'est pas sans risques. Je me souviens encore d'un des premiers dîners où nous soyons allés après l'accident, invités par le patron de mon mari qu'il aimait beaucoup. Je me sentais tellement étrangère... Les plats de traiteur défilaient, je n'avais aucune faim. A côté de moi, il y avait un monsieur anglais un peu bourru. Il m'a demandé si j'avais des enfants. « J'en ai deux, ai-je dit, mais elles sont mortes dans un accident, il y a trois mois. » C'était d'une grossièreté incroyable de lâcher cela dans un dîner mondain. Mais l'Anglais m'a répondu : « Mon fils à moi s'est tué à moto il y a six semaines. » Le hasard avait fait que je tombe sur quelqu'un qui avait les mêmes raisons que moi d'être "brut de décoffrage" ! C'était quinze partout... Après, nous avons saisi nos fourchettes et mangé de bon appétit.

Me revient en mémoire une réplique de John Wayne dans *Rio Bravo*, parlant d'un jeune cow-boy de ses protégés : "Il est tellement fort qu'il n'a pas besoin de le montrer." Moi aussi — et tant pis si l'on me taxe de mégalomanie —, je me sens habitée par une force rare, une résistance hors du commun. Mais j'ai le sentiment qu'il ne faut pas en abuser. De même qu'à l'époque où nous étions heureux, nous n'allions pas écraser le monde avec notre bonheur, nos beaux enfants, nos métiers passionnants, etc., de même il ne s'agit pas aujourd'hui de rouler des mécaniques parce que nous avons été exceptionnellement solides. Le malheur ne donne pas tous les droits, surtout pas celui d'emmerder les gens. Mais je sens que, derrière les vannes bien fermées, il y a en moi des torrents de force prêts à se débonder.

Un soir, tard dans le métro, cinq costauds sentant la bière ont commencé à me chahuter. Au début, je n'ai pas répondu. Et, tout à coup, je me suis levée avec des flammes dans les yeux. Et ils m'ont regardée, terrorisés. Je mesurais vingt centimètres de moins que le plus petit d'entre eux. Mais c'est vrai qu'il y avait assez de fureur en moi pour les tuer tous, et sans doute était-ce là mon secret désir.

Rien ne m'intimide plus. Déjà, je n'avais guère été élevée dans l'exaltation des hiérarchies sociales ; à la maison, on apprenait à respecter son prochain, point ; et Maman était la même pour tous, pour sa femme de ménage comme pour son éditeur. Maintenant, plus que jamais, je me sens de plain-pied avec un ministre comme avec un ouvrier. Des humbles, d'ailleurs, je me suis toujours sentie proche. La différence, c'est que cette proximité a désormais une légitimité : ils ne me jetteront pas, jamais je ne serai assimilée aux riches et aux nantis. Et j'en suis fière. C'est peut-être le seul vrai cadeau que mes filles m'aient fait en mourant, cette pauvreté léguée à leur mère.

Pour le reste, je pense qu'elles sont mortes en pure perte. Bien sûr, nous avons vérifié l'utilité profonde des êtres les uns pour les autres, l'utilité de l'intelligence, de la culture, de la formation esthétique, nous avons vérifié l'éducation reçue de nos parents, les grandes vérités de la vie. Mais autrement... Parfois, on me dit : “Tu aides les autres dans ton association”, mais, honnêtement, j'aurais pu faire des choses plus intéressantes que de lutter contre les chauffards. J'aurais pu m'occuper de chômage, d'environnement. Je me souviens de ce petit musulman de quatorze ans que j'avais en cours d'alphabétisation, bien avant la mort des enfants. Un soir, il devait faire une rédaction sur Noël, il m'a regardée, éploré, ne connaissant pas cette fête. Et je lui ai dit : “Raconte à la place le plus beau jour de ta vie.” Ses yeux ont soudain brillé : “Alors je vais parler du jour où vous m'avez appris à lire toute une ligne.” Ce sentiment qu'on n'est pas pour rien sur terre, que, pour l'autre, si on n'avait pas été là, ç'aurait été un peu moins bien, je le connaissais déjà.

Fondamentalement, je suis la même qu'avant. *(Un silence.)* Sauf sur un point, peut-être, concernant notre couple. J'étais amoureuse de mon mari, je le suis toujours. Lui aussi, je crois. Mais, pour moi, la fidélité a toujours été un poids, un carcan. Non qu'il m'intéressait de tromper mon mari pour le plaisir de transgresser les interdits, mais bon, j'avais trente-trois ans, j'étais jeune, je cherchais mes réponses, y avait-il un espace de liberté entre le tchador et le bordel ? Et puis les filles sont mortes ; après, je ne pouvais prendre le risque d'ajouter un gramme aux tourments de Laurent. Voilà que je me statufiais, que je devenais plus vertueuse que je ne l'aurais voulu. A la fois je perdais mes enfants et ma quête de vérité de femme : j'ai ressenti cela comme une mutilation supplémentaire. Inavouable, évidemment, quand on pense que mes filles, elles, ont perdu la vie avant même de simplement imaginer qu'elles embrasseraient un jour un garçon...

Il y a une chose encore que je voudrais dire sur la souffrance des autres. Entre le bonheur complet et ce qui nous est arrivé, je conçois qu'il y ait toute une gamme d'événements atrocement douloureux. Un divorce, le chômage, l'exil — si c'est vraiment dans votre couple, dans votre travail, dans votre appartenance à un pays qu'était le cœur de vous-même —, peuvent être aussi des blessures terribles. Bien sûr, il m'est facile de dire que je préférerais être sans le sou, réfugiée avec mes filles au fin fond du Kamchatka. Mais je ne pense pas que je serais moins paumée. Le sommet de la souffrance est si vite atteint chez l'être humain ! Ainsi, ce n'aurait peut-être pas été trop demander que de perdre une fille au lieu de deux, mais je n'aurais sans doute pas moins souffert. La seule vraie différence, c'est que j'aurais mon autre fille pour se souvenir de sa sœur avec moi, et que je pourrais garder le souvenir de cette enfant de façon plus pure, alors que là, j'ai les deux en mémoire, impossible de penser à l'une sans penser à l'autre, ce qui me semble injuste et pour elles et pour moi.

Je veux dire enfin que je ne crois pas que nous ayons vécu le plus grand malheur. Nos filles sont mortes de façon accidentelle ; le jeune homme qui les a tuées, une nullité de vingt-deux ans pour qui ça n'a eu aucune signification, ne s'est pas acharné sur elles. Mais ceux qui savent que leur enfant a souffert parce que quelqu'un a voulu cette souffrance, les parents d'enfants morts assassinés, ceux-là vivent tout autre chose. Cette dimension-là nous a été épargnée. Devant eux, je n'oserais pas me présenter d'égal à égal. »

Les années folles

Dans l'immense atelier blanc de quatre cents mètres carrés, une immense toile toute verte. Et devant la toile, debout sur un banc de ferme, un grand type qui étale la couleur avec une spatule, retrace des lignes avec ses doigts, balaie le tout avec ses paumes. Puis marche à reculons vers le fond de la pièce pour juger de l'effet, passe, dubitatif, sa main dans une mèche rebelle, devenant lui-même homme-tableau, drôle de Sioux au visage bariolé de vert prêt à repartir sur les sentiers de la guerre.

Drapé dans un kimono de bure et un tablier informe, raide de couleurs, taillé à son intention par sa mère, Gérard Garouste peint en ce samedi matin d'hiver où la tempête fait rage, menaçant d'arracher les marronniers centenaires. Il peint. Le monde peut bien s'envoler. La musique masque le bruit du vent ; Bach, Haydn s'engouffrent dans l'atelier, ou parfois Arno Pärt, un Lituanien passé de Boulez au grégorien. Là, posé dans un coin, un petit monochrome rose, un essai remontant à cinq ans, jamais abouti : « J'aimerais faire la même chose dans les verts », murmure Garouste face à son œuvre du jour. Le thème — une figure biblique de vieux sage tout droit sorti de l'Ecclésiaste — le taraude depuis des lustres. Mais, qui sait, « le tableau décidera peut-être de faire autre chose... Vous savez, je me demande parfois à quoi je sers », dit le peintre, l'œil farceur, tout en se muant, ses guenilles ôtées, en bel homme on ne peut plus civilisé, pull vert chasseur et pantalon de velours côtelé.

A quarante-six ans, nul mieux que lui n'incarne — même s'il a toujours refusé de jouer les chefs de file — ce retour à la peinture appelé postmodernisme qui a marqué les années 80, après que l'avant-garde se fut par ses excès sabordée elle-même.

A l'époque, il était de bon ton de teindre en bleu le Canal de Venise, de s'extasier devant une poutre métallique pour peu qu'elle fût rouillée : Garouste, lui, indifférent aux modes, reprend son chevalet, sa toile et ses pinceaux, armé d'une technique imparable, celle des grands peintres classiques, glacis d'Ingres, flocage de Delacroix, empâtements et transparence. « Conceptuel tendance Greco », ironise *Libération*, quand d'autres taxent ses figures allusives, mi-humaines, mi-animales, comme en suspension dans l'air, de maniérisme digne des meilleurs pompiers. N'importe : les faits sont là. Garouste est aujourd'hui l'un des artistes français les plus cotés et l'un des seuls présents sur la scène internationale. A Paris, il montre ses œuvres à la galerie Durand-Dessert — le top en matière d'art contemporain, preuve s'il en est que Garouste, roi de l'ambiguïté, ne peut être réduit, comme le voudraient certains, à la défense et illustration d'un classicisme de bon aloi — et chez Léo Castelli, à New York. Le Centre Pompidou lui a consacré une rétrospective à l'automne 1988, exposition reprise à Amsterdam, Düsseldorf, Los Angeles, Tokyo... Il a réalisé une fresque pour les appartements privés de l'Élysée, deux géants de bronze pour le ministère de la Culture, le rideau de scène du Théâtre du Châtelet. Garouste, un artiste reconnu.

Un type bien avec ça, attaché dans son département de l'Eure à aider les enfants issus de milieux défavorisés confiés à la D.D.A.S.S.[1]. Des enfants qui rappellent à Gérard Garouste ceux de l'Assistance publique avec qui il fut élevé en Bourgogne — l'oncle et la tante chez qui, dès l'âge de cinq ans, il avait été envoyé pour soigner une santé fragile, en prenaient toujours en pension, comme les autres familles du village. Déjà opérationnel à la Source, l'association fondée par Garouste avec des éducateurs spécialisés, un service de minibus prend les enfants à domicile pour leur assurer un rattrapage scolaire. D'ici peu naîtront des ateliers de création artistique ouvrant d'autres horizons, pendant les temps libres et les vacances, à ces enfants dépourvus de toute culture autre que télévisuelle.

« Garouste ? a-t-on envie de dire. Il a tout pour lui. » Le talent, le charme, l'intelligence, la richesse. Une belle maison du XIXe siècle à Marcilly-sur-Eure, à cent kilomètres de Paris. Une

1. Direction départementale de l'action sanitaire et sociale.

femme séduisante — Élisabeth —, designer en vogue, de surcroît. Deux fils charmants, Guillaume et Olivier. Une image de bonheur tranquille qui, surtout figée en photos avec Vasco, le briard noir, ferait plutôt peur à Garouste : « Les seules choses importantes sont de l'ordre du secret... »

Ainsi de ce terrifiant passage à vide qui coupe en deux sa biographie.

« Oui, appelons-le *folie*, c'est là un mot plus juste, plus touchant que ces substituts hypocrites qu'affectionne le langage moderne en parlant de "malade mental" pour un fou, pour un aveugle de "non-voyant". Dans mon cas, il s'agit très exactement de bouffées délirantes : elles m'ont valu d'être interné plusieurs fois en hôpital psychiatrique entre vingt-cinq et trente-cinq ans.

Des raisons pour déraper, je n'en avais pas vraiment. J'avais eu, tout compte fait, une enfance plutôt heureuse, malgré des relations pas évidentes avec mes parents. J'adorais mon oncle bourguignon, un personnage hors du commun, tailleur de pierre de son état, mais aussi artiste à ses heures. Plus tard, j'ai fait les Beaux-Arts, je me suis marié avec Élisabeth (rencontrée au lycée), en 1969 j'ai exposé pour la première fois, dans une galerie des Halles, de très grands dessins inspirés par Dubuffet et l'art brut. Non, vraiment, il n'y avait pas de raisons objectives à mon mal d'être, un simple conflit émotionnel, peut-être la peur de devenir adulte...

Était-ce l'idée de devenir père ? Au début de l'été 1973, quelques mois avant la naissance de mon fils aîné — je luttais déjà contre la dépression nerveuse avec un médicament aujourd'hui interdit, du Marplan, un désinhibiteur —, j'ai eu ma première crise alors que j'étais avec ma femme chez des amis, dans le Lot. Les jours précédents m'avaient vu dans un état de surexcitation permanente. Un matin à 6 heures, je me suis retrouvé en pleine forêt, crawlant dans un énorme champ de ronces : j'étais déchiré, en sang, mais c'était comme une mission, j'allais escalader l'Everest, monter sur le Toit du Monde. Pour cela, il me fallait gagner Paris. Je me suis enfui le lendemain matin, en stop jusqu'à la gare de Brive ; dans le train, j'ai terrorisé par mes regards perçants deux tendres jeunes filles et un brave type dont je voulais à tout prix prendre la place, bien que le wagon fût par ailleurs vide ; j'ai ouvert la fenêtre et tendu mes bras à l'extérieur le plus loin possible, dans l'espoir qu'un train venant en sens inverse me les arracherait, drôle de mélange entre le désir de castration et celui de toute-puissance. Arrivé à Paris, j'ai débarqué dans l'appartement vide de mes parents, piqué du fric ainsi que le coffret d'argent qui contenait les bijoux de ma mère, loué une suite au Ritz — transformée par mes soins en monastère zen, rideaux décrochés des fenêtres, tentures arrachées, matelas jeté au pied du lit. Le dernier acte s'est déroulé dans un café, avenue du Maine, où torse et pieds nus, pantalon remonté sur les mollets, façon karatéka, j'ai commencé à tout démolir en me servant du coffret à bijoux comme d'une masse d'armes. Ma force était sans limites, j'ai bousillé trois ou quatre personnes. Puis les gens du café ont réussi à me maîtriser en attendant l'arrivée de la police.

Voilà pour le folklore. Mais, au-delà de ces actes physiques, l'important, c'est ce qui se passait dans ma tête, cette interrogation qui ne me quittait pas : "Suis-je vraiment fou ou est-ce que je joue seulement à l'être ?" Regardez : aujourd'hui, nous parlons tranquillement. Si je décide tout à coup de faire un acte totalement incohérent — sauter sur cette table, par exemple, et la pulvériser —, en d'autres termes si je décide de simuler la folie, serais-je fou pour autant ? Sans doute non. A l'époque, quand je disais à un ami : "Ne me taquine pas, car je peux te transformer en cochon rose", il riait parce qu'il savait que je savais en être incapable. Mais jusqu'à quel point ? A force de jouer au fou, on finit par l'être. Et puis, être peintre, c'est être un peu délirant, par définition. Pour se dire dans un musée face à un Rembrandt : "Pourquoi pas moi ?", il faut quelque part défier Rembrandt. En tout artiste il y a un mégalomane. Et des fantasmes à la folie, le pas est vite franchi.

Fou, je l'étais donc, et avec bonheur. Car un délire, c'est d'abord une fuite, un refuge, une manière de ne pas voir la réalité. Jamais de ma vie je n'ai été aussi heureux. J'ai connu des salles d'attente vides et je les voyais peuplées d'anges. Je me prenais pour Dieu, j'étais Dieu — ça laisse des souvenirs !

Et puis Dieu s'est retrouvé dans le fourgon, encadré par deux policiers et roulant vers Sainte-Anne. Mais, là encore, c'était un jeu, un leurre. J'ai été interrogé par cinq psychiatres — je garde la mémoire précise de chacun de ces instants —, pour moi c'était le tribunal des Enfers, et il était tout à fait normal que les diables soient déguisés en médecins. Face à eux, j'avais peur, bien sûr, mais une belle peur qui me fascinait, celle du héros blessé. La nuit, on m'a remis dans une cellule. Là, j'ai eu envie de pisser. Je me suis mis à crier, à hurler, à tenter de défoncer le petit hublot placé au-dessus de la porte. Deux jours plus tard, j'ai été transféré à Villejuif et j'y suis demeuré trois mois.

C'était l'été. On restait des heures dans la cour, une sorte de préau d'école avec des platanes. Je courais jusqu'à épuisement total autour de cette cour, ou bien je prenais sans arrêt des douches, trente, cinquante par jour. Toujours mon côté Superman ! Je n'avais pas non plus abandonné l'idée d'escalader l'Everest. Il fallait donc m'évader. Mais, comme je recrachais les médicaments qu'on me donnait — l'un d'entre eux surtout, destiné, je l'appris plus tard, à enrayer les effets secondaires des tranquillisants que l'on m'injectait —, je me retrouvais victime de violentes crises de tétanie. Stoppé dans ma course. Une nuit, j'ai réussi à gagner une route, près de Villejuif, à poil avec seulement un drap autour de moi. Un camion est arrivé : je l'ai forcé à piler net en me plantant au milieu de la chaussée. J'ai marché alors tranquillement vers le chauffeur et lui ai demandé une paire de chaussures ; il m'a tendu les siennes : les gens sont vraiment charmants ! Et puis il est reparti, et les infirmiers m'ont rattrapé. Mais, d'une certaine manière, je leur échappais : il y avait en moi une telle force, une telle liberté...

Le désespoir, lui, n'est venu que plus tard. Au bout d'un mois, un mois et demi, j'ai demandé à revoir mes parents, ma femme, j'ai repris peu à peu contact avec la réalité. Et là, ça a été l'horreur, rien ne dira jamais le vide absolu qui vous guette à la sortie du délire. *Vol au-dessus d'un nid de coucou*, Van Gogh divaguant façon Dutronc, c'est déjà de la littérature ou du cinéma, le simple fait de raconter les choses les poétise déjà. Là, rien que du sordide : chaque pas vers la santé mentale recouvrée est une marche vers l'enfer. On se croyait Dieu, on se découvre M. Tout-Le-Monde — quelle déception ! Mieux vaut être mort mille fois.

J'ai eu la chance de tomber sur un bon médecin. Il a vu que j'étais bien entouré, ma femme allait accoucher, j'étais en train de fonder une famille, il n'a pas voulu me dissocier de ces événements. Il m'a fait sortir de l'hôpital avant que je ne sois complètement guéri, gavé de médicaments pour parer à tout risque de récidive violente, soutenu par une psychothérapie, puis par une psychanalyse qui a duré treize ans. Avec un autre médecin, je serais peut-être toujours interné...

Des crises, j'en ai eu quatre en tout — la première étant la plus grave —, qui m'ont valu des internements d'un à trois mois, ainsi que de solides dépressions qui me terrassaient à chaque sortie d'hôpital et qui ont duré jusqu'à huit mois. Un vrai légume : je dormais régulièrement jusqu'à deux heures de l'après-midi. Le seul moment vivable, c'étaient les fins de soirée, quand je savais que j'allais me recoucher. Dans la journée, je me baladais dans le métro, dans les rues de Paris, je me mettais à courir aux heures de pointe, je vivais comme tout le monde, quoi ! Et puis, tout à coup, je prenais conscience que je n'avais aucun motif d'agir ainsi, que je faisais seulement semblant d'être comme les autres, et une chape d'angoisse me tombait dessus. Alors je m'asseyais sur un banc du métro et j'attendais que ça passe.

Parfois aussi, toujours motivé par la peur, j'allais dans mon atelier, et pour peindre je me déguisais en peintre, je prenais mes couleurs et mes pinceaux et je restais là, fiché devant une toile qui n'avançait pas pendant des mois : car, face à elle, il n'y avait aucun attrait, aucun désir, sinon celui de dormir ; je finissais d'ailleurs par m'effondrer au pied du chevalet. C'est difficile d'imaginer une vie sans désirs ; dans la vie quotidienne, on est toujours motivé par quelque chose, on a envie de voir quelqu'un, de se promener, de manger, de sortir, de rentrer. Là, rien que le vide. Le vrai dépressif, on peut le poser à un endroit, il y reste, il s'en fout d'être là ou ailleurs...

Et puis on s'installe dans la maladie. Pour les amis, on est Gérard-le-dépressif. La dépression devient votre pouvoir. Bien sûr, je faisais l'effort de diminuer peu à peu les doses, cornaqué par mon médecin : retirer deux gouttes d'halopéridol sur cent-vingt-cinq, ça n'a l'air de rien, mais je le vivais comme un sevrage monstrueux, passant des heures à compter mes cent-vingt-trois gouttes, la pipette à la main.

Pendant près de dix ans, ma vie a été ainsi en montagnes russes : dans les moments où j'allais mieux, je faisais des petits boulots, chauffeur-livreur, retoucheur-photo... Pour mon père, négociant en meubles spécialisé dans l'Extrême-Orient, j'achetais en salles des ventes, je laquais des tables basses, une technique qui a sûrement plus tard influencé mon travail. J'ai même essayé de faire de faux tableaux cubistes, mais cela demandait beaucoup de patience. Élisabeth, elle, travaillait dans la boutique de chaussures que possédaient ses parents, pour assurer les fins de mois ; je me demande comment elle a pu rester avec un individu comme moi.

Les crises se sont faites plus rares. La dernière fois, c'était en 1982, on me considérait comme tiré d'affaire depuis deux ou trois ans. Je peignais à l'époque un plafond à l'Élysée, à la demande de François Mitterrand ; ma famille a maquillé l'affaire en crises de coliques néphrétiques. Mais déjà — était-ce l'effet de la psychanalyse ? —, j'avais vraiment le sentiment de mieux assumer la dépression qui a suivi, de la gérer comme un chef d'entreprise : "Ne voyons personne pendant trois semaines, arrangeons-nous pour qu'elle ne nous prenne pas trop de temps..." J'avais fini par connaître les prémisses de mon propre délire, je courais alors chez mon psychiatre, inquiet de voir Docteur Jekyll succéder à Mister Hyde : "Vite, docteur, une piqûre, je n'ai qu'un quart d'heure devant moi." Si délire il y avait, il se déroulait dans dix mètres carrés — c'était tout de même moins grave que d'exploser en pleine rue. Et il durait une heure (au lieu de deux jours) que je payais par trois jours de dépression (au lieu de trois mois) : il y avait entre les deux une proportionnalité quasi mathématique...

Cette longue reconquête de moi-même, jamais je n'aurais pu la mener tout seul. Mais j'avais, je l'ai dit, un bon médecin, un couple stable, de vrais amis. La première chose qui m'ait mis la tête hors de l'eau, c'est que certains me fassent confiance, qu'on attende quelque chose de moi. Vers 1978 ou 1979, Jean-Michel Ribes, au Théâtre de la Ville, m'a demandé des décors pour un spectacle. C'était à la fois terrifiant et formidablement rassurant d'avoir une maquette à rendre pour telle date.

Puis j'ai écrit moi-même une pièce, *Le Classique et l'Indien*, dans laquelle j'ai joué, que j'ai mise en scène : je me voyais déjà abandonner la peinture pour le théâtre. Et, sur ces entrefaites, Fabrice Emaer (le flamboyant maître des nuits parisiennes, mort depuis) m'a commandé les décors du *Palace*, une réalisation baroque mariant effets laser et trompe-l'œil. On m'a reproché de commettre mon art dans une boîte de nuit, à l'époque ça vous brûlait un artiste, on me traitait d'"homosexuel buveur de champagne" — je n'ai pas jugé utile de démentir. Mais bon, j'avançais. En 1979, j'ai fait une deuxième exposition, une sorte de parcours à énigmes, sans doute encore une façon de reconstituer les morceaux de mon puzzle intérieur. Tout, en même temps, se remettait en marche. On se fait mordre par les chiens quand on en a peur ; mais, autrement, les chiens vous aiment. Quand on n'a plus peur du monde, le monde vous sourit.

Je m'en suis tiré. D'autres n'ont pas eu cette chance, qui pourtant étaient moins malades que moi. Je pense souvent à eux, à Antoine, par exemple, mon meilleur ami à Villejuif, mon guide dans l'hôpital — pas un délirant, lui, mais un grand malade du cerveau : ensemble, nous passions de l'alcool (piqué aux infirmiers), à travers les barreaux, aux malades en cellules d'isolement, ça devait faire avec les tranquillisants un mélange détonant ! En souvenir de lui, j'ai donné à un de mes fils Antoine comme second prénom.

Aujourd'hui encore, je reste amoureux de l'hôpital psychiatrique. Il n'y a pas si longtemps, j'ai voulu y retourner « pour voir » ; je me suis juré de ne jamais recommencer : trop dangereuse, malsaine, cette fascination pour un monde différent d'où la politesse — ce code social si utile dans la vie quotidienne — est exclue, où la pudeur n'existe pas. Je vois encore ce malade en face de moi, debout sur un bureau, entièrement nu, mordillant une règle qui m'appartenait, une manière de m'apprivoiser. Ou cet autre qui passait ses journées au réfectoire à triturer une balle de ping-pong, sa montre posée à plat devant lui. Un jour, un autre malade s'est assis sur le banc opposé et a mis lui aussi sa montre sur la table. Et, par le truchement des montres, un lien s'est établi. Il y a beaucoup de germes d'amour, vous savez, dans ce genre de lieux, c'est bien pourquoi je n'aime pas trop ces camisoles chimiques qui transforment les malades mentaux en fantômes ; je préfère encore des pavillons aux murs matelassés et aux fenêtres striées de barreaux...

De la douche écossaise émotionnelle que j'ai subie là-bas, on ne se remet jamais tout à fait. Nostalgie de cette complicité jamais retrouvée, d'un monde où l'on enfonce à loisir les portes du réel, un monde qui a sa logique propre — "un fou, ai-je lu quelque part, ce n'est pas quelqu'un qui a perdu la raison, mais qui a tout perdu sauf la raison". Bien sûr, je n'ai pas oublié non plus, au-delà de chaque délire, son cortège de plomb, ces mois, ces années de haute souffrance, mais sans doute n'ont-elles pas été tout à fait inutiles.

En un sens, elles m'ont fait ce que je suis. Plus ouvert aux autres, moi qui avais vécu jusque-là dans un univers si étroit. Bien sûr, la peinture reste d'abord une quête personnelle, et j'ai vécu à fond cet exil intérieur, l'égocentrisme du créateur. Mais, aujourd'hui, je ressens très fort ce besoin de sortir de mon atelier, d'être plus disponible aux autres. J'ai tellement frôlé la catastrophe qu'il me faudrait être aveugle et amnésique pour accepter d'être heureux tout seul.

Ces années m'ont donné une leçon d'humilité aussi, interdit à jamais d'être tout à fait dupe devant les événements de la vie : “formidable”, “désastreux”, tout est tellement relatif ! Et ce n'est certes pas un article de presse élogieux, ni la révérence appuyée d'un « cher maître », ou le prix atteint par une de mes toiles en vente publique qui me rassureront sur la valeur de ce que je fais. Et si j'étais — comme certains le pensent — un passéiste bégayant inlassablement une histoire déjà accomplie, un Bouguereau des temps modernes (gloire officielle du second Empire, ce peintre fut l'ennemi juré des Impressionnistes) ?

Peut-être enfin ce que j'ai vécu m'a-t-il incité — ma vie était assez dangereuse comme cela par ailleurs — à investir dans le solide, le concret, la famille, les enfants, l'amitié ? Cela m'a évité d'être jamais tenté par l'alcool, la drogue, tout ce qui empêche un homme d'être en adéquation avec lui-même. Cette quête de sécurité, on en voit sans doute le reflet dans mes toiles où, loin de revendiquer comme Picasso une absolue liberté, j'ai tout fait, au contraire, pour m'enfermer dans des limites étroites, renouant avec les techniques anciennes, choisissant des thèmes classiques qui renvoient à notre mémoire collective, des natures mortes, des paysages où des jeunes femmes gardent des brebis, sainte Thérèse d'Avila, des figures bibliques ou mythologiques — tout un chemin intérieur nourri par la lecture de *La Divine Comédie* ou des évangiles apocryphes, que je n'aurais peut-être pas fait si je n'étais passé par l'aliénation, cette spiritualité à l'envers : ce n'est pas un hasard si, dans la Bible, il y a ce très beau chant qui lie directement la sagesse à la folie...

L'équilibre, bien sûr, est fragile. Et si je peux parler aujourd'hui de cette maladie honteuse — la seule qui casse toute relation humaine —, c'est parce que je n'en parle pas au présent. Évidemment, si j'avais une crise demain... »

Il y eut donc ces rencontres à Marcilly, puis à Paris, la dernière en mars 1991. Nous devions nous revoir une fois encore. Puis il y eut le silence. Tout le monde parlait de Garouste qui ne parlait pas de lui. Pas même lors du vernissage de ses œuvres récentes, à la mi-octobre 1991, dans un bel espace proche de la Bastille, immenses toiles peuplées de fantômes indécis, rougeoiements sur fond de ténèbres, crépuscules brouillés, ou encore sculptures percées de flèches aux visages entaillés, martelés, aveuglés — « un art, selon *Le Monde*, de la torture et du tourment ». Le silence encore — le repos après le travail forcé ? Et en janvier 1992, un appel : « On se voit ? » Le lendemain, nous nous retrouvions sur les Champs-Élysées au bar du Fouquet's. Il est arrivé avec son éternel feutre mou enfoncé sur la tête et son irrésistible sourire, et il m'a dit d'emblée : « Il y a dix mois, tout a recommencé. »

« C'était en juin dernier, je devais aller chercher une journaliste en gare de Dreux, elle ne m'a jamais vu arriver. Le délire m'avait repris : j'ai filé sur la route de Chartres, persuadé que j'allais mourir dans un accident ; d'ailleurs, j'étais déjà mort. Du coup, j'ai passé la journée à chercher ma tombe dans tous les cimetières de la région. Les gens qui me croisaient ne me regardaient pas — je conduisais très prudemment —, c'était bien la preuve que je n'avais plus rien d'un vivant.

Je suis arrivé dans la cathédrale de Chartres et là, j'ai bouleversé la belle ordonnance d'un mariage, c'était un peu le mien — pourtant, je ne m'étais pas marié à l'église —, je me suis mis à marmonner des prières en suivant le labyrinthe incrusté dans le sol, l'un des rares à subsister en France. J'ai erré dans les rues de Chartres, il pleuvait, et puis je suis revenu dans la cathédrale, et là, dans la petite chapelle qui abrite la Vierge Noire, face aux gens qui priaient, j'ai brisé les cierges un à un dans un geste de défi.

Le soir venu, je me suis assis dans un restaurant, j'ai enlevé la nappe et, avec un couteau, j'ai commencé à graver des signes cabalistiques sur la table. Je ne tournais pas rond, c'était évident. La patronne m'a dit calmement : "Si vous continuez, j'appelle la police." J'ai répondu : "Je l'attends." Enfin arrivait l'heure fatidique où j'allais vraiment mourir. La police est venue, m'a emmené à l'hôpital psychiatrique de Chartres, je n'avais plus aucun signe de reconnaissance sur moi, ayant jeté clés et papiers dans le caniveau après avoir soigneusement garé la voiture. On m'a — une fois encore — assommé de médicaments. Mais, dans la nuit, je me suis réveillé, conscient du réel et sachant que cela ne durerait pas. Il y avait un téléphone à côté de moi, j'ai fait mon numéro, j'ai appelé Élisabeth, elle était sans nouvelles de moi depuis le matin. Le lendemain, à l'aube, elle est venue me chercher. Et là, le cercle infernal a repris. J'ai revu mon psychiatre, il m'a remis sous chimiothérapie, un mois de matraquage. Et six mois de dépression à la clé. Le plus inquiétant, c'est que rien n'explique cette nouvelle crise, pas plus prévisible qu'un infarctus. Tout allait plutôt bien : pas d'angoisse de création, j'avais pratiquement déjà préparé l'exposition.

J'ai essayé de réagir : la dernière fois, les enfants étaient petits, là je me devais d'être présentable devant eux. J'ai voulu bouger, voyager, mais je n'arrivais pas à renouer le contact avec les gens. Un métier plus mécanique, moins cérébral, un bureau qui m'attende chaque matin, m'auraient sans doute aidé à récupérer. Mais là, rien, des projets en cours — dont un sur l'architecture — ont dû être annulés ; j'ai tenté de retarder mon exposition, sans succès. Il y a des mois que je n'ai rien peint. La sculpture ? Disons que je tripote des matériaux avec mon assistant, une forme d'ergothérapie.

Je commence tout juste à émerger du trou noir. Il y a quelques mois, quand j'essayais d'analyser avec vous ce que l'épreuve de la folie m'avait apporté, je recensais une sensibilité aiguisée, l'ouverture aux autres, l'interdiction de me prendre au sérieux. Mais faut-il vraiment pour cela être passé par cette souffrance, cette autodestruction, cette pulvérisation de la personnalité, cette perte d'autonomie ? Aujourd'hui, j'ai un peu l'impression que cela revient à se demander s'il faut vraiment avoir été un enfant battu, matraqué de toutes parts, pour devenir un homme de caractère. Faut-il vraiment chuter dans des abîmes pour mieux affronter la vie ? Il faudrait être masochiste pour voir là du positif. C'est du massacre à l'état pur. Avec peut-être un léger intérêt documentaire pour celui qui chercherait à comprendre comment un homme, périodiquement dépouillé de lui-même, parvient chaque fois à renaître de ses cendres.

Car pourquoi un artiste n'aurait-il pas droit lui aussi à l'équilibre ? Un artiste, c'est un créateur, un constructeur, il doit faire naître des formes, des images — et pas de l'éphémère. Mes tableaux à moi, ce sont autant de défis lancés au temps, c'est pour cela que je veille à ce qu'ils ne s'abîment pas — pas trop vite, en tout cas. On me dit qu'ils seraient moins forts si j'avais moins souffert. Mais je n'en sais fichtre rien ! Moi, j'ai l'impression que je pourrais être un meilleur artiste si je n'avais pas vécu tout cela. Regardez les grands aînés : bien sûr, il y a eu Van Gogh ; mais Rubens et le Greco étaient des gens parfaitement heureux et bien dans leur peau ; Velasquez, un ambassadeur estimé ; Goya, lui, a eu au départ la vie sociale la plus rangée, même si elle a fini en catastrophe, et l'artiste est tout aussi grand dans la première période que dans la seconde.

A ce jour, en tout cas — peut-être ne vous parlerai-je pas de la même façon dans trois ou six mois ? —, je ne peux croire à quoi que ce soit de solide, tout est si fugace, si aléatoire ! Même la complicité avec ma femme ressort abîmée de ces moments-là : trop, c'est trop. Si seulement j'étais capable de regarder une œuvre d'art encore et encore, et de l'aimer — très peu de choses dans ma vie ont le poids d'une œuvre d'art —, ce serait peut-être une sorte de référence au réel, l'amorce d'une projection, le premier maillon de la chaîne de raisonnement qui aboutirait à ce que je sois un artiste qui travaille. Mais non, même un Corot, même un Chirico me laissent froid. Il n'y a plus de plaisir, plus de fascination, plus d'amour.

Sur les décombres, il va falloir reconstruire cela aussi : ce désir que j'ai pu avoir pour une œuvre. Pour l'œuvre des autres. Et pour mon œuvre à moi. Il va falloir — ce sera long, je le sens — retrouver la seule raison que j'aie jamais eue d'être peintre, celle d'être à jamais l'enfant qui, par ses dessins, cherche à séduire ses maîtresses...

Clair-obscur

Je sonne. Il m'ouvre, puis revient vers la table où il travaillait, une table nue où voisinent une machine à écrire, un téléphone, un cendrier. Sur les murs blancs, pas de tableaux, mais des rayonnages chargés de livres. Et des moulures sur le plafond bas, seul élément décoratif dans cet appartement monacal logé tout en haut d'un vieil immeuble XVIIIe, à deux pas de la très parisienne place des Victoires. Nous parlerons longtemps dans la lumière qui tombe. Puis, au moment de nous dire bonsoir, la main gauche posée sur ce bureau qui lui sert de point d'ancrage, il me laissera gagner seule la porte.

Hugues de Montalembert est aveugle. En mai 1978, agressé par des drogués new-yorkais, il a reçu un jet d'acide en pleine face. Il était peintre, il deviendra écrivain pour dire sa lente remontée vers la lumière[1].

« Ma plus grande chance, c'est qu'à trente-cinq ans, lorsque j'ai eu l'accident, j'avais déjà regardé intensément le monde » : la voix est claire, bien posée ; la tête droite, barrée d'un bandeau d'acier, force au regard.

A dix-huit ans, Montalembert, fils de vieille et noble famille, est déjà en rupture de ban, manutentionnaire chez Kléber-Colombes. A vingt-cinq ans, en 1968, joyeux drille plus assidu dans les boîtes de nuit que sur les bancs de la fac de droit, il fait de la figuration sur les barricades, puis file à New York. Pour survivre, il planche, à la section française des Nations Unies, sur

---

1. *La Lumière assassinée*, Éd. Robert Laffont, 1982.

des résumés de séances et des traductions. Plus tard, il deviendra réalisateur, tournera des films documentaires à travers le monde, l'un sur le divorce, l'autre sur l'héroïne à New York, un autre encore sur le Bénin, ex-Dahomey. Pour des magazines italiens, il crapahute en Asie du Sud-Est. Il vit un an entier à Bali. Puis il revient à New York pour se consacrer enfin à la peinture, sa seule vraie passion. « Une vie de nomade, une insécurité totale, certains jours sans le sou, pas de quoi bouffer ni payer mon loyer, le lendemain plein aux as, au moins le temps d'une fête... »

La souffrance des autres, Hugues l'a côtoyée ; la misère en Afrique, la guerre au Vietnam. Souvenirs : dans les marchés de village, les cheveux de femmes assassinées suspendus aux étalages qu'achetaient, pour en faire des perruques, les représentants de l'industrie cosmétique occidentale ; les panneaux d'affichage géants proposant, tel un vulgaire produit, des enfants à adopter, mille dollars pièce ; et cette cour d'orphelinat à Saigon, peuplée d'enfants à béquilles, avec dans un coin une petite fille de huit ans, honteuse de ne pouvoir jouer au ballon avec ses deux moignons. « Insoutenable, j'ai fui. »

La souffrance des autres, la sienne aussi. Une souffrance non pas physique — Hugues jouit d'une santé de fer —, mais morale : cinq ans avant l'accident, il s'est séparé d'Idanna, sa femme, une Italienne. « Dieu sait si je n'étais pas un mari modèle, mais j'avais pour elle un tel respect, une telle tendresse ! Cette rupture a été pour moi une épreuve bien pire que celle de perdre mes yeux. » On écoute, on a du mal à le croire. Il insiste : « Je n'avais plus envie de rien, j'étais devenu *rien.* Aux pires moments, jamais mon aveuglement ne m'a fait désespérer ainsi de la vie. Bien sûr, mon mal est spectaculaire, mais tant de gens se promènent avec des cicatrices plus profondes encore, que personne ne voit ! » L'autre semaine, Hugues a fait cette réflexion à un chauffeur de taxi — à son accent, un Asiatique — qui l'assurait avec une politesse raffinée de sa compassion : « Il y a eu un silence. Et puis l'homme m'a dit : "Monsieur, je suis cambodgien et j'ai vu ma femme et mes cinq enfants tués à coups de pioche devant moi." »

New York, 25 mai 1978. Par une pluie fine, Hugues de Montalembert va prendre l'air à Washington Square, à deux pas de sa petite maison de Greenwich Village blottie au fond d'une impasse. Attaqué par deux Noirs au moment de franchir sa porte, il est jeté à l'intérieur, sommé d'indiquer où il cache son argent, brutalisé, contraint à se dévêtir sous la menace d'un couteau. Les agresseurs sont drogués, prêts à tuer. Hugues profite d'un moment d'inattention pour se saisir d'un tisonnier, il frappe, frappe. Et reçoit soudain un liquide chaud en pleine figure : « Quand j'ai compris que c'était de l'acide, il y a eu une seconde où l'animal en moi a réagi avec une violence si forte qu'à ce moment-là, j'ai vraiment failli basculer dans la folie. »

Des mois d'hôpital. Un long calvaire. Les yeux brûlés si profondément qu'on craint à tout moment une perforation. Chaque matin, on incise au scalpel les bourgeonnements de chair qui ont poussé pendant la nuit. Sous les paupières rétractées, le frottement des cils sur le globe oculaire devient une torture chinoise. « Mais je me suis découvert plutôt dur à la douleur. Comme ma mère. Comme mon grand-père, mort d'un cancer du cerveau dans des conditions effroyables, sans jamais avoir laissé échapper une plainte. J'arrivais à me dissocier, à tenir ma souffrance à distance, à l'analyser avec curiosité. Jamais elle ne m'a fait disjoncter. » Hugues s'offre même le luxe de refuser le valium qu'on lui a subrepticement administré — « par crainte de m'abrutir » —, tout en s'efforçant de ne pas confondre courage et orgueil, de ne pas se tenir « comme une cathédrale dont les portes fermées cacheraient la voûte effondrée ».

Le verdict définitif, Montalembert ne le connaîtra qu'au bout de deux mois : « Cela m'a permis de me faire progressivement à l'idée de ne plus voir. » Reste la découverte brutale de sa dépendance le jour où l'hôpital le recrache sur le pavé de New York, six agrafes mordant ses paupières, le corps boursouflé par les médicaments, le cœur vide de toute espérance. Ne plus pouvoir faire un saut dans la rue, prendre un café, ouvrir un journal et devoir demander la main de quelqu'un pour le guider dans tous ses déplacements — autant d'humiliations quotidiennes pour ce caractère pas facile, volontiers arrogant. Et puis, cette lancinante question : que vais-je devenir ? « Je n'avais jamais gagné ma vie qu'avec mes yeux, et mes yeux m'étaient ôtés. L'aventure avait guidé mon existence et je me retrouvais promis à une vie d'handicapé cloué à la maison. »

La rumeur ajoute à l'horreur. Pour expliquer son agression — « les gens n'aiment pas que les choses arrivent par hasard » — , des « amis » reprennent l'idée, déjà consciencieusement explorée par la police new-yorkaise, d'un sordide règlement de comptes : vengeance d'homosexuels, rixe de trafiquants de drogue... Même Idanna, fidèle amie, accourue depuis Singapour juste après l'accident, se met à douter : « Les autres, je m'en fichais, mais elle, ça m'a indigné. Elle savait bien pourtant que je n'avais touché — comme tout le monde à New York — qu'à la marijuana. Elle avait fait le film sur l'héroïne avec moi, elle avait vu arriver à la morgue le cortège des types morts d'overdose... On serait dégoûté à moins. »

Rationaliser le hasard ? Une tentation. « Un jour, j'ai assisté à un spectacle du Théâtre des Handicapés, entre Canal Street et Broadway, une troupe uniquement composée de retardés mentaux, de sourds, d'aveugles, de paralysés. A un moment donné, on les a laissés libres d'improviser. Et ça a donné un happening hallucinant, des gens sillonnant la scène en tous sens et hurlant sur tous les tons « *Why me ? Why me ?* Pourquoi moi ? » Une « question idiote », tranche Hugues qui, lui, a très vite accepté de ne pas comprendre. « Je vivais à New York, une ville où la violence et l'insécurité sont la norme, où un enfant sur cinq se rend le matin à sa *high-school* avec un couteau ou une arme à feu dissimulé dans son blouson ou son cartable. J'étais devenu un fait divers, point. Cela m'a permis de faire l'économie de la révolte. »

Ce sont les femmes qui, peu à peu, lui rouvriront les portes de la vie : « J'ai été sauvé par elles, et pas seulement par celles dont je suis tombé amoureux. » Sauvé par leur tendresse, leur pragmatisme : « Face au malheur, les hommes sont balourds, ils se promènent les pieds dedans. Les femmes, elles, savent faire le geste qu'il faut, donner le conseil qui facilitera la vie, elles font l'économie de la commisération. » Un an après l'accident, Hugues rencontre Valouchka ; elle est belle, blonde, passionnée, elle danse à ravir, elle a vingt-quatre ans. Un soir, pour la consoler, Hugues fait dans New York endormie quarante blocs à pied, sa première sortie solitaire. Plus tard, sa belle évanouie, il sautera dans un avion pour tenter de la rejoindre quelque part en Inde, la poursuivant de New Delhi à Srinagar, de Srinagar jusque dans les montagnes du Cachemire. Une quête folle (racontée dans son second livre, *A perte de vue*[1]) qu'il mènera surtout à la recherche

1. Éd. Robert Laffont, 1990.

de lui-même : « La rejoindre ou pas... Très vite, la question n'était plus là. L'essentiel, pour moi, était de marcher. » Et, marchant, d'annihiler cette peur qui saisit aux tripes l'homme privé de vision dès qu'il franchit le seuil de sa maison.

Sauvé, Hugues le sera aussi par son éducation. Une éducation traditionnelle — château Louis XIII au fond de la Mayenne, sept frères et sœurs, des ancêtres militaires depuis plus de mille ans —, mais saupoudrée d'originalité du côté maternel : « des Irlandais complètement fous, contraints d'émigrer pour avoir défié l'autorité anglaise à la pointe de leurs pistolets ». Une éducation basée sur la foi en Dieu, le respect de soi et des autres, le mépris du laisser-aller, la distance à l'égard des problèmes d'argent, une philosophie presque romaine, non de l'avoir, mais de l'être. A Lassay, la propriété des Montalembert, les enfants sont élevés plutôt à la dure — « rien de commun avec aujourd'hui où l'on voit les parents tripoter sans cesse leurs petits » —, sous la gouverne d'institutrices austères (de doux anges, cependant, en comparaison des pères jésuites qu'Hugues devra supporter plus tard dans sa pension bretonne : punitions corporelles et eau froide à l'évier). En compensation, il y a le cocon de la fratrie, et la campagne, et ces immenses greniers où, depuis trois siècles, se sont accumulés des trésors — « un fantastique soutien à l'imaginaire ». Au total, « une enfance mieux qu'heureuse : harmonieuse ».

Autre bagage, intellectuel et artistique, cette fois : « Dans le centre de rééducation où je me suis retrouvé, à New York, il y avait beaucoup de jeunes Noirs, souvent accidentés du travail, sans autre ressource qu'un ego très fort, fondamentalement machos : ils ne supportaient pas d'avancer en tâtonnant dans la rue, se mettaient en rage quand une bonne âme leur proposait ses services pour traverser... Emprisonnés en eux-mêmes, ils faisaient du surplace. » Hugues, lui, est constamment poussé en avant par tout ce qu'il a emmagasiné dans sa tête. Et d'abord par son amour du Beau.

« Au début, j'ai eu peur que ma mémoire du monde visible ne s'efface au profit d'un univers abstrait de sons, d'odeurs, de sensations tactiles. Je me suis forcé à visualiser inlassablement les œuvres que j'aimais, la *Pieta* de Michel-Ange, le *Cavalier polonais* de Rembrandt, les portraits d'Innocent X de Francis Bacon, et aussi des paysages, le volcan de Sombok en Indonésie, les savanes africaines. Aujourd'hui, mes amis peintres continuent à me montrer leur peinture, ils me l'expliquent, me la font palper : je la vois par leurs yeux. Comme je vois l'île de Macassar au large de la Malaisie, inconnue pourtant de moi "avant", et ce monastère indien où j'ai passé trois semaines, explorant le moindre recoin, frôlant les pierres de mes paumes, faisant rouler sous mes pieds les graviers des jardins. » Des images que Hugues, faute de pouvoir désormais les fixer sur ses toiles, va enfermer dans des mots, écrivain par nécessité autant que par passion : « A l'hôpital, trois jours après mon arrivée, j'ai demandé, sans trop savoir ce que j'allais en faire, un bloc de papier. »

Essentielle enfin pour ne pas couler, l'interrogation spirituelle — « pour moi la chose centrale, le premier cercle ». Depuis longtemps, Hugues a déserté la foi de son enfance : il n'y reviendra pas, laissant obstinément fermée la bouteille d'eau de Lourdes — une Sainte Vierge en plastique — qu'une cousine bien intentionnée lui a envoyée pour dessiller ses yeux. « Quand je pense, dit-il en riant, qu'il m'aurait suffi de dévisser la tête !... » Ses pas l'ont porté ailleurs : sur les chemins du bouddhisme, de l'hindouisme, d'une certaine sagesse orientale. Avec une vraie fascination pour Aho, un vieux prêtre vaudou rencontré au Dahomey et mort depuis, qui, ombre complaisante, viendra les premiers temps s'asseoir à son chevet. Plus tard, réinstallé en France, Hugues poursuivra sa quête les yeux clos, partant un jour en trébuchant à travers la garrigue de Haute-Provence rencontrer un ermite réfugié dans une anfractuosité de rocher.

Voilà pour le terreau. Côté instruments de travail, Hugues n'est pas non plus démuni. De la curiosité, il en a à revendre. De l'humour aussi, souvent noir. Rien qu'à l'hôpital, il horrifie les infirmières par ses *bad jokes* et sa fâcheuse tendance à remplacer le goutte-à-goutte, qui le suit dans les couloirs sur une potence à roulettes, par une bouteille de bordeaux. Le sert aussi son goût de l'apparence.

Juste après l'agression, il a eu le réflexe de se laver frénétiquement : si l'acide a tué ses yeux, il n'a pas labouré son visage. « Ne pas voir est une chose, mais ne pas pouvoir être vu ! Bien sûr, cela a été important pour moi de ne pas être un objet d'effroi. » Un euphémisme, à regarder cet homme de quarante-huit ans aux beaux traits réguliers, à qui son bandeau d'acier confère une étrangeté quelque peu extraterrestre : « Des lunettes noires, j'en ai eu au début, mais elles cultivaient l'ambiguïté ; dans les salles d'attente, on me tendait des magazines à lire... Ce bandeau, pour moi, c'est comme un drapeau. Et puis, il tranche la pitié. »

Pas le dialogue : depuis bientôt deux heures, Montalembert et moi nous parlons droit dans les yeux. Absurde ? Au contraire. « J'ai appris à ne pas regarder avec les oreilles, comme font souvent les aveugles. » Appris aussi à être ce que les instructeurs appellent un "bon voyageur", marchant dans la rue avec élégance et décontraction grâce à la parfaite maîtrise de l'axe de sa canne en fibre de verre, quand trop de mal-voyants fourragent devant eux sans grâce en levant le nez.

Vanité ? « Dignité ! » réplique Montalembert. Et ardent désir de plaire, aux gens en général, aux femmes en particulier, surtout si elles sont belles : « Pour moi, c'est plus important encore qu'avant, avoue Hugues, presque penaud. Une vraie faiblesse. Je serais incapable d'aimer une femme qui n'éveille pas une lueur dans le regard des autres. Peut-être la sombre terreur qu'on se dise : "Le pauvre vieux ! Heureusement qu'il n'y voit pas !" » Montalembert rit, d'un rire un peu carnassier. Le rire d'un homme qui aime les défis. Il y a quelques années, il a fait l'ascension du Gunung Agung, la montagne sacrée de Bali : seize heures d'escalade avec deux amis, jusqu'à la limite de ses forces. En projet : refaire du parachute, comme il s'est déjà remis au cheval, galopant avec délices sur les plages du Portugal ou de Long Island, près de New York. La natation, elle, pratiquée avec détermination au moins deux fois par semaine, aura permis à Hugues de garder sa silhouette de jeune homme. Et, partant, de jouer volontiers les casse-cou : il y a deux ans, en escaladant un soir de joyeuse fête la statue de Louis XIV, place des Victoires, il s'est cassé méchamment le genou droit — « l'assurance d'avoir la patte raide dans vingt ans ! ». A vrai dire, dans son état, Hugues n'a même pas besoin de ces gamineries pour prendre des mauvais coups : surtout les premiers temps après l'accident, il a eu les tibias couverts de bleus à force de se heurter aux meubles ; un jour, contre le chambranle de sa porte, il se fend l'arcade sourcilière ; un autre, sous la douche, au Sri Lanka, il se cogne si violemment contre le robinet qu'il se sectionne un nerf. Bilan : une opération et des mois d'incapacité.

Hugues se heurte. Il a mal. Il vacille parfois, au moral comme au physique. Mais il avance : « L'épreuve, dit-il, m'a concentré sur l'essentiel. » Et il cite, en exergue à son livre *La Lumière assassinée*, René Char : « Si l'homme ne fermait pas souverainement les yeux, il finirait par ne plus voir ce qui vaut la peine d'être vu. »

« Avant, j'étais passionné par mille choses différentes. Là, après avoir, comme disait mon ami Aho, "nagé dans les eaux de la mort", j'ai su que je ne m'en sortirais qu'en appliquant ma volonté à des choses précises. » Des choses au départ minuscules : se raser, être propre, ne pas grossir. Puis : apprendre à être indépendant, à tenir sa maison, à faire la cuisine, suivre des cours de braille, marcher seul dehors et avec style. Se mettre au piano. Vaincre la peur du noir, celle de l'interminable face-à-face avec soi-même. Retrouver un métier qui permette de vivre, car « ça coûte cher de ne pas voir » : taxis, plats surgelés, moniteurs de sport et tutti quanti. Écrire un livre et un beau livre. Bref, garder chaque matin assez d'appétit de vivre pour repartir, « même si on n'a pas dormi de la nuit, que le gyroscope de la tête est détraqué et que la simple idée d'aller chercher le pain vous semble totalement au-dessus de vos moyens ».

Avec toujours cette tentation de se défouler dans la violence : « Je pique, c'est vrai, des colères épouvantables, des colères de frustration, faute de pouvoir agir et galoper à mon aise. » Une impatience ressentie aussi par Hugues devant « ceux qui se plaignent pour un rien, vous entretiennent longuement au téléphone de la dent qu'on leur a plombée, des embarras de Paris ou de l'ennui de déménager. Honnêtement, ce n'est pas par rapport à moi, mais il y a tellement de gens dans la merde que je trouve proprement scandaleux d'en voir d'autres qui ont tout pour eux se taper des dépressions, tout ça par un effet de *self-indulgence*. "Je pleurais parce que j'avais perdu mes chaussures quand j'ai rencontré un homme qui n'avait plus de pieds", dit un dicton indien. Beaucoup de gens trouveraient profit à le méditer ! ». Insupportables aussi, pour Hugues, les enfants qui « passent leur temps à geindre pour un bonbon, une sucette — un bruit très particulier que je n'ai jamais entendu chez les petits Balinais. Pas plus que chez mes sept frères et sœurs. Les enfants d'aujourd'hui me semblent mal préparés à faire montre de résistance intérieure ».

L'épreuve aurait-elle durci le chevalier derrière son heaume à la visière soudée ? « Je n'ai jamais été un tendre, lance Hugues en riant de son drôle de rire. Un jour, j'ai surpris Valouchka qui se plaignait à une amie de n'avoir jamais croisé mon regard : “Ne regrette rien, a-t-elle répondu, il avait des yeux de terroriste !” Et puis, comment savoir si l'épreuve m'a changé, quand je n'ai aucune idée de celui que je serais devenu ? »

Meilleur ou pas, l'important pour Hugues est d'atteindre, malgré l'épreuve ou peut-être grâce à cette lutte menée bec et ongles contre le sort, son « ampleur d'homme ».

« Le mois dernier, j'étais à Cannes, au palais du Festival, assistant à un gala au profit de la lutte contre le sida. Sur scène, la femme que j'aime et avec qui je vis — une ballerine, comme l'était Valouchka — dansait sur un thème que j'avais composé pour elle. » Une bande sonore mêlant à la mélodie des phrases de Tennessee Williams, des bruits de mer, le vacarme du Trans-Orient-Express, avant de s'achever sur l'un des *Kindertotenlieder* de Mahler. « J'étais là, amoureux, transporté de joie, en créateur ébloui de ma propre témérité, et j'ai pensé : qui, en 1978, quand je me consumais d'angoisse sur mon lit d'hôpital, aurait pu me prédire cela ? En décembre dernier, je finissais mon second bouquin quand j'ai eu le même genre de “révélation” en nageant à Bali. Pauvre de toi, me suis-je dit, qui fais le métier que tu aimes et barbotes dans les mers chaudes quand tes copains se gèlent à Paris ! Et j'ai éclaté de rire. »

Ce matin, Hugues a fini un article en anglais sur son périple himalayen. Il y a peu, il signait avec un producteur de Los Angeles un contrat pour *La Lumière assassinée* : « Ça m'amuse comme un fou de jouer les scénaristes et les conseillers à la mise en scène. » Demain, il écrira un livre de fiction sur l'Europe de l'Est, et pas de la « littérature d'aveugle ». Maintenant, il a assez parlé de lui. La vie avec sa ballerine ? « Délicieuse ! Elle est tellement passionnée par son métier qu'elle me fiche une paix royale. »

Seule angoisse avouée avec sincérité : « Je n'ai aucune idée de ce que peut être la vieillesse quand on n'y voit pas. Cela ne doit pas être tellement pratique. » Mais, il y a quelques mois, ce qu'il n'avait pas fait depuis dix ans, Hugues est allé consulter un grand ponte de l'ophtalmologie sur les nouvelles techniques de greffe de la cornée : « En tout cas, je suis inscrit le premier sur la liste... »

Naufrage à la carte

Au service de psychiatrie de l'hôpital Necker de Paris, le Pr Yves Pélicier, soixante-six ans, reçoit en consultation toutes sortes de malades : des anxieux, des dépressifs, des schizophrènes, des psychotiques... Des pathologies d'origine génétique, ou découlant d'une histoire affective et sociale difficile, ou bien encore dues à des traumatismes brusques, des « coups du sort » que rien ne laissait prévoir mais qui, pourtant, viennent eux aussi s'inscrire dans une histoire. De sorte que, face à une même épreuve, l'égalité est loin d'être la règle.

Pour vous, psychiatre, le terme d'« épreuve » a-t-il un sens ?

Nous parlerions, nous, plutôt d'expérience, d'expérience traumatisante, d'« expérience limite », selon l'expression du philosophe allemand Karl Jaspers, face à laquelle l'homme doit se déterminer d'une manière ou d'une autre. Ou encore de crise, vue comme l'aboutissement d'un long processus, le moyen pour l'individu, à travers le spectaculaire et le théâtral, de résoudre d'anciennes tensions ; et non, selon le sens courant, comme quelque chose de désagréable, de soudain, d'inattendu, d'éphémère et dont il faut sortir à tout prix.

Ce sont pourtant bien là les caractéristiques d'une épreuve ?

C'est à voir. L'épreuve n'est souvent que le sommet immergé de l'iceberg. Prenez les crises conjugales : elles se préparent parfois sur un long laps de temps.

Mais une maladie, un deuil ?

Il y a des cancers qui couvent plusieurs années. Le deuil, oui, bien sûr, peut frapper de plein fouet. Mais le travail de deuil, lui — qui revient, c'est terrible à dire, à tuer le mort qu'on porte en soi — peut prendre selon les individus des mois, des années, ou ne se faire jamais. Dans les problèmes humains, quels qu'ils soient, il est impossible de faire abstraction de la dimension historique.

Vous êtes un spécialiste du stress. Est-ce là une épreuve au petit pied ?

Attention à ce mot-valise, comme disait Lewis Caroll, qu'on sert aujourd'hui à toutes les sauces. Tout est stress dans la vie moderne : le zéro en maths du petit dernier comme l'attente un peu prolongée à un arrêt d'autobus. Mais le « syndrome général d'adaptation » ou stress — notion utilisée pour la première fois par un jeune chercheur germano-canadien, Hans Selye, en 1936 — a un sens médical bien précis ; il désigne le cortège de symptômes stéréotypés qui suivent une agression physiologique — une maladie, un accident — ou psychosociale — un deuil, un divorce, une mise au chômage. Une étude menée à l'hôpital de Bethesda, à New York, sur des parents d'enfants leucémiques révélait ainsi chez ces derniers des modifications hormonales et une augmentation importante du taux de cortisone dans le sang.

Le stress est donc synonyme d'épreuve ?

Pas toujours. Car, pour qu'il y ait épreuve, il faut que l'expérience ait un sens, qu'elle nous concerne en propre, qu'elle revête une dimension morale. J'assiste à un accident d'auto, on extrait devant moi un blessé des tôles froissées : c'est un stress, j'en suis choqué, ma tension monte, mon pouls s'accélère, une analyse plus fine révélerait des modifications au niveau des capsules surrénales, des sécrétions hormonales, de la régulation thermique. Mais ce n'est pas une épreuve. L'épreuve, c'est l'accident qui atteint par exemple un être cher. De même, ce pauvre président Bush fait une hyperthyroïdie pendant la guerre du Golfe, cet événement le touche jusqu'à s'inscrire dans sa chair, mais il n'en portera pas le poids des années, comme s'il s'était agi d'une épreuve familiale.

Pour en finir avec les questions de terminologie...

Elles sont essentielles !

... les épreuves peuvent-elles être assimilées aux life-events, *ces « événements de la vie » qui sont un des concepts clés de la psychologie aujourd'hui ?*

Tout comme le stress, les « événements de la vie » ne sont qu'un constat, non pas au niveau physiologique, cette fois, mais au niveau biographique : telle chose est arrivée à telle personne. Quant à savoir comment celle-ci va réagir... Ce que l'on peut seulement apprécier — grâce, par exemple, à l'échelle de Holmes et Rahe établie en 1971 (voir tableau p. 62) —, c'est la probabilité qui existe, pour les gens frappés par tel ou tel événement, de connaître une dépression ou d'autres troubles psychiques.

L'étonnant c'est que, dans ces événements déstabilisateurs, il y en a d'heureux : le mariage, la naissance d'un enfant...

Même lorsque cet événement a été amoureusement préparé, même quand aucun imprévu — un accouchement prématuré, un enfant anormal — ne vient troubler ce rendez-vous magique, l'irruption d'un tiers, surtout lors d'une première naissance, bouleverse profondément l'équilibre d'un couple. Quant au mariage... peut-être est-il sage de s'en inquiéter à l'heure des échecs à répétition. Même une promotion peut être mal vécue : imaginez l'ouvrier qui n'avait que des copains sur sa chaîne et se retrouve chef d'atelier dans un milieu qui lui est étranger. Il rêve de revenir à la case départ ! Il y a des bonheurs ravageurs.

L'important, c'est moins l'événement lui-même que la manière dont on le vit ?

Bien sûr. Un exemple encore : le ministre de l'Éducation nationale peut décréter demain que les professeurs d'université devront prendre désormais leur retraite trois ans plus tôt. J'en serai désolé, car j'aime mon métier, cela changera beaucoup de choses dans mon existence, mais je pense que je m'en accommoderai ; d'autres feront une maladie coronarienne ; d'autres encore, tout heureux, iront cultiver leur jardin. Chacun donne à l'événement une coloration différente selon son âge, son sexe, son caractère, son vécu antérieur, les appuis sociaux et amicaux

Événements de la vie	*Importance du traumatisme*
1. Décès du conjoint	100
2. Divorce	73
3. Séparation maritale	65
4. Fin de détention en prison	63
5. Décès d'un membre proche de la famille	63
6. Accidents ou maladies personnels	53
7. Mariage	50
8. Licenciement	47
9. Réconciliation maritale	45
10. Mise à la retraite	45
11. Changement de l'état de santé d'un membre familial	44
12. Grossesse	40
13. Difficultés sexuelles	39
14. Entrée d'un nouveau membre dans la famille	39
15. Réaménagement professionnel	39
16. Changement de statut financier	39
17. Décès d'un ami proche	38
18. Changement d'orientation professionnelle	37
19. Changement de fréquence des disputes conjugales	36
20. Hypothèque supérieure à 10 000 $ (de 1967)*	35
21. Échéance d'un emprunt ou saisie d'hypothèque	31
22. Changement de responsabilité au travail	30
23. Départ du foyer d'un fils ou d'une fille	29
24. Ennui avec la justice	29
25. Réalisation personnelle incomplète	28
26. Début ou fin du travail de l'épouse	26
27. Début ou fin de scolarité	26
28. Changement dans les conditions de vie	25
29. Révision de ses habitudes personnelles	24
30. Difficultés avec son patron	23
31. Changement d'horaires ou de conditions de travail	20
32. Changement de résidence	20
33. Changement d'école	20
34. Changement de distraction	19
35. Changement d'activité religieuse	19
36. Changement d'activités sociales	18
37. Hypothèque ou prêt inférieur à 10 000 $ (de 1967)*	17
38. Changement dans les habitudes de sommeil	16
39. Changement dans la fréquence des réunions	16
40. Changement dans les habitudes alimentaires	15
41. Vacances	13
42. Fête de Noël	12
43. Violation mineure de la loi	11

* 10 000 $ équivalent à un salaire moyen en 1967.

dont il dispose : le malheur en solitaire, c'est une évidence, frappe plus fort que le malheur accompagné. Devant l'épreuve, l'homme n'est pas un voyageur sans bagages.

Ce qui explique que, confrontés à une épreuve identique, certains s'en tirent, d'autres pas.

Mais il n'y a pas d'épreuve identique ! Car, outre le drame lui-même — c'est-à-dire l'action au sens de la tragédie antique —, il y a le prodrame (ce qui le précède), et le métadrame (ce qui le suit). Prenons un exemple qui m'est personnel : j'ai fait naufrage en 1970, en revenant de vacances, sur un car-ferry grec. Les embarcations de sauvetage étant hors d'usage, nous avons dû nous jeter à l'eau : ma mère, qui avait soixante-dix ans à l'époque — je lui avais vanté les bienfaits des bains de mer pour ses rhumatismes !... —, ma femme, nos deux filles et moi.

Ce n'était pas évident de sauter de huit à dix mètres de haut en pleine mer, surtout avec une femme âgée et des adolescentes : nous avions des gilets de sauvetage, mais il fallait prendre garde que le courant ne nous sépare pas. Même dans ces eaux tièdes, le froid finit par vous engourdir. Et l'on pense immanquablement aux requins au milieu de l'Adriatique. Finalement, nous avons été recueillis quatre heures plus tard.

Pourtant, le plus grave n'était pas là. L'une de nos filles avait sauté quelques secondes avant nous et nous ne l'avons plus revue. Nous avons attendu douze heures avant de la retrouver saine et sauve à l'hôpital de Brindisi, douze heures de folle inquiétude — et avec quelque raison, puisque ce naufrage a tout de même fait une centaine de morts.

L'épreuve s'était déplacée ?

Exactement. Quand les écrivains introduisent à l'intérieur de leur récit un autre récit, ils parlent de « mise en abîme ». Là aussi, il y avait une épreuve à l'intérieur de l'épreuve. Du collectif, on passe à l'individuel. Et puis, chaque naufragé a ses raisons à lui de flotter plus ou moins bien...

Vous aviez été jusque-là plutôt épargné ?

Jusqu'en 1962, vous savez, j'ai habité l'Algérie : il faut imaginer ce que c'était de vivre dans une ville où règne le terrorisme, avec de jeunes enfants dont on redoute qu'ils reçoivent, jusque dans leur chambre, une balle perdue. Faire face à la peur, à la mort, cela était, si j'ose dire, possible, mais non craindre de perdre un enfant !

Quant à l'« après »-drame ?

Après notre expérience grecque, j'ai souhaité à beaucoup de gens d'avoir des épreuves de ce type — et, bien sûr, de s'en sortir ! Car elle est devenue mon mètre-étalon, la mesure de mon existence. A l'époque, j'avais quarante-quatre ans. A partir de là, j'ai relativisé beaucoup de choses qui auraient pu revêtir pour moi une signification perturbante — un problème professionnel, une partie de bras de fer avec l'administration, un différend avec un ami : tout cela ne valait pas dix grammes d'émotion ou de colère. Seul a compté désormais à mes yeux ce qui touchait à la vie, à la mort, la mienne bien sûr, mais surtout celle de mes proches ; et puis ce qui engageait d'une façon ou d'une autre le respect de soi-même.

L'épreuve a donc un sens ?

Pour moi qui me réfère à une philosophie chrétienne, elle fait de toute façon partie du plan de la vie. Mais elle a aussi — le clinicien que je suis le constate tous les jours — une fonction maturante. Une existence se construit au travers de ses succès et de ses échecs, de ses crises, on y prend des coups, on en reçoit, et le moteur de cette construction, c'est notre capacité à faire face, nos réactions de *coping*, diraient les Anglo-Saxons (de *to cope with :* affronter), qui viennent remodeler l'événement initial, en transformer l'impact. La bonne fée qui viendrait dire devant le berceau d'un nouveau-né : « J'aplanirai tout devant lui », il faudrait la chasser bien vite.

Évidemment, vous n'auriez plus de patients !

J'en suis moins sûr que vous, car une évolution molle dans le cadre d'une éducation permissive aboutit à faire des êtres invertébrés démolis par le moindre échec. Mais c'est vrai que nous accueillons aussi ici nombre de gens qui n'ont pas réussi à surmonter des épreuves trop lourdes. Presque invariablement les mêmes.

Lesquelles ?

D'abord la mort d'un enfant, pour moi le traumatisme maximal, même si l'échelle de Holmes place d'abord le décès d'un conjoint. Car, en perdant un enfant, nous perdons non seulement un être tendrement aimé, mais aussi notre avenir, le support de nos espoirs, de nos projets et, pour ceux qui ne sont pas croyants, la seule promesse d'immortalité. S'ajoute à cela l'inévitable culpabilité qui entoure la mort d'un enfant, quelle que soit sa cause, maladie, accident : « j'aurais dû le faire examiner plus tôt », « je n'aurais pas dû le laisser partir », etc. Le parent survivant est toujours en dette vis-à-vis de l'enfant, il n'a pas su le protéger comme il le devait.

Certains parents ne guérissent jamais ?

Nous en connaissons tous. Pour eux, cette mort est moins à l'origine d'une dépression — sinon sur le moment — que d'une longue tristesse. La vie se ternit, la joie devient sacrilège. S'instaure parfois un culte familial dont les parents sont les gardiens et les prêtres. Je me souviens d'un ménage qui avait perdu dans un accident d'auto une fille de seize ans et transformé sa chambre en chapelle remplie de photos, de souvenirs d'elle. Ce repli sur soi se double parfois, à l'égard des enfants qui restent, d'une indifférence dont ils paieront chèrement les effets, une fois devenus adultes. Si vous saviez le nombre, parmi nos patients, de ceux qui disent : « J'ai vu ma mère en noir toute sa vie », ou encore : « La promenade du dimanche, c'était d'aller au cimetière. Et quand je courais dans les allées, mon père me regardait d'un air sévère : "Pense plutôt à lui qui est sous la terre". » Il y a aussi ces « enfants de remplacement » dont la naissance était censée panser le deuil récent d'un frère ou d'une sœur aînée, et qui ne se sont jamais vécus que comme des substituts.

Avec la mort d'un enfant, quelles sont les autres épreuves quasi insurmontables ?

Dans un très vieux couple, la mort du conjoint. Quand des gens ont vécu cinquante ou soixante ans ensemble, le départ de l'un d'entre eux est, pour celui qui reste, un désastre qui remet en question tout l'équilibre de sa vie quotidienne et peut entraîner une détérioration accélérée de sa capacité de vivre de façon autonome. D'où le phénomène relativement fréquent du « double enterrement » où le conjoint ne survit que peu de jours à celui qui est parti.

En perdant l'autre, on perd son double ?

C'est pire que de perdre son double, on se perd soi-même. Les vieux couples — quels que soient les orages qu'ils aient pu traverser — reconstituent la même unité fusionnelle qu'entre le tout petit enfant et sa mère. On pourrait aussi les comparer à des frères siamois : la mort de l'un est pour l'autre une amputation chirurgicale si radicale qu'elle ne lui laisse plus assez pour vivre. L'une de mes patientes âgées — elle avait alors plus de soixante-quinze ans —, que je suivais depuis des années pour une dépression légère (elle avait perdu il y a longtemps son fils unique dans un accident de moto), me fut amenée par un neveu quelque temps après la mort de son mari. « Dites-moi, docteur, m'a-t-elle dit dès que nous nous sommes retrouvés en tête à tête, un mort, ça ne revient pas ? Et pourtant, le soir, quand je me couche, j'ai l'impression que mon mari s'étend à côté de moi, je sens même qu'il tire les draps. Au point qu'au petit matin, je suis allée vérifier au cimetière si la tombe n'était pas ouverte. Et, tenez-vous bien, mon fils lui aussi se manifeste, il se couche sous le lit, comme si, habitué au couvercle du cercueil, il avait besoin d'avoir quelque chose sur la tête. Alors j'ai voulu tenter une épreuve. » Et cette brave femme, qui n'avait certes pas lu *Le Horla* de Maupassant, de refaire la même expérience que lui en disposant sur la table une carafe d'eau, du lait et du pain : « Et, au petit matin, la carafe était à moitié vide ! Enfin, docteur, vous me connaissez depuis longtemps, est-ce que je suis en train de devenir folle ? »

Cette femme n'était pas folle, mais elle souffrait d'une « hallucinose des veuves », provoquée par la privation non seulement affective, mais sensorielle, consécutive à la mort du mari avec qui pendant des dizaines d'années elle avait vécu, parlé, couché dans le même lit, partagé les repas. Un phénomène très semblable à celui des spéléologues qui, privés de jour et de bruit au fin fond d'un gouffre, se mettent au bout d'un moment à percevoir et des lumières et des voix.

Cette femme a guéri ?

Pas de son double chagrin, mais de son hallucinose, oui. Toute rupture est traumatisante, mais, dans le cas de très vieux ménages, c'est une agression abominable qui devrait selon moi entraîner une prise en charge psychologique quasi automatique. Surtout pour les veufs, qui vivent généralement cette épreuve encore plus mal que les veuves, ayant moins qu'elles l'habitude de se prendre en charge.

Face à une séparation, l'homme réagit moins bien que la femme ?

L'homme âgé. Pas celui d'âge moyen, mieux équipé au contraire pour faire face à la solitude, car c'est lui qui, aujourd'hui encore, a l'initiative des relations sociales : l'homme seul, si cette situation lui pèse, ne le restera pas ; la femme, elle, n'a pas toujours le choix. Là où l'homme est plus fragile, c'est sur le plan professionnel — témoin le nombre de vies cassées à la suite d'un licenciement, d'une faillite, d'un soupçon porté sur l'intégrité d'un individu ou sur ses compétences. En tout cas, quelles que soient l'épreuve et la personne qu'elle frappe, elle sera ressentie d'autant plus douloureusement qu'elle viendra réactiver un traumatisme ancien — défaut d'affection des parents ou deuil de l'un d'entre eux.

Il n'y a pas d'apprentissage ?

Il existe, et c'est un lieu commun de dire que des gens qui ont traversé des moments difficiles sont mieux armés pour affronter de nouvelles avanies. Tout le monde a en mémoire l'incroyable parcours de Martin Gray, enfant du ghetto de Varsovie réchappé des horreurs de la Seconde Guerre mondiale, devenu un homme riche et affectivement comblé avant de perdre d'un coup sa femme et ses quatre enfants dans l'incendie de leur maison de Provence. Et, dans cet au-delà du tragique, repartant, malgré tout, vers d'autres raisons de vivre...

Encore faut-il, pour qu'il y ait apprentissage, que l'épreuve précédente ait été assumée, qu'elle ne reste pas un corps étranger douloureux, qu'elle soit intégrée à la vie. Je pense à ce malheureux Gérard de Nerval dont la mère était morte à sa naissance, lui léguant pour tout souvenir son portrait — arrachement dont il ne guérira jamais, traquant indéfiniment, à travers ses amours réelles ou rêvées, Sylvie, Aurélia, la reine de Saba, le mythe d'une femme qui soit à la fois mère, sœur et amante, et s'enfonçant peu à peu dans la folie jusqu'à sa mort par pendaison à l'âge de quarante-sept ans. Tout manque d'amour, s'il n'est pas reconnu, dépassé, se paie un jour ou l'autre : on vante beaucoup l'esprit de débrouillardise des gosses du tiers-monde, livrés à eux-mêmes et capables de survivre dans la rue, mais cet apprentissage social précoce, basé sur l'abandon et mobilisateur de toutes leurs énergies, risque de bloquer bien vite chez eux tout autre progrès, notamment l'apprentissage d'un métier.

Si je vous ai bien entendu, toute épreuve est relative : relative aux circonstances dans lesquelles elle est vécue, au sujet qui la vit, à la société qui l'entoure. Mais vous arrive-t-il aussi de voir, parmi vos patients non atteints de maladie mentale, des gens qui, sans raison objective, vivent comme une épreuve majeure des événements qui sont de l'ordre du banal — la perte d'un animal, par exemple ?

Mais comment ! A qualifier de « banale » la perte d'un animal familier, vous allez vous faire écharper ! Ces animaux, les gens les aiment parfois comme des parents n'aiment pas leurs enfants, et leur perte peut fort bien déclencher des troubles durables. Ce qui s'explique : un animal de compagnie, on peut s'y projeter tout entier. Un autre être humain a ses propres réactions, même un petit enfant résiste à sa manière ; un chat, un chien, lui, est celui que nous voulons qu'il soit. Le perdre, c'est vraiment là aussi perdre une partie de soi-même. Je me souviens encore d'avoir rencontré, à l'époque où j'étais tout jeune médecin, une dame d'un niveau social élevé, qui, depuis des années, traînait son mal-être de psychiatre en psychiatre. A quelle date, demandai-je, ses troubles avaient-ils commencé ? Elle me répondit que c'était « en 39 ». « Ah oui, ai-je dit bêtement, la guerre... — Mais non, docteur, a-t-elle repris, c'est l'année où est mort mon chien. » Le début de cette guerre qui allait causer la mort de dizaines de millions de personnes pesait pour cette femme infiniment moins que la perte du petit chien avec qui elle vivait depuis huit ans. Elle n'était pas un monstre pour autant, non. Mais ce qui était mort avec ce petit chien, c'était bien une partie de son cœur...

Le cadre qui ne s'encadrait plus

Le chômage : l'épreuve sociale numéro un dans la France des années 90. Un mal qui ronge le cœur de ceux qui en sont touchés, qui sape leur identité, introduit le doute sur leurs capacités, efface toute sécurité matérielle, fait éclater parfois les familles. Mais aussi l'occasion pour certains, en les forçant à prendre quelque distance — géographique et psychologique — avec leur vie professionnelle, de faire le point et d'amorcer un nouveau départ.

Ainsi de Nicolas de X., quarante-trois ans. Un homme carré, sympathique, adepte du parler vrai, œil clair embusqué derrière de grosses lunettes, premiers fils d'argent dans ses cheveux blonds. Aujourd'hui directeur général d'une société financière spécialisée dans le meuble, il a été, voici quelques années, chômeur pendant vingt et un mois (sept mois une première fois, quatorze une seconde fois). Chômeur de luxe, il est vrai : fils de famille, cadre supérieur bien indemnisé. Mais chômeur tout de même, jusqu'au bout de son col cravaté et de ses ongles soignés, avec ses doutes, ses angoisses. Et la tentation de couler.

« Un matin de janvier 1986 — j'étais alors directeur du marketing de la société Habitat —, j'ai été convoqué par le président : “Nous avons, m'a-t-il dit, décidé de recruter un directeur commercial extérieur à la maison.” Puis, pendant une demi-heure, il a disserté sur mon tempérament de battant, mon ambition “qui avait tant apporté à l'entreprise”, mon dépit sans doute de ne pas me voir proposer ce poste, les problèmes de relations qui ne manqueraient pas de se poser avec ce nouveau directeur qui aurait autorité sur moi, les ennemis que je m'étais faits dans la société. Et il a conclu : “Nous avons décidé de nous séparer de vous.”

Je suis sorti de mon bureau assommé et je suis rentré chez moi. J'ai dit à ma femme : “Ils m'ont mis à la porte. Je suis un type foutu.” Pendant dix jours, j'ai essayé de m'accrocher, de retarder la date fatidique. Il y a eu, comme prévu, la fête de la Société, que j'étais chargé d'organiser chaque année ; j'étais à la table de mon patron, on discutait comme si de rien n'était ; j'ai pensé qu'il me laisserait peut-être un sursis. Mais non : la boîte me payait mon préavis, deux ans de salaire ; je n'avais aucune raison de rester.

Le dernier jour, j'ai réuni pour un pot les gens auxquels je tenais, j'ai bu comme un trou, raconté beaucoup de bêtises, fait la bamboula. Au petit matin, c'est ivre mort que je suis rentré chez moi. Une sortie lamentable.

Ce jour-là fut mon premier jour de chômage. J'avais eu depuis quinze ans une vie intense, suroccupée. Et là, soudain, il n'y avait plus rien. Rien. Je me levais pourtant le matin, je téléphonais sans conviction à quelques chasseurs de tête, je rangeais des papiers. Mais, à part cela, rien. A la maison, j'étais un poids mort ; il y avait des années qu'elle tournait sans moi, que les enfants travaillaient sans moi, que même les photos de vacances étaient classées sans moi. Rien. S'ajoutait à cela une incompréhension totale de ce qui m'était arrivé, une interrogation qui m'a longtemps obsédé : quelle erreur énorme avais-je pu commettre pour qu'on ose ainsi s'attaquer à moi, comment surtout n'avais-je pas vu le coup venir ? Il ne m'a pas fallu quinze jours avant de tomber dans une sévère dépression, en larmes la moitié du temps. Et moi qui n'avais jamais été malade, moi qui avais horreur des psy, je me suis retrouvé entre les mains de l'un d'eux — heureusement, un type fantastique —, abruti les premiers temps de médicaments. Il m'a fallu six mois avant de refaire surface.

Mes filles — j'en avais alors quatre — ont mal vécu cette période. Question d'atavisme, sans doute, elles accordaient de l'importance à ma réussite, à mon image sociale. Un père chômeur, c'était la honte. Un jour, la cadette est revenue de l'école en sanglotant parce qu'elle ne savait quoi écrire dans la case “profession du père” sur sa fiche d'inscription. Les mercredis, elles ne ramenaient plus, comme à l'ordinaire, leurs amies à la maison, de peur que celles-ci ne s'étonnent de me croiser en plein milieu de l'après-midi. Ma femme, elle, qui avait fait une dépression dix ans plus tôt et avait mis du béton dessus, a été reprise par l'angoisse, l'angoisse de manquer. Pour ma part, j'étais peu soucieux de l'aspect matériel des choses, ayant connu dans ma vie des périodes de dèche et m'en étant toujours sorti (il est vrai que pomper sur les réserves, comme nous le faisions, ne pouvait avoir qu'un temps). Nos relations n'avaient jamais été bonnes, elles devinrent franchement détestables. Élisabeth ne supportait pas ce que j'étais devenu ; je me suis mis à grossir, à boire de plus en plus. Toujours pour compenser, j'avais amorcé une liaison avec une jeune femme habitant — c'était risqué — notre quartier.

Nous avions une vie mondaine : deux, trois dîners par semaine, sans compter les cocktails et les soirées liées à mon job. Il n'y a plus eu de dîners. Et, après tout, c'était mieux ainsi, car je n'avais plus rien à raconter. Dans le temps, j'étais assez vantard, je parlais facilement de mon travail, il faut dire que je rencontrais par ce biais beaucoup de gens distrayants, des créateurs, des ministres, des hommes de presse, j'allais à des congrès à l'autre bout du monde, je montais des coups fumants. Là, plus rien : une journée à traîner au lit, à attendre que le téléphone sonne, à feuilleter les petites annonces, ça ne fait pas forcément un brillant convive.

Les amis ont disparu, hormis quelques intimes. Et des gens que je connaissais mal se sont révélés plutôt présents et efficaces. De mon côté, je craignais presque qu'on m'aborde dans la rue, qu'on me téléphone : "Dis-moi, tu as une piste ?" Ah, cette phrase, croyez-moi, c'est la hantise du chômeur ! S'il n'a pas de piste, elle l'enfonce dans ses problèmes ; s'il en a une, c'est par définition qu'elle n'a pas encore débouché sur du concret, et il sait par expérience combien elle est fragile. Le tout aussi classique "On ne s'en fait pas pour toi, on sait que tu t'en sortiras", a au moins le mérite de vous réconforter un peu à l'heure où vous avez perdu toute confiance en vous.

C'était mon cas. En perdant mon travail, j'avais tout perdu. J'avais tellement investi dans la vie professionnelle depuis ce jour de 1975 où, divine surprise, un chasseur de têtes m'avait débauché de chez Christian Dior Parfums pour me proposer un job “dans une filiale de société anglaise cherchant à s’établir en France”. C’était Habitat dont le siège était à Orgeval. Il n’y avait alors ni bureaux ni clients, on craignait un dépôt de bilan. Moi, j’avais vingt-six ans, pas de diplôme, seulement une expérience commerciale acquise sur le tas, je pouvais prendre tous les risques. Nous n’étions que des jeunes, tous hypermotivés, décidés à nous défoncer. Les cinq premières années, ç’a été de la folie, on travaillait douze heures par jour, et le week-end si nécessaire, on déchargeait les camions, tenait la caisse, assurait les livraisons...

C’était la course aux postes, à l’ambition. Pour réussir, il fallait flinguer tous les autres. Et avoir l’esprit de cour, de clan, savoir plaire, déjouer les embûches. Je n’étais pas mauvais à ces jeux florentins. En quelques années, je suis devenu numéro 4 d’une société qui avait explosé, passant de deux magasins à trente, de cent millions à un milliard de chiffre d’affaires, faisant partie d’un groupe international qui avait des filiales jusqu’aux États-Unis et au Japon. Je gagnais bien ma vie, mais sans plus — les Anglais, vu leur économie déficiente, payaient plutôt mal — ; je goûtais surtout le plaisir du pouvoir : devancer mes concurrents, avoir des gens sous mes ordres, tout cela était grisant. Moi qui n’avais pour tout bagage qu’un maigre bachot et un an d’école d’agriculture, je n’ai, pendant des années, recruté que des diplômés de grandes écoles de commerce, des ESSEC, des HEC Je me prenais pour Bernard Tapie... en mieux !

J’ai d’abord été admiré parce que audacieux, efficace, créatif : j’étais l’homme des missions difficiles. Dans un second temps, craint, redouté, d’autant que j’étais très proche du président. Enfin, dans un troisième temps, j’ai voulu prendre le fauteuil du patron. Quand on est attiré comme je l’étais par le pouvoir, seule vaut la première place. Chez cet homme pour qui j’avais estime et affection, j’ai découvert des faiblesses, des lacunes ; j’ai commencé à le critiquer de plus en plus ouvertement. J’aurais dû voir le vent tourner ; d’autres cadres supérieurs ont été investis de la confiance du président, j’ai essayé de faire du forcing, j’ai même monté les actionnaires contre lui. Sans avoir conscience de prendre des risques : le pouvoir aveugle, il vous fait vous entourer de gens qui vous mentent. Bref, je ne l’ai réalisé que plus tard, j’étais devenu un homme dangereux pour l’entreprise dans la mesure où je jouais ma propre carte.

Je me retrouvais donc mis à pied. Et le "cadre supérieur" que j'étais découvrait qu'il n'encadrait qu'un vide supérieur, lui aussi. Des journées entières, aidé de loin en loin par mon psychiatre, je m'enfonçais en moi-même et n'y rencontrais personne. Enfin, peu à peu, je me suis remis à croiser des ombres : elles me permettaient au moins de comprendre pourquoi j'avais, dans mon métier, développé un tel esprit de revanche.

J'ai d'abord croisé un enfant mal-aimé ou se sentant tel, écrasé par ses parents : un père grand propriétaire terrien, n'ayant jamais travaillé avant l'âge de quarante ans, qui prônait pour ses quatre fils une éducation à la dure et nous battait à coups de ceinture ; une mère, grande et jolie femme, très mondaine, dotée d'une forte personnalité, gaulliste pendant la guerre tandis que mon père était pétainiste, qui me terrorisait et me fascinait. Leur hantise ? Faire de nous des gosses de riches. Du coup, nous n'avions jamais un sou d'argent de poche. Même en période de vacances scolaires — nous quittions alors le grand appartement de l'avenue Niel pour l'une des propriétés familiales en Normandie, en Beauce ou dans le Périgord —, il fallait se lever tôt, étudier sous la férule de notre nurse, faire la vaisselle même s'il y avait abondance de service, pour nous initier à la vraie vie. Pensionnaire au petit séminaire dès l'âge de sept ans, je passais mes week-ends d'automne à rabattre en Beauce le faisan et le perdreau — on se faisait systématiquement engueuler —, et le soir, épuisés, nous devions encore servir à table, lors du dîner de chasse. Une morale de l'effort, jamais du plaisir.

En moi j'ai rencontré aussi l'ombre d'un adolescent en révolte : à dix-huit ans — encore et toujours pensionnaire, mais dans une école d'agriculture, cette fois, car on ne voyait rien d'autre à faire de moi, le bagarreur, le cossard, renvoyé de collège en collège —, je débarquais le samedi à Paris au milieu de ma bourgeoise famille avec l'air d'un paysan mal dégrossi. On m'avait inscrit dans les "rallyes", mais je restais planqué le long du mur, incapable d'adresser le moindre mot à une fille, bourré de complexes devant mon frère aîné, beau, lui, et charmant. Et puis, Mai 68 est arrivé ; et là, j'ai vu mes parents — ces aristocrates BCBG que tout protégeait, leur nom, leur fortune, leurs relations —, j'ai vu mes parents avoir peur. Moi, il y avait dix-neuf ans que j'avais peur d'eux. Et voici qu'à leur tour ils révélaient une faille. Je me suis engouffré dans la faille.

J'ai tout dynamité en même temps : l'internement de ma vie étudiante, l'oppression de ma vie familiale. Ce fut la première épreuve de ma vie, mais au sens initiatique du terme, celle-ci. J'avais une vie monotone, solitaire, faite de rejets et de rancunes : j'ai soudain découvert la solidarité avec les gens de mon âge, je hantais le Quartier latin, squattais la Sorbonne, brandissais des pavés, m'inscrivais chez les maoïstes, hurlais ma haine d'une société que je ne voyais qu'au travers de ma propre famille. Dans la bagarre, j'avais perdu mon nom, je n'étais plus que "Nicolas", un Nicolas méconnaissable, avec dix kilos en moins, des cheveux jusqu'aux épaules, sale, casqué, foulard autour du cou, en T-shirt bombé d'inscriptions diverses. Nous vivions à dix dans une mansarde, faisions de l'auto-stop pour semer la bonne parole en province. Pendant trois mois, j'ai parlé, harangué, exhorté, chanté *L'Internationale*. Une fantastique libération d'énergie. Une bouffée de bonheur. Un vent de liberté. J'ai vraiment cru à la Révolution — à celle, en tout cas, des enfants contre les parents.

Et j'ai cru enfin à moi-même ; on m'avait tellement dit que j'étais "nul", sans intérêt, le raté de la famille, que j'avais fini par le croire. Or, voici que le timide, le taciturne, le coincé, relevait la tête, qu'il avait sur les autres une influence certaine : le cadet devenait chef de bande. Un charisme que renforçait encore l'effet de l'alcool — la drogue, j'en avais peur, je n'y ai jamais touché ; mais le vin, le whisky, le gin... On buvait ce qu'on trouvait et on trouvait de tout, c'était du pillage organisé. L'alcool, quand on n'a pas un rond, quoi de plus merveilleux ? Il coupe la faim, vous stimule, vous fait briller aux yeux des filles. Dans mon cas, pourtant, ça n'allait pas plus loin : autour de moi, les types passaient d'une fille à l'autre, on faisait l'amour en public à la Sorbonne. Moi, j'étais puceau et honteux de l'être. Sous mes airs de dur, jamais je n'aurais osé dire à une fille que je l'aimais.

Et puis, fin juin, le monde s'est dérobé sous mes pieds. L'ordre bourgeois a été restauré, on a recouvert les pavés de macadam, et les révolutionnaires sont partis à la plage. Après un ultime déjeuner à la maison où j'avais dévidé une fois encore mon fatras d'idées, j'avais été prié par ma mère de ne plus y remettre les pieds. J'ai fui chez ma grand-mère — en fait, une fausse grand-mère, la seconde femme de mon grand-père, mais qui nous adorait. Elle habitait en Normandie un superbe château Renaissance classé monument historique, et elle m'a accueilli à bras ouverts. Le Mao au château... Elle avait soixante-dix ans bien sonnés, des convictions plutôt Action française, mais elle m'a écouté — j'ai même réussi, un jour (j'étais alors devenu trotskyste), à lui faire écouter Alain Krivine à la télé ! Elle a tenu bon contre mes parents qui insistaient pour qu'elle me lâche dans la nature.

Mis à part quelques allers et retours à Paris pour voir mes amis, j'ai passé là-bas un an et demi. En plein XIXe siècle : les femmes de chambre m'apportaient le matin mon petit déjeuner au lit, les jardiniers ôtaient leur casquette en me croisant et m'appelaient Monsieur Nicolas, quand ce n'était pas : Monsieur le comte. N'ayant rien de mieux à faire, j'ai commencé à lire à outrance, ce qui ne m'était jamais arrivé, à dévorer les journaux, les écrits philosophiques, Marx bien sûr, mais aussi Platon, Socrate, Descartes, Bergson... Je relevais des citations, je prenais des notes. J'étais jusque-là un sportif, un pragmatique, un peu retardé sur le plan intellectuel ; je me suis mis à adorer le monde des idées. J'ai écrit aussi, surtout de la poésie. En quelque sorte, j'ai fait mes études en candidat libre.

Restait que, pour un employeur potentiel, côté diplômes, je me présentais les mains vides : quand je suis revenu sur Paris, il m'a fallu ramer pour survivre — je revoyais les parents, mais mollement, et ne recevais d'eux aucun subside. J'ai fait mille petits boulots : manutentionnaire aux Halles, vendeur de journaux, colleur d'affiches, avant d'être recruté par un éditeur militant royaliste qui cherchait, pour faire bien auprès de sa clientèle, un commercial doté d'un joli nom et d'un peu d'entregent, et peu importe si je n'étais pas dans la même mouvance que lui (à l'époque, j'avais évolué vers les idées socialistes). Je suis resté trois ans chez mon éditeur. Premier vrai boulot, premiers succès professionnels, première marche d'une patiente ascension qui durera quinze ans...

Jusqu'à ce que, patratas ! Mon chômage se prolongeait. Quatre, cinq mois... Juste après mon licenciement, j'avais reçu quelques propositions intéressantes qui n'avaient pas abouti. Six, sept mois... Même le téléphone s'était tu. Alors, faute de mieux, je continuais mon introspection. En moi j'avais déjà rencontré l'enfant mal-aimé, l'adolescent révolté. Bientôt, j'ai croisé l'adulte mal marié.

Élisabeth, je l'avais épousée parce qu'elle était enceinte, autant par devoir que par sentiment amoureux. L'amour avec un grand A, c'était autre chose. Je le savais pour l'avoir éprouvé à dix-neuf ans, juste au sortir de mon épopée soixante-huitarde : Laure avait dix-sept ans, elle était la fille du château voisin de celui de ma grand-mère. Elle avait des cheveux de jais, elle était belle, intelligente, fière de sa caste quand je prônais l'égalité à tout crin, en tout point elle professait d'ailleurs des idées opposées aux miennes. En Normandie, c'est à cheval qu'elle me rendait visite, à l'insu de son père qui voyait d'un mauvais œil le gauchiste que j'étais. Je la retrouvais à Paris dans sa chambre en traversant sur la pointe des pieds la cour semé de gravier de leur hôtel particulier du VIIe arrondissement. Nous nous écrivions tous les jours des lettres passionnées. Elle était la Femme, ma Laure, mon Iseut à moi. J'étais amoureux d'elle comme on ne peut l'être qu'une fois dans une vie, elle était ma raison de vivre, le seul baume qui pût adoucir la souffrance d'être rejeté par ma famille. Et puis, au bout de trois ans, elle m'a plaqué pour mon cousin germain, mon jumeau à huit jours près. J'ai cru que jamais je ne m'en remettrais ; me voyant dans cet état, ma mère a eu un geste de tendresse envers moi, j'en ai été touché.

Aux sports d'hiver, quelques mois plus tard, j'ai rencontré Élisabeth. Dans notre groupe, on menait joyeuse vie, tout le monde couchait avec tout le monde ; nous étions là tous les deux à nous dire que cela n'avait pas de sens, et nous bavardions jusqu'au milieu de la nuit. Je l'ai revue à Paris. Sa mère avait été à Lübeck avec la mienne, son père était agent de change, famille catho, puritaine, une éducation assez semblable à la mienne. En 1972, je me suis marié en jaquette dans la propriété de mes beaux-parents, aux environs de Paris.

Et j'ai passé mon temps à lui reprocher — à me reprocher ? — ce mariage. Je lui ai pourtant fait des enfants, obnubilé que j'étais par l'idée d'avoir un garçon. Car Mao et Che Guevara n'avaient pas tué en moi le souci dynastique : mon frère aîné, après avoir eu une fille, ne pouvait avoir d'autres enfants ; mon second frère, en rupture de ban lui aussi, avait fait un mariage qui me semblait idiot ; c'était donc à moi d'assurer la survie du nom. Mais, après notre première fille, une seconde est née, puis une troisième, puis une quatrième, des petites filles merveilleuses : j'ai pleuré à chaque fois. On me disait que c'était l'homme qui déterminait le sexe, mais, tout de même, ce n'était pas un hasard si, du côté d'Élisabeth, il y avait six filles, et chez moi, quatre garçons...

Le jour de mon mariage, j'avais décidé de vouvoyer Élisabeth, alors que je la tutoyais jusque-là. Une façon de respecter ma femme. Ce fut bien la seule : pendant quinze ans, j'ai été un mari abominable, infidèle, caractériel. Le week-end, je m'éclipsais sans prévenir. Je lui disais des horreurs, et comme elle avait elle-même du caractère, cela donnait des engueulades infernales, parfois en public ; on s'envoyait à la tête nos familles, nos enfants. Elle a supporté beaucoup par amour vrai pour moi. A un moment donné, n'en pouvant plus, elle a été attirée par d'autres hommes — attirée seulement. J'ai alors été d'une jalousie maladive, ne supportant pas qu'elle m'échappe un tant soit peu, refusant d'aller à des dîners où elle risquait de croiser tel ami qui... Pendant quinze ans, j'ai songé à divorcer. Mais le devoir, toujours : on ne divorce pas dans la famille.

Je cherchais en fait partout mes limites pour me prouver que j'existais : dans la hargne professionnelle, la violence conjugale au moins verbale, une vie sentimentale débridée, dans l'alcool aussi, mon vieux compagnon, celui qui me donnait le culot, l'humour, tous les talents. J'étais devenu ce qu'il est convenu d'appeler un alcoolique mondain, descendant deux whiskies au moins chaque soir et du vin en abondance à tous les repas.

Au bout de sept mois de chômage, j'ai retrouvé du travail à la direction commerciale d'un grand groupe. Toujours dans le secteur du meuble, mais traditionnel, cette fois : style salle à manger rustique et commode faux Louis XV. J'avais l'habitude, à Habitat, de m'adresser à une élite plutôt jeune, urbaine, intellectuelle. Je n'ai pas compris ces gens-là et je les ai pris de très haut. En octobre 1987, un an exactement après ma prise de fonctions, au moment où je me sentais enfin vraiment bien dans l'entreprise, j'ai été remercié.

Ce chômage-là a duré quatorze mois. Je commençais à comprendre quelques vérités d'évidence. Que je vieillissais, et que le style jeune loup aux dents longues n'était peut-être plus pour moi ; que, dans un rapport de forces, l'actionnaire est toujours supérieur à un salarié, si forte que soit sa position. De nouveau les amis ont fui, et cette fois avec un drôle d'air : un type qui perd son boulot au bout de dix ans passés dans la même boîte, par les temps qui courent, ce n'est pas extraordinaire, mais voir le même viré à nouveau, et cette fois au bout d'un an seulement, c'est tout de même suspect. L'alcool aidant, j'ai été de plus en plus agressif. J'étais alors passé à cinq whiskies par jour, plus une bouteille de vin à chaque repas. J'avais pris quinze kilos, j'étais rouge écarlate, je disais n'importe quoi, je draguais n'importe qui. Et j'ai vraiment commencé à ne plus tourner rond.

Une nuit, je me suis levé, j'ai fait le tour du lit et j'ai uriné sur la tête de ma femme sans avoir la moindre conscience de ce que je faisais. Huit jours plus tard, alors que j'étais seul à la maison, j'ai eu une sorte de long passage à vide, appelant toute une soirée à l'autre bout de la France une amie que je n'avais pas vue depuis des années, et ne me rappelant plus rien au matin. Et là, j'ai été saisi par une trouille noire. Étais-je en train de devenir fou, en tout cas anormal ? Du côté maternel, il y avait toute une lignée de neurasthéniques. Voilà que j'étais touché à mon tour, incapable de me maîtriser — une loque humaine, disait ma femme.

Pris de panique, j'ai filé voir un toubib pour traiter mon problème d'alcool. On a effectué des analyses. Deux jours plus tard, le verdict était clair : soit je ne faisais rien, et d'ici un an c'était la cirrhose assurée, avec perte progressive de mes facultés intellectuelles ; soit j'amorçais immédiatement à l'hôpital une cure de désintoxication. Je voulais guérir de l'alcool, mais je redoutais par-dessus tout l'hospitalisation. J'ai décidé de m'en tirer tout seul. Le médecin a affiché son scepticisme quant au succès d'un traitement "ambulatoire".

Ce jour-là, je suis entré dans une chapelle et j'ai prié pendant trois heures d'affilée. Depuis quelques mois — alors que, depuis l'âge de onze ans, j'avais perdu la foi —, j'allais chaque jeudi avec un copain publiciste dans un groupe de prière organisé par une communauté charismatique, celle de l'Emmanuel. Nos femmes — toutes deux catholiques pratiquantes — nous tannaient régulièrement avec ces formes de spiritualité nouvelles, sans doute dans le secret espoir qu'elles feraient bouger les deux vieux mécréants que nous étions. J'étais au chômage, j'avais du temps. La première fois, je suis sorti de la crypte de l'église Saint-Sulpice, où se déroulait l'assemblée de prières, les cheveux dressés sur la tête : ces chants, cette ferveur, ce *parler en langues*[1], ces confessions publiques, tout cela m'insupportait. Mais mon ami, lui, avait été bouleversé, j'avais vu fondre en larmes cet ambitieux *self-made man* qui avait fait fortune dans la pub et le minitel rose. Je suis d'abord retourné à Saint-Sulpice pour lui, puis, au bout de cinq-six fois, pour moi. Je ne parlais pas, je ne chantais même pas, mais je sortais de là heureux, pacifié. Un temps... avant d'être repris par mes vieux démons.

L'alcool, j'avais si souvent essayé de m'en libérer ; mais, chaque fois, au bout de quelques semaines, je retombais plus imprégné que jamais. Là, dans cette chapelle, j'ai vraiment crié vers un Dieu qui commençait à prendre forme pour moi, en Le suppliant de m'aider. Le soir même, j'ai longuement regardé ma bouteille de whisky ; l'envie de boire était devenue tout à fait supportable. Depuis ce jour, je n'ai pas absorbé une seule goutte d'alcool ni de vin. C'est un petit sacrifice, pas même une privation.

Au bout de quelques mois, j'ai demandé à recevoir l'Effusion de l'Esprit pour réactiver les grâces reçues lors de mon baptême. Je n'y croyais pas vraiment, c'était encore une fantaisie des charismatiques, mais cela me semblait logique, dans la ligne de ma redécouverte de la foi. Cela se passa à Saint-Sulpice. Ma femme était là aussi. C'est elle, la première, qui s'est agenouillée devant l'icône, les membres de l'assemblée lui imposant les mains et priant avec elle. Pendant ce temps, je préparais mon petit scénario ; j'avais tellement de choses à demander au Seigneur : me garder éloigné de l'alcool, me donner la force d'assumer ma situation de chômeur...

Et puis ce fut mon tour. Et la première phrase qui m'est venue a été de remercier Dieu pour mon mariage ! Jamais une telle idée ne m'avait traversé l'esprit. Or, voilà que je prenais conscience de la grâce qui m'avait été donnée en recevant ce sacrement, et du peu de cas que j'en avais fait. Quinze ans de disputes, quinze ans de blessures soudain effacés... La main des autres s'est faite plus pesante sur moi, je me sentais m'enfoncer dans le sol ; quand je me suis relevé, je titubais. Ivre, mais cette fois de bonheur et de paix.

---

1. Les charismatiques ont remis à l'honneur ces mélopées, fréquentes dans l'Église primitive, qui portent la prière sans passer par un langage structuré.

Comme réconcilié avec moi-même. Chômeur aux yeux des hommes, j'étais désormais avant tout un enfant de Dieu comme les autres ; cela me suffisait comme statut social. Je n'étais pas "illuminé", non, au contraire ; je n'ai cessé, à partir de ce moment, de chercher à approfondir ma relation à Dieu, de travailler les textes bibliques, saint Paul, les Pères de l'Église ; la foi du charbonnier, ça n'a jamais été pour moi. Mes angoisses se sont évanouies, je ne buvais plus. Je portais sur ma femme un regard neuf, nous avons réappris à vivre ensemble. Nos bagarres se sont espacées. J'ai gardé mes idées, elle a gardé les siennes, nous ne sommes pas devenus des moutons bêlants, mais il y a entre nous une entente, une complicité, une forme d'amour évidentes.

Une confiance, aussi. Je suis devenu un mari fidèle. Ce n'était pas pour moi chose facile, et encore maintenant je vis parfois cela comme une amputation. La tentation reste là. On n'est pas un saint du jour au lendemain. Mais cette frustration a un sens, spirituel, bien sûr — le respect du sacrement et de la foi donnée —, mais aussi humain : être capable de s'autoréguler, de ne pas se laisser déborder par ses pulsions, structure l'être. Et puis j'y ai gagné en vérité, il y avait tant de recoins noirs en moi, de petits mensonges accumulés, c'est bon de ne rien avoir à cacher. L'ambiance familiale, évidemment, s'en ressent. Anaïs, notre petite dernière, a été le signe de ces retrouvailles — une cinquième fille ! J'ai été un peu déçu, bien sûr, mais elle était si mignonne que j'ai vite "craqué" pour elle, comme tout le reste de la famille.

Autre effet positif de cette fidélité assumée : elle m'a fait découvrir la richesse d'un échange entre hommes et femmes qui soit basé sur autre chose que sur les sens, une vraie fraternité. Aujourd'hui, j'ai dans ma vie des femmes qui ne sont que des amies et qui sont pourtant bien plus que cela, des êtres dont je ne pourrais me passer : en cela, je crois qu'un homme peut aimer plusieurs femmes à la fois.

Mon caractère a changé. Disparu, ce côté acariâtre qui empoisonnait la vie. Je me sens plus gai, comme rajeuni. Plus ouvert aux autres aussi, à mes enfants, mais pas à eux seulement. Le malheur des autres m'indifférait, je dirais presque qu'il me servait — les embûches sur la route des autres me dégageaient la voie — ; il m'est devenu proche, il est devenu mien. Surtout celui des chômeurs à qui je consacre le plus de temps possible avec les Relais du cœur — une équipe de bénévoles qui, dans la foulée des Restos du cœur, essaie de favoriser l'insertion sociale des chômeurs, effectue pour eux les démarches administratives, leur trouve des hébergements, des petits boulots, un vrai job, si possible.

Un job, à propos, j'en ai retrouvé un ! Un jour, un cabinet de chasseurs de têtes m'a proposé la direction générale d'un groupe — encore et toujours dans le secteur du meuble —, avec mission de sortir l'affaire du rouge : au bout de huit mois — j'avais pris l'exercice en cours —, on dégageait trente pour cent de rentabilité sur le capital investi. Aujourd'hui, me voici non seulement chef d'entreprise, mais homme d'affaires, en passe de racheter plusieurs sociétés du secteur pour les remettre elles aussi sur les rails. Je travaille beaucoup, je m'amuse comme un fou, l'ambition est revenue. Mais différemment. Jamais plus la vie professionnelle ne prendra le pas sur ma vie familiale. Jamais plus je ne regarderai de la même façon les gens qui travaillent pour moi : avant d'être des salariés, ils sont d'abord des personnes qu'il faut respecter et aimer. Est ainsi ancrée en moi l'idée que le chômage est chose si grave que les lois économiques ne suffisent pas toujours à le justifier — un message pas facile à faire passer aux actionnaires...

Dans notre monde en perpétuelle mutation, le chômage scandera de plus en plus souvent toute vie professionnelle. J'y serai peut-être, qui sait, de nouveau confronté un jour. Mais jamais plus je ne le verrai comme une maladie honteuse. Plutôt comme une occasion de s'enrichir, de remettre les pendules à l'heure. Pour moi, une conversion était à la clé : serait-elle intervenue sans cela ? Je n'en suis pas sûr, j'étais tellement enfermé dans mon système, dans cet infernal "toujours plus !". En exaspérant mes défauts, mes faiblesses, en me faisant toucher le fond, le chômage a décapé mes certitudes, brisé mes défenses, introduit le doute en moi. Mon cœur s'est lézardé, fissuré, j'aurais pu y rester, sombrer définitivement dans l'alcool, le sexe, la folie peut-être. Or, par ces lézardes, ces fissures, ce n'est pas la mort qui s'est introduite en moi, mais la vie.

Je ne suis pas là, béat, à louer Dieu de m'avoir redonné un travail ; non, le travail, c'est moi qui l'ai trouvé. Mais Il m'a permis de combattre les défauts que j'avais, permis de me retrouver, de rassembler mes forces. Car une chose est certaine : je n'aurais jamais eu le poste qui est le mien aujourd'hui si j'étais resté celui qu'en octobre 1986 le chômage a pour la première fois frappé. Jamais je n'aurais atteint ce niveau de salaire ni ces responsabilités. Vingt et un mois de chômage ont réussi là où quinze ans d'arrivisme à tout crin, d'ambition effrénée avaient échoué ! »

Revers de fortune

Malheur à celui à qui échoit une fortune soudaine, dit le bon La Fontaine — dont le savetier, nanti de cent écus, perd sommeil et chansons — et, derrière lui, la sagesse populaire, consciente des périls encourus par les millionnaires du Loto.

Malheur aussi au riche qui devient pauvre et ne se remettra jamais de l'anéantissement de ses rêves. A moins que, tel Paul-Loup Sulitzer, il ne bâtisse au contraire sur ce revers de fortune des projets de revanche, érigeant l'argent en moteur de son existence.

On l'a vu hier barboter pour sa pub dans une piscine débordant de dollars, brandir à la télévision sa feuille d'impôts, vanter un grand cru d'eau minérale, un pied dans sa limousine à chauffeur, l'autre dans son avion privé. On l'a vu, mondain comme pas un, exhiber ses cartons d'invitations (mille deux cents par an), ses femmes, ses enfants — Olivia et Joy, dix-sept et sept ans —, posant en chevalier d'Artagnan. Il en fait moins aujourd'hui — la mort récente de sa mère, son second divorce ? Il aurait même, aux dernières nouvelles, perdu vingt bons kilos en un été.

N'empêche : à quarante-six ans, avec son gros cigare et ses joues de bébé, Paul-Loup Sulitzer continue à incarner l'argent sans complexes : 400 000 francs de droits d'auteur tous les mois « au prix de quinze heures de travail par jour » — un tiers passé en conception, deux tiers en promotion —, un jackpot alimenté par les droits d'adaptation cinématographique et télévisuelle de ses œuvres (cinq millions de francs offerts en 1985 par un groupe australien pour *Hannah*, le plus gros contrat pour un livre français depuis *Papillon*). Moue pincée des lettrés devant ce bateleur, armé d'un vague don et de très bons nègres : « Comme Alexandre Dumas ou Alphonse Daudet », ironise l'accusé, qui ajoute : « Le problème, c'est qu'en France, le succès est louche. Le jour où j'aurai un cancer, alors on m'aimera. »

Lui voudrait tant qu'on l'adore tout de suite : « Je trouve utile que des gens comme moi fassent gagner de l'argent aux éditeurs. Et leur permettent ainsi de sortir des livres merveilleux à deux mille exemplaires. » D'ailleurs, venez avec lui en tournée en province : « Il y a toujours foule pour me voir, j'y suis très populaire, vous savez. » Et « P.-L.S. » de sortir, pour vous émouvoir tout à fait, le cahier noir à carreaux où, enfant, il consignait ses poèmes : « Tu écris pour ne pas pleurer, murmure le chant de la pluie... Tu écris parce que, dans l'écœurement, il faut faire quelque chose pour ne pas sombrer. »

Car tout est là, dans ce moment terrible où une enfance choyée bascule soudain, où Paul-Loup, héritier présumé, est spolié par quelque sombre complot de l'immense fortune laissée par son père. Son père ? Sa passion, son modèle : « fonceur », « positif », « généreux », « un aristocrate au sens vrai du terme ». Et bel homme de surcroît, à en croire l'immense portrait qui orne le bureau de P.-L.S., à faible distance de la place de l'Étoile. Réfugié roumain devenu le roi du semi-remorque, engagé en 1939, résistant de la première heure, Jules Sulitzer bâtit après la guerre un empire industriel et immobilier, construit la première tour de Paris, rue Croulebarbe, dans le XIIIe, assurant une vie large à sa femme et aux deux enfants qu'elle lui a donnés, Paul-Loup et une sœur de deux ans son aînée (d'un premier lit, Jules Sulitzer a deux enfants plus âgés) : à Paris, appartement de quatre cents mètres carrés dans le XVIe arrondissement, avec chauffeur, cuisinière et maître d'hôtel, château en Sologne entouré de mille hectares de chasse et un autre — le château de la Leu — à quarante kilomètres de la capitale, où Paul-Loup monte son poney le week-end.

Coup de tonnerre : à cinquante-six ans, Sulitzer père, « adoré de tous, y compris de ses ouvriers », meurt d'une crise cardiaque dans sa maison de Saint-Tropez, au milieu de la nuit. « Dans la journée nous avions encore fait une belle pêche ensemble. » A la petite aube, Paul-Loup, dix ans, est emmené par le chauffeur chez des amis, à trente kilomètres de là, sans qu'on lui dise rien du drame. La mort de son père, il l'apprendra incidemment quelques jours plus tard de la bouche d'un petit camarade...

Le monde de Paul-Loup s'écroule : sa mère, une jolie femme hyperprotégée jusque-là par un mari plus âgé, sombre dans la dépression, tandis qu'avocats et hommes d'affaires commencent à se bagarrer autour de la dépouille encore tiède. Pour payer les droits de succession, on liquide des biens à bas prix. Un administrateur judiciaire est nommé : « On entrait soudain dans un univers à la Balzac. »

Trois ans plus tard, on retrouve Paul-Loup pensionnaire dans un lycée de Compiègne, un établissement de bon niveau, mais austère : « Le soir, en hiver, on marchait près d'un kilomètre dans le noir avant de retrouver les dortoirs. » Finie la vie de petit prince. Et tristes weed-ends lorsque Paul-Loup retrouve à Paris sa mère au fond de son lit, entouré d'hommes de loi, dans une ambiance de dur combat : « Le château de la Leu avait été vendu aux enchères avec les meubles, avec mes jouets. L'appartement de Paris était vide, sans plus de personnel ; il aurait encore mieux valu le quitter que d'errer dans ces lieux désolés. Pour partir en vacances, il fallait demander de l'argent à l'administrateur. Tout était sordide : on ne payait même plus les frais d'entretien de la tombe de Papa ; à quatorze ans, c'est moi qui me suis battu pour ça. » Ce n'est pas la misère, loin de là. Seulement le difficile passage d'une vie dorée à celle d'une bourgeoisie « mesquine et fauchée », hantée par l'absence d'un père adoré.

Alors l'adolescent se révolte, non contre sa mère, première victime de cette situation, mais contre « la compagnie de charognards en col blanc » qui gravite autour d'elle. Contre les relations de ses parents qui, dans le temps, abreuvaient ceux-ci d'invitations et ont rayé les Sulitzer mère et fils de leurs listes du jour où ils n'ont plus vécu sur le même pied qu'eux : « Souvent je restais seul, le week-end, avec les fils de diplomates africains. » A tous ceux qui l'ont spolié, marginalisé, Paul-Loup veut prouver qu'il est le digne fils de son père. Il était un homme riche ? Il le sera lui aussi.

« Excellent élève », il aurait pu faire « l'ENA, Polytechnique » : il abandonne ses études en seconde, travaille dans une entreprise de travaux publics, y traduisant en espagnol les ordres du patron ; devient grouillot dans une société de films publicitaires, apportant les cocas sur le plateau, dénichant dans la journée la guimbarde ou le filet de pêcheur réclamés. Autant d'années dangereuses où P.-L.S. joue les anars, perpétuellement sur la ligne de crête : « J'aurais pu devenir un escroc, un voyou ; heureusement, j'ai su maîtriser cette tornade, je suis un type très solide dans ma tête. » Et beau avec ça, « mince, séduisant, une vague allure à la Paul Newman. » Et gentil aussi, toujours prêt à rendre service : c'est tout simple, il fait l'unanimité.

En 1967, on le retrouve dans un kibboutz en Israël où il dort sur des planches et manque de s'engager dans l'armée : « Non par idéal religieux : bien que de mère juive, donc Juif pour les Juifs, j'étais plus proche de la tradition catholique. Mais j'étais ébloui par leur force de caractère. Je découvrais des gens qui avaient souffert plus que moi, des orphelins dont les parents avaient été massacrés sous leurs yeux et qui, pourtant, étaient animés d'une joie profonde, d'une volonté effrénée de s'en sortir. Avec mes bleus à l'âme, je me sentais soudain très con. »

De retour d'Israël, « l'esprit bouleversé », P.-L.S., désormais homme de convictions, est bien décidé à faire... de l'argent, « un fantastique moyen de liberté » ; en voyage un mois au Kenya, il s'initie aux subtilités du change avec les touristes, leur revend des statuettes africaines sur les marchés, premier négoce au petit pied. Puis monte à Paris — il a alors dix-sept ans et demi — un club de collectionneurs de porte-clefs avec 5 000 francs empruntés au chauffeur de son père, grâce à quoi il gagne son premier million. A vingt ans, il arrose la capitale de stylos lumineux, de tirelires animées et autres gratte-dos rapportés de Londres. C'est l'époque où « le plus jeune P.-D.G. de France » s'affiche en Ferrari et chemise à fleurs. Il importe au quintal des gadgets d'Extrême-Orient. Vend son affaire en plein essor et réinvestit la mise dans l'immobilier, les mines d'or, la Bourse, les monnaies. Une formation sur le tas qui transforme le petit débrouillard en financier « écouté jusqu'aux États-Unis ». Au nombre de ses « coups » : l'achat d'obligations américaines quand le dollar était à quatre francs ; la prédiction de la flambée des prix du mètre carré à New York au moment où les autres se lamentaient sur l'effondrement de l'immobilier ; le lancement, en 1979, en association avec le prince Henri d'Orléans, d'un parfum, *Lys bleu* — 700 000 francs de royalties par an pour un investissement de

1 000 francs. Imposer un Capétien dans la mode à l'heure où triomphaient les Japonais, c'est Paul-Loup tout craché !

A cet intuitif, il faudra pourtant l'insistance d'un éditeur, le patron de Denoël, pour comprendre que sa vie est un roman. En 1980 sort *Money* dont le héros, Franck Cimballi, affronté au monde impitoyable de la finance internationale, ressemble comme un frère à son créateur. Sulitzer a trouvé son filon.

Question à 1 000 francs : aurait-il réussi, financièrement s'entend, s'il n'en avait tant « bavé » avant ? « Jamais, en tout cas, répond-il, je n'aurais eu cet esprit d'entreprise : on n'apprend que par les claques qu'on prend. Avoir souffert, pleuré, mordu ma main, m'être accroché au bastingage, tout cela a renforcé en moi l'amour de la vie. Tout m'émerveille : un verre de vin, un paysage, un poème, la chance de vivre dans un pays démocratique, la beauté d'une femme. Sans l'épreuve, jamais je ne serais celui que je suis aujourd'hui. » C'est-à-dire — description brevetée P.-L.S. — combatif, dur au besoin, surtout avec lui-même, mais toujours prêt à se remettre en question, résolument optimiste, mais conscient de la fragilité des choses, sensible et tolérant, imperméable à la flatterie et terriblement humain. S'il est « rond », c'est qu'il accorde peu d'importance aux apparences physiques, tout centré qu'il est « sur l'intellect, la créativité ».

Bien sûr, à cause de l'éthique que lui a léguée son père, Paul-Loup n'a pas toujours gagné autant d'argent qu'il aurait pu. N'empêche qu'avec ses quelque 100 millions de francs, il aura bientôt rattrapé le niveau de fortune de Jules Sulitzer. Le petit garçon spolié devrait désormais être moins fébrile.

1 000 francs! Imposer un Capétien [illegible]
[illegible] les [illegible] C'est [illegible] tout [illegible]
A cet [illegible] il [illegible] pourtant [illegible]
[illegible] comprendre [illegible]
[illegible]
[illegible] de la [illegible] le [illegible]
[illegible]
Quentin [illegible] 1 000 [illegible]
[illegible]
[illegible]
[illegible]
[illegible]
mon [illegible] de la vie. Tout [illegible]
[illegible] du pays [illegible]
[illegible] d'une [illegible]
[illegible] description
[illegible] au besoin [illegible]
même [illegible] question, [illegible]
[illegible]
[illegible]
[illegible]
physique [illegible]
[illegible]
[illegible]
[illegible]
[illegible] le [illegible]
[illegible]

L'honneur perdu de Jacqueline S.

D'abord il y a la Seine. Large en ce coin des Yvelines, à cinquante kilomètres en aval de la capitale, et belle avec ses rives très vertes et ses petites îles semées le long du fleuve. Des peintres ont vécu là, à Bennecourt, et des écrivains : Zola, Monnet. Giverny est tout près.

Au bord de la Seine, il y a une maison, une bonne maison de pierre et de brique, avec des bacs de géranium-lierre pendus aux balcons, une pelouse bien rase plantée de cerisiers.

Et dans cette maison, une femme, une belle et grande femme de soixante-sept ans, blonde, chaleureuse, campée comme une solide Normande, même si on est là dans les limites de l'Ile-de-France : Jacqueline S..., trois enfants, cinq petits-enfants, ex-P.-D.G. de l'entreprise S..., une affaire de chaudronnerie industrielle de Mantes-la-Jolie.

Une entreprise familiale que, veuve à trente-six ans d'un mari ingénieur de Supélec, mort en huit mois d'un cancer, elle a vaillamment reprise, elle qui jusque-là ne travaillait avec lui que comme comptable à mi-temps. Et développée avec l'aide de l'ancien chef chaudronnier de la boîte, passé directeur technique : trente-cinq ouvriers à la mort de René, le mari, en 1961 ; près de soixante-quinze, dix ans plus tard. Parmi les gros clients, la centrale E.D.F. de Porcheville, la Cellophane — l'industrie fer de lance de Mantes —, des cimenteries aussi. En 1970, faute de pouvoir agrandir les ateliers situés en plein centre-ville, Jacqueline fait construire une usine de quatre mille mètres carrés en zone industrielle, au grand soulagement des voisins lassés d'entendre taper sur la tôle à longueur de journée. Fracas ou non, l'entreprise S... est alors à Mantes, depuis sa création en 1926, une institution. Et Jacqueline, une femme unanimement respectée, elle qui, outre l'entreprise, a la charge de trois jeunes enfants (respectivement âgés, à la mort de leur père, de dix, sept et trois ans) et qui est toujours restée, malgré ses attraits, fidèle au souvenir du mari disparu.

Pas facile, pourtant, de s'imposer dans un milieu professionnel résolument misogyne. Ni de cohabiter, aux commandes, avec une belle-mère vieillissante qui tente d'oublier dans l'alcool la double déchirure du départ de son mari et son fils unique : « Mémé S... », comme on l'appelle à l'usine, finira tristement, assassinée dans son lit ; on accusera un temps le chef de l'atelier de mécanique : une énigme policière jamais résolue. Pas facile non plus, pour Jacqueline, de travailler d'arrache-pied, comme elle le fait, au bureau chaque matin sur le coup de 8 heures jusque parfois très tard le soir ; plus d'une fois, c'est l'entrepôt de cars situé en face qui, éteignant ses feux après avoir assuré la correspondance avec le dernier train, et plongeant du coup l'usine dans le noir, donne à Jacqueline le signal du départ.

1974 : premiers signes de fragilité dans l'industrie française à la suite de la crise pétrolière. Inquiétants pour des entreprises comme S... qui travaillent dans le bien d'investissement. Les commandes de fours industriels, de trémies, de lavoirs à charbon, de dépoussiéreurs, se raréfient. Courageusement, Jacqueline se tourne vers l'exportation, décroche des commandes de sociétés charbonnières en U.R.S.S., produit des éléments de cimenteries pour Fives-Lille-Cail ou Creusot-Loire à remonter en Afrique noire ou dans les Émirats arabes.

1978 : la concurrence japonaise menace ces nouveaux débouchés, il faut trouver d'autres parades. Jacqueline se lance dans la fabrication de volants pour l'industrie automobile, part avec son mauvais anglais jusqu'au cœur de l'Amérique profonde, à Milwaukee (Wisconsin), décrocher un énorme contrat, pour une usine de retraitement de déchets industriels, d'un montant de 15 millions de francs, soit quarante pour cent du chiffre d'affaires annuel : « Cela nous a permis de souffler pendant un an ou deux. »

1981 : l'année noire. Une grosse commande d'élévateurs, payable en dollars, a été traitée par Jacqueline sur la base de 4,60 F, et voici qu'en quelques mois le dollar grimpe jusqu'à 10 francs ; fin septembre, un donneur d'ordres d'une grande entreprise meurt subitement d'une crise cardiaque avant d'avoir signé les huit millions de commandes annoncées pour l'année ; au Nigeria, au Sénégal, en Afghanistan, on se met à fabriquer la chaudronnerie lourde sur place.

Jacqueline ne baisse pas les bras, ses enfants sont grands maintenant, elle se consacre tout entière à l'entreprise, se démène pour décrocher des commandes, au prix parfois de quelques concessions : « Je me souviens être allée un jour voir un type dans les bureaux de la colline de Saint-Cloud, on avait déjà tiré les prix, il a réussi à me faire baisser encore de cinq pour cent après une négociation de marchands de tapis. J'ai accepté : il fallait bien que je donne à manger à mes gars. Mais le temps que je revienne sur Mantes, il avait déjà téléphoné pour dire qu'il renonçait, ayant trouvé auprès d'un concurrent de meilleures conditions. » Découragée par l'état du marché, Jacqueline a bien essayé de vendre l'entreprise, mais en vain : par les temps qui courent, le secteur est définitivement trop risqué.

« Jusqu'au dernier moment, j'ai espéré avoir des commandes, elles m'auraient procuré des acomptes. Mais, pendant trois mois, je n'en ai pas décroché une seule. » Le lundi 10 février 1982 dans l'après-midi, Jacqueline S..., incapable de faire face à l'échéance, se rend au tribunal de commerce de Mantes pour y déposer son bilan. Trois collègues seront contraints de faire de même dans la semaine en région parisienne.

Mais c'est seulement le mercredi, après un aller et retour express à Berlin pour récupérer 2,8 millions de traites auprès d'une société d'ingénierie allemande, que Mme la P.-D.G. peut annoncer la nouvelle à ses salariés. Le jeudi, elle débarque pour la première fois dans l'étude triste et froide du syndic versaillais chargé de liquider l'affaire, « anéantie de honte et de désespoir ». Et le visage en sang : dans l'avenue de Paris, elle a, dans son émoi, omis de regarder sur sa droite et a heurté un autre véhicule, se faisant une bonne coupure au cuir chevelu.

« Je me voyais déjà, dit-elle, sortir de là, menottes aux poings. » Mais les experts commis pour dépouiller la comptabilité attesteront vite que l'entreprise est saine : ni découverts financiers ni retards de Sécurité sociale. Une fois les dernières commandes honorées, Jacqueline va encore travailler plus de six mois avec le syndic pour limiter la casse, récupérer les créances, les retenues de garantie (sur un gros chantier, les retenues de cinq pour cent sont généralement payables seulement cinq ans plus tard, pour parer à d'éventuelles malfaçons), liquider au mieux les actifs, afin de régler aux salariés préavis, congés payés et primes de licenciement (pour un total de 6 millions de francs), afin de rembourser aussi les fournisseurs. Las, l'entreprise S..., estimée en 1981 lors du premier impôt sur la fortune à 10 millions de francs, ne vaut soudain pratiquement plus rien ; ses stocks seront rachetés à 20 % de leur valeur, ses machines à 5 % ! « On espérait, dit Jacqueline, régler nos dettes à 80 %, on n'a pu le faire qu'à 20 %. »

Responsable ou non, Jacqueline se sent en tout cas coupable. Coupable d'avoir trahi les rêves que son mari nourrissait pour l'entreprise : « Notre amour n'avait pas été le fruit d'un coup de foudre, plutôt une construction progressive, renforcée par cette épreuve commune qu'avait été, quelques années après notre mariage, la mort de notre second enfant, une petite fille magnifique, décédée à six semaines à cause d'un streptocoque doré attrapé à la clinique. René était grand, massif, très gai, de cinq jours mon aîné : quand d'aventure je le croisais dans les rues de Mantes, je me sentais envahie d'une douce chaleur, j'étais tellement fière de lui, j'aurais voulu qu'il le soit de moi. Voir couler sa boîte, c'était le perdre une seconde fois. » Depuis la mort de son mari, Jacqueline n'a cessé de lui parler, de lui demander conseil : « Là, j'ai essayé de ne plus trop penser à lui. »

Coupable, Jacqueline l'est, estime-t-elle, envers ses enfants : Gérard, le médecin, Sylvie, la kiné, Christine, la préparatrice en pharmacie. L'impression de n'avoir pas su préserver leur patrimoine. Envers ses beaux-parents aussi, les fondateurs de l'entreprise : lui, simple ouvrier forgeron qui, devenu chef d'entreprise, n'a jamais quitté son bleu ni son ton bourru ; elle, ancienne tenancière de café, une maîtresse-femme, un bourreau de travail : « J'avais anéanti l'œuvre de leur vie. Sali leur nom aussi. Ce n'est pas rien, un nom. Je vois encore ces convois exceptionnels chargés de viroles — des éléments de fours de cimenterie — qui franchissaient le portail de l'entreprise, précédés de motards, et qui traversaient Mantes, ornés d'immenses calicots "Éts S...". Nous n'étions pas peu fiers, dans ces moments là ! »

Et puis il y a le personnel de l'entreprise. Certains — le directeur technique, le directeur commercial — gagnent plus que

Jacqueline, qui ne s'est alloué, ces dernières années, qu'un salaire de dix mille francs mensuels. Ils se recaseront vite. « Mais mes ouvriers travaillaient chez nous depuis vingt, trente ans ; je connaissais leurs femmes, leurs enfants ; j'étais au courant des traites qu'ils payaient pour leur maison, j'avais souvent arrangé une fin de mois difficile. Qu'allaient-ils devenir dans un secteur en perdition ? » Suprême blessure : on comprend mal, dans les ateliers, les impératifs du marché. « Le P.C. s'en est mêlé, on m'a accusée d'avoir sabordé l'entreprise, j'ai même eu droit aux gros titres dans les journaux. » Un projet de coopérative ouvrière, un temps imaginé pour faire repartir l'affaire, ne réussira pas à voir le jour.

Coupable, Jacqueline estime qu'elle l'est sur tous les plans. Et qu'importe si le syndic lui affirme que la faillite n'est plus ce qu'elle était, qu'elle n'a, depuis la nouvelle loi de 1967, plus rien d'infamant, mais offre seulement à l'entrepreneur malheureux un moyen d'apurer le passé : « Ne pas faire face à ses engagements, ne pas honorer une signature... Tout cela me semblait insupportable. Après avoir, de par la mort précoce de mon mari, perdu à trente-six ans ma vie de femme, je perdais à cinquante-sept ans mon honneur. » L'honneur ! Une valeur clé chez les parents de Jacqueline, tous deux professeurs, l'un d'arboriculture fruitière, l'autre de coupe-couture, l'un engagé volontaire en 14, disciple de Léon Blum, l'autre chrétienne fervente, l'un foncièrement bon mais d'allure austère, l'autre toute tendresse. « Je me suis réjouie qu'ils soient morts ; jamais je n'aurais plus osé me présenter devant eux. »

En 1974, lors des premières difficultés rencontrées par l'entreprise, Jacqueline avait annoncé à ses enfants : « Je me suiciderai si je dois déposer mon bilan. » En 1982, elle ne se suicidera pas. Mais elle grossira de dix kilos, perdra le sommeil, ne dormant plus, pendant trois ou quatre ans, que sous somnifères ; elle restera plusieurs mois sans voir personne, et plus de deux années sans remettre les pieds à Mantes : « L'idée même de croiser des gens qui m'avaient connue en pleine activité, ou d'éventuels fournisseurs, me faisait horreur. » A la fin de l'année 1982, avertie de ce qu'elle va recevoir l'Ordre du Mérite, elle écrit au préfet pour refuser cette décoration, ne s'en sentant pas « digne » : « Si on me l'avait accordée, c'est en reconnaissance de ce que j'avais fait pour la vie économique de la région, des emplois que j'avais fournis : il ne restait plus rien de cela. » Elle va même jusqu'à abandonner la présidence d'une autre petite entreprise spécialisée dans les gaines de ventilation, qu'elle avait montée avec un associé. « Elle me brûlait les mains. Quel titre avais-je désormais à diriger une entreprise ? »

Dix ans déjà. L'âge est venu aujourd'hui pour Jacqueline d'une heureuse retraite, entourée de ses enfants et de ses petits-enfants. A Bennecourt, la Seine coule, charriant au loin les mauvais souvenirs. Et Jacqueline, quand on insiste, concède que « oui, sans doute, elle se sent de nouveau une femme honorable ». Pour rectifier tout de suite : « Mais reste en moi ce sentiment de ratage, d'incompétence ; il aura obscurci toute la fin de ma vie. » En Jacqueline, la vaillante, l'intègre, la femme de cœur et de tête, il y aura toujours une « faillie » qui sommeille. L'an dernier, on l'a invitée, pour fêter un ancien collaborateur, au Rotary de Mantes ; elle y est allée à reculons. Souvent elle se désole de ne pouvoir matériellement aider davantage ses enfants ; quand, la même année, en 1985, deux d'entre eux ont divorcé, elle s'est dit que, décidément, elle avait échoué à maintenir la cohésion familiale. Que, d'une certaine façon, elle était là encore un peu responsable...

Touchés ! coulés ?

Un à un, ils débarquent d'un vieux bus de la R.A.T.P., manquant parfois de trébucher en descendant les marches. Au petit matin, ils ont été ramassés sur le pavé de Paris par les agents de la B.A.P.S.A. (la brigade de sécurité publique) ou dans les couloirs du métro par ceux de la R.A.T.P. Ils sont quarante-cinq, cinquante peut-être ; des jeunes, des vieux, visages mangés de barbe, couperosés, foule grise aux vêtements sans forme, aux épaules courbées, transformant bientôt en cour des miracles le C.H.A.P.S.A., ce Centre d'hébergement et d'accueil des personnes sans abri, unique en région parisienne, qui jouxte l'hôpital de Nanterre.

Là, deux cent cinquante à trois cent cinquante clochards par jour (les « S.D.F. », les « sans domicile fixe », dirait-on plutôt aujourd'hui) trouveront à dormir, à manger, à se laver, à se distraire — il y a la télé, des jeux de cartes. Ils pourront aussi recevoir des soins à l'antenne médicale située tout près de l'arrivée des cars, où officie, assisté de deux infirmières, le Dr Patrick Henry, quarante ans.

Étrange vision, au milieu de toute cette misère, que celle de ce beau gosse en blouse blanche, haute taille, œil clair, calvitie naissante, qui, depuis sept ans, armé de sa compétence, de son large sourire et de son franc-parler, se bat dix à douze heures par jour pour ses « clodos », une catégorie de patients peu prisée par ses confrères[1].

1. Aux dernières nouvelles, le Dr Henry, à bout de forces, avait accepté l'offre du département Environnement et Sécurité de la R.A.T.P. de travailler sur le terrain pour tenter de sortir du réseau les deux mille S.D.F. qui y ont élu domicile.

Gare aux âmes sensibles ! On n'est pas dans un dispensaire de quartier, il suffit de voir le premier patient du Dr Henry pour s'en rendre compte : « Tiens, murmure-t-il, un nouveau... » Brûlé au troisième degré, au torse et aux jambes, après avoir sombré ivre mort sur une bouche de métro. Les suivants, Patrick Henry les connaît : « Salut, Dédé », « Tiens, Pierrot, de retour ? » Ils ont des poux, la gale, la tuberculose, des bronchites chroniques... La jambe de l'un, le bandage crasseux défait, est dans un état affreux : plus de peau, des poches de pus, les tendons qui affleurent ; les asticots grouillent dans la plaie. L'autre, qui s'est blessé avec un tesson de bouteille et ne s'est pas soigné, a une plaie au pied infectée. Un autre encore a reçu des coups de pied au ventre d'un *skin* ou d'un loubard. Ou peut-être d'un bon père tranquille, de vous, de moi. « L'hiver 1985-86, celui où il a fait si froid, l'un de mes clients qui couchait sous un porche du VIIe arrondissement s'est réveillé en sentant au-dessus de lui ses couvertures toutes craquelées : le concierge, pour le virer, s'était amusé à lui verser dessus un seau d'eau froide... » Il y a aussi, bien sûr, les méfaits combinés de la malnutrition, du manque de sommeil (deux à trois heures par jour), du tabac (deux paquets en moyenne) et de l'alcool (cinq-six litres) : « Un clochard en bonne santé, conclut le Dr Henry, ça n'existe pas. »

Dans la file qui s'allonge, deux femmes ; l'une a des chaussures vernies vert pomme, l'autre un jean sans forme : « Elles sont peu nombreuses, une pour douze hommes environ. » Quelques filles jeunes en rupture de famille ; des vieilles surtout, laissées sans ressources par la mort d'un compagnon. « Les femmes d'âge moyen, elles, sont rarement à la rue, elles ont plus de punch que les hommes, elles trouvent souvent aussi un homme pour les entretenir. Et puis les réseaux d'aide sociale les soutiennent, surtout s'il y a des enfants en jeu. Mais, le cap fatidique dépassé, leur déchéance est terrible. » Dans l'imagerie sociale, la femme est grande, mince, elle sent bon, elle a la peau lisse et les seins fermes. « Nos clientes, c'est exactement le contraire. Elles arrivent très vite à gommer toute différenciation sexuelle, ne se lavent plus, s'habillent comme des mecs. Ce qui ne les empêche pas d'avoir des rapports sexuels, souvent rémunérés, mais sans que ce soit de la prostitution, plutôt un échange de bons procédés. »

Misère physique. Misère affective. Et aucune notion de

l'avenir. « Ils n'imaginent pas le malheur au-delà de deux ou trois jours. Heureusement, cela les sauve du désespoir. » On ne se suicide pas chez les clochards ; pas de manière active, en tout cas, en se défenestrant ou en se jetant dans la Seine. Que l'ingestion massive d'alcool soit en revanche une forme de suicide inconscient... Autre mécanisme protecteur, la modification de leur schéma corporel : « Des types se pointent ici avec des plaies épouvantables, mais ce n'est plus leur jambe : c'est *une* jambe. Ils s'en sont comme dissociés. » Une fragmentation du corps qui laisse augurer de la destructuration complète de leur être.

Mais pourquoi en sont-ils arrivés là ? « Il faut d'abord dire haut et clair — car autrement, pourquoi les aider ? — que zéro pour cent des gens ont choisi cette vie-là, affirme le Dr Henry. La vision du clochard philosophe, ancien universitaire, médecin déchu, qui, un beau matin, au moment de partir au bureau, décide d'envoyer balader la société de consommation et de coucher sous les ponts, est une légende romantique qui n'a rien à voir avec la réalité. J'ai reçu ici plus de quatre-vingt-dix pour cent des clodos parisiens, j'ai un fichier de neuf mille huit cents personnes — c'est-à-dire en gros la population des S.D.F. à Paris —, je n'ai jamais rencontré un tel cas. »

Assis au-dehors, un peu à l'écart, son veston rapiécé serré autour de sa taille par une ficelle, Albert, l'air jeune encore, me dit pourtant sa vie « d'avant », une belle vie où, agent commercial, il avait une maison dans le Midi, un bolide rouge vif, un hors-bord et « toutes les nanas à ses pieds ». « Un discours protecteur, une croûte défensive », commente Patrick Henry, blasé.

Son succès de la semaine ? Avoir réussi, après six ans de longue patience, à faire hospitaliser pour une artérite aiguë des membres inférieurs un vieil habitué du C.H.A.P.S.A., un homme au langage châtié, à la solide culture, mais complètement délirant sur son passé, prétendument chargé de mission de Jacques Chirac, trop pris par ses occupations pour se faire soigner...

« Cinq pour cent de mes clients, c'est vrai, sont issus de familles "normales", voire aisées, précise Patrick Henry, mais ce sont tous de grands dingues, des psychotiques patentés... Tous les autres viennent de milieux hyperdéfavorisés, voire à la limite de la clochardisation, et ont souffert au départ d'une énorme carence affective. » Sur cette toile de fond, deux scénarios possibles. Scénario n° 1 : le type pour lequel tout a toujours été un désastre, depuis le jour de sa naissance — mère accouchant dans un taudis, échec scolaire permanent, errance de classe spécialisée en maison de redressement. Scénario n° 2 : le type qui a mené une scolarité à peu près normale, fait une petite formation professionnelle, trouvé un travail, parfois fondé une famille ; mais, que survienne une rupture — affective dans deux tiers des cas, divorce ou mort de la mère (souvent un drame pour une personnalité immature), ou encore une maladie, une mise au chômage —, et celui qui se maintenait à peu près debout s'écroule.

Ainsi de Claude, la quarantaine, qui, l'autre jour, a débarqué en larmes dans le bureau du Dr Henry : O.S. dans une usine d'électro-ménager, marié, deux enfants, il a perdu d'un coup sa famille dans un accident. Il a pourtant continué à travailler, mais, tous les après-midi, c'était plus fort que lui, il fallait qu'il quitte son poste pour se rendre au cimetière. L'employeur a supporté cela deux mois ; le troisième, il l'a mis à la porte. Du coup, Claude, incapable de payer son loyer, a dû quitter son trois-pièces à Sarcelles. Il s'est mis à boire. Il navigue aujourd'hui dans le quartier de la Madeleine en traînant derrière lui un vieux caddy : « Il ne s'en sortira pas », dit, réaliste, le Dr Henry.

Pas plus que Yannick, dit « Volvo », qui campe, lui, vers la porte de Versailles : chauffeur international, spécialiste du Paris-Bagdad, un vrai baroudeur qui en a vu des vertes et des pas mûres — par exemple son camion couler avec le ferry-boat qui le transportait —, il a toujours été un peu porté sur la bouteille : un jour, il demande de l'alcool dans une épicerie tunisienne, on le lui refuse, il sort de l'épicerie et y rentre à nouveau... avec son camion ! Prison. Perte de son emploi. Alcool encore. Et, très vite, la rue, faute d'autre solution.

Très vite. Si vite ! « En quinze jours, trois semaines, expose Patrick Henry, un type est définitivement fichu. Un processus presque stéréotypé : le gars se retrouve dehors avec seulement ses vêtements sur lui et quelques dizaines de francs qu'il va sans doute se faire voler. La première semaine, il réussit à garder un aspect correct, mais la barbe pousse, sa chemise noircit au cou. Au bout de dix jours, on commence à lui refuser l'entrée des toilettes dans les bistrots. Il ne va pas aller mettre deux francs dans une sanisette. Alors — pardon d'entrer dans les détails —, le type va aller pisser contre un arbre, derrière un buisson, et le reste à l'avenant. Jusqu'au jour où, chassé de partout, il sera contraint à se faire dessus. Une atteinte terrible à la dignité. Le premier moment clé. Dès lors, tout s'enclenche : sourit-il à une femme dans le métro, elle se détourne ; les gens, quand il arrive, se lèvent pour s'asseoir plus loin. En quelques semaines, la désocialisation est acquise. » Même si, fait étrange, elle laisse parfois subsister quelque lambeau d'une attitude sociale élaborée : tel vagabond couvert de plaies immondes s'adresse avec une politesse exquise aux infirmières ; tel autre, aux habits en loques, s'obstine à porter une cravate ; la semaine dernière, un type a passé trois quarts d'heure, en face du Dr Henry, à peigner ses cheveux huileux de crasse.

Il y a la saleté. Il y a surtout l'alcool qui déconnecte rapidement le S.D.F. de la réalité sociale, l'alcool qui coupe la faim, qui rend beau et fort et donne tous les courages — y compris celui de mendier. Pour acheter son Margnat Villages à 7,50 F, le litron de plastique, ou dans les beaux jours, du mogana à 12 francs, le château-yquem du clochard, il est prêt à tout, même à voler. En quelques semaines, le paumé est devenu un pochard. Une épave.

Irrécupérable ? « Certains s'en sortent, dit Patrick Henry, soudain laconique ; des jeunes depuis peu de temps à la rue. Ils sont rares... »

A l'hôpital de Nanterre, un centre d'accueil de mille deux cents places permet un hébergement provisoire et une prise en charge par une équipe de psychologues, de psychiatres et d'assistantes sociales. « Pré-foyer », « foyer de réinsertion »... Il arrive qu'un S.D.F. retrouve du travail comme déménageur à 5 000 francs par mois. Mais l'essentiel, encore et toujours, pour retrouver le chemin de la vie, c'est d'avoir un point d'appui.

Témoin le cas de cet homme de quarante-cinq-cinquante ans, débarqué l'an dernier au C.H.A.P.S.A. avec un fort accent allemand : « Il était complètement bourré, se rappelle le Dr Henry, mais avec une élocution plutôt haut de gamme qui m'a intrigué. Je l'ai gardé en hébergement. Le lendemain matin, il est revenu me voir, m'a affirmé qu'il était P.-D.G. de société en province, marié, père de famille, venu dans la région parisienne repérer des terrains pour un golf. Le discours fantasmatique type. J'ai vérifié, par acquis de conscience, j'ai trouvé le numéro de sa femme. Tout était vrai : c'était même un homme riche, mais sujet à des pulsions de fuite qui, d'ordinaire, ne dépassaient pas quarante-huit heures et dont il revenait avec une solide gueule de bois. Là, il était arrivé à Paris, avait rencontré un copain, ils s'étaient invités mutuellement à boire ; fin saoul, il avait échoué sur un banc. En vingt-quatre heures, il s'était fait piquer sa montre, son argent, ses papiers, ses chaussures. Il est resté un mois dans cet état.

« Appeler sa femme ? Il avait peur de se faire jeter. Moi, au téléphone, je lui ai expliqué le topo, je lui ai passé son mari, qu'elle voyait déjà mort. Ils ont parlé en allemand. Elle lui a dit : “Je t'attends.” Une ambulance est venue le chercher, l'a ramené chez lui, à cinq cents kilomètres d'ici. Il y a un mois, il m'a téléphoné pour m'annoncer son passage à Paris : on a prévu de faire un squash ensemble...

« Mais, pour arriver à cette issue heureuse, il a fallu une somme de hasards formidable. Il a fallu qu'il vienne à ma consultation, qu'on puisse joindre sa femme ; il se trouvait qu'elle l'aimait et qu'elle avait de l'argent. Parce que, croyez-moi, elle n'aurait pas eu les moyens d'envoyer cette ambulance, l'assistante sociale lui aurait donné un billet de train ; il y avait alors quatre-vingt-dix-neuf chances sur cent pour que, par crainte d'affronter les regards à l'arrivée, il descende au premier arrêt... » Et ne revienne grossir les rangs des clochards.

« La force des gens issus d'un milieu plutôt favorisé, remarque le Dr Henry, c'est qu'ils auront toujours une branche à laquelle se raccrocher, un petit pécule dans lequel piocher, une maison de campagne à vendre, une cousine à qui téléphoner ; confrontés à une mauvaise passe, ils sauront au moins ce à quoi ils ont droit, ils décrocheront le R.M.I., récupéreront une pension...

Prenons mon cas, poursuit Patrick Henry. Je ne sors pas d'un milieu riche, mais bon, je suis médecin, c'est une compétence, sinon aujourd'hui la garantie d'un bon métier. J'ai une compagne, des amis. Supposons que, demain, on me mette à la porte de la maison de Nanterre, que la jeune femme avec laquelle je vis me lâche. J'aurais encore mes parents. Supposons même qu'ils ne soient plus là à l'heure où cela m'arrivera ; j'aurais bien encore quelques amis. Supposons... Mais enfin, tout cela reste de l'ordre de la spéculation intellectuelle, et il faudrait beaucoup de malchance pour que tout s'écroule ainsi à la fois. En revanche, celui qui n'a plus un sou devant lui à partir du 25 du mois, celui qui, ayant coupé les ponts avec ses parents, n'a pour toute famille que la femme avec qui il vit, celui-là verra son univers s'écrouler si le chômage le frappe ou si sa belle joue les filles de l'air. L'épreuve, là, est le détonateur, mais elle n'est évidemment pas l'unique cause de l'effondrement. Car si tous les chômeurs et les cocus devaient se retrouver à la rue... »

Chez Albert, Claude, Volvo, le bonhomme intérieur était sans doute déjà trop esquinté — par manque d'amour, par excès de difficultés... — pour résister à un nouveau coup du sort. Pour eux, il n'y a plus de *happy-end* possible, pas de Boudu sauvé des eaux ; le libraire Lestingois peut dormir sur ses deux oreilles, Boudu n'ira pas semer chez lui la zizanie, il dort, imbibé d'alcool, sur sa bouche de métro...

Pour d'autres, fragiles eux aussi, étouffant de solitude, meurtris par nos villes trop grandes, nos cœurs trop secs, nos regards qui glissent — pas des clochards, eux, mais des routards, des S.D.F., des marginaux en tout genre —, il y aura pourtant une vie après l'épreuve, au sortir du trou noir. Une pauvre vie, objecteront certains, à l'écart des circuits familiaux et économiques classiques, mais une vie tout de même, digne, laborieuse, avec ses hauts et ses bas, ses éclats de rire et ses coups de cafard, ses complicités et ses coups de gueule. Une vie qui est parfois un tremplin vers une autre vie.

Au standard, il y a Robert et sa barbe blanche, belle tête de gourou en puissance. Et, derrière le bar (sans alcool), Patrick, caboche carrée, un Breton bretonnant. Au réfectoire, Louis, le serveur basque. Au linge, un second Robert, la « mère Denis » locale. D'autres encore, au jardin, au tri, à l'« aquarium » — la caisse du magasin —, et puis tous ceux qui, par équipes de trois, partent deux fois par jour faire les ramassages en camion.

A la Communauté Emmaüs de Neuilly-sur-Marne — avec cinquante compagnons, la plus importante de France —, il y a des jeunes et surtout des moins jeunes (moyenne d'âge : quarante-sept ans) ; peu d'étrangers : en ce moment, un Algérien et un Grec ; des nouveaux venus — l'un, « guide de voyages », est arrivé hier soir — et des piliers de la maison (Robert, le standardiste, est là depuis vingt-sept ans).

Michel, un barbu très maigre, l'allure d'un faux abbé Pierre qui aurait troqué sa soutane contre un short, débarque triomphant de son camion : « Ce matin, on a eu une sacrée belle marchandise ! » Déjà ses deux acolytes — les « ripeurs » — sortent des caisses bourrées d'objets divers, de porcelaine, de verrerie, soigneusement empilées par strates, sans papier d'emballage : du grand art, il n'y a pratiquement jamais de casse. « Hier, par contre, reprend Michel, il a fallu prendre les clefs chez la gardienne : c'est toujours mauvais signe quand les gens n'ont pas le courage de vous indiquer eux-mêmes les choses à enlever... »

Autant d'horreurs ou de merveilles promises aux poubelles de notre société d'abondance qui vont retrouver une nouvelle jeunesse, une fois dûment triées, nettoyées, éventuellement restaurées par les compagnons-chiffonniers. Un travail de longue patience où l'on récupère les boutons, bichonne les vieilles chaussures, retape les jouets d'enfants, démonte les cuisinières pourries pour séparer le laiton du cuivre ou de la ferraille : « Depuis que je travaille à Emmaüs, j'ai compris comment on a bâti la muraille de Chine », dit Françoise, cinquante-six ans, l'une des deux responsables, veuve d'un médecin de Saint-Brieuc et déjà sept fois grand-mère.

Destination des marchandises : les magasins où les acheteurs se ruent chaque jour sur le coup de 14 h 30. Car à Emmaüs, pour qui s'y connaît un peu, il y a toujours une affaire à faire, de ce réfrigérateur-congélateur quasi neuf pour 800 francs à ce chromo ou à ce portemanteau à 30 francs. Des petits ruisseaux qui font de grandes rivières : l'an dernier, Neuilly-sur-Marne a fait 8 millions de francs de chiffre d'affaires ; le rayon mercerie, 17 000 francs pour le seul mois de mai, quand celui des chaussures (toutes à 10 francs) affichait une recette record de 8 860 francs... Vingt pour cent des sommes gagnées par les compagnons iront traditionnellement dépanner, sous forme de secours divers, des familles encore plus démunies. Quant aux vêtements non vendus dans la journée, ils partiront, compressés en balles, vers l'Argentine ou l'Uruguay.

Il y a aussi les gens de passage à qui on offrira un sandwich ou bien un lit pour la nuit : deux types d'allure minable errent ainsi près de l'accueil, ils repartiront le ventre plein. Mais ce ne sont pas eux qui demanderont à vivre ici : trop désocialisés. Pour postuler à Emmaüs, il faut au moins avoir un désir, un projet, accepter tout simplement d'être mis au boulot dans la journée. « En trois jours passés ici, les gens changent d'apparence : le fait de travailler, d'être reconnus, regardés, écoutés... », dit Dominique, quarante-deux ans, l'autre responsable de la Communauté, un ancien négociant en vins au visage rond et au regard clair, marié et père de famille.

Une semaine d'observation mutuelle, et voici le paumé devenu compagnon. Sans avoir à dire pour combien de temps. Sans avoir à confesser non plus la raison de sa venue : à Emmaüs comme à la Légion, on ne pose pas de questions. Mais, la confiance aidant, les langues se délient ; et se déroule chaque fois la litanie du malheur ordinaire — les ruptures affectives, les échecs professionnels, les problèmes de santé. Avec l'alcool en toile de fond, tout à la fois remède et poison. A Neuilly-sur-Marne — comme chez les clochards —, il y a des *loosers* professionnels, des gosses de l'Assistance à qui la vie n'a jamais souri, un sur cinq environ. Mais — à la différence des clochards —, il y a aussi des déclassés : un inspecteur des impôts, un technicien de haut niveau, un décorateur, un commis architecte, un cadre commercial, un ancien directeur d'agence de la D.I.A.C., la société de crédit de la Régie Renault... Et puis, formant l'essentiel des troupes, des Français moyens, ouvriers, artisans, employés de banque, des gens modestes qui menaient tranquillement leur barque jusqu'à ce qu'un coup de torchon les fasse chavirer.

Ainsi d'Ernest, cinquante-sept ans, de Michel, quarante-sept ans, de Christophe, vingt-six ans. Trois générations, trois caractères différents. Trois histoires simples traversées par une même tragédie, la mort de la femme aimée. Trois façons de se réconcilier avec la vie.

Ernest, un grand type calme en bleu de travail et après-ski, l'œil clair, les épaules voûtées. Je le rencontre à la menuiserie où il finit de restaurer — magnifiquement — une bibliothèque Napoléon III en acajou, une petite radio posée à ses côtés. C'est un gars du Nord, Ernest, enfin, du Pas-de-Calais. Mineur de fond à l'âge de quinze ans — « à l'abattage, à 683 mètres de profondeur » — comme son père, comme ses deux frères. Puis affûteur de diamants industriels à La Courneuve. Thérèse — fille de mineur elle aussi —, il l'a épousée à vingt ans, elle en avait dix-huit ; très vite ils ont eu quatre enfants, trois garçons, une fille. Un matin de 1964 — cela faisait neuf ans qu'ils étaient mariés —, Ernest est parti comme tous les matins travailler, après que Thérèse lui eut fait le café ; puis, comme tous les matins, elle est sortie faire les courses. En revenant elle est tombée dans les escaliers : « Un infractus » *(sic)*, précise Ernest. Le temps, une fois prévenu, de revenir à l'usine sur sa mobylette, Thérèse était morte : « Quatre jours après mon anniversaire. » Ernest a alors vingt-neuf ans, il n'a jamais connu qu'une femme, la sienne, il n'a pas le mode d'emploi de la vie sans Thérèse. Et puis il y a les enfants, l'aîné a huit ans, le dernier n'en a que deux. « Comment j'aurais pu m'occuper des gosses en étant à l'usine toute la journée ? » C'est la belle-mère qui va les prendre dans le Pas-de-Calais. Ernest, lui, est hospitalisé pour dépression nerveuse.

A son retour, quinze jours plus tard, l'appartement est vide. Et, du neuvième étage, il a une vue plongeante sur le cimetière où dort Thérèse. « Le lendemain, j'ai tout lâché, abandonné mon travail, donné les meubles que j'avais, pris la route, sac au dos. » Et une fiole de gnôle à portée de main. Il marchera des jours devant lui avant d'échouer, épuisé, chez les Compagnons d'Emmaüs, à Amiens. Une simple halte pour échapper à la solitude, à la dépression, à l'alcool — deux fois, tout au début de son veuvage, Ernest a tenté de se suicider. Une halte qui dure depuis vingt-deux ans.

Il aurait pu repartir, bien sûr. Il a un bon métier entre les mains depuis qu'à Rodez, dans une autre Communauté Emmaüs (il en a fait douze au total), il a passé son C.A.P. de menuisier. Il aurait pu trouver aussi une gentille femme, il a même eu des occasions ; mais non, ça ne le tentait pas, il n'avait pas connu de femme avant Thérèse, il n'en connaîtra pas après. Par peur : « Si ça se trouve, il lui arriverait encore malheur. » Par fidélité, surtout : « Cette mort, jamais je ne l'ai acceptée ; c'est pas possible de voir comme ça quelqu'un de vivant le matin, puis mort quelques heures après. »

Ses enfants, il a longtemps été sans les voir, sa belle-mère l'ayant pris en grippe : « J'allais dans la vaulette (le petit sentier) derrière chez elle pour essayer de les apercevoir. » L'un de ses fils le boude toujours ; un autre, dépressif, s'est suicidé ; le troisième, marié, quatre enfants, le reçoit souvent, tout comme sa fille, qui en a deux : « Dans trois ans, quand je serai en retraite, les enfants ont promis de me prendre. » Mais la vie d'Ernest, c'est d'abord Emmaüs : « Ici, dit-il, je suis un homme heureux. » Avec sa chambre à lui, impeccablement rangée, sa musique, sa télé. Avec ses copains, son P.M.U. le dimanche matin, ses promenades le long de la Seine, et la visite hebdomadaire de sa « frangine » qui habite porte de Bagnolet.

Le jour de sa naissance — avant terme, à sept mois et demi —, Ernest pesait « moins de cinq cents grammes » ; on lui a donné pour berceau une boîte à chaussures bourrée de coton. Fragile encore aujourd'hui, entre Thérèse qui est morte, son vieux cœur qui flanche et une triple opération à la jambe, Ernest a besoin d'être protégé. Par ses potes, les compagnons. Par Dominique et par Françoise. Par la grande ombre de l'abbé Pierre, alias « Pierrot la soutane », comme on l'appelle familièrement ici.

Chez Michel, le sosie du grand chef, pas de fragilités au départ, mais une enfance « rêvée » près du Havre où son père est chef opérateur à la Compagnie française de raffinage. Nanti de son certificat d'études primaires, il commence à travailler à quatorze ans comme chaudronnier dans la construction navale, tout en suivant — vieux rêve — des cours de pilotage. En 1963, il est même champion d'Europe junior de vol à voile. Suivent trente mois d'Algérie. Et, au retour de l'armée, le coup de foudre pour Dominica, fille d'un approvisionneur aux Halles de Rungis, « une perle rare ».

Michel a une femme à lui, un camion à lui, un pavillon à Rosny-sous-Bois, bientôt une petite fille, Dominique. Mais l'enfant meurt à deux ans et demi, happée sur la voie publique ; et le jour de son enterrement, Dominica se jette du quatrième étage de l'hôpital Cochin où elle est soignée pour dépression. Abasourdi par cette double tragédie, Michel ne tourne plus rond, on le repêche dans la Seine, on l'arrête — dans la région du Havre où il est revenu — pour plusieurs cambriolages : il fera de longs mois de prison avant de rallier le droit chemin.

Le voilà de nouveau chaudronnier aux chantiers du Havre,

puis chauffeur d'autocar au Raincy. D'un second mariage naît en 1975 une autre petite fille, Angélique. Mais, en 1986, une paralysie du bras droit met Michel en longue maladie. Un an plus tard, son employeur le congédie. Pas facile, à quarante-quatre ans, de retrouver du travail. Chômage de longue durée. Michel supporte mal l'inactivité, il s'aigrit. Sa femme, un jour, le fiche à la porte. Le 24 décembre 1987, Michel se retrouve sous les verrous : une histoire de carte de crédit qu'il affirme avoir ramassée sur un parking — trois mois de prison ferme. A la sortie, après un mois passé à l'Armée du Salut, dans le XIIIᵉ arrondissement, il fait la rencontre salvatrice de Ginette, une responsable d'Emmaüs : à Neuilly-sur-Marne, on recherche un chauffeur de camion.

« Ici, au moins, lance-t-il, j'ai l'impression d'être utile. » Deux fois par jour, Michel part à la chasse aux trésors ; il en revient avec le sentiment du devoir accompli. A la commission « Dépannage », il décide de l'attribution de mobilier à des familles en difficulté. Le contact avec les clients, l'ambiance lors du débarquement des camions lui plaisent. Bien sûr, il y a le risque de s'enliser dans une certaine sécurité, de devenir un « petit-bourgeois d'Emmaüs », comme dit Françoise — même à deux par chambre, même avec seulement 170 francs par semaine d'argent de poche, plus une quote-part des pourboires. Mais Michel veille, jaloux, sur son autonomie ; le matin il prend le café dans sa chambre, y remonte après dîner, avale des cassettes vidéo, des livres sur les animaux, construit la maquette d'un camion.

« Personnellement, si je retrouve du boulot, dit-il, je tire ma révérence. » Mais il n'en cherche pas. La peur d'échouer encore une fois. De se faire dire qu'il est trop vieux, pas compétent. Et puis, Neuilly-sur-Marne est à cinq kilomètres du Raincy. Là où vit Angélique. Sa mère la surveille, Michel n'a pas revu sa fille depuis cinq ans ; une fois seulement, il l'a aperçue lors d'une tournée en camion. Mais, en mars prochain, elle aura dix-huit ans.

Michel rêve : « Si elle veut alors de son père, alors je prendrai mon courage à deux mains. Et je réattaquerai dur. En espérant que ce ne sera pas la falaise. » A quoi sert-il de vivre si ce n'est pas pour quelqu'un ?

On se souvient ainsi encore d'Edouard à Neuilly : des années durant, il a raconté aux autres qu'il avait une fille, infirmière dans l'Est. Chaque année, à Noël, il partait la rejoindre, il économisait des mois pour son cadeau. Et puis Edouard est mort, et on a mis des mois à retrouver la trace de sa fille : elle n'avait en fait jamais revu son père. Chaque année, c'est à un orphelinat qu'il adressait le montant de son cadeau de Noël...

« Christophe, quelle surprise ! » Une bonne tête souriante, polo bleu, œil noisette, un tatouage sur l'avant-bras, une gourmette au poignet, Christophe, transporteur international, est venu saluer la compagnie avant de filer sur la Belgique. Il y a quatre ans, il arrivait ici dans un triste état après avoir perdu dans un accident de la circulation sa compagne et leur fille de deux ans : « A l'époque, j'étais militaire de carrière, caporal-chef de l'artillerie à Valbonne (Ain), je gagnais 8 000 francs par mois, on avait réussi à mettre de côté 30 millions (anciens). C'était la bonne vie. » Rien à voir avec son enfance « pourrie » : père maçon, mère ouvrière dans une distillerie, claques sur la gueule et travail dès douze ans dans une boulangerie.

Lors de l'accident de juin 1986, Christophe a encore deux ans à faire dans l'armée : il finira son contrat, mais dans un état second, alcoolique, incapable de rien avaler, flambeur au dernier degré. Il essaiera même un jour de se jeter contre un platane à 260 kilomètres à l'heure avec sa Fiat 131 au moteur gonflé : « J'en suis ressorti avec douze jours de coma, le cerveau déplacé d'un centimètre et demi. » Dans l'échancrure de sa chemise, la cicatrice de la trachéotomie.

Quand il quitte l'armée, Christophe n'a plus que 4 000 francs, de quoi vivre quelque temps dans un petit hôtel à Livry-Gargan. Son pécule épuisé, il rejoindra pendant un mois le bataillon des S.D.F., couchant un soir chez un copain, un autre dans une gare, avant de débarquer à Neuilly-sur-Marne : « J'étais le plus jeune, j'ai eu l'impression d'être retourné à la caserne. » Il y demeure cependant trois ans, le temps de faire le vide. Ou le plein ? « Ici, je me sentais bien. » Mais pas question de laisser Christophe s'endormir : on le pousse à passer son permis poids lourd, bientôt il se retrouve à Rungis dans une maison de porcs en gros. Il réapprend l'indépendance, installé dans un petit appartement H.L.M. qu'il loue à la Communauté.

Aujourd'hui, Christophe a délibérément fui Paris, trouvé un travail de camionneur dans l'Ain, à vingt-cinq kilomètres de Lyon ; il gagne 7 200 francs par mois, auxquels il ajoute chaque semaine 800 francs économisés sur ses frais de déplacement. Il aime une Nathalie de vingt ans, vit depuis un an avec elle ; déjà ils attendent un enfant. Ils en voudraient trois, assez d'argent pour vivre tranquilles, ni maladie ni accident. Ils ont pour eux la jeunesse, l'ambition d'être heureux. Ils ont chassé les dragons. « Je vais y aller, dit Christophe, avec les poings devant ! »

Souffrir comme une bête

Il écrit ses livres[1] en français, mais parle couramment le goéland. Neurologue, psychiatre, chargé de cours à la faculté de médecine de Marseille, Boris Cyrulnik, cinquante-cinq ans, est aussi éthologue, c'est-à-dire spécialiste de l'observation des animaux dans leur milieu naturel. Son laboratoire de recherches ? L'île de Porquerolles, la Camargue, le jardin de sa villa de la Seyne-sur-Mer, grand ouvert sur la Méditerranée ; ou encore une famille, une crèche, un café, puisque le but ultime de l'éthologie est aussi de permettre une meilleure compréhension de cet animal étrange entre tous : l'être humain.

Pour vous, éthologue, le mot « épreuve » a-t-il un sens ?

Hou là, pas si vite ! ce qu'il faut d'abord dire, c'est qu'à l'inverse de l'homme, l'animal n'a pas d'histoire. Il est dans la soumission au réel. Il pense, oui. D'une certaine façon, il pense, mais c'est une pensée enracinée dans la matière, il perçoit des odeurs, des formes, des bruits, il les catégorise, il relie deux représentations entre elles, et à partir d'elles il élabore une troisième représentation. S'il n'est pas stimulé, il ne produit pas de pensée. Ainsi, l'animal peut ressentir une douleur physique, mais, dès qu'elle cesse, il se remet à jouer.

---

1. *Mémoire de singe et paroles d'homme*, 1983 ; *Sous le Signe du lien*, 1989 ; *La Naissance du sens*, 1991, Éd. Hachette.

Nous autres hommes cultivons aussi l'oubli des moments pénibles...

Oui, mais, consciemment ou non, ils restent intégrés à notre aventure psychique, ils rentrent dans notre histoire. De même, au moment où nous souffrons, nous ressentons cette douleur à travers le prisme de ce que nous sommes, de nos représentations fantasmatiques, de ce que la société nous a appris. C'est l'exemple de l'accouchement sans douleur, au départ une idée communiste...

J'ignorais !

Mais oui, dans les années 50, à l'heure où triomphent en U.R.S.S. les thèses du biologiste Lyssenko, les scientifiques du P.C.F. s'emparent de la notion de déconditionnement pavlovien en réaction contre la science bourgeoise. « *In dolore paries* » (« Tu enfanteras dans la douleur ») ? Foutaises, disent-ils ! On peut très bien accoucher sans douleur. Bien sûr, c'est une idée militante fausse, absurde ; le travail physiologique de la naissance entraîne fatalement une stimulation physique douloureuse. Mais, de fait, la généralisation de cette notion d'« accouchement sans douleur », en supprimant la panique anxieuse qui amenait — j'en ai vu — certaines parturientes au bord du désespoir, a, en l'espace d'un an, changé l'ambiance dans les salles d'accouchement !

Les animaux, eux, n'ont pas la ressource de donner un sens à ce qu'ils endurent ?

Non, ils se contentent de s'adapter par des mécanismes de fuite, d'évitement, de résignation. Il est courant, en milieu naturel, de voir des animaux, même gravement blessés, avec une patte cassée, une cuisse arrachée par un prédateur, continuer à courir, à se déplacer en bande. Rien d'incroyable à cela : c'est souvent sous la douche que les rugbymen découvrent les blessures récoltées au cours du match ; dans le feu de l'action, ils ne les sentaient pas.

On ne peut donc parler de souffrance chez l'animal ?

Si, on peut parler de souffrance dès lors qu'il y a perte affective. Ceci n'étant valable, bien sûr, que pour les animaux supérieurs dont l'évolution n'est pas terminée à la naissance et qui ont besoin d'un autre — leur mère, généralement — pour devenir eux-mêmes. Si, par accident, un agneau naissant est séparé de sa mère, il arrête de brouter, de jouer, de se socialiser. Un seul être lui manque — son être d'attachement, son « affect », dit-on dans notre jargon — et tout son univers est désorganisé, plus rien ne peut lui procurer du plaisir. Il meurt en quarante-huit heures.

Même si on lui propose une mère de substitution ?

La chose est possible si l'on recrée un lien biologique, en badigeonnant par exemple l'agneau avec le liquide amniotique de sa nouvelle mère. Alors il se remet à brouter, à jouer, il reprend sa vie d'agneau, il est sauvé.

On peut donc parler d'« épreuves » chez les animaux ?

Et comment ! Prenez ces babouins qu'a longuement étudiés, en vivant près d'eux, l'universitaire américaine Shirley Strum : ils forment souvent des couples platoniques, jouant ensemble, dormant l'un contre l'autre, se faisant des offrandes alimentaires, même si chacun a des aventures sexuelles de son côté. Que la femelle vienne à mourir d'un accident, par exemple, ou que le mâle émigre (il y est parfois contraint s'il se sent trop dominé par les femelles du groupe), et l'on voit le laissé-pour-compte cesser de s'alimenter, d'explorer le territoire, sa sécrétion d'immunoglobulines décroît, il devient la proie des virus, des infections, développe des comportements d'échec qui débouchent parfois sur des accidents qui n'ont rien d'accidentel. Le loup, lui aussi, est un grand sensible.

Ce n'est pas l'image qu'on en a...

Il a pourtant une forte capacité d'attachement à un animal privilégié, dominant, souvent le chef de meute. Lorsque ce dominant vient à disparaître, cette perte est ressentie comme catastrophique ; il n'est pas rare que le loup se laisse du coup mourir. Rien de commun avec les chacals qui, de par leur équipement génétique, s'attachent au groupe plutôt qu'à un individu, et qui, en cas de perte d'un des leurs, ont des réactions beaucoup plus modérées.

Quels autres « coups durs » guettent encore les animaux ? La privation de liberté ?

Elle aggrave encore les problèmes. Revenons au loup. Il se retrouve en cage : même si celle-ci est large, confortable, même s'il y est bien nourri, il vit cette fois une double rupture : sur le plan de son écologie sociale (il se retrouve seul sans sa meute, sans cet Autre près de lui qui lui donne envie de courir, de chasser, d'aimer au sens loup du terme), et sur le plan de son écologie physique (plus de grands espaces, tout est changé : la température, l'hygrométrie, le rythme de vie). Sa vie perd son sens, sa sensorialité. Reste un stéréotype de loup qui gémit, tourne en rond, creuse des sillons dans le sol. Dans les zoos, on observe souvent de ces animaux qui ont d'énormes plaies au museau à force de se frotter aux barreaux, et qui se balancent indéfiniment d'avant en arrière, tels ces enfants anaclitiques[1] qu'on a pu voir dans les hôpitaux roumains, abandonnés de tous, prostrés, incapables de manifester la moindre émotion, de pleurer, de se plaindre : une petite fille ayant un bras cassé l'avait ainsi sans mot dire laissé lentement s'atrophier. A quoi bon exprimer sa douleur quand il n'y a personne en face pour recevoir le message ?

Y a-t-il des analogies entre le loup, le babouin et l'enfant privés d'affection ?

Le scénario comportemental est toujours le même : à la protestation succède le désespoir, puis l'indifférence. Ce qui change, c'est le temps d'évolution de chacune de ces phases avant une éventuelle guérison. Tout dépend de la durée de la privation, de l'histoire antérieure de chaque sujet — celui qui a bénéficié de liens affectifs forts résiste mieux, l'attachement est une protection —, de l'apparition de substituts : ainsi la babouine, privée de son cher et tendre, renaîtra plus tôt à la vie si elle a un petit sur lequel veiller, ou si un nouveau compagnon se profile à l'horizon. Alors « le travail de deuil », dirait-on en psychologie humaine, se fait plus facilement. Tout dépend aussi — on l'a vu avec l'exemple du loup et du chacal — des espèces. Ainsi le petit d'homme, séparé précocement de sa mère du fait d'une prématurité, d'une maladie de la mère ou de l'enfant, présente, comme le petit animal, des troubles : retards de croissance, mauvais sommeil, relation difficile avec sa mère quand

1. « Privés d'étayage », de quelqu'un sur qui prendre appui.

il la retrouve. Mais ces troubles sont rapidement réparables dès lors que la mère — ou la personne qui exerce la fonction maternante : père, nourrice, etc. — réintroduit l'élément plaisir dans la vie de l'enfant. La plasticité, telle est la première marque de l'humanité : avec l'être humain, rien n'est jamais trop tard. Pour ma part, j'ai suivi, quand elle avait sept ans, une petite fille complètement sauvage, débile profonde, privée de parole et de contrôle sphinctérien. Un couple l'a prise en affection, la vie a fait le reste. Et l'enfant sauvage est devenue — oui, je sais, c'est trop beau, on a du mal à y croire — une grande aviatrice, une femme belle, élégante, très lancée dans les milieux parisiens...

Conclusion : l'amour est toujours gagnant ?

Attention : le fait qu'une carence affective entraîne des conséquences dramatiques ne signifie pas, *a contrario*, que l'excès d'amour et de protection soit forcément bénéfique. On voit très bien cela chez les oiseaux : placé dans une situation de pléthore écologique où il a « tout pour lui », sa maman, des aliments à foison, un climat doux, ni trop sec ni trop humide, l'oisillon se développe apparemment bien, mais il vit mal, ne tente aucune exploration, s'engourdit dans son nid. Plus généralement, l'observation comparée d'une même espèce animale en milieu domestique et en milieu naturel révèle que, chez les animaux domestiques, l'espérance de vie est multipliée par trois ou quatre, que la taille et le poids sont multipliés par deux ou trois, mais que, en revanche, ces animaux souffrent de manifestations psychosomatiques — ulcères, hypertension, stress — inconnues chez leurs frères en liberté, de maladies de dégénérescence tels les infarctus ou les ramollissements cérébraux, et que, surtout, ils se révèlent infiniment plus vulnérables au changement : lâché en milieu sauvage, l'animal de compagnie meurt très vite, incapable de résoudre les problèmes du monde nouveau qui s'ouvre à lui.

Les chiens chouchoutés par leurs maîtres n'ont pas l'air si malheureux !

Les chiens, c'est un peu différent ; ils sont tellement attirés par l'espèce humaine — comme le sont aussi les rennes ou les phoques —, par ses formes, son odeur, qu'ils finissent par se prendre eux-mêmes pour des hommes. Mais le caniche adoré fait lui aussi ses tremblements, ses ulcères, ses syncopes émotives ;

lui aussi est perdu hors de son univers familier. Si l'excès d'épreuves est donc destructeur, son absence est engourdissante, elle freine l'appétit vital.

C'est sans solution !

Mais si ! L'important, c'est de trouver une juste mesure entre la carence affective et la pléthore affective. Et là, on en arrive à la valeur formante de l'affrontement.

Formatrice... ?

Formante : « qui donne forme ». Les darwiniens parleraient, eux, du « bénéfice adaptatif » de l'affrontement. Ainsi, il existe chez beaucoup d'animaux un processus interactif entre la mère et l'enfant. Dans un premier temps, elle le protège, puis, très rapidement, c'est elle-même qui lui impose des épreuves : ainsi la mère macaque surcouve son petit mâle (plus que ses petites femelles) jusqu'au septième mois, puis, ce délai passé, elle manifeste son impatience, se met à le mordre, à le chasser. Le petit gémit, se frotte contre elle, cherche à la séduire. De bagarre en bagarre, la mère finit par apporter son rejeton au milieu du groupe des mâles, elle qui n'y pénètre pour ainsi dire jamais, lui met la patte sur la queue pour l'immobiliser, recule progressivement tandis que le petit, curieux, regarde autour de lui. Et, dès que les grands mâles commencent à s'intéresser au nouveau venu, elle fuit. Le petit, un peu paumé, proteste, finit souvent par retrouver sa mère, se blottit près d'elle. Mais elle recommence ce manège. Et un jour, un mâle vient enfin jouer avec le petit ; ce dernier commence à se périphériser, il entre dans une bande d'adolescents, plus tard il sera tout naturellement admis à jouer dans la cour des grands.

Même processus chez les oiseaux : pour les inciter à voler, leur mère se perche sur le bord du nid, ouvre grand ses ailes, fait mine de partir. L'oisillon l'imite. Il est mort de trouille à l'idée de plonger dans le vide, il a le poil qui se dresse, des diarrhées émotives. Heureusement, voilà sa mère qui replie ses ailes : départ différé. Et puis arrive un moment où elle s'envole vraiment et le petit est bien obligé de suivre.

Encore un exemple : celui de la mère renarde, une vraie mère-poule pour ses petits ! Pourtant ils grandissent, et il y a embouteillage dans le tunnel d'entrée du terrier : on n'arrive plus à s'y croiser, il y a manifestement du monde en trop. Alors la mère, qui se considère comme dominante, agacée, ne répond plus aux quémandages alimentaires des renardeaux, les menace et, un beau jour, fatiguée d'assurer indéfiniment la charge de cette encombrante progéniture, la fiche dehors.

Toute ressemblance avec des personnes ayant existé...

L'anthropomorphisme est, c'est vrai, tentant ! Et l'on ne peut s'empêcher de penser, en écoutant ces histoires « édifiantes » — au sens propre du terme... — tirées de la vie des bêtes, à ces éternels adolescents qui, passé vingt-cinq ans, squattent encore chez leurs parents (souvent au plus grand plaisir de ces derniers). Ou à ces enfants du laisser-faire prôné aux États-Unis par le Dr Spock dans les années 70...

Il a fait plus tard amende honorable...

C'est courageux. D'ailleurs, au départ, l'intention — réagir contre les excès de l'éducation prussienne et de l'enrégimentement nazi — était louable, elle cadrait bien avec la nouvelle donne sociale, toutes ces femmes culpabilisées par leur travail, qui en rajoutaient dans le dévouement. Mais le résultat a tout de même été une ou deux générations d'Américains massacrées !

Faute d'avoir, comme les oisillons froussards, appris à voler ?

Si vous voulez. Ce laxisme généralisé a donné, c'est bien simple, des enfants informes — et pas seulement en Amérique, on en reçoit ici toutes les semaines en psychothérapie. Tout leur a été offert d'emblée par leurs parents et leurs éducateurs, ils n'ont jamais eu à se battre, ils fuient la douleur, l'angoisse, l'exploration. Mais, du coup, ils ne savent pas non plus ce qu'ils aiment et ce qu'ils n'aiment pas, ce qu'ils ont envie de devenir ou non, ce ne sont pas des personnalités. Bien sûr, il y aura toujours quelques gosses pour se tirer magnifiquement de cette overdose, comme d'autres se sont tirés de la pénurie (une fois de plus, le déterminisme est infiniment moins fort chez l'homme que dans toute autre espèce animale). Mais, pour l'immense majorité, la démotivation est à la clé : en épargnant les épreuves à ces jeunes, on leur a ravi aussi le goût de la victoire.

Les deux sont indissociables ?

Regardez seulement le lien qui unit la peur au plaisir. On voit ainsi des gazelles s'approcher d'une lionne — une lionne repue, au ventre un peu gonflé, aux mouvements lents ; elles prennent des risques, les gazelles, mais point trop tout de même ! Elles s'avancent en tremblant, elles sont même parfois atteintes d'une sorte de tétanie anxieuse qui ralentit leurs mouvements, mais elles avancent. Que la lionne bouge un peu, et elles filent sans demander leur reste. Puis reviennent à la charge, trouvant manifestement dans cette provocation une saveur non pareille.

Le salaire de la peur !

Il n'existe pas que chez les gazelles. Prenez les jeunes qui se balancent en élastique du haut d'un pont, ils érotisent eux aussi leur angoisse. Dans un registre moins gratuit, l'un de mes amis, un pasteur protestant, m'a raconté comment, résistant pendant la guerre, chargé de papiers compromettants, il vit un jour la Gestapo monter dans son train par les deux extrémités du wagon. Impossible de filer : il allait non seulement être pris, mais entraîner dans la mort tout son réseau. L'angoisse, montant en lui jusqu'au paroxysme, finit par provoquer — le fait n'est pas rare — une douleur physique intense, insupportable. Et puis, soudain, alors que les policiers n'étaient plus qu'à deux mètres de mon ami, elle a fait place à une incroyable euphorie, « la première extase mystique de ma vie », m'a-t-il dit. Une émotion qui dépassait les limites de l'humain. Bien sûr, un coup de dent de la lionne, l'arrestation par la Gestapo, et l'épreuve risque de vous faire basculer dans le néant ; mais, surmontée, elle est un extraordinaire stimulant.

Vous en déduisez des principes d'éducation ?

A chacun son métier, mais je suis très frappé par le fait que ces mêmes enfants hyperprotégés dans leur famille et dans leur école se retrouvent souvent, passé dix-huit ans, brusquement projetés dans l'aventure sociale, agressés par le chômage, les difficultés matérielles, confrontés à une compétition sans pitié. Entre ces deux mondes, il n'y a plus de tampon, ni troupe scoute, ni engagement religieux, philosophique ou politique : le vide. Je crois urgent, pour ma part, de réinventer, pour le combler, des structures intermédiaires, comme s'y efforcent ces temps-ci les Américains qui montent à l'intention des enfants issus de milieux défavorisés des programmes éducatifs adaptés : plutôt que de les couver, ils leur font bâtir une maison, renflouer un bateau, traverser un désert, encadrés bien sûr par un moniteur — le lien avec le monde des adultes.

Ne risque-t-on pas de retomber dans une vision moralisatrice des choses, basée sur le prix de la souffrance et de l'effort ?

Celle-là même qui faisait croire aux femmes que, si l'on ne souffrait pas en mettant un enfant au monde, on ne pouvait pas l'aimer ? Celle-là qui faisait tonner Balzac contre le chloroforme — lui couperait-on la jambe qu'il le refuserait ! — sous prétexte qu'un homme doit tout assumer, même la douleur ? Celle-là qui, aujourd'hui encore, pousse certains médecins à refuser de la morphine à un cancéreux en phase terminale parce qu'elle risque de créer une accoutumance ? Non, bien sûr, la récupération idéologique de la souffrance — qu'elle soit physique ou morale — a, je l'espère, fait son temps. Ce que je demande à nos sociétés d'aujourd'hui, c'est de réinventer l'épreuve, mais une épreuve civilisée, canalisée, qui permette seulement à nos enfants de savoir où ils en sont, qui ils sont.

Vous croyez vraiment que c'est en traversant le désert qu'on apprend à tenir le coup quand votre femme vous plaque ou qu'on se retrouve au chômage ?

Il ne suffit pas de traverser le désert, vous avez raison. Mais, tout de même, lorsque vient le temps de l'épreuve — la vraie —, il est important de savoir qu'on a déjà affronté des choses dures, qui semblaient hors de portée. Et qu'on en a triomphé. Il est important de savoir qu'au-delà du désert, il y a toujours un lieu où se reposer. Les sociétés traditionnelles l'avaient compris qui, pour guider l'enfant vers l'âge adulte, lui ménageaient des rites d'initiation exigeants, périlleux. Comme ceux que vivent les renardeaux, les macaques ou les oisillons...

Contrainte par corps

« Cette année-là, j'avais quatorze ans et j'étais en troisième, l'air d'une vraie gamine avec mon mètre cinquante-sept — c'est toujours ma taille ! —, ma raie au milieu et mes cheveux qui tombaient jusqu'aux fesses... »

Vingt ans après, Claire, assise sur la moquette, genoux repliés sous le menton, ressemble toujours à un petit lutin en jeans, tennis et sweat-shirt blanc, cheveux roux attachés en catogan, drôles de petits Mickey dégringolant des oreilles. Son studio, proche des Buttes-Chaumont, est meublé comme une chambre d'étudiante : un canapé-lit, un bar en osier, deux poufs, une table basse. Claire caresse Gribouille, un gros chat, roux lui aussi. Il n'y a pas de petit enfant auprès d'elle, et il n'y en aura jamais. Victime d'un viol collectif avec violences à l'heure des premiers émois de l'adolescence, elle a été, par la faute de ses agresseurs, « massacrée » deux fois : « En moi, ils ont tué l'enfant que j'étais, et celui qu'un jour j'aurais pu porter. »

« A l'époque, on habitait Boulogne-Billancourt. Un vendredi, Marie-Pierre, une copine, m'a dit : “Viens nous retrouver chez Alain, on fait une boum, ce soir.” Alain, c'était mon premier amour, dix-huit ans, Polonais, un blond superbe avec des yeux très bleus. Il était gentil, câlin, on flirtait, mais ça n'allait jamais très loin ; j'étais vierge, bien sûr, et pas tellement préoccupée par ces choses-là. Ariane, ma sœur cadette, plus grande, plus femme, plus délurée que moi, bien qu'elle n'eût alors que treize ans, me soufflait d'ailleurs régulièrement mes copains. De toute façon, Alain, je le voyais à peine, vissée que j'étais à la maison par un père hyperautoritaire. » (Pour échapper à cette tutelle, les deux sœurs aînées de Claire se sont déjà l'une et l'autre mariées avant d'avoir vingt ans, sa mère, « une femme douce, adorable », se réfugiant, elle, dans la boisson.)

« Comme tous les soirs, j'ai embrassé les parents. Comme tous les soirs, je me suis glissée dans mon lit avec un long T-shirt en guise de chemise de nuit. Et puis, sur le coup de dix heures, j'ai enfilé un pull et un pantalon, et j'ai fait le mur. Une expédition sans danger : j'avais ma chambre au premier, et Ariane avait abondamment reconnu le chemin.

Alain habitait dans une H.L.M. en face, je suis montée au troisième étage et j'ai sonné à la porte. Tout de suite, j'ai trouvé ça bizarre : en fait de boum, il n'y avait que deux filles, ma copine et moi, et six garçons, tous assis en tailleur par terre à boire et à écouter de la musique. Je me sentais mal à l'aise. J'ai demandé un coca — je ne buvais pas d'alcool —, on m'en a tendu un dans un gobelet en carton. Et là, il a commencé à se passer de drôles de choses dans ma tête.

Je me souviens vaguement d'Alain me prenant dans ses bras et me déposant sur son lit ; il y avait des photos de foot partout sur les murs. Mais déjà je ne pouvais plus réagir. Plus tard, j'ai appris qu'on avait mis du LSD dans mon verre. Après ce fut le vide, un vide traversé par des éclairs de conscience où je voyais des monstres aux visages grimaçants défiler au-dessus de moi ; un vide traversé par des souffrances aiguës, l'impression que j'étais transpercée de part en part, que des coups de poing pleuvaient sur moi, qu'on jouait avec un couteau sur ma peau. Et puis j'ai perdu conscience.

Il faisait petit jour quand je me suis réveillée ; j'étais seule dans l'appartement, allongée sur le lit, à moitié nue, avec du sang partout. Tout de suite, je n'ai pensé qu'à une chose : rentrer chez moi et cacher tout cela. J'ai refait le chemin en sens inverse, je ne sais trop comment, je me suis enfouie dans mon lit après avoir tenté de laver tout ce sang. Mais, le matin, quand je me suis levée, il y en avait encore partout sur ma chemise de nuit. Alors j'ai dit à maman que mes règles avaient débarqué au milieu de la nuit sans que je m'en aperçoive.

J'étais décidée à mentir coûte que coûte. Je me sentais tellement coupable d'être sortie ainsi en cachette, d'avoir trahi la confiance de mes parents, l'éducation qu'ils m'avaient donnée. Tout cela était arrivé par ma faute. Mais j'étais dans un tel état physique qu'il fallait bien me faire soigner ; alors j'ai appelé tonton

Georges, un oncle chirurgien, et, sur-le-champ, il m'a emmenée voir un de ses amis gynécologue en acceptant de ne rien dire à mon père. A quoi bon ? Il savait comme moi ses blocages, une histoire aussi énorme le mettrait en fureur, cela rajouterait encore de la souffrance. Quant à ma mère, il était hors de question de la mettre au courant, elle était enfermée dans son alcoolisme, fragile, si fragile ; elle n'a jamais rien su, jusqu'à sa mort l'an dernier.

Le gynéco a vite fait le bilan : j'avais été violée, sodomisée avec un goulot de bouteille cassée par lequel ils avaient versé de l'eau brûlante ; sur mes seins, ils s'étaient amusés à dessiner à partir du mamelon un soleil avec la pointe d'un couteau, d'où des griffures profondes. Il a fallu m'hospitaliser deux jours : on a prétexté une opération des amygdales, mes parents ont eu l'air d'y croire.

Et puis ça a été le silence. Pendant deux ans, de quatorze à seize ans, j'ai vécu dans une complète dissimulation. J'étais jusque-là une jeune fille timide et influençable, mais entourée d'amies et très gaie — un vrai petit clown à la maison. Je suis devenue complètement introvertie, j'ai commencé à faire de l'anorexie, à perdre une bonne dizaine de kilos. Était-ce le traumatisme à la fois psychologique et physique ? Mes seins ont régressé, j'ai fait une atrophie des glandes mammaires ; mes parents, là encore, ont mis cela au compte de l'adolescence. Mais le plus horrible, c'est que, pendant quatre ans encore, cet Alain que j'aurais dû haïr, je l'ai aimé plus que tout, je l'ai mis sur un piédestal, idolâtré, je me suis vraiment adonnée à lui. Sans jamais le voir pour autant, car le lendemain du viol, il est parti sans laisser de traces (sa mère, elle, n'a déménagé que beaucoup plus tard ; j'ai appris à ce moment-là qu'elle se prostituait à l'occasion).

J'ai aimé Alain comme je rêvais d'aimer, petite fille incurablement romantique, le premier homme auquel je me donnerais. M'étaient pourtant revenues aux oreilles des confidences faites par Marie-Pierre, l'amie qui m'avait entraînée à la boum (il semble que, nettement moins naïve que moi, elle se soit « éclatée » ce soir-là). Mon viol aurait été au départ le fruit d'un pari engagé par Alain : "Deux mille balles que je me fais la fille S. !" Dans le quartier, vu notre père, on avait tellement la réputation d'être intouchables ! Et puis, pour ce monde des

H.L.M. peuplées d'ouvriers et de petits employés, les gens des pavillons, c'étaient les bourgeois à abattre... Ce pari monstrueux aurait dû m'écœurer à jamais : il n'a fait que me renforcer dans mon adoration, dans l'impression qu'Alain m'avait achetée, que j'étais à lui, toute à lui. J'étais folle, quoi !

Et tellement seule... Au lycée, je me suis mise à fréquenter des gens différents, carrément "mauvais genre", disaient les parents ; à fumer aussi comme un troupier. Des heures durant, je me noyais dans la musique. J'ai investi à fond la caisse dans les études — l'instinct de survie, sans doute, car, pour le reste, j'étais constamment poursuivie par l'idée du viol : une obsession, je ne vivais qu'à travers cela, dans cela, pour cela. Je pensais aussi à la mort, d'ailleurs j'étais déjà morte, vide de désirs, incapable désormais de croire à l'amour même si, Lui, je L'aimais. On m'avait pris mon enfance, ma naïveté, mon honnêteté. J'étais salie, écrasée de honte.

Ce qui m'a sauvée, c'est ces petits carnets sur lesquels j'écrivais la nuit, quand toute la famille était couchée. » (Des cahiers entiers où, d'une petite écriture ronde et appliquée, Claire dit sa détresse et son amour ravagé.) « Et puis, à seize ans, un jour j'ai craqué, j'ai tout raconté à Ariane — enfin tout, des choses, quoi. Et, un mois après, à l'occasion d'une solide engueulade avec mon père, c'est elle qui a craché le morceau : "Moi, au moins, a-t-elle lancé, je ne suis pas une putain comme Claire !" Il s'est arrêté net : "Pourquoi dis-tu cela ?" Elle a bredouillé, mais, à partir de là, en état d'alerte, il a commencé à me questionner. Le soir même, j'ai fugué. Deux jours et une nuit. Les flics m'ont retrouvée du côté de Saint-Rémy-lès-Chevreuse. Quand je suis revenue, encadrée par eux à la maison, mon père avait découvert dans mon bureau mes cahiers. Je n'avais même pas pris la peine de bien les cacher.

Pour me faire avouer l'inavouable, il a été dur, violent ; sans doute était-ce nécessaire. Puis il s'est pris la tête entre les mains et il a commencé à pleurer. A partir de ce moment-là, il n'a plus jamais été le même, il a vraiment changé de comportement et de vie ; je lui ai rendu un fier service, je crois. Lui n'a eu de cesse de m'aider : ensemble nous sommes allés voir un avocat, nous avons lancé des recherches, retrouvé Alain à Athis-Mons, appris qu'il avait déjà été condamné pour viol. Et puis, au moment d'intenter l'action en justice, j'ai pris peur. Peur de quoi ? Peur fondamentale qui vous prend aux tripes, peur de revivre tout cela, d'être confrontée à lui, peur de mourir à nouveau. Peur. Et j'ai retiré ma plainte. Ce fut la plus belle erreur de ma vie.

Quand j'ai eu dix-huit ans, mon père — c'est vous dire comme il avait évolué — m'a vraiment jetée dans les bras d'un homme, Gilles, un garçon de mon âge que j'avais rencontré quelques mois plus tôt. Il nous a loué un studio. Depuis quatre ans, j'avais abandonné toute relation avec les garçons : une fois seulement, j'ai eu un petit flirt qui aurait pu me faire basculer à nouveau dans la vie normale d'une adolescente, mais, dès que le garçon a cherché à pousser un peu l'avantage, j'ai bloqué. L'embrasser, ça allait encore, mais m'allonger auprès de lui, c'était au-dessus de mes forces, je revivais immédiatement le drame. Pendant des années, je n'ai pas supporté qu'on me touche la nuque : il y avait eu aussi, pendant le viol, un début d'étranglement. Ne serait-ce qu'embrasser mes parents ou mes sœurs me causait une vraie répulsion. Avec Gilles, j'ai vécu quatre ans. Par son amour, sa longue patience, il m'a doucement ramenée à la vie. Pendant un an, un an et demi, nous avons dormi dans le même lit sans faire l'amour, j'en étais incapable, nous nous caressions seulement. Il a fallu bien plus longtemps encore pour que je découvre le plaisir ; jusqu'à vingt-deux ans, j'étais complètement frigide. Mais, peu à peu, Gilles m'a rendu le goût de l'homme, de la sexualité. Alors je l'ai quitté.

Et, de nouveau, j'ai sombré. Mais, cette fois-ci, dans une nymphomanie froide, rageuse. Tout homme était bon à prendre : j'en consommais jusqu'à six par jour. Un de mes copains travaillait alors aux studios Pathé-Marconi, à Boulogne-Billancourt ; je passais de longs moments à draguer là-bas, on se donnait le mot : "Tiens, j'ai un bon coup pour toi." J'allais aussi à des partouzes. Trois fois au bois de Boulogne, j'ai même joué à la prostituée, mais sans me faire payer ; je provoquais l'homme sans aller jusqu'au bout, j'en restais à des fellations. C'était dingue, horrible ; une façon de me venger de tous ces hommes que je détestais. Le besoin de me salir encore plus. Un sado-masochisme absolu. C'est aussi l'époque où j'ai fait deux tentatives de suicide, l'une avec un cocktail de valium et d'alcool, l'autre en m'ouvrant les veines. Les deux fois, je fus désespérée de m'être loupée.

Et puis il y a eu Alain, pas le premier, un autre. Je n'ai pas été choquée par cette homonymie. Je l'avais rencontré dans une partouze, nous nous sommes revus, il m'a ramenée dans le droit chemin en manifestant plus d'intérêt pour moi que pour mes prouesses sexuelles de quasi-professionnelle. Il était de dix ans mon aîné. Nous avons vécu ensemble jusqu'à il y a trois ans.

Avec Gilles, j'avais déjà eu une grossesse qui s'était mal passée : à sept mois et demi j'ai perdu l'enfant, un petit garçon (pour la première fois depuis le début de notre entretien, la voix de Claire se met à trembler), je ne m'en remettrai jamais. Avec Alain, j'ai fait d'autres fausses couches ; puis avec Stéphane, mon compagnon d'aujourd'hui : neuf en tout. (Un silence.) J'ai eu cinq opérations qui ont permis d'extraire des bouts de verre enkystés dans l'utérus ; ils m'avaient tellement bousillée, ces salopards, qu'il a fallu m'en enlever un quart.

C'est le plus dur à accepter, cette privation d'enfant : je me sens tellement mère-poule ; des gamins, j'en aurais voulu plein ! Mais il y a d'autres séquelles lourdes : pour ma poitrine rétractée, j'ai tout essayé, les crèmes, les massages, il n'y a plus que la chirurgie esthétique qui puisse quelque chose pour moi. Il y a aussi cette déficience en calcium des articulations — « une spondylarthrite ankylosante » —, due à l'arrêt traumatique de ma croissance, qui provoque de temps à autre des paralysies locales. (D'où cette minerve que porte aujourd'hui Claire, au martyre depuis trois jours dès qu'elle tourne le cou.)

Ma tête, elle, va nettement mieux depuis deux ou trois ans. Mais il m'aura fallu un traitement psychiatrique et deux psychanalyses — dont une psychanalyse des rêves menée sur trois ans et demi — pour exorciser mes terreurs, me défaire enfin de ce “crime” que je n'avais pas commis, me sentir victime et non pas coupable. Pour accepter l'idée que les hommes n'étaient ni mon père, ni des violeurs en puissance. Aujourd'hui, mes relations avec eux sont normales, même s'il m'arrive par moments — c'est de plus en plus rare — d'être à nouveau complètement contractée, au point qu'aucun rapport n'est possible.

J'ai retrouvé le goût d'aimer, d'être aimée, mais l'insécurité reste profonde. Je crains la solitude, j'ai parfois vécu seule, mais jamais très longtemps ; j'ai trop besoin de tendresse : sans doute le fameux complexe d'abandon. Mon copain, aujourd'hui, est plus jeune que moi ; j'ai trente-quatre ans, il vient d'en avoir trente. J'aime sa douceur, son honnêteté, son équilibre puisés dans une enfance difficile. Dès le début, il m'a clairement fait comprendre qu'il ne serait ni mon papa, ni celui qui écoute inlassablement la complainte d'une ex-violée. Il est serveur dans un restaurant, issu d'un milieu plus simple que le mien, mais je m'en fous royalement.

Toutes ces histoires de classes sociales me passent tellement au-dessus de la tête ! Peut-être parce que je ne peux m'empêcher de penser que si j'avais reçu une éducation moins stricte, moins bourgeoise, je n'aurais pas fait le mur, et que tout ce malheur ne serait pas arrivé. Le viol aura eu au moins l'avantage de m'empêcher de tomber dans ces systèmes ridicules où il n'est question que de fric, de snobisme, de pouvoir. N'aurait-il pas eu lieu que je serais sans doute comme mes trois sœurs, mariées, mères de famille, et toutes trois en train de divorcer. C'est fou à dire, mais je me sens mille fois mieux dans ma peau qu'elles : je vis ce que j'ai envie de vivre, je vois des gens très divers, je voyage, je suis heureuse, vraiment. Côté boulot, je n'ai pas fait, c'est sûr, le chemin que j'imaginais. A quatorze ans, je rêvais d'être luthier, en tout cas d'avoir un métier plutôt artistique et manuel. J'aurais aussi aimé faire de la danse, j'adorais le sport ; l'année du viol, je venais de monter en championnat de France de hand-ball. Après, je n'ai plus rêvé de rien ; quand on est morte, on n'a plus ni goût ni créativité. Aujourd'hui, je suis secrétaire de direction, mais ça marche ; depuis huit ans que je suis dans ma boîte, j'y ai progressé. J'ai une bonne situation, maintenant.

Reste qu'on m'a gâché dix-huit ans de ma vie. C'est long, dix-huit ans. Reste que si je n'avais pas rencontré des médecins compétents et deux hommes — Gilles, puis Alain, le second — qui ont su m'aider, m'aimer, je serais aujourd'hui une loque. Ou je serais morte. J'ai eu de la chance. J'ai su aussi sinon oublier — on n'oublie jamais —, mais pardonner.

(Un silence.) Alain — le premier —, j'ai voulu retrouver sa trace, des années après. J'avais alors l'idée de relancer une action judiciaire après avoir contacté SOS viol[1], mais il y avait prescription. (Un silence encore.) Un jour, je sortais tout juste de ma période noire, je me suis retrouvée devant sa maison, j'avais fait

1. 05.05.95.95.

ma propre enquête, je savais où il habitait, qu'il était marié, qu'il avait un fils de trois ans. J'étais résolue à l'enlever, histoire de faire mal à Alain à travers son enfant ; il fallait qu'il paie, lui qui m'avait empêchée d'en avoir. Et puis j'ai vu dans le jardin, jouant dans le bac à sable, ce petit garçon, encore un bout de chou, et je n'ai pas pu. Je suis restée longtemps à le regarder de l'autre côté de la grille. Et je me suis dit qu'il y avait eu assez de massacre comme ça. Quand je suis repartie, j'étais lavée de toute idée de vengeance. J'espère seulement que jamais plus je ne croiserai le chemin d'Alain.

Très peu de gens autour de moi savent ce qui m'est arrivé : une personne seulement au bureau, une femme plus âgée que moi. Je ne cherche pas à m'épancher. Mais je veux témoigner, inciter les filles violées à en parler, et à tout de suite porter plainte : c'est le seul moyen d'échapper à une écrasante culpabilité. Moi, je n'ai pas eu cette chance, pas tout de suite, pas assez. Mais je me suis battue contre les monstres, et j'en suis sortie. J'ai crié, pleuré, trépigné, j'ai gratté le fond, et j'en suis sortie. Je suis fière du résultat. Je suis fière de moi. »

Dix mois plus tard, revoyant Claire, je la trouve plus maigre que jamais : six kilos en moins ! Et, quand je vais la prendre à l'heure du déjeuner, au bureau, pas le goût d'avaler ne serait-ce qu'un yaourt : « Le sort, murmure-t-elle, me poursuit. » Au début de cette année, on a découvert chez Stéphane une leucémie. Chimiothérapie intensive. Espoir de rémission. Et le mois dernier, Stéphane de nouveau hospitalisé : « Je vais le voir presque tous les jours... » Nous avions prévu de nous marier, nous le ferons quand même.

Avant six mois, dit aussi Claire — 1,57 m et 37 kilos de souffrance et d'énergie mêlées —, j'aurai accompagné cet homme que j'aime aux portes de la mort. Ce sera dur, je le sais, mais je l'aiderai jusqu'au bout. Puis je repartirai. »

Stéphane est mort deux mois plus tard avant d'épouser Claire. L'enterrement a eu lieu au dernier jour de juin dans une église de Belleville. Il pleuvait ce jour-là. Il y avait peu de gens, mais des fleurs en pagaille. Et Claire au premier rang, en petite veuve noire, corsaire de jersey et chapeau de paille, diaphane, absente, sans une larme : « Vous repartirez, Claire, vous me l'avez dit.

— Non, non, cette fois, c'est une fois de trop... »

La grande peur des initiés

Professeur de psychologie clinique et pathologique à l'université de Paris-VIII, le Dr Tobie Nathan anime aussi, à l'hôpital Avicenne de Bobigny, une consultation d'ethnopsychiatrie. A l'origine de cette discipline nouvelle, l'incapacité de la psychiatrie occidentale à soigner efficacement les migrants originaires de sociétés traditionnelles. « Chez eux, m'explique le Dr Nathan, les désordres psychopathologiques ne sont pas vécus comme une maladie, ils appartiennent à un tout autre registre, celui du mal, du malheur, de la malchance, registre étroitement connecté au monde des ancêtres, des esprits, de la magie. Nier l'importance de ces représentations, c'est aller forcément à l'échec de toute tentative thérapeutique[1]. »

Avec le Dr Nathan, je n'ai pourtant pas exploré les âmes torturées de ses patients africains, maghrébins ou antillais. Mais, grâce à lui, j'ai cherché à mieux comprendre le pourquoi de ces épreuves délibérément organisées que sont les rituels initiatiques dans les sociétés traditionnelles, et le pourquoi de leur abandon par nos sociétés développées. Chemin faisant, j'ai découvert, fascinée, d'étranges correspondances entre ces traumatismes savamment concoctés et ceux que la vie, fieffée garce, nous envoie comme pour nous forcer nous aussi à bouger...

Quel sens a pour vous, ethnopsychiatre, le terme d'« épreuve » ?

Qu'on parle d'« épreuve », de « rite de passage », de « rituel

1. *Cf.* son ouvrage paru aux P.U.F., *Le Sperme du diable*, 1988.

initiatique », cette notion est absolument centrale dans notre discipline : car si, selon les conceptions désormais classiques d'une psychiatrie fortement imprégnée de psychanalyse, l'individu est déterminé une fois pour toutes par les traumatismes de sa petite enfance, l'ethnopsychiatrie affirme, elle, que cet individu n'arrête pas de se construire tout au long de sa vie, grâce précisément à des épreuves organisées, autant d'apprentissages qui signent son appartenance au groupe.

Cette adhésion est si importante ?

Essentielle dans une société sans écriture où le groupe est le seul support de la mémoire : chaque être prend place dans une lignée, il bénéficie des connaissances acquises et doit à son tour laisser sa trace. Les épreuves rituelles sont autant de marches vers une citoyenneté pleine et entière.

A quel âge franchit-on la première marche ?

La naissance déjà donne lieu, par exemple chez les Maliens bambaras qui sont nombreux parmi nos éboueurs, à un rite de passage : on ne naît pas humain, on le devient. Vu de l'extérieur, on ne fait que masser le bébé ; mais, pour eux, c'est très différent : on pétrit, disent-ils, la tête de l'enfant. Tout comme s'il était une terre meuble, et que, par ce geste, on l'arrachait à l'état sauvage, on lui donnait enfin sa tête d'humain. Dorénavant, l'enfant appartient à la première société initiatique, le *domo* — la société des non-circoncis pour les garçons, des non-excisées pour les filles. Là, il commencera ses apprentissages, et pas seulement sur le plan pratique. C'est fou comme on joue avec les concepts dans les sociétés traditionnelles...

Quand les enfants sortiront-ils du domo *?*

Juste avant la puberté, vers huit-neuf ans pour les filles, entre onze et treize ans pour les garçons. Alors — toujours chez les Bambaras —, ceux-ci sont regroupés sur un chariot, présentés au village, puis emmenés en brousse par un homme appartenant à la caste des forgerons. La brousse, c'est déjà tout un symbole, le lieu du non-cultivé, le repaire des bêtes sauvages, des choses qui font peur : là, les garçons vont passer une pleine semaine et être circoncis par surprise.

Le propre des rites de passage n'est-il pas qu'à l'inverse des accidents impromptus de la vie, on en connaît à l'avance les codes et les règles ?

Oui et non. Les jeunes, sur leur chariot, savent bien que quelque chose se prépare, qu'on ne les emmène pas faire en brousse un circuit touristique. Mais l'effet de surprise joue pourtant : tout à coup, les voilà cernés par des hommes masqués qui se saisissent d'eux, les isolent les uns des autres, les immobilisent, saisissent leur sexe, dégagent le prépuce, l'incisent avec une lame de rasoir, sans le secours d'aucune anesthésie. Puis, on rassemble à nouveau les jeunes et on leur livre un faisceau de révélations incompréhensibles d'emblée, des phrases sibyllines du style : « Chacun doit construire lui-même son soleil » ; ou : « Le mouton ne tousse pas de la même manière que la vache... »

La circoncision se passe-t-elle toujours de manière aussi violente ?

Dans les sociétés traditionnelles, oui. Ainsi, dans le Maghreb, cette fois, par exemple en Kabylie, on sépare du groupe trois-quatre garçons de la même classe d'âge (ce genre de cérémonie est toujours collective), on les revêt d'une longue robe blanche, immaculée. Et, brusquement, au cours de la journée, tandis qu'on les maintient d'une main ferme, un circonciseur — souvent le barbier du village — soulève leur robe. Les gosses, terrifiés, se voient déjà châtrés : pour rendre cette frayeur visible, on met d'ailleurs parfois un œuf dur dans la bouche de l'enfant et un fusil dans sa main, gâchette en l'air ; lors de l'incision, l'enfant, contractant tous ses muscles, mordra dans l'œuf et tirera un coup de fusil, signal pour la communauté que les festivités peuvent commencer.

Pourquoi l'organisation délibérée d'un tel traumatisme, tout à la fois physique et psychologique ?

Attention, l'adulte ne pratique pas ce rite pour qu'il soit traumatique, mais tout simplement parce qu'il lui a été donné de le connaître selon ces mêmes formes *avant* : en le répétant, il ne fait que remplir une mission. L'important, c'est que le jeune circoncis sorte psychiquement modifié de l'épreuve. Or, ceci ne peut se produire que si, à l'image de tous les rituels initiatiques, la circoncision fait mal, si elle fait peur, si elle est paradoxale.

Autant d'éléments qui ont, j'imagine, chacun un sens précis.

Évidemment. La confrontation à la douleur physique, au risque éventuel de mort, est l'occasion pour le jeune de montrer courage et détermination, de justifier ses prétentions à abandonner son statut d'enfant pour acquérir des responsabilités nouvelles. La surprise, elle aussi, est fondamentale : chacun vit avec une enveloppe cognitive qui lui permet d'avoir ses propres repères et soudain, parce qu'il y a sursaut de frayeur, l'enveloppe craque, le monde prévisible s'effondre. Aurait-on agi par la persuasion que le postulant aurait eu le temps de constituer ses défenses. Là, il se retrouve modifié en profondeur avant même d'avoir compris ce qui lui arrivait.

Quant au côté paradoxal de l'initiation...

Il est très clair dans la circoncision : on coupe à un garçon une partie de son sexe, on le féminise donc, et c'est grâce à cela qu'il va pouvoir devenir un homme. En Australie, le rituel d'intégration des jeunes aborigènes veut qu'ils soient sodomisés par un adulte ou qu'ils lui fassent une fellation — autre façon de les traiter apparemment en femmes pour développer leur fibre virile...

Mais ces rites sont épouvantables !

L'important, c'est la manière dont ils sont vécus. Ainsi, chez les Senoufos, en Côte-d'Ivoire, les adultes novices sont conviés à faire l'amour l'un après l'autre avec la « grand-mère des Senoufos » — en fait, un trou dans un mur rempli de piment (c'est de cet accouplement collectif que sont censés naître les petits Senoufos, tous issus par voie de conséquence d'une même mère, même si nul n'ignore qu'à côté de cette naissance initiatique, il y a une naissance bien réelle provoquée, elle, par l'accouplement d'un homme et d'une femme). Un trou rempli de piment ! Atroce, non ? Eh bien, pour ces jeunes gens, coucher avec la grand-mère des Senoufos est vécu comme une expérience magnifique dont ils ne voudraient pour rien au monde avoir été privés.

Ils ont occulté la douleur qui y était associée ?

C'est un étrange mécanisme. Il semblerait — seuls les ethnologues qui ont été eux-mêmes initiés peuvent en parler en connaissance de cause, puisque les Africains n'évoquent jamais ces rites, par définition secrets —, il semblerait donc que ces rituels d'initiation, par leur violence, précisément, aient le pouvoir, comme peut-être la torture dans nos sociétés « développées », de modifier non le « contenu » de la mémoire, mais son « contenant ».

C'est-à-dire ?

Notre mémoire n'est pas une boîte, elle est constituée d'associations d'idées. Si l'on remonte le fil, on arrive jusqu'à l'élément d'origine, le « contenant » — le noyau de la série associative, si vous préférez. Pour imprimer quelque chose dans la mémoire de manière indélébile, c'est lui qu'il faut modifier, de sorte que la mémoire ancienne sinon s'efface, du moins soit désormais caduque, inintéressante, l'événement traumatique devenant à son tour le noyau d'une nouvelle chaîne associative. Désormais, l'individu initié ne peut plus raisonner de la même manière ; l'adolescent bambara, passé du stade du *domo* à celui du *como* — une nouvelle société initiatique qui apprend tout à la fois à ses membres à traquer le gibier et à dévoiler l'invisible —, est vraiment un homme nouveau.

Les rituels d'initiation ne se contentent pas de faire passer un individu d'une catégorie sociale à une autre : ils sont vraiment une nouvelle naissance ?

Exactement. D'ailleurs, chez les Bambaras, on n'omet jamais d'annoncer aux mères des futurs circoncis la mort de leur progéniture. Chez les Yombas, au Bénin et au Nigeria, l'accès à un stade supérieur de connaissance passe par des périodes de réclusion allant de sept à trente jours, suivies d'une phase délirante déclenchée par les chants, le tambourinage et l'absorption de substances hallucinogènes : une fois sa conscience ainsi modifiée, l'initié change vraiment d'identité. A preuve : il quitte son nom d'usage — ce nom qui raconte généralement le vécu de sa mère pendant sa grossesse — pour adopter en secret un nouveau nom, son nom initiatique. Mais gare au malheureux dont le nouveau nom sera découvert par ses ennemis, car ils auront alors tout pouvoir sur lui !...

Ces épreuves intiatiques ont-elles jamais existé dans nos sociétés occidentales ?

Mais bien sûr ! Regardez le compagnonnage qui subordonnait à des rites obligés l'apprentissage d'un métier ; et les rituels religieux qui, du baptême à la communion solennelle, intronisaient l'enfant dans la communauté chrétienne...

On est loin de la violence infligée aux circoncis !

Voire... Prenez le rituel, bien de chez nous, celui-là, de la défloration des jeunes filles par l'époux au soir de leurs noces : sans y voir, comme Freud, un moment funeste où se lient définitivement les sentiments d'amour et de haine, on peut imaginer les risques d'une expérience aussi intense, aussi condensée dans le temps, aussi terrifiante pour nombre de gentilles oies blanches qui, pour certaines, seront désormais — et pas seulement dans les romans de gare — frigides à jamais. Est-ce pour adoucir le choc ? Nombre de sociétés traditionnelles n'accordent, elles, aucun prix à l'hymen, et se déchargent de la défloration des filles, le plus souvent dès l'enfance, sur toute une série d'auxiliaires : voyageurs de passage, vieilles femmes, prêtres ou dieux sculptés dans la pierre (ainsi des statues phalliques de Priape dans la Rome antique). Prenez encore le bizutage dans les classes préparatoires aux grandes écoles ou les facs de médecine, avec ses vastes pantalonnades de rue, mais surtout ses mesures vexatoires à connotation généralement sexuelle, voire ses brimades physiques caractérisées.

Par une circulaire récente, l'Éducation nationale semble décidée à y mettre fin : entre cette mesure, le déclin du compagnonnage, la baisse de la pratique religieuse et la liberté nouvelle des filles, notre société aurait donc enterré ses derniers rituels initiatiques...

Ils étaient par définition condamnés. D'abord parce que nous vivons dans une société de progrès où l'enfant, normalement, doit en savoir plus que son père — idée totalement étrangère aux sociétés traditionnelles qui n'ont, elles, pour but que de fabriquer de l'identique. Dès lors, il n'y a plus lieu de ménager, sous nos latitudes, les étapes rituelles qui sont autant de passages obligés. L'autre raison déterminante à la suppression des rites initiatiques, c'est l'existence de l'État-nation : quand je suis initié senoufo, je n'ai rien à voir avec un baoulé, même s'il habite à ma porte, me ressemble comme un frère, parle une langue très proche de la mienne. Ces subtilités, un État à vocation centralisatrice n'en a cure : c'est historiquement à partir de 1850 qu'en créant l'Éducation nationale et en prenant bien soin d'envoyer l'instituteur breton en Corse et le Corse en Alsace, on a fait disparaître les patois et les coutumes locales.

Est-ce si grave ?

Il n'y a qu'à voir le résultat : on a voulu fabriquer des êtres universels, on se retrouve avec des gens éperdus de solitude, sans nul groupe d'appartenance auquel se raccrocher. Le paradoxe est là : par souci civilisateur et uniformisateur, notre société a gommé peu à peu les étapes initiatiques qui ancraient les gens dans une communauté, mais, faute d'instaurer de nouvelles solidarités, elle laisse ses membres totalement démunis devant les épreuves incontournables de la vie.

Opération-suicide

Christelle porte une chemise vague flottant sur un pantalon noir, elle arbore un visage rond et de grosses lunettes. Un visage d'enfant, malgré ses dix-huit ans, avec une grande cicatrice cachée sous la masse de ses cheveux châtain. Il y a un an, Christelle a tenté de se suicider avec le pistolet à grenaille de son père.

Toile de fond : une famille aimante, aisée, habitant une petite ville du Sud-Ouest, père directeur commercial, mère au foyer, un frère cadet. Alors quoi ? « Je ne voulais plus grandir, dit Christelle, j'ai pensé que la mort me libérerait de tous mes problèmes. »

Au départ — il faudra à l'adolescente des mois de psychothérapie pour le comprendre —, il y a le vide jamais comblé du départ de son grand-père, un solide Lorrain, quand elle avait huit ans : « Pépé, je l'adorais, il m'avait pour ainsi dire élevée, Maman travaillant encore comme employée de bureau à l'époque. Nous habitions alors à Metz, pas loin de chez lui. Je lui faisais faire des trucs insensés : monter sur mon tricycle, chanter des heures d'affilée, ensemble on parlait de tout. » Le jour de son enterrement, Christelle n'a pas une larme : « Je ne réalisais pas. » Mais son caractère change : enfant butée, murée dans sa solitude, persuadée que ses parents lui préfèrent Guillaume, le petit frère né — malencontreux hasard —quelques jours après la mort du grand-père. Avec son cadet, elle se chamaille constamment. Seule compagnie : « Pépé était toujours là dans ma tête, je me l'inventais. » Enfermée dans sa chambre « comme un loup affamé dans sa cage », Christelle écoute de la musique sur sa mini-chaîne hi-fi, « du hard rock, du punk, ça me relaxait... »

A seize ans, élève en L.E.P. comptabilité, elle fugue une première fois, erre tout un jour dans Bordeaux : « J'ai fait du lèche-vitrines, c'était chouette. Et puis le soir est venu, et j'ai eu peur de me faire agresser. Peur aussi qu'on me gronde si je rentrais. J'ai cherché un petit hôtel pour dormir — j'avais pris avec moi mon argent de poche. Le lendemain à l'aube, je suis entrée dans un café, la serveuse avait lu l'annonce que mes parents avaient passée dans le journal, elle a téléphoné à mes parents. Ma mère m'a donné une claque, mon père s'est mis à pleurer. C'est ce jour-là que je me suis mise à fumer. »

Un mois plus tard, en octobre, elle récidivera, partant cette fois trois jours et deux nuits passées sur un banc dans le quartier de la gare Saint-Jean, les nerfs en pelote, transie dans son petit blouson. En tout, Christelle fuguera huit fois : « Je ne réussissais toujours pas à parler aux parents. »

Alors, un dimanche de septembre... « J'ai pris le pistolet, je me suis enfermée dans ma chambre sans fermer la porte à clef, il fallait qu'on me trouve. » Autour d'elle, le décor de son enfance, Nounours sur le couvre-lit en piqué blanc, Grand-père en pied sur la commode serrant Christelle bébé contre lui, des posters plein les murs affichant ses rêves — une jeune cavalière au regard romantique, un singe qui fume habillé en gardien de but, un jeune filant à moto ; amour, humour et jeux interdits. « J'ai appuyé l'arme contre ma tempe et j'ai tiré. » L'impression de basculer dans un autre univers, sans perdre tout à fait connaissance : « J'avais seulement une espèce de petite mouche sur les yeux. » Et du sang plein les cheveux.

C'est en suivant la trace sanglante — la famille, réunie au salon devant la télévision, n'a pas entendu le coup de feu — que Guillaume, le petit frère, découvrira Christelle une demi-heure plus tard, réfugiée sous un sapin du jardin. Affolement des parents, transfert d'urgence en neurochirurgie, puis quinze jours d'hospitalisation à l'hôpital Pellegrin de Bordeaux. Les plombs ont méchamment arraché une partie du cuir chevelu, sans atteindre le cerveau.

Christophe, dix-sept ans, élève de seconde dans un lycée agricole, a eu moins de chance. Entré en réanimation à Pellegrin, il est mort trois jours plus tard, les poumons brûlés par le produit corrosif qu'il avait avalé après s'être fait plaquer par sa petite amie. « Il ne voulait plus mourir, se rappellent les infirmières, il s'est même porté candidat à une greffe du poumon, mais il n'y avait pas de donneur compatible. » De toute façon, le poumon greffé aurait été rongé, lui aussi.

Ce genre de drame est rare : « La mortalité des suicidants hospitalisés ici est inférieure à un pour cent », précise le Dr Xavier Pommereau, un grand type blond, passionné de philosophie, père de trois enfants. Ancien interne en psychiatrie, il est depuis 1984 psychiatre attaché — cas rare en France — au service de réanimation médicale de l'hôpital Pellegrin : avec soixante-quatre lits, la plus grosse unité de l'hexagone, la troisième en Europe, qui accueille chaque année mille huit cents suicidants. Cette mortalité très faible est due, bien sûr, à l'efficacité des techniques de réanimation, mais surtout à l'écrasante prépondérance des suicides par intoxication médicamenteuse sur les suicides par scarification des veines ou par pendaison (méthode quasi absente chez les jeunes). Deux étages en dessous, le service de réanimation chirurgicale reçoit, lui, des suicidants qui se sont défenestrés, jetés sous une voiture, blessés à l'arme à feu ou à l'arme blanche, mais pas plus de cent par an (sur trois mille admissions) : avec ces méthodes violentes, il n'y a plus guère de suicidants, rien que des suicidés. Des garçons essentiellement. Sur les treize mille morts par suicide recensées chaque année en France, on trouve deux tiers d'hommes — trois quarts parmi les moins de vingt-cinq ans.

Les filles ne prendront généralement pas le risque de faire couler le sang, identifié aux règles, aux douleurs de l'accouchement. « La souffrance, dit le Dr Pommereau, les filles la connaissent en dehors de toute pathologie, à la différence des garçons, et elles en ont peur. » Alors elles choisissent de s'endormir. Hier au gaz de ville, aux barbituriques. Aujourd'hui, elles avalent la boîte de tranquillisants de Maman. Et en réchappent bien souvent : à Pellegrin, sur l'ensemble des suicidants, il y a deux tiers de femmes, tous âges confondus, et trois-quarts de filles parmi les moins de vingt-cinq ans. Les proportions s'inversent : un quart des suicidées, trois quarts des suicidantes. Ce qui ne signifie pas qu'elles soient plus velléitaires que les garçons — moins efficaces seulement.

Car mourir ou non, là n'est pas la question. « Voulait-il (elle) *vraiment* en finir ? est une question qui n'a pas de sens », insiste le Dr Pommereau. Pour les adolescents, la mort n'est qu'un mot ; l'évolution des sciences et des techniques l'a tellement repoussée aux confins de la vie ; la mort, c'est un truc de vieux, une pathologie, et les jeunes croient à leur toute-puissance. Et puis, cette mort, ils ne l'ont jamais vue, on la leur a soigneusement cachée en vissant subrepticement le cercueil des grands-parents décédés à l'hôpital avant de les laisser entrer dans la pièce, en aseptisant jusqu'aux images de guerre pour qu'ils ne risquent pas de débusquer quelque cadavre dans un coin de l'écran. Une guerre propre, une mort propre, pourquoi ne pas flirter avec elles ?

Mourir, peut-être. Mais, surtout, rompre avec ce qui est, en laissant au destin le soin de décider si cet arrêt sur image sera momentané ou définitif. Chez les moins de vingt-cinq ans, la tentative de suicide n'est que rarement le symptôme d'une maladie mentale, schizophrénie, dépression majeure ou psychose maniaco-dépressive (comme c'est le cas chez trente pour cent des adultes suicidaires) ; la plupart du temps, elle n'est que l'expression d'une souffrance. Parmi les suicidants accueillis à Pellegrin, beaucoup d'enfants de couples désunis, ceux surtout qui sont placés par leurs parents en situation d'enjeu affectif. Des jeunes pourvus d'une famille où la communication est pauvre, l'image du père souvent inconsistante, la mère cumulant tous les rôles — ce qui ne signifie pas forcément des familles socialement défavorisées, plutôt un milieu de classes moyennes où l'on investit plus dans la construction de la maison que dans les activités culturelles.

Sophie, dix-sept ans, en avait sept quand sa mère est morte d'un cancer du sein, quand son père s'est remarié avec une infirmière-chef qui lui a donné deux autres enfants, deux garçons aujourd'hui âgés de quatre et deux ans. Élève de BEP pendant l'année, Sophie s'est toujours sentie « de trop » dans la famille, surtout lorsque tout le monde se retrouvait l'été : en août, dans la moiteur d'un camping près d'Hossegor, elle a avalé le contenu de la pharmacie ambulante familiale pendant que tout le monde était à la plage. Le même jour, France, elle, a préparé un cocktail mortifère dans le calme du grand appartement de ses parents, Pavé des Chartrons, à Bordeaux : victime d'attouchements incestueux quand elle était enfant, elle a attendu ses quinze ans pour crier ainsi au monde le crime de son respectable père et le silence complice de sa mère.

Tragédie des beaux quartiers ou histoire à la Zola, comme celle de Sandrine, fille d'un contremaître aux mœurs sévères, enceinte de son demi-frère (le fils de sa belle-mère), cachant, apeurée, sa grossesse sous des pulls trop larges avant d'essayer, à six mois, de se faire avorter avec une cuillère en bois. En vain. Reste la mort, préférable à l'aveu. Sandrine finit par trouver la carabine de son père, se tire une balle dans la tête, rate son coup. Alors, un voile noir devant les yeux, hors d'elle-même, elle se précipite par la fenêtre du second étage, réussissant — enfin ! — à tuer son enfant et se fracturant le bassin. C'est aveugle et paralysée d'une jambe qu'elle a fêté ses dix-huit ans.

Amy, elle — la plus jeune suicidante jamais reçue à Pellegrin — n'avait que huit ans quand, après avoir reçu une raclée de son père, elle a sauté par la même fenêtre que sa mère, morte six mois plus tôt, ne réussissant qu'à se « bousiller une jambe », sept centimètres d'os en moins.

Mais ce serait trop simple si les drames étaient l'apanage des familles « à problèmes ». Il en faut si peu à l'adolescent pour douter de lui : un échec scolaire (d'autant plus insupportable qu'à notre époque d'enfants rares, les résultats en classe font l'objet d'un surinvestissement de la part de la famille, soucieuse de ne pas rater son précieux rejeton), une déception sentimentale (aussi douloureusement ressentie aujourd'hui qu'hier ; libération sexuelle ou non, on veut croire que le premier amour est le bon), une blessure d'amour-prore.

Loïc, quinze ans, vit avec sa mère veuve et sa sœur cadette depuis la mort subite du père, il y a deux ans. Bon fils, bon élève. En mars, ses résultats ayant chuté, il n'a pas eu les cent cinquante francs d'argent de poche qu'il reçoit d'ordinaire. Impossible de mettre quarante francs, comme prévu, dans le pot commun constitué avec ses copains pour offrir une cage à oiseaux à Sonia, une fille de la bande, pour son anniversaire. Alors Loïc les a pris chez sa mère. Et celle-ci s'en est aperçue. Comment soutenir son regard après ? Il a préféré se taillader les poignets avec son cutter à dessin.

Chez Christelle, pas de problèmes majeurs non plus, elle le reconnaît : « Mes parents étaient sévères, mais des gens très bien, affectueux — à la maison, on s'embrasse matin et soir —, ils ont tout fait pour moi. » Trop, peut-être, si l'on en juge par l'hyperprotection dont ils entourent Christelle : « Les premières fois où elle est venue en psychothérapie, se rappelle Xavier Pommereau, elle était accoutrée comme une collégienne entrant en sixième, on l'appelait le "Petit Chaperon rouge" avec ses jupes plissées et son duffle-coat boutonné jusqu'au cou. » Pas question pour elle de sortir de la maison sans dire où elle va, ni de venir seule à l'hôpital ; traumatisés par ses fugues et sa tentative de suicide, ses parents ont trop peur de lui voir « faire des bêtises », comme dit Christelle, empruntant, pour qualifier son périlleux mal-être, un vocabulaire de gosse, genoux couronnés et confitures chipées en haut du placard. Même frilosité dans ses relations avec les garçons : « On peut parler de tout avec Maman, elle m'a promis qu'elle me donnerait la pilule dès que je voudrais », affirme-t-elle. Mais, entre les discours et la réalité... En fait, Christelle n'est jamais sortie, même au cinéma, avec un copain. La peur toujours, celle des hommes, incarnés jusque-là dans un père rigide et un grand-père absent.

C'est dur à dire, mais trop d'amour peut tuer. Pommereau n'oubliera jamais cette Marine de quatorze ans, arrivée à Pellegrin dans le coma : ses parents, n'osant lui annoncer leur intention de se séparer, avaient attendu, pour ce faire, qu'elle soit partie aux sports d'hiver, pensant se concilier ses bonnes grâces par ces vacances « géniales ». « C'est sans doute la plus grande erreur de notre société, dit Xavier Pommereau, que de croire qu'elle peut combler toute carence affective — réelle ou supposée — par le biais de *la chose.* Un jour, j'ai mené ma petite enquête dans une grande surface. Le chef du rayon jouets, à qui je demandais ce qu'il vendait, m'a répondu : "Pratiquement rien à dix ou quinze francs. Pour nous, c'est Noël tous les samedis." Couramment, il voit des gens simples acheter à leurs gamins des jouets à trois ou quatre cents francs, des jeux électroniques, des voitures télécommandées. A croire que les parents cherchent à se faire pardonner le week-end leur absence de la semaine en offrant un cadeau cher. » « J'ai l'impression qu'on ne m'a jamais rien refusé », avoue Christelle, « mal-aimée » seulement dans sa tête. Pas de folies, bien sûr, dans cette famille de la petite-bourgeoisie, mais des chocolats, un nouveau vélo dès que l'ancien est cassé, des vacances en Espagne, des fraises en mars... « Si j'avais eu à me battre, j'aurais peut-être été plus forte. »

Fragilisé, l'enfant l'est aussi, au dire du Dr Pommereau, parce qu'on lui évite — au-delà du spectacle de la mort — celui de toute expérience jugée traumatisante. En ville, on saigne rarement le cochon, les femmes accouchent dans le silence feutré des cliniques, et les contes pour enfants sont rebricolés dans un sens lénifiant : « Prenez la version moderne de Blanche-Neige, explique Xavier Pommereau, sans doute féru de Bruno Bettelheim et de sa *Psychanalyse des contes de fées*. Elle se termine évidemment ainsi : "Blanche-Neige et le Prince se marièrent et ils eurent beaucoup d'enfants." Mais ce n'est pas du tout ça dans le conte des frères Grimm ! Après le réveil de Blanche-Neige, on y voit les nains s'emparer de la marâtre : "Ils lui chaussèrent aux pieds des brodequins brodés au fer rouge. Et la marâtre dansa jusqu'à ce que mort s'ensuive." De cette chute, les enfants ne se formalisent pas ; pour eux, la morale est sauve ! »

« On me dira, poursuit le Dr Pommereau, que côté violence, les jeunes ont ce qu'il faut à la télé, il n'y a qu'à voir les dessins animés japonais. Mais cette violence-là est crue, elle ne laisse aucune place à l'imaginaire, n'autorise aucune distance face au sadisme, à la méchanceté. D'ailleurs, les bons et les méchants se ressemblent, ils ont des cornes, un look monstrueux. Rien à voir avec la rencontre du loup et du Petit Chaperon rouge, où le drame se joue crescendo, mais en douceur : "Loup, pourquoi as-tu de grandes oreilles ? — C'est pour mieux t'écouter, mon enfant !" »

La mort cachée. La violence détournée. La souffrance édulcorée. Et soudain, au détour d'une vie, l'angoisse qui fait surface. L'enfant perdu, paumé : « C'est ça, la vie ? Ah, on ne m'avait pas dit. » Alors, à partir d'un certain degré de mal-être, on ne pense plus qu'en termes d'apaisement immédiat, et l'idée du suicide se présente automatiquement. Un suicide-punition : « Je voulais du mal et à moi et à mes parents », confie Christelle. Un suicide-épreuve aussi, pour se tester, voir « jusqu'où aller trop loin », surtout chez les garçons, toujours soucieux d'afficher leur virilité : « De même qu'ils se battent, boivent de l'alcool, rayent des portières, multiplient les conduites à risque, dit Xavier Pommereau, de même la violence est pour eux une composante du passage à l'acte suicidaire. » Style éjaculatoire : « Je me tire une balle dans la tête, et il y aura de la cervelle partout. » A moins que le jeune au cœur brisé n'enfourche sa moto pour rouler à tombeau ouvert par temps de pluie, une conduite ordalique elle aussi. « Ça passe ou ça casse », chantait Stéphanie de Monaco. Ça casse souvent en moto. Et il n'y a rien d'accidentel dans certains accidents.

Le suicide ? Une épreuve en kit, à monter soi-même. Une épreuve aux deux sens du terme : coup dur, certes, surtout quand il faut en réparer les séquelles, mais d'abord expérimentation de soi-même, rite-simulacre — comme de pratiquer le saut à l'élastique ou de gravir l'Himalaya sans masque à gaz — copiant les rites d'initiation des sociétés traditionnelles, mais sans en avoir la substance ni la portée : à leur différence, une opération-suicide n'est jamais collective, mais individuelle, et vise non l'intégration du jeune au groupe des adultes, mais sa marginalisation.

L'idée banale — c'est en se dépassant qu'on parvient à se connaître — tourne à l'idée fatale. A prendre en compte absolument, même si ses conséquences sont bénignes. « Pour "ne pas dramatiser", comme ils disent, trop de parents laissent le gamin qui a pris quinze comprimés cuver dans son coin, observe Xavier Pommereau. C'est grave, car les jeunes qui ont posé ce geste comme un acte de communication vont être appelés à le répéter en l'aggravant s'il a été banalisé ou nié. »

Hervé, un petit brun de seize ans, élève de seconde dans un collège religieux, famille top-niveau, s'est, pour une peine de cœur, tiré une balle dans la poitrine avec la carabine de son père. La balle logée dans la colonne vertébrale, il est paraplégique à vie. Trois semaines plus tôt, il avait absorbé une demi-boîte de somnifères sans même qu'on appelle le médecin de famille... Trois-quarts des récidives intervenant dans les cent jours qui suivent une première tentative sont le fait de suicidants qui n'ont pas été hospitalisés.

Un lundi matin parmi d'autres. Le Dr Pommereau enfile sa tenue blanche pour pénétrer en réanimation, bonnet, masque et sur-bottes. Douze suicidants l'attendent, dont six mineurs — c'est la moyenne chaque week-end dans l'agglomération bordelaise —, arrivés pour cinq d'entre eux le vendredi soir entre 20 et 22 heures (toujours le point noir de la semaine). L'un d'entre eux — garçon ou fille ? —, dont seule la tête émerge du drap blanc, est encore sur le chariot où on lui a fait dès son arrivée un lavage d'estomac. Mais en douceur : pas question, comme c'est parfois le cas ailleurs, de racler la gorge avec des sondes de gros calibre « pour lui passer l'envie de recommencer ».

Effectué précocement, le lavage d'estomac, tout en limitant la diffusion dans l'organisme de certains médicaments dont la toxicité est différée, permet l'analyse souvent instructive des substances ingérées (beaucoup de suicidants font disparaître la vraie nature des médicaments utilisés). Plus loin, dans un box — il y en a quatre par chambre —, Carole, dix-neuf ans (c'est écrit au bout de son lit), est depuis trois jours sous assistance respiratoire, mais, confie l'infirmière, « le pronostic est bon ».

A la sortie de l'unité de réanimation, Gérard et Martine F. attendent le Dr Pommereau, furieux : « Vous vous rendez compte, on a laissé agoniser un grand-père toute la nuit près de Nathalie (leur fille de vingt-deux ans). « C'est un des inconvénients de l'hospitalisation en surcharge, confie notre psychiatre après avoir réconforté les parents, qui a cependant le mérite de permettre à ces jeunes d'être confrontés à la mort. » Pas la leur, forcément, mais celle des autres. « Elle me fait peur maintenant », murmure Christelle.

L'hospitalisation constitue enfin pour le suicidant une plage de réflexion après le terrible tohu-bohu qui l'a entraîné peu à peu vers le gouffre. En réanimation, les deux premiers jours, ni visite ni coup de fil : c'est important de laisser le jeune faire le point tout seul. « Rien de tel que les proches pour réactiver un état anxieux ou dépressif », dit Noëlle, une des infirmières du service, encore traumatisée d'avoir récemment entendu la mère de Sophie, seize ans, invectiver sa fille à peine sortie du coma : « Petite salope, tu ne vois pas le mal que tu nous fais ! » Et cet autre père de famille, devant Hubert, vingt ans : « J'aurais envie de le tuer *(sic)* dans ces moments-là !... »

Bien sûr, la plupart du temps, on n'a jamais trop de tendresse inquiète pour accueillir au nid l'oiseau qui voulait s'envoler, mais les problèmes ne sont pas réglés pour autant. « Nouvelles admissions obligent, la plupart des suicidants “légers” sortent de l'hôpital moins de vingt-quatre heures après leur entrée », déplore Xavier Pommereau qui ne perd pas pour autant ses « anciens » de vue, en en recevant une quarantaine chaque semaine en psychothérapie, certains depuis près de deux ans. Aucun, en tout cas, n'est à sa sortie l'objet d'une prescription systématique de tranquillisants et autres antidépresseurs, ce qu'encouragent pourtant certains praticiens dans la hantise d'une récidive : « Cela amortirait chez eux toute capacité de maturation de la crise. »

Au total, une longue et délicate prise en charge qui ne satisfait pas encore Xavier Pommereau, passé expert en matière de conduites suicidaires. En septembre 1992, c'est sous sa responsabilité que s'est ouverte une « unité de suicidologie » de quinze lits, à l'image des *Crisis Centers* qu'il a pu visiter à Bruxelles, aux États-Unis ou dans les pays scandinaves, permettant d'accueillir — une semaine au plus — les moins de vingt-cinq ans à leur sortie de réanimation. Un service seul de son espèce en France, pourtant placé au cinquième rang mondial pour son taux de suicide par cent mille habitants, devant les Etats-Unis et le Japon.

Dans les locaux installés hors de l'hôpital, en plein centre-ville, à deux pas de la place de la Victoire, peu de médicalisation et beaucoup de convivialité sont prévus : jardin paysagé parsemé de bancs, chambres individuelles, lieux communautaires, dont une salle équipée d'un circuit interne vidéo, où les jeunes pourront travailler sur l'expression de leurs émotions, avec toutefois — mieux vaut être prudent — baies vitrées hermétiquement fermées et barres antisuicide dans la cage d'escalier. « Là, nous établissons un bilan psychosocial de ce qui a poussé le jeune à mourir, en prenant le temps de l'écouter, lui et les siens, et en l'aidant à verbaliser ses problèmes. Nous faisons aussi le point sur son orientation scolaire ou professionnelle », explique le Dr Pommereau, assisté dans cette tâche par deux autres psychiatres, deux psychologues, deux travailleurs sociaux et huit infirmières.

Sur les quinze lits, trois sont réservés en permanence à des jeunes qui n'ont jamais tenté de se suicider, mais potentiellement en danger. « Un suicide, ça s'annonce », affirme Pommereau, convaincu qu'on abuse du concept commode de « raptus d'angoisse », qui pousserait impulsivement le jeune à l'acte sans que rien n'ait pu le laisser prévoir. Déjà, une quinzaine de lycées de l'agglomération bordelaise ont annoncé leur intention de coopérer (l'appel au secours vient rarement de la famille) : « On aurait pris Christelle en charge au moment de ses fugues, elle ne serait sans doute pas allée plus loin. » Les fugues, l'absentéisme scolaire, l'appétence pour l'alcool ou la drogue, parfois seulement le fait pour un enfant d'être allé cinq fois à l'infirmerie du lycée dans la semaine, ou d'adopter des tenues vestimentaires outrées, tous ces signes déviants sont le symptôme d'une souffrance, des appels au secours.

« On ne se tue jamais que pour exister », disait Malraux. De fait, il y a parfois, pour ceux qui s'en sont sortis — et bien sortis, libres de tout handicap —, une révolution intérieure féconde à la clé : « Pour certains, dit Xavier Pommereau, l'acte suicidaire a réinjecté la souffrance dans la vie, ce que, dans son hypocrisie hyperprotectrice, notre société n'avait pas été capable de faire. Certains ne peuvent goûter à la vie qu'à partir du moment où ils ont compris quel était son terme, où ils ont pu explorer ses frontières. »

Le bras droit inerte — quand un membre reste des heures coincé sous le corps, une compression du plexus peut entraîner une paralysie définitive, fréquente séquelle des tentatives de suicide avec coma prolongé —, le gauche garni de perfusions, Didier, étudiant en cinquième année de médecine, a dans son pyjama rayé l'apparence fragile d'un adolescent. Homosexuel douloureux, n'ayant jamais accepté sa « bâtardise » (sa mère et son père n'étaient pas mariés, bien qu'ayant ensemble cinq enfants), ce fils de militaire s'est pendu dans sa cave, il y a une semaine, à l'aide d'un sac plastique, après avoir pris assez de médicaments pour ne jamais se réveiller. On ne l'a découvert que vingt-quatre heures plus tard. A quelques heures près... « Mon premier réflexe, en me retrouvant vendredi soir ici, confie Didier d'un air las, les yeux rougis, a été de dérober des ampoules de X... qui provoquent une fibrillation ventriculaire, donc un arrêt du cœur. » Et puis, le week-end a passé dans le silence et l'angoisse : « J'étais persuadé que René (son ami, de huit ans son aîné) ne voulait plus me voir. » Quand il est arrivé, le lundi, tout s'est éclairé. « J'ai compris, dit Didier, que je n'étais un poids pour personne, sinon pour moi. » Ce matin, dans sa chambre qui domine tout Bordeaux, Didier s'est levé à sept heures du matin, a écouté le Requiem de Mozart : « Pas par délectation morose, parce que c'est magnifique. » Un sourire éclaircit son pâle visage. Déjà il pense aux marches qu'ils feront en octobre, René et lui, dans les Pyrénées, avec Dicky, le chien berger. Et à la psychothérapie abandonnée il y a trois ans, qu'il va reprendre pour ne plus avoir d'idées sombres, plus jamais.

Christelle, elle, un an après son septembre noir, a cessé d'attendre le retour de son grand-père, renoué le dialogue avec ses parents, compris qu'ils avaient dans le cœur assez d'amour pour deux enfants, cessé de jalouser Guillaume, perdu treize kilos grâce à un régime serré, timidement reconquis quelques miettes d'autonomie. Aujourd'hui, pour la première fois, elle a pris le train seule — une demi-heure ! —pour venir en consultation à Pellegrin. Son rêve : entrer dans une école de puériculture. Et « se faire draguer » par un garçon : « J'ai, dit-elle de sa voix d'enfant, envie de croquer la vie à pleines dents. »

Un petit prince venu d'ailleurs

C'est un petit blond en short et chemisette, avec des épis sur la tête. Assis sur les genoux de son frère aîné, il tente de tuer des dragons sur l'écran de l'ordinateur : il tapote frénétiquement les touches, il est un vaillant chevalier qui va libérer la princesse. Mais ses gestes sont parfois brusques, ses doigts un peu rétractés, son élocution difficile, sa tête ronde légèrement inclinée de côté : Xavier a sept ans, il est trisomique.

Anne-Marie Debarbieux, sa mère, est une grande femme solidement plantée, aux cheveux raides, aux yeux clairs, aux traits réguliers. Chez elle, rien d'apprêté. Ni la toilette : jeans et T-shirt. Ni la maison : un numéro parmi d'autres dans une rue calme de Ronchin, un faubourg de Lille — canapés de mousse, cheminée en briquettes et tapis de bouclette marron. Ni la parole, qu'elle a abondante et carrée pour raconter — d'une voix douce, pourtant — l'histoire de Xavier.

« Nous habitions alors en région parisienne, du côté de Saint-Quentin-en-Yvelines. Notre troisième enfant devait naître à la fin juin. Mais, le 4 au matin, sentant que quelque chose s'annonçait, j'ai préféré, par mesure de précaution — car nous étions à vingt-cinq kilomètres de la maternité —, accompagner mon mari à ses cours (il était professeur de Maths sup. à l'école Sainte-Geneviève, à Versailles). Il faisait un temps splendide, je me suis assise dans le parc. Puis, les contractions se rapprochant, au bout d'une heure, je suis allée le chercher. Xavier est né vers 11 h 30. Un accouchement sans problème, comme les précédents. On a posé l'enfant sur mon ventre. Jacques me tenait la main, souriant, nous étions comblés. Nous avions trente-deux et trente-quatre ans, nous étions tous deux enseignants, mon mari à Ginette[1], moi prof de lettres classiques dans un lycée privé, nous avions déjà un garçon de sept ans, une fille de cinq : la famille française type. Et voilà qu'un autre petit garçon venait de naître : il n'était pas gros, 2,5 kg seulement, avec ses trois semaines d'avance, mais, pour le reste, un beau petit bonhomme, bien ourlé de la tête — qu'il avait plutôt chevelue — jusqu'au bout des doigts de pieds.

Jacques est reparti à la maison téléphoner à nos deux familles, toutes deux du Nord. Dans l'après-midi, on est venu chercher Xavier pour le mettre, m'a-t-on dit, "une heure ou deux en chambre chaude". Vu son poids, ça m'a semblé normal. Et puis, dans la soirée, vers 20 h 30, on m'a annoncé sans plus d'explications la venue du pédiatre. A peine le temps de trouver cela bizarre, il était déjà là à examiner le bébé. Pendant dix minutes, il n'a pas desserré les dents. Ces dix minutes-là, jamais je ne les oublierai. Ni les paroles qu'il a prononcées après : "J'ai des raisons, m'a-t-il dit brusquement d'un ton grave, de m'inquiéter pour la santé de cet enfant." Il avait une drôle de voix, un peu métallique. J'ai imaginé une malformation cardiaque ou autre, et, en un éclair, j'ai pensé qu'il n'y survivrait pas. Alors il a ajouté : "Je soupçonne une trisomie 21. Savez-vous ce que c'est ?"

Je savais. Quelques mois auparavant, j'avais même été très frappée par le témoignage qu'une mère d'enfant trisomique avait apporté dans mon école, sans seulement imaginer qu'une telle chose puisse jamais m'arriver. Ma première réaction a été de demander au pédiatre : "Mais à quoi voyez-vous ça" ? On ne lance pas en l'air sans raisons une idée aussi terrifiante. Alors, tout en insistant sur la nécessité d'examens complémentaires pour confirmer son diagnostic, il m'a livré quelques éléments : l'hypotonicité de l'enfant (les petits trisomiques sont de vrais bébés en caoutchouc ; aujourd'hui encore, Xavier fait le grand écart sans problème), la forme de ses yeux, sa nuque et sa langue un peu épaisses, les lignes particulières de sa main — les trisomiques, semble-t-il, n'ont pas, comme nous, trois lignes principales bien marquées —, son pouce largement écarté des

1. Surnom donné à la prestigieuse école Sainte-Geneviève.

autres doigts et le majeur presque de même longueur que l'index ou l'annulaire. Me sont venues immédiatement à l'esprit les images les plus atroces de débiles mentaux tels qu'on en voyait dans le temps dans les campagnes françaises, tassés sur une chaise devant la porte de la maison, ballotant de la tête, tirant la langue. Et, à la minute même, j'ai pensé que mon fils, lui, ne serait pas comme eux, que je ne le permettrais pas !

La moindre des choses eût été que ce malheur fût annoncé aux deux parents en même temps. Mais non, il m'a fallu prévenir moi-même mon mari au téléphone : "Viens tout de suite, il y a un problème." Jacques a casé en catastrophe les deux enfants chez des voisins et il est accouru ; sur la route, il aurait pu se tuer cent fois. Le pédiatre avait tout de même eu la délicatesse de l'attendre. Il lui a répété ce qu'il m'avait dit, et il a embrayé sur des histoires d'instituts, de centres spécialisés, comme si nous étions en état de recevoir ce genre de messages. En partant, il n'a pas oublié de nous réclamer ses honoraires, ce que j'ai trouvé scandaleux : il a revu trois fois Xavier, par la suite ; il aurait peut-être pu remettre cette formalité au lendemain.

Jacques a passé la nuit avec moi à la maternité ; il n'y a pas eu de larmes, on ne parvenait pas à réaliser. Et puis, le matin s'est levé, et Jacques est reparti pour la maison voir les enfants. Le plus dur, il l'a vécu dans les premiers jours, quand il lui a fallu retéléphoner aux gens de la famille : la veille, il avait annoncé, triomphant, l'arrivée de Xavier ; et voilà qu'il lui fallait dire à un grand-père ou à une grand-mère que l'enfant était trisomique. Deux ou trois fois, au téléphone, il s'est effondré. Moi, j'ai plutôt bien tenu le coup ; par tempérament, je garde mon sang-froid dans les moments difficiles. Mon obsession, en tout cas, était de ne pas craquer à la maternité ; je ne voulais pas de la pitié des gens. Une infirmière a voulu me donner pour dormir un tranquillisant, j'ai refusé catégoriquement. C'est dès maintenant qu'il fallait prendre les choses en main, on n'allait pas commencer à se défiler, puisque ce souci — c'était bien le plus angoissant — allait durer toute notre vie, que plus rien ne serait comme avant.

Plus tard, bien sûr, les questions sont venues, obsédantes : comment un tel accident avait-il pu survenir, et pourquoi ? Il y a des choses que l'on peut comprendre : une rubéole passée inaperçue entraînant une malformation, un accouchement difficile... Mais là, que s'était-il produit ? Encore maintenant, nous l'ignorons. Si nous avions conçu cet enfant deux jours plus tôt, aurait-il été le même ? Comme le conseillaient les médecins, nous avons fait, mon mari et moi, un caryotype, une analyse chromosomique. Nous avons eu très peur, dans l'attente des résultats : imaginez qu'on décèle chez l'un d'entre nous une anomalie quelconque... Le lendemain, justement, le laboratoire d'analyses rappela pour dire qu'il y avait un problème dans les examens de Jacques, qu'il fallait refaire les prélèvements. Nous avons blêmi. En fait, ce n'était rien, rien qu'une erreur du labo, il n'y avait aucun antécédent parental. Et puis à la différence de beaucoup de parents d'enfants trisomiques, nous avions la chance, nous, d'avoir déjà deux enfants, des enfants "normaux", comme disent les gens — je préfère dire "ordinaires" : comme le gynécologue me l'a tout de suite dit, nous avions "fait nos preuves". Cela nous a aidés.

Il y a eu ces angoisses, ces questions. Mais jamais nous ne sommes passés par un stade de rejet de l'enfant, jamais. Au contraire, j'ai tout de suite pensé que si nous n'étions pas prêts à l'aimer, cet enfant-là, alors personne ne le ferait. Ce qui ne signifie pas que tout ait été d'emblée assumé en profondeur : après la naissance, j'ai eu jusqu'à vingt-deux de tension ; Jacques aussi d'ailleurs ; j'ai gardé un bon nombre de kilos en trop dont je n'ai jamais réussi à me défaire. Il m'a fallu des mois avant de retrouver mon tonus et que le cauchemar de la découverte de la trisomie de Xavier s'estompe : je me réveillais la nuit en entendant la voix métallique du pédiatre, mes rêves étaient peuplés d'hommes en blouse blanche au visage grimaçant. Longtemps je n'ai pu croiser des handicapés mentaux sans avoir envie de fuir. Toujours cette image obsédante de débiles à la langue pendante...

On a tous dans la tête l'image d'un enfant rêvé, un enfant beau, intelligent, un enfant dont on soit fier. Et là, je regardais mon petit bonhomme dans son berceau, à la clinique, et je me disais : lui ne sera pas comme les autres, il aura un visage différent, dans la rue les gens le regarderont. Non que j'attache tant de prix à l'allure physique, mais nous, gens ordinaires et heureux de l'être, nous allions fatalement attirer l'attention. Il y avait surtout l'idée que beaucoup de portes seraient fermées à Xavier sur le plan intellectuel. Un petit trisomique, même avec du retard, sait toujours marcher ; mais allait-il savoir lire, écrire, parler ? Je me torturais avec ces questions.

Il faut comprendre. L'intelligence, pour nous, signifiait tellement ! Dans la famille de Jacques surtout, sorti de Normale sup. comme ses deux parents, où il n'y avait que des grosses têtes, par définition. Dans ma famille aussi, pour d'autres raisons : si mon père était ouvrier spécialisé, monteur de machines textiles, ma mère, elle, faisait partie de ces institutrices qui n'avaient pas leur bac. Elle avait arrêté pour élever ses trois enfants et n'avait jamais pu reprendre après, faute des diplômes réglementaires. A la maison, ce n'était pas l'opulence : mon père travaillait parfois pendant ses congés payés pour payer la maison, on restait souvent à Ronchin pendant les vacances d'été, et c'est grâce à une bourse que j'ai pu mener mes études à bien. Mais les parents avaient compris que les études étaient le seul moyen de s'en sortir. A leur grande fierté, j'ai décroché mon bac à dix-sept ans, la première de la famille, et je suis entrée en hypokhâgne, puis en khâgne. Ma licence de lettres classiques, je l'ai faite en travaillant à mi-temps comme maître auxiliaire dans une boîte de bonnes sœurs à Douai : j'avais dix-neuf ans et, sur les bras, une classe de troisième. L'année a été rude, d'autant plus que, pour compléter mes maigres émoluments, je gardais pratiquement chaque soir des enfants. Plus tard, j'ai préparé ma maîtrise en travaillant cette fois dans un lycée public : trente kilomètres aller et retour en solex chaque jour, et ce, par tous les temps. La vie, si elle m'avait épargné les drames, m'avait appris à mener des combats.

Mon mari, je l'ai rencontré en classe préparatoire. J'avais vingt et un ans, lui vingt-trois quand nous nous sommes mariés. Là non plus, ce ne fut pas facile de m'adapter, moi, fille d'ouvriers, à cette famille d'intellectuels de gauche, si accueillante fût-elle à mon égard : des gens tellement gâtés, non sur le plan du fric, mais sur celui de la culture, riches de tant d'expériences variées ! Pour la première fois de ma vie, je me suis sentie pauvre. Jeunes mariés, nous nous sommes installés en région parisienne. Jacques, fort de son agrégation toute neuve, est entré à “Ginette” ; moi, après le CAPES, dans un collège privé de Chaville. Là, nous avons vécu de belles années. Après l'enfance modeste qui avait été la mienne, ternie par d'éternels soucis matériels et des relations difficiles avec mon père — homme courageux mais sévère, peu concerné par mes centres d'intérêt —, je jouissais enfin d'une aisance vis-à-vis de laquelle je restais d'ailleurs méfiante... J'avais un métier que j'adorais, un mari dont j'étais très proche, chacun respectant cependant la liberté de l'autre : Jacques venait d'un milieu profondément laïque, moi j'étais fervente catholique, chacun militait de son côté, lui comme délégué syndical C.F.D.T., moi à l'aumônerie du collège, et tous deux à Amnesty International. Sur les valeurs essentielles, en tout cas, rien ne nous séparait.

Nous étions donc ce qu'il est convenu d'appeler des "intellectuels". Pour moi, rien de sec, d'étriqué dans ce terme : des gens qui aiment comprendre, considèrent qu'ils n'ont jamais fini d'apprendre à réfléchir, à penser autrement qu'à travers l'air du temps, les préjugés et les idées reçues. Nous étions nourris de livres, ils avaient enchanté mon enfance, guidé ma jeunesse, ils m'avaient enseigné leur sagesse, offert des rencontres plus précieuses parfois que des rencontres réelles. Et voilà qu'un petit garçon nous était donné, qui n'aurait pas accès à ces richesses-là, pour qui les livres resteraient lettres mortes et paroles obscures. C'est toute une partie de nous-mêmes, et non la moindre, que nous ne partagerions jamais avec lui. Ce n'était pas facile à admettre !

Xavier, pourtant, n'était pas représentatif du trisomique moyen. Non qu'il soit moins touché que d'autres, il n'y a pas de degrés dans la trisomie, on est trisomique ou on ne l'est pas, mais on retrouve parmi les trisomiques la même échelle d'intelligence que dans la population normale. Un trisomique a en gros son intelligence divisée par deux : eût-il été un enfant brillant, il est à la limite de la débilité, c'est le cas de Xavier ; eût-il été, au contraire, un enfant intellectuellement peu doué, il se retrouve fortement handicapé. Xavier a marché à vingt mois, plutôt tôt pour un trisomique ; il n'a pas parlé avant trois ans ; maintenant encore, à sept ans, il ne parle pas normalement, mais il parle. Sur le plan des acquisitions scolaires — il vient de finir un C.P. d'adaptation —, il écrit à peu près, compte jusqu'à cinquante, commence à apprendre à lire. Bref, il s'en tire exceptionnellement bien. Reste que, comparé à celui des autres enfants, le rapport âge-acquisitions n'est évidemment pas le même.

La vertu de patience : voilà bien une des premières choses que nous a enseignées Xavier. Dans l'univers du TGV, de la télématique, des horaires minutés, dans un monde fait pour ceux qui courent vite, comprennent vite, se débrouillent vite, il faut avec lui constamment ronger son frein, accepter que les choses viennent en leur temps. Il faut garder le pas du promeneur dans un monde qui vit toujours aux heures de pointe. Par tempérament, j'étais plutôt une fonceuse, je m'énerve, c'est inéluctable, j'ai toujours tendance à lui dire : "Dépêche-toi, Xavier !" Mais Xavier va à son rythme, rien ni personne ne le fera accélérer, et il importe de le laisser faire, de le laisser s'habiller tout seul, de le laisser manger tout seul quand ce serait si tentant de lui prêter main forte, de faire à sa place ! Du coup, les performances ainsi lentement mûries sont formidablement gratifiantes. Le jour où il a marché, je m'en souviens encore, on aurait presque sablé le champagne. Et celui où il lira vraiment, quelle fête en perspective ! Nous apprenons à vivre au jour le jour sans toujours anticiper, délivrés de cette envie de chausser des bottes de sept lieues qui anime beaucoup de parents et fait d'eux, bien souvent, des voleurs d'enfance.

Avec Xavier, nous apprenons aussi la tolérance. Il nous oblige à tout réinterpréter, à sortir de nos schémas préétablis. Non que je sois moins exigeante avec lui qu'avec ses frère et sœur, je le serais peut-être même davantage dans mon désir de le tirer au maximum de ses capacités. Mais je suis autre. Un exemple : l'autre jour, je rentre avec un cadeau à la maison. Xavier se précipite, l'œil allumé : "Non, non, dis-je, ce n'est pas pour toi, tu n'y touches pas !" Je dépose le tout en haut, dans ma chambre, et n'y pense plus : une heure après, qu'est-ce que je vois ? Le paquet éventré sur mon lit, et mon Xavier en train de jouer aux Playmobil dans sa chambre, l'air innocent. Il m'a juré ses grands dieux qu'il n'avait jamais touché au cadeau, que c'était la faute de son cousin Florent (qui n'avait évidemment pas mis les pieds à la maison). L'incident serait arrivé avec l'un des grands, je l'aurais grondé, traité de menteur. Là, je me suis dit que Xavier était allé au bout de sa curiosité, qu'il savait qu'il faisait mal, puisqu'il s'était bien gardé de le faire devant moi ; qu'il avait eu, enfin, le réflexe d'accuser quelqu'un d'autre : trois opérations mentales qui dénotaient qu'il n'était pas si bête que cela. Il a fallu apprendre à tout lire en positif.

Xavier, enfin, m'a aidée à me sentir plus proche encore des pauvres, des démunis, car comment l'être tout à fait lorsqu'on est à l'abri du malheur, du bon côté de la vie ? Au lycée récemment, nous avons vécu un drame épouvantable : une fille de dix-sept ans, élève de première, qui s'est laissée mourir d'anorexie ; pendant les mois qu'a duré ce calvaire, sa mère me téléphonait souvent, et même si son épreuve était sans commune mesure avec la mienne — pour moi, ça reste le pire, l'inacceptable, la mort d'un enfant —, j'ai sans doute pu l'aider mieux que je l'aurais fait. Tout comme j'essaie d'aider d'autres parents d'enfants trisomiques en venant leur parler[1].

Oh, tout n'a pas été gagné en un jour ! Il a fallu explorer partout les meilleures solutions possibles. A l'hôpital Necker, à Paris, le service du Pr Lejeune a été formidable. Par contre, au Centre d'action médico-sociale de Versailles, qui prend les trisomiques en rééducation précoce, le contact a été moins immédiat : j'y allais une fois par semaine, on n'arrêtait pas d'insister sur ce qui n'allait pas, de me dire que mon bébé était trop passif (il est tout sauf cela !). On doutait de ses capacités auditives, et moi, sitôt rentrée à la maison, j'agitais frénétiquement des clochettes autour de lui. Il entendait bien, mais j'avais eu un moment de panique : et s'il était sourd, de surcroît ? On le prenait en psychomotricité, puis juste après en kiné ; Xavier avait alors sept ou huit mois, il était crevé, il se mettait à pleurer. On me disait d'être plus ferme avec lui. Je finissais par avoir des vertiges au volant de ma voiture, quand je le conduisais là-bas, tant ces visites me traumatisaient. Alors nous avons décidé de revenir vers le Nord, de nous rapprocher de la famille ; nous avions la chance que Xavier ait encore ses grands-parents, ce serait une fameuse aide. Et puis je savais qu'au C.A.M.S.P.[2] de Roubaix, il y avait un merveilleux toubib, le Dr Maurice Titran, spécialisé dans les gosses à problèmes. C'était une décision lourde à prendre, après treize ans d'exode parisien, mais nous avons eu de la chance, mon mari a été nommé tout de suite dans le plus grand lycée de Lille, en classes préparatoires ; moi aussi, j'ai retrouvé exactement le poste que je cherchais, toujours dans le

1. Notamment dans le cadre d'une association, le G.E.I.S.T. (Groupe d'études pour l'insertion sociale des trisomiques.) Cette volonté de témoigner a pris en 1990 la forme d'un livre, *Son ombre nous éclaire*, Éd. Nouvelle Cité.

2. Centre d'action médico-sociale précoce.

privé ; j'ai aujourd'hui la responsabilité de tout un cycle d'études : deux cent soixante-dix élèves.

Xavier nous a ainsi forcés à évoluer sur tous les plans, y compris géographique !... Le handicap est là, il s'est installé tranquillement chez nous, sans avoir eu la courtoisie de nous prévenir. Il est là, pour toujours. Il ne guérit pas ; dans le cas de Xavier, il n'évolue pas non plus, ne se double pas d'autres infirmités ; mais il s'est immiscé dans notre existence, c'est un redoutable tyran qui ne nous laisse pas un instant de répit : il est devant, derrière, aujourd'hui, demain, il nous tient et ne nous lâchera pas.

Il y a, c'est évident, un avant et un après. La vie a basculé. Et, du coup, le reste du monde nous fait parfois l'effet d'une autre planète : l'impression que les gens, si gentils, si attentionnés soient-ils, ne peuvent pas comprendre, que seuls les gens qui ont vécu la même chose, peut-être... Comme dans toute souffrance, il y a une solitude très grande. Très peu de temps après être revenue de la maternité, il y a eu la fête de l'école de ma fille, j'y suis allée en emmenant Xavier dans sa poussette : c'était sa première sortie, je n'avais pas mis tout le village au courant, les gens m'arrêtaient pour me féliciter et faire des risettes au bébé, on ne pouvait rien déceler à l'époque. Je ne pouvais tout de même pas leur sortir tout à trac : "Il est trisomique, vous savez !" Alors, je disais : "Oui, il est mignon, n'est-ce pas ?" C'était dur de jouer ce jeu-là. Plus tard, on a commencé à lire des interrogations sur le visage des gens, c'était plutôt encourageant, l'idée que "ça ne se voyait pas" forcément. Aujourd'hui, quand on fixe Xavier dans la rue, j'aurais plutôt tendance à soutenir le regard des gens : parfois ils sont gênés, mais, le plus souvent, ils sourient et engagent la conversation. Xavier, au lieu de nous isoler, devient alors facteur de liens avec le monde extérieur.

Ma fragilité, bien sûr, reste immense, et la révolte gronde parfois en moi. Pas contre Xavier, encore une fois. Contre la vie. Contre tous les gens pour qui avoir un enfant "normal" est non pas une chance, mais un dû — un faire-part de naissance au courrier, et je ne peux m'empêcher d'avoir un pincement au cœur. Contre ceux qui nous assaisonneraient volontiers de leur pitié, ou ces autres qui veulent voir en nous des héros, sous prétexte que nous avons "bien réagi" et qui, du coup, nous en demandent trop. J'ai ainsi un petit neveu du même âge que

Xavier, mon filleul de surcroît ; j'ai du mal à être complètement naturelle avec lui. Et quand ma belle-sœur m'instruit complaisamment de ses progrès — "Vivien sait faire ceci, Vivien sait faire cela" —, il m'arrive de lui faire comprendre, sans la blesser, qu'elle ferait mieux d'arrêter. Certaines choses restent au-dessus de mes forces : visiter par exemple un C.A.T. (Centre d'adaptation par le travail), comme nous l'a proposé une sœur de mon mari qui s'occupe d'enfants handicapés. On a dit oui, on n'aurait pas dû, je n'étais pas encore prête à affronter cela : ces visages d'handicapés adultes, ces travaux répétitifs, la vie qui attendait Xavier...

Même sept ans après, je vis en permanence dans la peur d'une réflexion qui me blesse ; nous avions déménagé dans le Nord depuis peu quand, au cours d'une récréation où l'on évoquait le cas d'élèves médiocres, un collègue a lancé : "Estimons-nous heureux, il y en a qui ont des mongoliens." Je ne m'y attendais pas, j'ai reçu ça en pleine figure. "Moi, j'en ai un de cinq ans", ai-je seulement lancé. Il y a eu un silence de mort, heureusement coupé par la sonnerie annonçant la fin de la récré. J'ai fait cours comme prévu, puis j'ai éclaté en sanglots dès que je suis remontée dans ma voiture. Même sept ans après, j'ai du mal à supporter qu'entre eux, les enfants se traitent de "débiles", de "mongols", de "tarés". Du mal aussi à entendre les jugements définitifs que les professeurs portent sur les élèves en difficulté : "De celui-ci, rien à tirer." Car si l'on ne tire rien d'un élève de seconde normalement constitué, alors, dites-moi, que va-t-on faire de Xavier ? Je ne supporte pas plus d'ailleurs que des jeunes qui ont tout pour réussir ne fichent rien, qu'on leur apporte la culture sur un plateau et que, négligemment, ils la refusent : certains élèves ne sauront jamais le mal qu'ils m'ont fait. J'ai appris à relativiser les investissements intellectuels, c'est sûr, je sais qu'être intelligent, c'est bien, mais que c'est mieux d'être heureux. Pourtant, le gaspillage des talents, je le tolère encore moins qu'auparavant.

Si je connais mes fragilités, je connais aussi mes forces. J'avais un caractère positif, passionné, j'étais tout sauf une enfant gâtée. J'avais aussi un vrai métier, je l'ai repris dès la rentrée qui a suivi la naissance de Xavier — me forcer à m'arrêter de travailler, c'est peut-être la seule chose que je ne lui aurais pas pardonné —, et ce métier, par chance, reposait sur la passion de l'éducation sans laquelle Xavier ne peut progresser. Travailler, c'était aussi ne plus être seulement la maman de Xavier, mais redevenir un être normal, un prof comme les autres, avec des élèves qui n'avaient pas grand-chose à faire de mon problème.

La solidité de notre ménage a compté aussi. Pour un couple, un enfant handicapé, c'est l'épreuve de vérité : ou il se sépare — c'est souvent le père que ce malheur fait fuir —, ou il se soude à jamais. Ce fut le cas. Avec toujours la peur que l'un de nous disparaisse avant que Xavier ne soit tiré d'affaire. Ou les deux. Car il ne s'agirait pas que Denis ou Anne-Claire, même s'ils l'adorent, aient à sacrifier leur vie pour leur petit frère. Heureusement, nous avons eu la chance, à la naissance de Xavier, de toucher de mon assurance un certain capital, qui, placé, lui assure à terme une autonomie au moins matérielle.

Ma force, enfin, ce fut ma foi : elle n'efface pas la souffrance, mais elle me donne confiance en la vie. La foi, c'était peut-être avant tout d'accepter sans comprendre, de dire "oui" sans trop savoir à quoi ni pourquoi. De dire "merci" quand je constate que, depuis la naissance de Xavier, nous sommes comme protégés, que tout va pour nous dans le bon sens.

Je devrais peut-être le cacher, mais j'ai toujours l'impression que Xavier est plus à moi qu'à mon mari. Ils s'entendent à merveille, pourtant : Jacques joue beaucoup avec lui ; mais, entre Xavier et moi, c'est autre chose, une secrète connivence, comme si un pacte avait été conclu entre nous au jour de sa naissance. Le sentiment qu'il est au centre de mon existence. Cela ne va pas sans problèmes : je me souviens ainsi de la première fois que ma belle-mère a emmené Xavier en vacances, comme elle avait l'habitude de le faire avec ses petits-enfants non scolarisés ; je n'ai pas bien vécu ces dix jours-là, je me disais qu'il n'allait pas saisir le pourquoi de cette séparation, j'avais surtout l'impression qu'il y avait une partie de lui que j'étais seule à pouvoir comprendre.

Maintenant, je m'y suis faite et les classes vertes, par exemple, me permettent de souffler. Mais la maison est soudain si vide ! Car Xavier est une charge terrible, mais une telle richesse aussi : un enfant si affectueux, si heureux de vivre, toujours content de tout, ne pleurant jamais, un vrai petit clown qui manifeste son émerveillement devant les menues choses de la vie — un plat que je prépare, un nouveau chandail d'une couleur qui lui plaît, une fleur qui pousse, une promenade annoncée. Il fait la fête à quiconque franchit le seuil de la maison. Et, en le regardant, il m'arrive de penser à tous les parents déboussolés par leurs enfants, des enfants pourtant "ordinaires", mais blasés, grognons, insupportables à vivre, voire drogués, anorexiques, fugueurs, suicidaires. Avec eux, l'épreuve a été à retardement, mais elle est lourde elle aussi. Pour nous, l'épreuve a été massive dès le départ, mais nous n'avons cessé de découvrir combien elle portait de fruits.

Une fois, nous avons perdu Xavier sur la plage et ne l'avons retrouvé que trois-quarts d'heure plus tard, un kilomètre plus loin. A l'inverse des enfants "ordinaires", il avait marché contre le vent et vers le soleil. Dans la vie aussi, le chemin que nous faisons avec lui est hérissé d'embûches, et pourtant, Xavier a donné une autre dimension à notre existence. Sa naissance a été une épreuve, pas une catastrophe. Une chance, même. Pas pour lui, bien sûr, ce n'est jamais une chance d'être trisomique ; mais pour moi, oui, pour notre famille.

Bien sûr, il nous arrive encore de nous demander pourquoi il est arrivé chez nous : était-ce bien par hasard, nos chemins se sont-ils croisés d'une manière aussi inattendue que la route du Petit Prince a croisé celle du renard ? Génétiquement, la réponse est claire : Xavier résulte d'un aléa de la vie. Sur le plan philosophique, métaphysique, j'ai une autre idée derrière la tête.

Il se trouve qu'après Anne-Claire, nous avons voulu adopter un enfant du tiers monde. Nous avions rencontré dans mon école, à Chaville, une dame d'"Enfance et Partage", elle nous avait parlé de parrainage. Nous avons ainsi aidé une petite fille à Djibouti ; c'était peu de chose, en fait, une somme à verser tous les mois, quelques nouvelles reçues de-ci, de-là. Et puis, un jour, on nous a demandé d'accueillir au pied levé une petite Libanaise pour les vacances ; la famille prévue, à Versailles, n'en voulait pas parce qu'elle était druze et non chrétienne. L'enfant est restée chez nous un mois entier, une petite fille de sept ans, parachutée, un peu perdue : cela nous a permis d'avancer dans notre cheminement. Nous voulions de toute façon agrandir la famille, pourquoi ne pas plutôt donner sa chance à un petit laissé-pour-compte ? Et nous avons entamé les démarches en vue d'une adoption.

Nous avons frappé à beaucoup de portes et peu se sont

ouvertes ; on nous envoyait promener sous prétexte que nous avions déjà deux enfants, on nous annonçait deux ans d'attente au minimum. Une association, enfin, a accepté notre candidature. Nous avons dû expliquer nos motivations au couple responsable, pour les Yvelines ; nous les avons vus quatre ou cinq fois au cours de l'année ; nous avons reçu la D.D.A.S.S.[1], fait visiter la maison en long et en large, envoyé des photos, rempli des papiers. Nous étions confiants, nous et les enfants, si prêts à aimer ce bébé. Et puis, un jour, nous avons reçu une lettre d'une totale sécheresse, style *La Redoute*, vous annonçant que l'article commandé est indisponible : "Nous regrettons de ne pouvoir donner suite à votre demande et vous souhaitons bonne chance ailleurs." Cinq lignes, pas une de plus. Ce fut pour nous une douche glacée. Nous avons réclamé des explications, on nous a répondu que nous étions trop intellectuels — la vieille méfiance envers le corps enseignant ! On nous a dit aussi — et ce jugement de valeur nous a écœurés — que nous agissions plus par idéal humanitaire que par amour des enfants. C'était dur de se sentir ainsi jugés. Pour éviter une nouvelle déconvenue, nous avons laissé tomber. Et décidé de faire un enfant, sûrs que, cette fois, personne ne nous dirait : "Vous êtes trop ceci, pas assez cela." C'est dire à quel point Xavier, arrivé cinq ans après Anne-Claire, était attendu.

Nous voulions nous occuper d'un enfant "à problèmes", la nature nous l'a donné. Notre petit prince ne venait pas d'un autre continent, sa peau n'était ni sombre ni cuivrée, il était issu de notre chair, et pourtant il ne ressemblait à aucun de nous.

Pour moi, cet enfant que nous avons tant voulu adopter, Dieu nous l'a donné en Xavier.

---

1. Direction départementale de l'action sanitaire et sociale.

Être orpheline, c'est épatant

Par les larges baies du salon, on ne voit que des tombes alignées, celles du cimetière de Montparnasse, et pourtant elle n'a jamais mis les pieds dans celui où sont enterrés ses parents ; depuis ce jour où on l'a forcée à suivre leurs deux cercueils, elle n'a même jamais pu assister à un enterrement.

Le dimanche d'avant, la petite fille de huit ans et demi qui ne s'appelait pas encore Anny Duperey avait retrouvé son père et sa mère allongés sur le carreau de la salle de bains, asphyxiés par un chauffe-eau déficient, dans le pavillon de banlieue où ils avaient emménagé depuis peu. Ce matin-là, tout était calme, trop calme ; la petite sœur de six mois dormait dans son berceau, Anny dans son lit ; elle ne s'est pas réveillée à temps pour tirer de leur dernier sommeil ses deux parents.

Pendant trente-cinq ans, elle n'a jamais parlé de ce matin-là à quiconque, pas même à Bernard Giraudeau, son compagnon, le père de Joël et Sarah, ses enfants : « Cette mort, je ne la cachais pas, on savait que j'avais perdu mes parents accidentellement, mais je le disais comme un fait sec, je ne souhaitais pas m'étendre là-dessus. Je ne le souhaite d'ailleurs toujours pas. » Pour s'en convaincre, il suffit de voir cette comédienne confirmée, belle et gaie, longues jambes, œil clair, nez retroussé, souveraine sur son canapé comme elle l'est sur scène, se recroqueviller soudain à l'évocation du drame, malheureuse, totalement bloquée : « Je serais encore capable d'éclater en sanglots », avoue-elle devant l'intervieweuse désarçonnée par tant de souffrance évidente, alors même que ces souvenirs dûment imprimés sont devenus un des best-sellers de l'année[1].

1. *Le Voile noir*, éditions du Seuil, 1992.

« Vous savez, reprend Anny Duperey, ça se périme très vite, l'urgence de raconter. Si vous ne le racontez pas le lendemain matin, pourquoi le faire une semaine ou six mois après ? Alors on enkyste cela quelque part, bien au fond de soi. Et on fonctionne très bien avec cette souffrance, on peut même être positif, vivant, optimiste, comme je le suis par ailleurs. J'ai entendu parler de gens qui avaient reçu pendant la guerre des éclats d'obus qu'on n'avait pu extraire ; finalement, la peau s'était reformée autour et ils finissaient presque par oublier ce corps étranger, à condition bien sûr de ne pas sauter trop souvent au plafond ! »

Mais il y a ces photos, d'admirables clichés en noir et blanc pris par son père, photographe professionnel. Des photos d'art parfois étonnamment modernes, comme cette tache de fuel sur l'eau, une composition presque abstraite. Des photos de famille, aussi : « Elles étaient là, en tas, dans ce tiroir, je ne les avais jamais regardées. Et puis, un jour, un ami photographe m'a proposé de tirer ces plaques, ces vieux négatifs. Et le pire, c'est que j'ai mis plus d'un an avant de regarder le travail merveilleux qu'il avait fait. » Le jour où elle s'y résout, elle décide par la même occasion de les publier comme pour se désenvoûter du traumatisme initial.

Un choc assez terrifiant pour gommer tout ce qui précédait, étendre un voile noir sur les dix premières années de la vie d'Anny. Sur ses parents : jeunes, beaux, charmants, « géniaux, normaux, des parents, quoi ! » Sur son enfance chaleureuse dans un bas quartier de Rouen, dans une maison abritant toute la famille maternelle, la grand-mère couturière, une tante, un jeune oncle, avec un jardin enclos — un luxe pour ce quartier, même si le rez-de-chaussée sert de cantine aux ouvriers de la teinturerie d'à côté. Autant d'images fugaces, plutôt reconstituées à partir des photos ou de ce qu'on lui a raconté, car, pour le reste : « J'ai vraiment le sentiment que ma vie a commencé le jour de la mort de mes parents. »

Cette souffrance, pourtant, elle veut l'ignorer. Dans les mois qui suivent la tragédie, la petite Anny ne manifeste rien, n'en parle jamais, hurle de rire à longueur de journée. Jusqu'au jour où sa grand-mère lui met à l'improviste une photo de ses parents sous le nez, provoquant une crise de larmes convulsive : « Sans doute avait-elle besoin de se dire que je n'étais pas un monstre.

Je ne lui en ai pas voulu. Il est parfois bon de faire pleurer les enfants. »

Mais la coquille se referme. Jamais plus on ne prendra Anny en flagrant délit d'abandon. La voilà désormais seule avec son « petit lac noir intérieur », d'autant plus seule qu'elle est séparée de sa sœur, aucune des deux familles paternelle et maternelle n'ayant les moyens d'élever à la fois deux petites filles. Carrément masochiste, elle se déniche à onze ans un grand amour impossible, reste des heures au muséum d'histoire naturelle de Rouen devant les fœtus en bocaux et les têtes d'Indiens réduites, histoire d'habiter un peu la tombe de ses parents. Adolescente, elle n'est d'ailleurs pas très sûre d'avoir envie de vivre : « Le matin de leur mort, j'avais refusé de suivre les parents dans la salle de bains. Était-ce pour réparer ma désobéissance ? Un jour que j'avais treize ans, je me suis retrouvée sous les roues d'une voiture : accident ou suicide, je ne saurai jamais. Enfin, puisqu'on ne voulait pas de moi de l'autre côté, j'ai décidé de jouer le jeu de la vie. Et, à l'oral de rattrapage du BEPC, j'ai abusé de ma situation d'une façon éhontée qui me fait encore rire aujourd'hui, faisant valoir aux examinateurs que je n'avais guère eu jusque-là de chance dans la vie et qu'un petit diplôme me serait bien utile pour me mettre au travail au plus vite. Être orpheline, décidément, c'était épatant ! »

Et tellement utile quand il s'agit de conquérir au plus tôt son autonomie ! « Là aussi, c'est logique. N'importe quel enfant se repose sur ses deux parents. Retirez-lui d'un coup ses deux soutiens : soit il se casse la gueule, soit il se cale bien fort sur ses deux pieds et se recentre sur lui-même avec une bonne dose de narcissisme. Ce que j'ai fait. » Anny est douée en dessin, en français : à quinze ans, la voici inscrite à l'école des Beaux-Arts de Rouen. Trois ans plus tard, apprentie comédienne, elle est à Paris, après avoir joyeusement tiré un trait sur sa famille — jusqu'à ignorer la mort de cette grand-mère qu'elle aimait pourtant : « Il faut accepter l'idée que des événements monstrueux — retrouver mes deux parents allongés par terre — créent des réactions monstrueuses. »

Entre vingt et trente ans — en gros, jusqu'à sa rencontre avec Giraudeau —, Anny va « flotter à la surface des choses », jolie fille évaporée incapable de se fixer sentimentalement et acceptant souvent de tourner des navets : « J'ai fui toute situation où j'étais en danger de perdre. On m'avait déjà abandonnée une fois, ça suffisait comme ça. » Avantage de cette superficialité, de cette naïveté : « Jamais je n'ai été acharnée à vouloir quelque chose à tout prix. Un atout précieux dans mon métier. Si c'était ma copine qui décrochait le rôle, eh bien, tant mieux pour elle ! J'ignorais la jalousie sur le plan professionnel, comme sur le plan sentimental, d'ailleurs. Autre bénéfice tiré directement de la mort de mes parents : je n'ai aucun problème avec le temps, je ne parle pas du vieillissement, mais du temps nécessaire pour que les choses s'accomplissent. Je me souviens de la première fois que j'ai été tête d'affiche dans un théâtre de boulevard. J'avais alors dix-sept ans et la pièce s'appelait *Les Trois Mariages de Mélanie*. Un flop total, si bien qu'on a arrêté au bout de trente représentations réglementaires. Bien sûr, j'étais triste lors de la dernière, je me suis même saoulée au point qu'il a fallu quasiment me porter en scène. Mais bon, ce n'était pas grave, j'étais en train d'apprendre un métier que j'aimais. Le court terme m'est assez indifférent. Dans un métier où l'on se retrouve tous les trois mois au chômage, cela vaut mieux, non ? J'ai toujours pensé qu'à talent égal, ce qui fait la différence à la longue dans une carrière artistique, c'est le caractère. » Un détachement plus facile quand on est, comme Anny Duperey, écrivain aussi, et peintre à ses heures...

... Mère de famille ? Il lui faudra attendre de longues années — toujours le même souci de se protéger — avant d'imaginer la chose possible : « Le sort avait filé un grand coup de hache dans la chaîne familiale, je me retrouvais maillon isolé : l'idée de renouer cette chaîne, de prendre le risque de fonder à mon tour une famille qui pouvait exploser du jour au lendemain, me paraissait une chose terrible. Sans Bernard, je n'aurais peut-être jamais réalisé que ce blocage était une forme de suicide, le moyen d'achever l'œuvre de destruction amorcée par la mort des parents. »

Quant à être une mère comme les autres, alors qu'à quarante ans passés on ne peut entendre prononcer par autrui les mots de « Papa » et « Maman » sans se sentir « comme quelqu'un qui aurait faim chez les riches »... « C'est aux réunions de parents d'élèves que je réalise combien les gens endossent avec une formidable aisance leur rôle de parents. Moi j'improvise, j'essaie d'être une mère acceptable, mais je suis de toute évidence une ancienne petite fille qui est devenue parent, je me retrouve si facilement dans le camp des sales mômes ! » Avec, en tête, un seul principe éducatif vraiment intangible : la certitude qu'il faut avant tout apprendre aux enfants à sauvegarder la joie — « dans la vie, le moteur le plus extraordinaire qui soit » ; à savourer le bonheur, à se rouler dedans, puisque tout peut s'effondrer en une fraction de seconde à cause d'un chauffe-eau détraqué, d'un chauffard aviné...

Anny-qui-rit, Anny-qui-pleure : « Sans cette soupape que m'offrait mon métier en me permettant d'exprimer les deux pôles de mon caractère, j'aurais sans doute été en grand danger. Je me souviens de cette année bénie où, à six mois d'intervalle, j'ai fait le clown dans *La Fille sur la banquette arrière* et tenu le rôle d'une femme atteinte de sclérose en plaques dans *Duo pour une soliste*, au Théâtre Montparnasse. Dans la première partie, elle se défendait avec un humour ravageur ; après l'entracte, elle n'était qu'une pauvre malade tassée sur son fauteuil roulant. Et les gens applaudissaient à cette métamorphose si peu dans mon style, sans savoir que tenir ce rôle m'était de loin le plus facile : enfin je pouvais être sur scène ce que j'étais devant ma glace les soirs où ça n'allait pas ! »

Aujourd'hui, Anny a cessé de jouer à la grande femme forte. Elle a fait un livre. L'exercice a été rude, il a duré deux ans et demi. L'hiver, elle s'arrêtait : pour arracher les mots d'elle-même, il lui fallait au moins le soleil, la nature en fleurs. Juste après avoir écrit le mot « fin » dans sa maison de la Creuse, elle a connu un moment de griserie totale, jusqu'à se contraindre à attendre plusieurs heures avant de rentrer en voiture sur Paris : « L'impression physique que j'avais transmis ce qui devait l'être, qu'en creusant en moi-même au-delà de l'impudeur, j'avais versé ma quote-part à ce fonds commun de souffrance qui appartient à tous les êtres humains. »

Aujourd'hui, elle reçoit des lettres « magnifiques » en réponse à son cri. Elle continue aussi à jouer la comédie, un exercice nécessaire après avoir été si longtemps « au fond de la mine ». Libérée de sa souffrance ? Pas vraiment. D'ailleurs, il y a des pages du livre qu'elle serait bien incapable de relire. « Quant à les lire tout haut... » Mais peut-être est-ce mieux ainsi, car chez Anny Duperey, force et douleur sont liées : « Qu'adviendra-t-il quand ma douleur sera assagie ? »

La tristesse du corps

A Gif-sur-Yvette (Essonne), ce Bordelais aux allures de bon vivant, visage rond émergeant d'un éternel nœud papillon, dirige un institut du C.N.R.S. consacré au fonctionnement du cerveau. Professeur de neurophysiologie à l'université de Paris-XI, Jean-Didier Vincent s'est acquis en deux livres — *Biologie des passions* et *Casanova, la contagion du plaisir*[1] — la faveur du grand public. Dans le premier de ces ouvrages, il cherchait à « rendre raison de nos passions », explicitant leur traduction corporelle sans pour autant réduire à quelques combinaisons chimiques l'amour de Roméo pour Juliette. A cet explorateur des états d'âme, j'ai voulu demander si l'on pouvait, dans notre cerveau, suivre la souffrance à la trace.

Pour vous, neurobiologiste, le terme d'« épreuve » a-t-il un sens ?

Même si l'on n'utilise guère ce terme dans notre jargon, il me renvoie d'abord aux multiples tâches que l'on fait accomplir aux animaux dans nos laboratoires : le rat qui doit franchir une grille, parcourir un labyrinthe, appuyer sur une pédale pour obtenir une récompense ou échapper à la douleur, ce rat-là subit à sa façon des épreuves. S'agissant d'êtres humains confrontés à des épreuves existentielles, le biologiste s'intéressera surtout à leur capacité d'adaptation — un processus fondamental du vivant.

1. Éditions Odile Jacob, 1986 et 1990.

Sans crises, pas d'évolution ?

Mais bien sûr ! L'épreuve est salutaire, de toute façon ; l'épreuve, la maladie, la mort même, si l'on parle en termes d'espèce. Contrairement à ce que disait Bichat, la vie, ce n'est pas « l'ensemble des processus qui résistent à la mort ». « La vie », bien plutôt, « c'est la mort », comme l'affirmait Claude Bernard. Sans mort, pas de vie, pas de renouvellement constant des êtres, pas d'avenir pour le genre humain.

Parlant des dix véroles qui ponctuèrent la vie de Casanova, vous notez : « Par ces mises à l'épreuve qui sont autant de ruines successives, l'individu se construit, transforme le regard qu'il porte sur lui-même et le monde qui l'entoure. »

C'est bien clair. Quand Casanova est dans une impasse — ainsi de ce moment où, après avoir fait pendant huit mois le siège d'une belle dame à Corfou, il réalise, bien embêté, qu'elle va lui céder, privant l'aventure de son charme —, alors il s'offre une nouvelle maladie vénérienne dans les bras d'une prostituée. Un moyen radical d'écarter de lui la dame, tout comme cet état militaire qui lui pèse, et de repartir en quelque sorte à zéro. Disponible pour de nouvelles pressions, de nouvelles pulsions, de nouvelles passions.

Sans ces maladies successives, il n'y a plus de Casanova, plus de Don Juan ?

Vivant dans l'instant, il a de fait besoin de couper la durée. Mais, bien portant, il aurait sans doute trouvé d'autres artifices : soldat, il aurait pu être blessé sur les champs de bataille ; commerçant, faire faillite ; écrivain, il aurait pu commettre des livres qui auraient connu l'échec ; fripon, aller régulièrement en prison.

Douleur physique, douleur morale : vous semblez tout mettre dans le même sac...

Pourquoi pas ? Prétendre que la douleur physique est accrochée à des neurones et que la douleur morale est immatérielle, c'est revenir à un dualisme aujourd'hui dépassé entre le corps et l'âme. En réalité, les deux ne peuvent aller l'un sans l'autre. Toutes nos représentations sont gérées par notre cerveau, impossible d'y échapper. Du coup, toute souffrance morale implique des états physiques, des humeurs libérées dans notre organisme, elle est ressentie dans notre chair. Elle utilise d'ailleurs pour s'exprimer les mêmes canaux que l'autre douleur, celle que procure une plaie béante ou une épine dans le pied.

Prenons un deuil : comment va-t-il s'inscrire dans notre corps ?

Notre cerveau n'est pas une machine et il n'est pas question d'y suivre à la trace les effets de la perte d'un être cher. Tout juste peut-on maintenant, à l'aide de caméras positron et d'examens par résonance magnétique, surveiller ce qui se passe dans certaines régions du cerveau sous l'influence d'épreuves émotionnelles réalisées dans des conditions expérimentales, des peurs, des conflits psychologiques légers.

Il est en revanche évident que l'état de souffrance prolongée dans lequel peut vous plonger un deuil crée un climat dans votre corps. C'est le corps tout entier qui est triste : les traits du visage s'affaissent, le cœur ralentit, la circulation au niveau de la peau aussi, certaines hormones comme les catécholamines s'effondrent, tout comme certains processus immunitaires — d'où une sensibilité plus grande aux maladies.

Impossible de repérer les circuits qu'emprunte la souffrance pour accéder à notre conscience ?

On sait seulement que le cortex droit du cerveau est moins logique, moins calculateur que le gauche, plus lié à l'affectif, à l'émotionnel, à l'abstrait : c'est là que se fait pour nous la mise en musique du monde. Pour ce qui est des processus immunitaires, justement, le cerveau droit les inhiberait plutôt quand le cerveau gauche les augmente. On pourrait parler aussi du rôle des structures qui, dans le cerveau, gèrent les émotions : le néocortex, les structures limbiques. Mais là, honnêtement, on fait de la spéculation.

Ces altérations biochimiques laissent-elles des marques ?

La répétition des agressions, l'accumulation des épreuves finissent, c'est certain, par modifier les capacités réactionnelles du cerveau — il ne s'agit pas là d'apprentissage, mais de réactivité biologique liée (pour partie, en tout cas) aux glandes corticosurrénales. Mais tout dépend des individus. Chez certains, il y a hypersensibilisation : un problème, même mineur, peut déclencher de leur part une réaction émotionnelle disproportionnée[1]. Chez d'autres, au contraire, il y aura désensibilisation : ainsi de ces gens qui, ayant perdu par accident un enfant l'année d'avant, restent philosophes en retrouvant au retour des vacances leur appartement dévasté par des cambrioleurs — un événement ressenti par d'autres comme un viol insupportable de leur intimité.

Peut-on prévoir à l'avance le type de réaction ?

La seule chose qu'on puisse dire, c'est qu'il n'y a pas de rapport linéaire entre l'épreuve et la réponse du corps : tout est fonction de l'environnement de l'individu, de ses expériences antérieures, des frustrations qu'il a eues à subir au cours de son enfance...

Cette subjectivité est tout de même moins marquée dans la douleur physique...

Mais comment ! Regardez : sur une plage, au soleil, il fait beau, vous supportez allégrement quarante-cinq degrés sur votre peau. Supposez maintenant qu'on vous maintienne fermement, qu'on vous déshabille, qu'on vous expose à une lampe moins forte même que ce soleil ; vous trouverez la brûlure insupportable, vous pousserez des hurlements. Bien des choses que l'on s'impose par plaisir suffiraient, dans un autre contexte, à être ressenties comme de violentes tortures. Un effort de même intensité sur un tapis roulant, au cours d'un examen médical, et

---

1. Un mécanisme admirablement décrit par Montaigne dans son chapitre : « De la tristesse » (*Essais*, livre I, chap. II) : « Psammenite, roi d'Égypte, ayant été défait et pris par Cambyse, roi de Perse, voyant passer devant lui sa fille prisonnière, habillée en servante, qu'on envoyait puiser de l'eau, tous ses amis pleurant et se lamentant autour de lui, se tint coi sans mot dire, les yeux fichés en terre ; et voyant encore tantôt qu'on menait son fils à la mort, se maintint en cette même contenance ; mais qu'ayant aperçu un de ses domestiques conduit entre les captifs, il se mit à battre sa tête et mener un deuil extrême... Aucuns en prirent argument qu'il n'avait été touché au vif que de cette dernière secousse. Mais à la vérité, ce fut qu'étant d'ailleurs plein et comblé de tristesse, la moindre surcharge brisa les barrières de la patience. »

lors d'une course en montagne sera ressenti comme beaucoup plus pénible dans le premier cas.

Une question encore au spécialiste du cerveau que vous êtes : quel rôle les épreuves jouent-elles dans la mémoire ? Lui servent-elles de points d'ancrage ?

Je ne le crois pas. Regardez ce « voile noir » dont parle Anny Duperey, à propos de sa mémoire autonettoyante. Je dirais qu'une des spécificités de la douleur, c'est justement de s'effacer, comme si la mémoire était une formidable machine adaptative qui permettait de trier les bons moments des mauvais.

Les personnes âgées vous racontent pourtant souvent les deuils qu'elles ont connus, les guerres qu'elles ont traversées...

Ce ne sont là que de petites crêtes qui surnagent. La mémoire d'un être, ce n'est pas ce qu'il raconte. La vraie mémoire, celle qui fait vivre, c'est la mémoire du plaisir, celle qui met deux fois par jour le vieillard à table, celle qui l'installe sur un banc pour chauffer ses vieux os aux premiers rayons du soleil. Toute notre vie — même celle de ces austères conseillers d'État qui s'avancent d'un pas lourd, leur serviette bourrée de dossiers sous le bras — est construite sur la quête insatiable du plaisir. C'est la raison de notre présence au monde. Quand il n'y a plus de plaisir, alors la vie s'arrête.

Si l'épreuve n'est même pas le support de la mémoire, elle ne sert vraiment à rien !

Mais si, précisément, elle sert au plaisir ! Car de même qu'il n'y a pas de plaisir sans douleur (ainsi de l'état de manque après une prise de drogue), de même, il n'y a pas de douleur sans plaisir. Bien des gens peuvent en témoigner : les grandes douleurs — et pas seulement physiques — débouchent souvent sur l'euphorie. C'est là un processus organique qui met en jeu les neurotransmetteurs. Le plaisir n'existerait tout bonnement pas s'il n'avait son revers.

Certaines souffrances, pourtant, n'ouvrent que sur la désespérance.

Les expériences fatales, ce sont celles qui ne permettent même pas à l'homme d'extérioriser sa souffrance et lui interdisent donc à terme tout accès au plaisir. Ce sont ces agressions qui tuent l'être avant même de le faire souffrir, lui ôtent tout moyen de réagir, de s'adapter. Ce sont les enfances violées, les tortures qui dégradent, les camps de concentration qui effacent l'humain dans l'homme, c'est la famine qui réduit aujourd'hui à l'état de squelettes des millions de personnes dans la corne de l'Afrique. Le plus terrible, c'est qu'à tous ceux-là on n'offre même pas la chance d'une épreuve...

Quel temps fait-il à Téhéran ?

Les images défilent[1]. C'était un village, une ville peut-être, ce n'est plus qu'un amas de pierres. Puis c'est un hôpital, une immense salle avec des alignements de lits. Et, sur ces lits, des blessés pas beaux à voir, tous des civils, avec des bandages partout autour de la tête, des membres, de l'abdomen, avec des jambes surélevées par un système de poulies ; il y a aussi des amputés arborant leurs moignons. On est à Point Pedro, au nord-est du Sri Lanka, en pleine zone de guérilla tamoule, avec Médecins sans frontières ; on pourrait être partout où il y a la guerre ou bien la misère.

Un homme entre dans la salle. La cinquantaine, mince, taille moyenne, il porte une chemisette fripée. Des favoris blancs encadrent son long visage un peu olivâtre. Il salue la compagnie, mains jointes à l'orientale, puis se rend au chevet des malades, s'enquiert des progrès, vérifie l'état d'une plaie, serre une main, lisse une mèche sur le front moite d'une vieille femme : le Dr Hooshang Imani, le chirurgien de MSF, fait sa tournée postopératoire. Il y a cent patients à voir, parfois cent cinquante. Il est 5 heures du soir. Il a déjà quatorze opérations derrière lui.

Une journée comme une autre dans la vie du Dr Imani. Depuis un mois déjà, assisté d'une infirmière anesthésiste, il a opéré à tour de bras, ne prenant que quelques heures de repos chaque nuit, se terrant parfois dans la cave au milieu de la journée quand les bombardements reprenaient, puis partant à la recherche des blessés, les brancardant au besoin, hiérarchisant les urgences,

1. *A cœur, à corps, à cris*, série de trois émissions de Frédéric Laffont et Christophe de Ponfilly.

sans jamais se départir de son calme. Ni de son humanité : « Un jour que l'hôpital était comble, se rappelle le Dr Philippe Biberson, un jeune médecin de l'association, un petit garçon de trois ou quatre ans est arrivé en larmes avec son père, il s'était coupé le bout du doigt avec une hache et tenait sa main ensanglantée, enveloppée dans un mouchoir. Un autre chirurgien aurait pu ne voir dans cette blessure qu'un bobo au regard des pathologies lourdes qui l'entouraient. Hooshang, lui, a regardé attentivement le doigt, puis a dit : "Emmenez-le au bloc, j'arrive." Pas de "pauvre chou", pas d'attendrissement inutile ; un ordre bref seulement. Et la confiance qui renaît dans le regard noyé de l'enfant. »

Une rue calme, non loin de la place d'Italie. Un immeuble moderne, sans grâce. Un deux-pièces cuisine aux murs nus, parsemé de quelques meubles en pin et de deux tapis. Iraniens ? « Des tapis modernes, sans valeur aucune, que nous ont rapportés des amis de passage à Paris, précise le Dr Imani, en jean et sweat-shirt, cette fois. De là-bas, il ne nous reste plus rien. »

« Là-bas », c'est Kasvin, une petite ville à cent cinquante kilomètres au nord de Téhéran. En 1977, après avoir travaillé trois ou quatre ans à l'hôpital local, Hooshang, brillant diplômé de l'université de Téhéran, un temps boursier en Angleterre, ouvre avec un ami sa propre clinique, bientôt florissante. Avec Sorour, sa jolie femme aux yeux pers, de huit ans sa cadette, et leur petite fille Mahsa, née en 1973, ils louent un grand appartement dans un immeuble moderne de huit étages, en bordure de la vieille ville chiite, doté — luxe rare dans cette région — du chauffage. Douce vie : si Hooshang travaille beaucoup, il sait se ménager du temps libre, prend systématiquement son jeudi en sus du vendredi (en Iran, le seul jour chômé) : « Tant de confrères deviennent des machines, mon but à moi n'a jamais été de faire le plus d'argent possible. » Chaque semaine, on file avec Mahsa vers le nord, vers les plages de la mer Caspienne. Et, dès que possible, on part pour un long voyage vers l'Europe — Paris, Venise, l'Angleterre... — ou les États-Unis où travaille un frère d'Hooshang, Manouchehr, médecin lui aussi.

Éclate alors la révolution de 1979. « Au début, avoue Sorour, les milieux de la moyenne bourgeoisie intellectuelle, comme le nôtre, étaient plutôt contents. » Sans jamais avoir été des opposants déclarés au Shah, les Imani ont depuis longtemps conscience de l'excessive disparité des situations entre le luxe insolent de la cour impériale et la pauvreté des petits villages privés de toutes structures médicales : régulièrement, Hooshang voit débarquer des montagnes un mari éploré dont la femme est morte en couches au milieu du trajet. Autre point positif, l'égalité annoncée entre les religions, une bonne nouvelle pour les Imani qui, membre de la communauté bahaïe[1], savent combien cette minorité a été, par le passé, le bouc émissaire de tous les fanatismes : surveillance policière des chefs religieux, accusés d'être des espions d'Israël (où leur prophète est enterré), interdiction d'accès aux emplois publics pour les fidèles...

Mais, très vite, la situation évolue. Avant même le départ du Shah, les affrontements armés se multiplient dans les villes, les voitures brûlent jusque dans la paisible Kasvin. Un soir, après le couvre-feu, l'hôpital déserté par le corps médical appelle le Dr Imani à la rescousse : il y a là trois blessés graves. Aucune ambulance n'accepte de sortir pour aller quérir le chirurgien. N'importe : poussé par Sorour, Hooshang traverse la ville à pied, dans le noir le plus total, revenant de même à la petite aube. Le lendemain, on vante dans la presse locale les mérites du « Docteur Courage ».

Insécurité. Restrictions à la liberté. A la télévision, les mollahs invitent les femmes à porter le tchador. Une incongruité pour Sorour qui n'a jamais été habillée qu'à l'occidentale, tout comme sa mère, étudiante à Ispahan dans un collège anglais avant de devenir directrice de lycée. Ses amies, pourtant, changent peu à peu d'apparence, quittent la mini-jupe, s'enveloppent dans le voile islamique, insistent auprès de Sorour : « Mets au moins un petit foulard pour sortir ! » Sorour, qui adorait flâner dans les magnifiques bazars de Kasvin, préfère encore se tenir chez elle.

---

1. Fondée au XIXe siècle par Baha Allah (1818-1892), la foi bahaïe, la plus jeune des religions indépendantes, compte de par le monde quelque trois millions d'adeptes. A chaque époque, dit-elle, il faut son prophète. Au nombre des principes édictés par Baha Allah, l'unité du genre humain, l'égalité entre hommes et femmes, la scolarité obligatoire des enfants, l'abolition de l'extrême richesse comme de l'extrême pauvreté, l'harmonie entre science et religion...

Au moins ne subit-elle pas, comme beaucoup de jeunes femmes, le traumatisme supplémentaire de devoir quitter son emploi, puisqu'elle n'exerce plus, depuis son mariage, le métier de psychologue qu'elle a appris à l'université. A l'école de Mahsa, la directrice qui, l'année précédente, faisait chanter les enfants à la gloire du Shah, se couvre elle aussi du tchador et commande d'arracher dans les livres scolaires les pages sur la dynastie Pahlavi. Prime aux médiocres : dans l'administration, à l'hôpital, ils sont propulsés aux plus hautes fonctions. Il est bientôt clair que les Bahaïs seront les premières victimes de l'intégrisme musulman : début avril, Hooshang reçoit une lettre l'invitant à une réunion à la mosquée, premier signe d'un fichage systématique de tous les Bahaïs. Les membres de l'assemblée nationale bahaïe sont emprisonnés un à un, puis ceux des assemblées locales (dès que, dans une ville, existent plus de neuf fidèles, ils se regroupent traditionnellement en conseil) ; l'un des maîtres révérés d'Hooshang, le Dr Hakim — il fut son professeur à la faculté — est tué à bout portant dans son cabinet.

A la clinique de Hooshang, les patients sont toujours là, mais les collègues fanatisés alourdissent le climat, trouvant enfin de bons motifs pour exprimer leur vieille rancœur envers ce chirurgien de renom qui n'est pas même citoyen de la ville (Hooshang, fils de commerçant travaillant dans l'import-export, est né dans l'État de Kerman, au sud de l'Iran) qui affiche sereinement sa foi bahaïe et se paie encore le luxe de jouer à l'égard du nouveau régime les mauvais esprits : « Le jour de mon pot d'adieu, un collègue m'a lancé : "Pars, mais ne reviens jamais ici." »

Face à cette montée de l'intolérance, les Imani ont en effet décidé de partir. Pas pour longtemps : deux, trois ans peut-être, le temps que les choses se calment. Décision difficile, tout de même : car il y a la clinique, les patients, la famille, les amis, tout un équilibre patiemment construit à remettre en question. Sorour, de plus, est enceinte : « Ce fut plutôt, dit-elle, une incitation à faire le saut. Cet enfant à venir, cette autre que nous avions déjà, nous voulions les voir grandir sur une terre de liberté. » Baha Allah n'a-t-il pas posé comme principe fondateur que la terre est un seul pays et que tous les hommes en sont les citoyens ?

Début juillet, Sorour commence à vendre ses meubles aux

voisins : « L'un d'eux lorgnait notre télé couleur, mais il n'arrivait pas à se décider, Khomeyni n'ayant pas encore décrété si le Diable se logeait ou non derrière l'écran... » On vend aussi la Peugeot 205 d'Hooshang, la Golf de Sorour, les tapis, les tableaux — peu de chose, en fin de compte : chez les Imani, on a toujours plus investi dans les billets d'avion que dans l'immobilier ou les objets de prix. Bibelots et albums photos iront en dépôt chez la mère de Sorour, à Téhéran. A la banque, on a pris le maximum autorisé : pour trois personnes, l'équivalent de 80 000 francs.

Le 15 août 1979 — à l'époque, le gouvernement Bazargan laisse encore les gens libres d'aller et venir —, les Imani quittent l'Iran avec quatre valises seulement, bourrées de vêtements et de menus souvenirs, une petite amphore en terre cuite rapportée d'un voyage en Grèce, deux cendriers de pierre dure — des cadeaux de mariage. Les vols étant complets, Hooshang a dû prendre des sièges de premières. Deux heures d'attente à l'aéroport. Quand l'avion décolle, Sorour la vaillante fond en larmes à la pensée des amis qu'elle laisse derrière elle. Mais nul n'a l'idée de partir en exil.

Destination Paris où Sorour a deux de ses frères, l'un marié à une Française, l'autre encore étudiant. Débarqués à l'improviste chez Cyrus, qui vit dans le Xe arrondissement, les Imani trouvent les premiers jours presque grisants : « En Iran, raconte Sorour, tout était noir ou gris : les voiles sombres, les barbes qui grimpaient le long des joues, les visages sinistres ; à Paris, les gens étaient gais, les terrasses des cafés pleines, on renouait avec la vie. »

Mais, très vite, arrivent les premières désillusions : impossible, vu la détérioration des rapports entre Washington et Téhéran, d'obtenir un visa pour les États-Unis pour y rejoindre Manouchehr, comme prévu ; impossible de partir, à défaut, pour un autre pays anglophone (les Imani parlent le persan, l'arabe, l'anglais, mais pas un mot de français), le Canada ou bien l'Australie, où réside un autre frère de Hooshang ; impossible même de décrocher un contrat de travail auprès d'un pays du tiers monde — non qu'ils n'aient pas besoin de chirurgiens, mais il leur manque les crédits. Seule réponse positive : l'Algérie promet à Hooshang un poste, une maison de fonction. Las, au dernier moment — est-ce à cause de sa confession ? —, Hooshang se voit refuser le visa.

Alors on s'installe dans le provisoire. On campe six mois dans l'appartement d'un ami en déplacement. Grâce à Bernadette, la belle-sœur française, documentaliste à la fac de sciences, on inscrit Mahsa à l'école primaire, dans une classe voisine de celle de sa cousine, Pouneh (la fille du frère aîné de Sorour, Darius, avocat militaire, arrivé à Paris avec sa famille quinze jours après les Imani) ; chaque soir, les deux petites filles se pendent au téléphone pour faire traduire à leur oncle les leçons de la journée ; elles seront toutes deux premières de leur classe l'année d'après. Heureux enfants ! Hooshang et Sorour prennent, eux, des cours à l'Alliance française, s'initiant laborieusement à une nouvelle langue, à une nouvelle culture, à un nouveau style de rapports humains : « Tout nous déroutait, dit Hooshang, l'absence de chaleur entre les gens, les familles réduites au couple parents-enfants, l'exclusion des vieux quand ils sont pour nous le noyau de la tribu, l'agressivité des jeunes à l'égard des adultes... »

Rude apprentissage aussi que celui d'une vie dont l'aisance est exclue : quand, en décembre 1979, Sorour accouche d'une seconde petite fille, Sarah, à l'Hôtel-Dieu, Hooshang, faute de Sécurité sociale, doit régler de sa poche les 4 000 francs demandés. A ce rythme, le trésor de guerre apporté d'Iran est vite écorné, même si Sorour, jusque-là plutôt gâtée, a appris à accélérer le pas devant les boutiques, et Mahsa à se priver de jouets. Quand, pour loger sa famille, Hooshang devra verser d'un coup un an de loyer — seul moyen d'être agréé comme locataire quand on ne peut produire de fiche de paie —, c'est le frère américain qui signera le chèque.

Car, de travail, il n'y en a pas en vue. Pas une réponse encourageante des ambassades à qui Hooshang continue d'écrire à la chaîne. En France, il lui est interdit d'exercer son métier, sauf à repasser ses examens de fin d'études, mais bien sûr en français — et alors qu'il n'y a que 30 places offertes pour 1 500 candidats. Seule possibilité : un travail d'assistant dans un service de chirurgie, moralement peu satisfaisant lorsqu'on a dix-sept ans d'expérience derrière soi. Pendant des mois, pour ne pas couper les ponts, Hooshang se rendra chaque matin à l'hôpital Beaujon, puis à la Salpêtrière, en stagiaire non rémunéré. Changer de métier ? « Cela m'était tout simplement impossible, tranche Hooshang. Peut-être, quand on est ingénieur, journaliste, a-t-on la capacité de devenir commerçant ou chauffeur de taxi ; moi, j'avais en moi l'irrépressible besoin de soulager les gens. »

Les mois passent, les années — un, deux, trois ans. Toujours rien à l'horizon. De la vie stimulante qu'il menait en Iran, Hooshang est passé à une existence presque végétative, confiné entre les quatre murs du minuscule appartement. Sorour a trouvé un petit travail à mi-temps comme archiviste ; pendant ce temps-là, Hooshang garde Sarah. Plus tard, quand elle entrera en maternelle, il assistera aux cours, à la demande de la maîtresse, pour favoriser l'intégration de la petite : « Monsieur Imani, vous qui avez du temps... » Du temps, certes, il en a, et plus que nécessaire ! Parfois, il regarde ses mains, des mains longues et fines aux ongles soignés, ces mains qui incisaient les chairs sans trembler : sauront-elles encore opérer ? Hooshang déprime. Il a toujours eu naturellement un visage grave, même aux temps heureux ; les plis de son front se creusent encore.

Les soucis s'ajoutent aux soucis. D'Iran, les nouvelles sont mauvaises. On persécute les Bahaïs, on les destitue de leurs fonctions, on confisque leurs biens ; certains sont emprisonnés, torturés ; depuis le début de la révolution, près de cent cinquante ont été exécutés. Impossible pour eux de quitter le pays : le plus jeune frère d'Hooshang ne réussira qu'en 1984 à franchir clandestinement la frontière du Pakistan.

La mère de Sorour, elle, qui chaque année rendait visite à ses enfants à Paris, a appris pendant l'hiver 1983 qu'il lui faudrait désormais abjurer sa foi bahaïe sous peine d'être emprisonnée. Elle restera donc à Paris, hébergée par l'un ou l'autre de ses enfants, le plus souvent par Sorour, sa seule fille, dans la chambre de Mahsa et Sarah, tandis que Hooshang et Sorour dorment dans le living sur le canapé-lit. Promiscuité difficile pour tous, surtout pour cette femme de soixante-trois ans, active, en pleine santé, intelligente et cultivée, qui vit mal la perte de sa grande maison de deux étages à Téhéran, de ses amis, de son pays. Un an et demi plus tard, elle mourra d'un cancer du poumon. L'exil l'a tuée.

Depuis 1982, Hooshang a dû se faire à l'idée qu'il ne pourrait trouver un travail hors de France, ni repartir pour l'Iran. Il a demandé le statut de réfugié politique ; désormais, les Imani et leurs filles seront couverts par la Sécurité sociale et bénéficieront des allocations familiales. A la fin de 1984, le Pr Cauchois, patron de Hooshang à l'hôpital Beaujon, lui parle pour la première fois de Médecins sans frontières. Il s'y présente dans la semaine, avec ses diplômes. Très vite, on lui propose une première mission au Sud-Soudan.

Le 4 octobre 1985, Hooshang débarque à Yei, en pleine guerre. Le choc : « Jamais ce que l'on peut lire dans les journaux ou voir à la télévision ne donnera idée de ce qui se passe là-bas : l'horreur des combats ajoutée à la pauvreté, à la famine ; les enfants qui meurent de dénutrition ou d'une appendicite qui, prise à temps, était opérable en un quart d'heure. Jamais je n'aurais pu seulement imaginer un tel dénuement. »

Jamais non plus Hooshang n'oubliera ce matin où il a commencé à opérer — le premier depuis plus de cinq ans, et dans les pires conditions : la chaleur, les mouches, l'absence d'hygiène la plus élémentaire. « Cinq ou six malades m'attendaient. Le premier que j'ai opéré souffrait d'une hernie simple. J'ai commencé à 9 heures, fini à 11 h 30. Alors une paix profonde m'a envahi : je n'avais pas perdu la main. J'étais un bon chirurgien. »

Et, suprême talent, un chirurgien capable de s'adapter à toutes les situations. En Iran, Hooshang a été formé, comme c'est là-bas la règle, à la chirurgie générale, qu'elle soit orthopédique, gynéco-obstétrique, viscérale... le « mou », le « dur », rien ne l'effraie. A Médecins sans frontières, il va s'initier en plus à la médecine de catastrophe, apprendre à privilégier l'essentiel, à faire le tri entre les blessés le plus gravement atteints, à adapter sa pratique médicale aux exigences du terrain. Cet homme qui a sauté sur une mine a une blessure à la tête, un pied arraché, des éclats dans le thorax ; en France, on pratiquerait sur lui des interventions pendant dix heures, et, au bout de six mois d'hôpital, il repartirait sur ses deux pieds. Dans un pays comme le Sud-Soudan, il faut savoir que plus le patient reste à l'hôpital, plus il a de chances de faire une complication postopératoire : mieux vaut amputer le pied, par exemple, au-dessus de la lésion — décision toujours difficile à prendre pour un chirurgien, conservateur par nature — que tenter de maintenir la jambe entière grâce à des fixateurs externes, avec, à la clé, le risque — mortel, celui-ci — de gangrène ou, en tout cas, d'une infection nécessitant une seconde intervention plus mutilante que ne l'aurait été la première. Avec aussi le risque de gaspiller, au détriment d'autres patients, des ressources précieuses en personnel et en matériel consommable : médicaments, fils, compresses...

Pour Hooshang, les missions vont dès lors se succéder au Sud-Soudan. Une équipée de plus en plus périlleuse : au printemps 1988, il met, depuis Paris, plus de vingt-cinq jours pour gagner Yei, via Khartoum, puis Djouba. Là, il est retenu dix-sept jours avant d'être autorisé à gagner son poste par la route dans un convoi militaire, courant à tout moment le risque de sauter sur une mine ou d'être pris sous le feu des rebelles (quelques semaines plus tard, ces derniers contraindront à atterrir un avion transportant des secours, massacrant quatre volontaires de MSF).

Après l'Afrique, c'est au Sri Lanka que le Dr Imani va être appelé en mission ; les hôpitaux y sont mieux équipés, le personnel dûment formé. Mais, à cause de la guerre, nombre de spécialistes ont quitté le pays ; les transports posent problème, comme l'approvisionnement en médicaments ; à Mannar ou à Point Pedro, les postes locaux de MSF sont pris sous le tir croisé des kalachnikov et des lance-roquettes, « Tigres » contre armée indienne. Plus tard, au Cambodge, Hooshang découvrira une autre forme de misère, celle des camps de réfugiés, tragiques « sous-produits » de l'histoire contemporaine.

N'eût été la révolution islamique, cet autre accident de l'Histoire, le brillant docteur Imani aurait continué d'exercer en Iran. Il aurait opéré avec maestria des appendicites, des hernies, des prostates. Il aurait bien gagné sa vie, assisté à des congrès, fait des voyages dans le monde entier en compagnie de sa femme et de ses filles. Chirurgien à MSF, il n'explore plus les dix merveilles du monde, mais l'insondable misère humaine ; il répare des corps hachés par la guerre, opère des gens décharnés par la faim, sauve d'une mort certaine des femmes au ventre labouré par d'incessantes grossesses. Il y a deux semaines encore, il était au Sri Lanka pour la quatorzième fois ; il y a deux mois, en Guinée française pour y former des praticiens locaux. Dans une semaine, il repart pour le Soudan, dans l'idée d'y rouvrir un poste. Et partout l'horreur au quotidien, la fatigue, l'inconfort, le danger. Et, de retour à Paris, toujours entre deux missions, la difficulté de refaire surface. Tout cela, pour quoi ? Pour les 10 000 francs mensuels alloués par MSF à son seul chirurgien permanent ? Ajoutés aux 3 500 francs gagnés par Sorour et au montant des allocations familiales, ils permettent assurément à la famille de vivre. Pour l'honneur du travail retrouvé, aussi. Mais, surtout pour cette paix du cœur que procure le sentiment d'avoir en ce bas monde une utilité : « La peur, bien sûr, elle me saisit parfois. Mais c'est ainsi : un jour tu viens au monde, un jour tu dois partir. Mieux vaut, à tout prendre, mourir en faisant ce travail-là.

« Un jour (c'était encore à Point Pedro) que les combats avaient fait rage, j'ai passé treize heures d'affilée au bloc opératoire. Parmi les blessés, il y avait une toute jeune femme : une balle lui avait fracassé le bras, avant d'atteindre au ventre l'enfant qu'elle serrait contre elle. Elle était là, éperdue, oublieuse de sa propre souffrance, berçant l'enfant qui gémissait doucement. Je l'ai emmené au bloc, j'ai procédé à l'ablation de la rate éclatée. A la sortie de la salle d'opérations, comme nous n'avions même plus de brancard, j'ai remis l'enfant encore engourdi, hors de danger, entre les bras bandés de sa mère. Alors j'ai lu dans ses yeux tout le bonheur du monde : un regard comme celui-là, ça justifie une vie. »

Et que dire de la satisfaction pour Hooshang d'accomplir, à travers ce travail humanitaire, la mission impartie aux Bahaïs de respecter tout être humain, quelles que soient sa race, sa couleur, sa religion, ses options politiques ? Combien de fois aura-t-il, au Sri Lanka ou ailleurs, soigné des musulmans fanatiques, frères de ceux qui l'ont chassé de son pays ?

Quatorze ans déjà que les Imani ont pris le chemin de l'exil. A quarante-cinq ans, Sorour, belle et rayonnante, son abondante chevelure brune déjà tissée de fils blancs, mérite plus que jamais son nom : « la joie », en persan. Étrange contraste avec la réserve d'Hooshang qui, lui, parle peu, sourit rarement, virant de plus en plus avec l'âge — cinquante-trois ans — au sage oriental. Leur amour les a soutenus quand l'épreuve a été fatale à d'autres couples amis. Leur foi aussi : « Cet exil, c'est un examen qu'il nous fallait réussir », dit Sorour. « Jamais, ajoute Hooshang, je ne me suis révolté. On ne se révolte pas contre son destin. »

A Paris, ils ont nombre d'amis iraniens. Ils fréquentent rue Pergolèse, dans le XVIe arrondissement, la communauté bahaïe. Ils guettent les concerts de musique persane, louent des cassettes de films. Fin cordon bleu, Sorour sait depuis longtemps où trouver les ingrédients nécessaires à la cuisine de son pays, les aubergines à la viande, l'agneau aux herbes, le poulet au safran.

Et quand, la libéralisation du régime aidant, des amis débarquent de Téhéran, ceux-ci apportent ce qui reste introuvable en France : les citrons secs et les zerechoks, ces petits raisins rouges et acides qu'on mélange au riz pour le parfumer.

A la maison, on s'exprime en principe en persan, mais, entre elles, les filles parlent français. D'ailleurs, elles sont françaises, tout comme leurs parents depuis qu'Hooshang, las de solliciter continuellement des visas — un jour, à Nairobi, on l'a retenu trente-six heures, parce qu'Iranien, en salle de transit —, a demandé il y a deux ans sa naturalisation.

Masha surgit dans le salon, jolie brune aux cheveux courts, en jean et blouson : l'an dernier, elle a passé son bac avec mention ; en hypokhâgne cette année, elle vient d'être admise en khâgne. Longtemps, Sorour a demandé à Hooshang, surtout quand venaient les beaux jours, quel temps il faisait à Téhéran ; elle ne le lui demande plus désormais. Parfois elle lui dit encore : « Quand nos filles seront parties de la maison, alors on reviendra chez nous. » Mais Hooshang n'y croit pas trop. « *Chez nous*, est-ce que ces mots ont encore un sens ? Là-bas, nous serions aussi orphelins, orphelins de la France... »

Alors, écartelé à jamais entre deux vies, deux civilisations, deux pays, Hooshang se contente d'avoir le cœur qui cogne un peu plus fort quand, à l'occasion d'une mission vers l'Asie, il entend le commandant de bord annoncer, après le survol de la Turquie, celui de l'Iran, cette terre lointaine qui fut un jour sa patrie.

L'ambassadeur qui lavait les carreaux

Avenue Charles-Floquet, le long du Champ-de-Mars, les gens piétinent en tenue de cocktail : l'affluence aidant, on n'entre qu'au compte-gouttes dans l'ambassade de Tchécoslovaquie qui célèbre, ce 28 octobre 1992, sa fête nationale. A l'entrée, un huissier très digne lance les noms des invités à l'adresse du maître des lieux, Son Excellence l'ambassadeur extraordinaire et plénipotentiaire de la République fédérative tchèque et slovaque, Jaroslav Sedivy, un homme de belle stature à la mèche châtain et aux lunettes carrées, qui vous accueille chaleureusement avant de vous convier d'un geste à passer dans les salons. Là officie sa femme Maria, une charmante brune qui, en hôtesse accomplie, crée par son sourire le lien entre Tchèques de Paris, diplomates et représentants de l'État français.

Lambris dorés aux murs du bel hôtel XIXe. Langoustes et vins slovaques servis aux buffets, sans oublier le *strudl*, le traditionnel gâteau aux pommes. Belle humeur dans les cœurs, heureux de voir revivre ces lieux après leur pesante occupation par l'appareil communiste.

Une renaissance que nul n'incarne mieux que Jaroslav Sedivy — Jara pour les intimes —, intellectuel de renom, contraint près de deux décennies durant, parce qu'il pensait mal, à troquer son stylo contre le chiffon humide de laveur de carreaux. Une aventure qui inspira à l'écrivain Milan Kundera — l'un de ses amis — le personnage de Tomas dans *L'Insoutenable légèreté de l'être* : un Tomas, chirurgien de son état, enrôlé dans une entreprise de nettoyage, faute de pouvoir exercer son métier. « Kundera avait sa garçonnière à deux pas de chez mon employeur, se rappelle Jaroslav, je passais souvent l'après-midi et lui racontais mes journées. » Des journées dont, à sa grande surprise, il retrouvera des années plus tard le détail sous la plume de Kundera (émigré à Paris depuis 1975), « pimentées, ajoute-t-il en riant, d'affaires sentimentales dues à sa seule imagination ». « Espérons-le, en tout cas ! riposte Maria, un éclair de malice dans l'œil. Jaroslav en aurait-il vécu le dixième qu'il y avait de quoi divorcer sur-le-champ ! »

20 août 1968. Les chars soviétiques entrent dans Prague. « Pas seulement une tragédie, raconte Kundera dans son livre, mais aussi une fête de la haine dont personne ne comprendra jamais l'étrange euphorie... » Dans les rues, les gens arrachent les plaques, les poteaux indicateurs. Le pays devient anonyme en l'espace d'une nuit. Les soldats russes errent dans la ville à la recherche des immeubles qui abritent les journaux, les radios, cette télévision qu'ils sont censés occuper... Une situation que seule pouvait inventer le génie satirique tchèque.

A chacun sa résistance. Jaroslav, lui, dès l'invasion connue, quitte son appartement pour une semi-clandestinité. Historien, spécialiste de politique extérieure, conférencier recherché, l'un des éditorialistes vedette de *Literarni Noviny* (la gazette littéraire), il sait qu'il sera l'un des premiers qu'on empêchera de parler. Quinze jours plus tôt encore, il a commis un article sur les conséquences désastreuses qu'aurait une occupation militaire de la Tchécoslovaquie, un texte se terminant sur ces mots : « Je crois à la politique de la Raison. » Une semaine après l'arrivée des chars, il réintègre son bureau de l'Institut de politique et d'économie internationale où il travaille depuis quatorze ans comme directeur scientifique, se remet à ses cours, à ses articles. Pas pour longtemps : en novembre 1968, il est limogé de ses fonctions de direction. Il restera à l'Institut comme simple chercheur avant d'en être définitivement congédié en février 1970. Motif invoqué : ses articles « subversifs » et le livre, suspect lui aussi de « révisionnisme », qu'il a publié deux ans plus tôt sur la politique et les relations extérieures de la Tchécoslovaquie après la Première Guerre mondiale. Le même mois, Sedivy est exclu du parti communiste où, entré « par conviction » en 1947 à l'âge de dix-huit ans, il a vite fait figure de contestataire, s'illustrant à partir de 1956 avec son groupe d'amis historiens comme un incurable réformiste.

Le 3 août 1970, il est arrêté par la police : « C'était un lundi, vers l'heure du déjeuner, ma femme et moi étions à table avec notre fils de six ans, Irka (Georges). Ils sont arrivés à huit, m'ont montré l'ordre d'arrestation. J'ai demandé à Maria d'emmener Irka se promener, comme elle le faisait chaque après-midi. Et je suis resté face à eux. Je vois encore, dans le corridor, leurs huit paires de chaussures alignées ; c'est une vieille habitude chez nous de se déchausser quand on arrive du dehors, pour éviter du travail aux femmes. Tout l'après-midi, en chaussettes, pistolet à la hanche, ils ont fouillé méthodiquement l'appartement, ont embarqué mes papiers, mes dossiers. » A 7 heures du soir, Jaroslav est enfermé à Ruzinié, la prison politique de Prague. D'autres intellectuels y séjourneront, entre autres un certain Vaclav Havel qu'il n'avait jusque-là jamais rencontré.

« La prison, bien sûr, je ne l'avais jamais connue — ah si, j'avais fait deux jours de cachot pendant mon service militaire pour être rentré trop tard de permission ! Jusqu'à 2 heures du matin, le premier soir, on m'a interrogé. Puis on m'a enfermé une semaine au sous-sol, dans une cellule de haute sécurité, sans fenêtre, mais avec de la lumière 24 heures sur 24. » Emprisonné, Jaroslav le restera cinq mois, au régime des droits-communs (la version officielle est qu'il n'y a pas de prisonniers politiques en Tchécoslovaquie), partageant sa cellule avec un braqueur, puis un escroc. Tous les jours, il est soumis à des interrogatoires dans le but de lui faire avouer qu'il est bien un traître (son chef d'inculpation). Au programme, pas de sévices physiques (les pratiques des années 50 où l'on avait, en pleine terreur stalinienne, battu et torturé les inculpés, ont été par trop étalées au grand jour pendant l'éphémère libéralisation de 1968), mais une pression psychologique constante : « Un voleur a un rôle plus facile, lui au moins sait ce qu'il doit cacher. Moi, je me suis dit : ma défense, c'est la vérité. »

Entre Jaroslav et le commissaire chargé de le questionner se joue une étrange partie de bras de fer. Par son calme — la première marque de son caractère —, l'historien exaspère. « Vous verrez, lui serine-t-on, vous craquerez au bout de huit semaines. » Passé ce délai, les interrogatoires se font plus durs. Et un soir — c'est toujours en fin de journée qu'on convoque Jaroslav, de sorte qu'il ait tout loisir de gamberger durant la nuit —, on lui fait écouter une cassette saisie chez lui lors de son arrestation, où l'on entend la petite voix d'Irka réclamer sa mère, puis son père. « L'idée, évidemment, était de me déstabiliser avant d'amorcer l'entretien. Mais, tout à coup, écœuré par ce procédé, moi qui jamais n'avais élevé la voix, je suis devenu fou furieux. J'ai crié, crié. Et cela m'a sauvé. » Quelques jours plus tard, étonné de ne plus croiser son habituel tortionnaire, Jaroslav apprend qu'il a fait un infarctus en sortant de leur ultime face-à-face !

Condamné à dix-huit mois de prison, Jaroslav sera finalement gracié par le chef de l'État, le général Svoboda. Maria, entretemps, s'est découverte enceinte : quand elle annonce la nouvelle à son mari, elle est prête à avorter, sachant qu'il n'a jamais été très partisan d'avoir un second enfant, et que, dans la situation présente... Surprise : Jaroslav est fou de joie ; dans cette naissance annoncée, il voit un pied-de-nez au destin, une promesse de vie nouvelle après cet hiver de chien. Hana naîtra en 1971. Mais il faut vivre : pendant l'emprisonnement de Jaroslav, Maria a renoué avec son ancien métier d'actrice. Quelques années plus tôt, tête d'affiche des comédies musicales données au Sémaphore — le théâtre à la mode —, Maria Poslujnà était la coqueluche des Praguois. Elle accepte maintenant d'obscures tournées en province avec une compagnie de vieux acteurs, chante dans les mariages, les banquets de coopératives agricoles... Jaroslav, lui, dès son « licenciement » en février 1970, a tâté du métier d'instituteur. Il lui est désormais interdit. Alors l'intellectuel se loue comme forestier à trente kilomètres de la capitale : un travail épuisant et mal rémunéré, mille sept cents couronnes quand il en gagnait trois mille (un salaire déjà plus que modeste) à l'Institut.

Retour à la ville : embauché comme chauffeur par un hôpital, Jaroslav sillonne Prague à longueur de journées au volant de sa camionnette. Un job tout aussi mal payé et presque aussi épuisant — le soir, les yeux rougis par la conduite, il ne parvient même plus à lire —, mais au moins empreint d'une certaine dimension comique : « Travaillant pour la section orthopédique de l'hôpital, je transportais, depuis l'usine où ils étaient fabriqués, des corsets, des soutiens-gorge rembourrés, des jambes artificielles, des prothèses en tout genre... » De quoi inspirer le dramaturge Havel, maître du théâtre de l'absurde...

Le musée national, place Vaclav, cherche un chauffagiste : notre historien se présente. « Mais, sur ma carte d'identité, il y avait la mention "PHDR", docteur en philosophie. On m'a répondu que, dans ces conditions, il m'était impossible, le musée dépendant du ministère de la Culture, d'accéder à un emploi dans le secteur idéologique ! » Sortant dépité du musée, Jaroslav remarque deux laveurs qui, munis d'éponges, s'affairent devant les vitres d'un magasin : là, au moins, on est dans le secteur privé... Il engage la conversation avec eux. Prêtres catholiques privés de leurs ouailles, ils se sont embauchés dans cette société de nettoyage. Comme eux, Jaroslav va devenir laveur de carreaux, et le restera... dix-sept ans ! « Au bout d'un an, l'ex-rédacteur en chef du journal littéraire auquel je collaborais est venu me rejoindre, à court d'argent. » Arriveront ensuite plusieurs journalistes de la radio, ceux-là mêmes qui, en 1968, avaient mené la fronde contre les Russes. Et un autre prêtre. Et le vice-doyen de la faculté des lettres. Bientôt, douze intellectuels sur un total de quatre-vingts ouvriers... De cette bande des douze, l'un est aujourd'hui archevêque de Prague, un autre ministre de la Défense, le troisième, Sedivy, ambassadeur à Paris...

Ce regroupement d'opposants au régime rassurerait plutôt la police : « Il était plus facile ainsi de nous surveiller », remarque Jaroslav, certain qu'un des ouvriers de l'entreprise était préposé à cette tâche. Comme par hasard, on n'envoie d'ailleurs la bande des douze ni dans les ministères ni dans les bâtiments publics. « Mais, pour le reste, j'ai lavé des vitrines exposant tout le spectre de l'activité humaine, des salons de coiffure aux pompes funèbres. » Une opération de salubrité publique portant pendant sa longue carrière — si l'on prend pour base trente-cinq mètres carrés de surface nettoyée à l'heure — sur quelque douze millions de mètres carrés !

« J'étais, avouons-le, un des meilleurs laveurs de la place », dit Jaroslav en riant, désolé de ne pas avoir une malheureuse photo du temps où il allait de client en client en salopette bleue, baskets aux pieds, armé d'un « mouilleur » avec éponge amovible, d'une raclette pour tirer l'eau, d'une peau de chamois et d'un seau. Avantage de cet emploi : sa stabilité. « Tant qu'il y aurait de la saleté en ce bas monde, je ne risquais pas de manquer de travail. » De surcroît, payé au prorata des surfaces nettoyées, Jaroslav l'Efficace touche l'équivalent du salaire d'un savant : pas la gloire, certes, mais de quoi vivre décemment. Positif aussi, pour Jaroslav, le fait de rencontrer des gens qu'il n'aurait sans doute jamais croisés autrement : des artisans, des commerçants, des patrons de magasin, voleurs et tricheurs pour certains, parce que telle est la règle pour survivre. Nombre de particuliers, aussi : « Tout compte fait, j'ai bien dû visiter mille sept cents appartements, de quoi nourrir un gros livre de réflexion sociologique. Quand vous débarquez tôt le matin, vers 8 heures, et qu'il faut recenser les fenêtres à laver, aller chercher de l'eau dans la salle de bains, vous trouvez fatalement l'appartement en désordre, les lits pas faits, les draps plus ou moins propres, vous voyez la position des oreillers, la cuisine avec les reliefs du dîner, les vêtements jetés sur les chaises : c'est toute une vie qui se dévoile à vous. »

Et les êtres, aussi. « Souvent, je trouvais à la maison une grand-mère chargée de m'accueillir cependant que les plus jeunes étaient au travail. Elle me suivait pas à pas dans l'appartement pour s'assurer sans doute que je ne volais rien, ou pour combattre sa solitude. Peu à peu, j'ai élaboré tout un système pour écouter en ne posant des questions que de temps à autre. J'étais au courant de bien des histoires familiales. Un jour, une dame que je ne connaissais pas avait insisté auprès de l'entreprise pour m'avoir, moi. Cela dérangeait mon plan de travail, j'étais d'une humeur exécrable, et, dès mon arrivée, je lui ai demandé le pourquoi de sa demande : "Ne m'en voulez pas, a-t-elle répondu (j'ai appris plus tard qu'elle était physicienne), mais toutes mes amies ont un docteur pour laver leurs carreaux, je me sentais un peu seule de mon espèce. Mais si vous ne voulez pas les faire, débouchons ensemble cette bouteille de vieux cognac." Au bout d'une heure, nous étions devenus amis. Ça aussi, je l'ai raconté à Kundera. La différence, c'est que dans le livre, la scène se termine au lit ! » Jaroslav rit de bon cœur : « Non, vraiment, en dix-sept ans de travail, pas une fois une créature de rêve n'est venue m'ouvrir la porte en peignoir pour me détourner de mes devoirs ! » Il n'oubliera jamais, en revanche, ces drôles de hasards qui font s'entrechoquer la vie et les idées : « La veille, j'avais lu un ouvrage sur le massacre de la famille impériale à Ekaterinbourg. Au petit matin, un beau vieillard de quatre-vingt-quatre ans m'accueille, et, je ne sais trop comment, au fil de la conversation, il se met à me raconter "sa" guerre : soldat de la Légion tchèque, il se souvenait encore de ce jour de 1919 où, patrouillant avec son unité dans les environs d'Ekaterinbourg, il était tombé sur le bûcher où brûlaient les cadavres des Romanov, avec une “odeur de vieux pneus” qu'il n'était pas près d'oublier... »

Ultime avantage du travail de Jaroslav : il lui permet de s'organiser. « Chaque semaine, j'allais chercher au bureau le bordereau portant la liste de mes clients. Et je dressais le planning de mes journées. » En commençant tôt, vers 8 h 30, et en travaillant vite, il réussit à être chez lui sur le coup de 2 heures de l'après-midi. Là commence sa seconde journée.

Car le travail intellectuel reste la meilleure des autodéfenses. Déjà, en prison, il n'avait cessé d'écrire : une pièce de théâtre (« stupide ! »), des feuilletons (publiés clandestinement sous un nom d'emprunt), quand il ne jouait pas aux échecs avec son compagnon de cellule pour entretenir sa capacité de raisonner. Devenu laveur de carreaux, il veut là encore interdire à son esprit de s'embuer. Alors, sitôt à la maison, il troque sa salopette pour un vieux pantalon de velours et s'arrime à sa table de travail. Plus tard, la fatigue le gagnant, il devra d'abord se reposer un moment.

Au prix de trois à quatre heures de recherches et d'écriture quotidiennes en sus de son labeur nourricier, Jaroslav Sedivy, en ces longues années d'exil intérieur, publiera sous le manteau nombre d'articles sur la politique extérieure de son pays et des critiques de livres allemands et français (deux langues qu'il parle couramment, tout comme le russe et l'anglais). Il mènera aussi à bien trois livres, l'un sur les Décabristes — ces officiers issus de la noblesse russe qui s'insurgèrent en 1825 contre le tsar Nicolas Ier —, l'autre sur Metternich et le congrès de Vienne, un troisième, encore inachevé, sur les Templiers, à partir des documents du procès publiés en 1844 par Michelet et conservés à la bibliothèque universitaire de Prague (une bibliothèque où Jaroslav, exclu de la salle des chercheurs, n'est plus admis que comme étudiant). Si, homme de peine, il a dès le départ choisi de travailler seul, c'est pour pouvoir prolonger sa réflexion. « Chaque matin, je m'imposais un thème ; quand j'ai étudié les Décabristes, je me mettais par exemple toute une journée dans la peau de ces hommes jetés en prison, je tirais des analogies à partir de ma propre expérience, je tentais de comprendre pourquoi certains s'étaient décomposés, d'autres pas. »

Une interrogation toujours actuelle. Car, autour de lui, Jaroslav voit, devant l'épreuve — en l'occurrence, la marginalisation sociale pour motifs politiques —, les gens réagir bien différemment : contrainte pour les uns, elle est pour d'autres une intolérable servitude ; injustice pour les uns, elle tourne pour d'autres à la persécution. « Ainsi Rudolf Zeman, aujourd'hui président du Syndicat des journalistes, avait-il choisi de faire équipe à trois avec Dobrovsky — le futur ministre de la Défense — et un autre ami historien, conscient de ce qu'il n'aurait jamais eu le courage de se lever le matin, d'enfiler son bleu et de partir au travail sans l'idée que les autres l'attendaient. Un autre de mes amis, professeur de littérature slave, se morfondait dans un bureau comme petit employé : je lui ai proposé de nous rejoindre. Il m'a avoué que jamais il ne supporterait cette humiliation. » Un sentiment que Jaroslav reconnaît avoir éprouvé la première semaine devant quelques patrons de magasins arrogants, avant de le passer très vite par pertes et profits : « D'abord parce que c'était le lot commun, quand on était intellectuel ou artiste, de se retrouver chauffeur, manutentionnaire ou standardiste — presque un label de bonne conduite. Parce que ensuite, nul n'ignorait qui j'étais ; les gens dans la rue me saluaient d'un "Monsieur le Docteur" cérémonieux ; pour un peu, dans les grands magasins, les vendeuses m'auraient pris la perche des mains. De quoi aurais-je eu honte ? De ne pas avoir accepté les offres de collaborer avec la police secrète qui m'ont été faites chaque fois que j'ai déposé une demande pour aller enseigner à l'étranger, à Hambourg, par exemple, dont l'université m'a invité quatre années de suite ? »

Pas question de se laisser gagner par la morosité ambiante, même si, matériellement, la vie n'est guère brillante. Maria a bien trouvé au bout du compte un petit job dans une maison d'édition, comme correctrice de manuels techniques ; elle écrit quelques dramatiques pour la jeunesse, diffusées à la radio, mais tout cela pour un salaire de misère. Dans le quatre-pièces en banlieue que les Sedivy ont réussi à troquer contre leur deux-pièces praguois, devenu trop exigu depuis la naissance d'Hana, ils attendront cinq ans le téléphone. L'hiver, des amis leur prêtent une cabane à la montagne et ils partent la journée entière, sac au dos, les pieds chaussés de raquettes, pour descendre une demi-heure à ski, luxe suprême, en fin d'après-midi. Le soir, les amis débarquent souvent et Maria, pour les réconforter, leur fait des petits plats. Ou les Sedivy sortent, en laissant Hana à la garde d'Irka. « Avant 1968, raconte Maria, nous voyions surtout les amis de Jaroslav (de treize ans son aîné) ; après 1968, on a vu plutôt les miens. » Plus jeunes, moins déprimés.

L'amitié comme bouclier. Et une solide entente de couple, quand les divorces pullulent autour d'eux, la vie quotidienne difficile déteignant souvent sur les relations conjugales. Maria travaille le matin de 6 h 30 à 12 heures ; du coup, c'est Jaroslav qui prépare les enfants et, sur le coup de 8 heures, conduit Hana à la crèche, « si petite et fragile, se rappelle Maria, qu'il la portait sur la paume de sa main ! » Le soir, c'est la fête quand au retour de promenade, Hana aperçoit dans l'entrée les chaussures de son père. « Même au cœur des années difficiles, conclut Jaroslav, je n'ai jamais cessé d'être heureux. »

Frustré bien sûr, de ne pouvoir avancer plus vite dans ses recherches. Furieux, parfois, quand il voit à l'école Irka, fiché fils d'intellectuel, contraint de se battre plus fort que les autres pour réussir. Fatigué, surtout, quand l'hiver est là, faisant geler l'eau dans le seau, gonfler les doigts et raidir le dos. Mais heureux. Question de constitution : « J'ai toujours pratiqué le sport avec passion — basket, volley, planeur, canoë —, et de la gymnastique sans discontinuer ; ça m'a puissamment aidé », confie Jaroslav, membre actif depuis l'enfance du *Sokol* (« faucon » en tchèque), la grande association sportive du pays, vieille de plus d'un siècle. Question de caractère, surtout : « Moi, j'aurais plutôt tendance à voir dans chaque situation son côté positif », dit sobrement Jaroslav quand Maria retrouve un visage d'enfant ébloui pour chanter les louanges de son homme, « fort », « généreux » : « Il sait inventer l'amour autour de lui. » « Un tempérament déjà formé dans le ventre de sa mère », dit-elle encore.

Retour donc à l'enfance pour tenter de comprendre la force vitale qui habite Jaroslav : une enfance de petit campagnard passée à Mirotice, un gros bourg du sud de la Bohême, à courir la campagne avec ses copains bergers, à pêcher la truite dans les torrents ou à naviguer l'été sur des bateaux construits de ses mains. Une enfance inondée par la tendresse — il est fils unique — d'une mère très présente au foyer et d'un père professeur de maths physique (en Tchécoslovaquie, on parle d'« instituteurs » dans le secondaire) au collège du coin, en même temps que le très populaire maire social-démocrate du village. Une enfance exposée pourtant aux tornades de l'Histoire : « En 1938, après Munich — j'avais alors neuf ans —, les Allemands ont expulsé des Sudètes plus d'un million et demi de Tchèques ; ils sont arrivés vers la Bohême en tirant des carrioles où ils avaient empilé ce qu'ils avaient pu sauver ; à Mirotice, on a accueilli trois familles. » Le 15 mars 1939, les troupes allemandes débarquent avec leurs side-cars : « En pleine tempête de neige, car c'était encore l'hiver. Sur la place du village, seuls les enfants étaient là par moins 10 °C, terrorisés et fous de curiosité. » Souvenirs encore : tandis que les Allemands affamés se bourrent de saucisson, de pain et de beurre (la Bohême est un pays riche), les portraits de Masaryk et de Beneš sont remplacés dans les salles de classe par celui de Hacha, le premier président du nouveau protectorat ; dans les manuels, on retouche l'histoire du pays à l'encre noire — première confrontation de Jaroslav avec la censure ; sur les magasins juifs, on peint l'étoile de David. Le père de Jaroslav démissionne aussitôt de ses fonctions de maire. En avril 1940, il sera arrêté par la Gestapo : « Une fois par semaine, étant dispensé d'instruction religieuse, car j'appartenais à une famille athée, j'avais droit à une heure de liberté. Une heure bénie où je rentrais à la maison. » C'est celle qu'ont choisie trois hommes en manteau de cuir pour venir chercher le contestataire.

S'ensuivront cinq ans de vie matériellement difficile durant lesquels l'enfant et sa mère trouvent refuge dans la famille de cette dernière, toujours en Bohême, non loin de la petite ville de Pisek : inquiétude sur le sort du père prisonnier, astreint à travailler dans les mines de pierre, lecture quotidienne sur les murs de la ville de la liste des résistants exécutés, lever à 6 h 30 pour prendre le train jusqu'au lycée. Et pourtant, déjà, au milieu de ces années noires, l'appétit de vivre de Jaroslav reste intact : « Début 1945, les Américains ont bombardé la voie de chemin de fer : la route de l'école était coupée, le paradis sur terre ! Je me contentais, une fois par semaine, d'aller chercher mon travail à skis au lycée. Et j'y retournais parfois le dimanche, toujours à skis, après être passé emprunter un pantalon correct à l'un de mes oncles, pour y suivre des cours de danse, tous les dancings de la ville ayant été fermés par les Allemands. »

En janvier 1945, c'est le retour du père — il ne pèse plus que quarante-quatre kilos —, embauché dans une usine avant de revenir aux affaires à la tête de la résistance locale. Plus tard, Jaroslav entame ses études à la faculté philosophique de Prague — l'équivalent de notre fac de lettres —, à défaut de devenir aviateur à cause d'une vue insuffisante. Puis ce sont ses débuts comme jeune historien, logé dans une chambre sans poêle, glaciale, avant de trouver un petit studio près du pont Charles-IV, dans la vieille ville, juste au-dessus de l'école d'Art dramatique. Parmi les élèves, il y a une jolie Maria, fille d'un juriste praguois : Jaroslav l'épouse en 1962, l'année de ses trente-trois ans.

Au total, une vie remplie d'amour, d'amitié, de rires et de peurs, de privations parfois, une vie où alternent temps fastes et heures difficiles, une vie qui, une fois pour toutes, n'a rien d'un long fleuve tranquille ! La vie, quoi ! De celles qui vous arment le cœur et le corps quand vient le temps de l'épreuve.

Mais point trop n'en faut. « En 1988, après tant de temps passé le nez sur mes carreaux, je me sentais usé. » L'année précédente, Jaroslav a dû fournir trois mille heures de travail au sein d'une coopérative pour avoir droit à un nouveau logement pour ses enfants, trois mille heures passées à manier les parpaings, à monter la charpente, trois mille heures en moins pour les week-ends, les vacances. « Je me suis décidé à demander une pension d'invalidité. » Encore doit-il, pour l'obtenir, avoir l'aval d'un psychiatre : « Pour présenter les bons symptômes, j'avais étudié à fond tous les signes de la dépression. Une chose était sûre : un vrai déprimé est incapable de pleurer. Le jour du rendez-vous, je commence donc à dévider ma vie devant lui, et voilà qu'à m'apitoyer sur mon sort, je me suis retrouvé en larmes ! » Jaroslav obtient malgré tout sa rente ; il n'en profitera qu'un an. En septembre 1989, trois mois avant la « révolution de velours », l'Institut de prévision économique, sentant sans doute tourner le vent, réclame sa collaboration : pour la première fois depuis vingt ans, voici le réprouvé admis à tenir un emploi intellectuel !

Bientôt l'Histoire s'accélère : à l'aube du 19 novembre 1989, Vaclav Havel rassemble tous les groupes clandestins dans le Forum civique. Le 21, Jaroslav Sedivy — bien qu'il n'ait pas signé avec Havel la Charte 77 (en janvier 1977) sur le respect des droits de l'homme, ne croyant pas à la possibilité de discuter avec le gouvernement en place — monte dans le cadre du Forum un groupe de réflexion sur la politique extérieure. Début décembre, avec son vieil ami Jiri Dienstbier, nommé ministre des Affaires étrangères — en prison trois ans avec Havel —, il s'attelle à l'élaboration d'une nouvelle politique étrangère susceptible d'offrir une solution de remplacement au Pacte de Varsovie. En mars 1990, il est nommé à Paris où il arrive fin juin, se taillant vite une place à part dans le cortège des nouveaux représentants de l'Europe de l'Est, par son efficacité et la sympathie qu'il dégage.

Grisé, M. l'Ambassadeur, par ses nouvelles fonctions ? « Ah non, la vie m'a au moins appris à tout relativiser, les excès d'honneur comme les excès d'indignité ! Et puis, ajoute-t-il d'un air penaud, moi qui toute ma vie avais réussi à éviter de diriger les gens, voilà maintenant que je le fais ! » Tâche difficile. Tout comme d'assurer la marche matérielle d'une ambassade qui, à l'image de son pays, ne roule pas sur l'or, même si l'ingénieuse Maria a vite déniché un ordinateur de récupération, des damas pour les murs, à un prix défiant toute concurrence, au marché Saint-Pierre, et si elle a planté elle-même le jardin de l'ambassade : « Un jardin, mon vieux rêve... »

Aujourd'hui, Jaroslav a remisé sa salopette, acheté des costumes et des cravates. Il pratique un français châtié, lui que Maria blaguait pour avoir pris à la longue un langage de titi praguois au contact de ses clients. De sa longue disgrâce, il ne garde ni amertume ni fierté ; il est resté celui qu'il était.

A une différence près : ces années l'ont physiquement marqué. A soixante-deux ans, M. l'Ambassadeur en paraît dix de moins. « Normal, conclut-il, jovial, puisque, pendant vingt ans, on m'a volé la moitié de mon temps ! »

L'homme nu

Hélie de Saint-Marc, soixante-dix ans. Une présence. Un grand corps aux épaules voûtées, un visage aux traits massifs, aux yeux délavés, une voix qui n'appartient qu'à lui, basse, métallique, drôle de mélange de mots qui cognent et d'intonations qui traînent.

Hélie de Saint-Marc, une légende... A dix-huit ans, en 1940, ce fils d'une très traditionnelle famille de hobereaux périgourdins, élève des jésuites à Bordeaux, se lance dans la Résistance. Arrêté en 1943 par la Gestapo au moment de passer en Espagne, il est déporté deux ans à Buchenwald. Plus tard, sorti de Saint-Cyr, il fait trois séjours indochinois comme officier de la Légion étrangère. En avril 1961, le putsch d'Alger le fait basculer dans la clandestinité, lui vaut un procès à sensation et une condamnation à dix ans de réclusion criminelle, dont il purge la moitié avant d'être gracié. Comme il le dit devant ses juges — phrase placée en sous-titre du livre qui lui a été consacré[1] : « Monsieur le Président, depuis mon âge d'homme, j'ai vécu pas mal d'épreuves... »

La première épreuve, pour vous, ce fut celle de la guerre ?

La guerre de 40, oui, parce qu'elle a été l'effondrement de tout ce à quoi nous croyions. Pour moi, adolescent, et pour ceux de ma génération, la France était un grand pays ; son armée, la première du monde. Sur l'atlas, on avait fierté à voir toutes ces

1. *Hélie de Saint-Marc*, par Laurent Beccaria, Perrin, 1988.

taches colorées où flottait le drapeau français ; nos grands hommes s'appelaient Gallieni, Laperrine, Lyautey. L'épopée coloniale, je l'abordais sans aucun complexe de culpabilité ; dans ma pensée, c'était d'abord une grande œuvre civilisatrice. Et puis la Seconde Guerre mondiale s'est annoncée : nous qui avions sous les yeux, dans chaque village, un monument aux morts portant la longue liste des victimes de 14-18 (dans une famille alliée de la nôtre, les Ruellan, les six fils avaient été tués sur le front), nous craignions que cette guerre ne soit une nouvelle saignée. Mais nous n'imaginions pas que l'armée française pût être battue.

Et puis j'ai vu en juin 40 dans le Sud-Ouest l'armée française en déroute. Et, derrière elle, j'ai vu arriver une armée victorieuse, un matériel rutilant, une jeunesse triomphante : dans mon regard et dans celui des jeunes de mon âge, surtout chez ceux qui, comme moi, avaient toujours voulu être soldats, il y avait pour cette Allemagne un mélange de fascination et de haine. Car la France gisait à côté telle une statue déboulonnée, brisée. Le premier choc de ma vie !

L'épreuve, là, est encore collective. C'est par votre engagement dans la Résistance qu'elle va devenir une expérience intime ?

Pas vraiment. Comme agent de liaison du colonel Arnould en Aquitaine, je passais constamment la ligne de démarcation avec des lettres, des documents, mais j'avais un peu l'impression de jouer aux gendarmes et aux voleurs. En moi, il y avait un mélange de ferveur, d'inconscience, de goût du risque. Plutôt sportif de tempérament, attiré comme on dirait maintenant par les challenges, je crois que j'étais — ne le répétez pas ! — insensible à la peur... Elle est venue plus tard.

En déportation ?

Peut-être, en effet, l'ai-je éprouvée la première fois en ce jour d'août 1944 où Buchenwald a été bombardé par les Américains : un spectacle d'apocalypse, les bombes au phosphore qui pleuvaient, des corps transformés en torches vivantes qui hurlaient, d'autres qui s'abattaient sous la mitraille. Mais, bien au-delà de la peur, la déportation, ce fut d'abord une remise en cause de tout mon être. J'étais un jeune garçon issu d'une famille française aisée, considérée, avec tout ce que cela comportait d'idées toutes faites sur les gens, les milieux sociaux, les opinions politiques. Je suis arrivé dans un monde où il n'y avait plus ni bourgeois, ni ouvriers, ni aristocrates, ni paysans, ni hommes vertueux, ni voyous, ni savants, ni ignorants. Rien que des hommes se ressemblant tous en pyjama rayé, épuisés, rongés par l'œdème, les poux, la vermine, titubant sous les coups de schlague, astreints aux travaux les plus durs, dont la grande majorité tombait pour ne plus se relever.

La misère physique, c'est la plus dure à vivre ?

Pour moi sûrement, qui étais jusque-là du bon côté de la vie. En prison, après mon arrestation, à Compiègne puis à Paris, j'avais plutôt bien tenu le coup, étant de constitution robuste. A Buchenwald, j'ai touché le fond : la faim dévorante, le froid (en Thuringe, l'hiver, il fait fréquemment - 20° ou - 30 °C), la maladie ; j'ai eu une pneumonie purulente qui m'a mis aux portes de la mort. (A sa sortie en avril 1945, Saint-Marc pèse 42 kilos, ne peut plus marcher et crache du sang.) Là, j'ai connu le dépouillement total, l'homme nu sans son appartenance sociale, son vernis intellectuel, son apparence physique.

On a des surprises ?

Souvent. J'ai trouvé générosité et noblesse chez des gens qui n'incarnaient pas pour moi ces vertus — je me rappelle ainsi un mineur letton, communiste et un peu brigand. J'ai trouvé à l'inverse lâcheté, cruauté et égoïsme chez des gens qu'en temps normal j'aurais sans doute estimés.

Par exemple ?

(Un long silence.) Je me souviens d'un banquier, un officier... Il s'est effondré. Mais, bon, je ne dis pas que tous les gens « bien » se révélaient des salauds, ni que les médiocres se transformaient en héros : il y a une redistribution des cartes, c'est tout.

Vous vous êtes senti parfois plus proche de la bête que de l'homme ?

A Langenstein, le camp satellite de Buchenwald où j'ai été versé, fin 1944, la violence n'avait plus de bornes, des détenus se jetaient à terre pour picorer les rondelles de carottes et les épluchures qui flottaient sur le sol boueux. Une rumeur fit même état d'un cas d'anthropophagie : une cuisse humaine qui aurait été retrouvée à moitié dépecée sous une paillasse.

Mais vous, vous ?

Il y a eu des périodes, oui, où, à toucher le fond de la souffrance, j'ai développé des réflexes excluant tout altruisme. Le Letton dont je parlais me donnait de la nourriture qui avait été volée, je le savais et je l'acceptais. Volée à d'autres détenus qui peut-être en sont morts. Le matin, pour sortir du baraquement, j'enjambais des cadavres gelés sans plus m'émouvoir. Heureusement, peu après, chez ce même bonhomme meurtri, écrasé par le sort, je retrouvais une étincelle de dignité qui me rassurait sur la nature humaine.

L'épreuve suivante, ce sera...

La guerre encore, mais *ma* guerre. Mon baptême du feu, au combat cette fois, je ne suis pas près de l'oublier. C'était tout de suite après mon arrivée en Indochine sur la RC 4[1], près de la frontière de Chine, j'étais alors lieutenant au 3e Étranger[2]. Je ne vais pas faire de littérature, mais là, j'ai vu ce qu'était la guerre, les balles qui sifflent aux oreilles, les blessés qui tombent à vos côtés, les camarades tués, la peur qui vous broie les tripes. Décapante aussi, la guerre. Elle aussi indifférente aux apparences. Dans l'armée, vous savez, quand on a des galons sur les épaules, on fait toujours un peu de cinéma. Mais quand vient le combat...

Vous vous rappelez le premier homme que vous avez tué ?

Oui, très bien. Nous avions, la nuit, monté une embuscade avec ma section. L'aube est arrivée, découvrant à travers la brume un paysage de toute beauté, une petite vallée sertie dans la jungle, encaissée entre des falaises calcaires. Et une piste qui serpentait. Sur cette piste, bientôt, trois hommes sont apparus qui progressaient, un fusil à la main, plutôt insouciants, car nous étions infiltrés assez profondément en zone adverse. J'ai donné

---

1. La route coloniale n° 4, baptisée « route du sang » par les légionnaires, tant il était périlleux de l'emprunter.

2. Le 3e régiment étranger de parachutistes, une unité de la Légion étrangère.

le signal du feu, j'ai tiré moi-même sur celui du milieu. Les trois hommes se sont effondrés. C'était un peu lâche, je n'ai pas aimé l'idée qu'ils n'avaient aucune chance de s'en tirer.

C'est dur de tuer, surtout quand on est chrétien ?

Pas sur-le-champ. Après.

Et sa mort à soi, on y pense ? Le « sacrifice suprême », à ce moment-là, est autre chose qu'une belle idée...

On est tellement imprégné de cette notion, entre les prises d'armes, le culte des aînés morts au champ d'honneur, une vraie liturgie à la Légion... Mais, sous le feu, c'est autre chose. Un certain fatalisme, la pensée : « Je vais y laisser ma peau, c'est mon destin, ma vocation. »

La guerre, me disiez-vous, « c'est pas beau ».

Il y entre pourtant quelque chose d'exaltant, une solidarité qu'on ne trouve pas dans la tiédeur du quotidien. Pourquoi, autrement, l'aurais-je faite, avec des intensités différentes, en gros de 1947 à 1961 ? L'esprit de corps, la fraternité d'armes, ce ne sont pas des coquilles vides, on crève tous ensemble ou on s'en tire tous ensemble. Mais, c'est vrai, la guerre, loin de toute mythologie, c'est d'abord une immense solitude à l'heure du combat. On est seul face à son adversaire. Si je ne le tue pas, il me tuera ; c'est lui ou moi. Seul face à la mort. Et, pour celui qui croit, seul face à Dieu, un Dieu dont on n'est séparé que d'un centième de seconde, le temps qu'il faut à une balle pour vous mettre au tapis. L'homme nu, encore une fois.

Et puis, ultime épreuve, il y aura pour vous ce conflit entre l'honneur et la discipline...

Il n'était pas nouveau. Suite à l'effondrement de 1940, il a habité toute la génération de nos aînés, les officiers que nous avons tant admirés, des gens comme votre père[1], comme Massu, comme Leclerc. Eux aussi — de Gaulle lui-même — ont été à un moment donné des soldats perdus pour avoir préféré l'honneur

1. Le lieutenant-colonel Gabriel de Sairigné, compagnon de la Libération, mort au combat pour la France en Indochine en mars 1948 — à trente-cinq ans — tandis qu'il commandait la 13e demi-brigade de Légion étrangère.

à la discipline. Nous espérions ne pas avoir à connaître ce drame. Mais, en Indochine, la légèreté du commandement militaire et surtout du pouvoir politique, nous engageant dans des causes impossibles, nous a contraints à abandonner des populations civiles qui nous avaient aidés : jamais je n'oublierai, lors de l'évacuation de la Haute Région, les villageois accrochés à nos camions qui, à bout de forces, tombaient en pleurant dans la poussière de la route, ni les milliers de Tonkinois — les premiers boat-people — qui se jetaient à la mer pour rejoindre les bateaux français. Là-bas, nous avons été coupables d'abus de confiance. Alors quand, en Algérie, on s'est rendu compte que le même scénario risquait de se dérouler...

Comment devient-on un factieux quand on a été toute sa vie un officier modèle ?

Je commandais en second le 1er R.E.P. Début avril 1961, mon colonel est parti en permission. Je le vois encore, au pied de l'avion, me confiant « ce régiment glorieux en ces temps troublés ». Le lendemain, j'apprenais que le général Challe, en visite clandestine à Alger, désirait me voir. J'ai tout de suite compris ce qui se préparait et j'ai ressenti la même crispation au ventre que lors d'un engagement au feu.

Quand je suis entré dans la pièce, il était seul en civil, assis derrière une table, sans insigne de grade ni décoration, rien que son blouson d'aviateur, les yeux fiévreux, les traits tirés. On sentait tout le poids qui pesait sur ses épaules. « Saint-Marc, m'a-t-il dit, je vais vous demander une chose terrible : dans quelques heures, j'entreprends une action illégale contre le gouvernement de mon pays. J'ai besoin de vous et du 1er R.E.P. » Là, j'ai vécu les minutes les plus difficiles de ma vie. Et j'ai dit : « Mon général, je suis à vos ordres. » En quelques instants, j'avais franchi la distance qui sépare un officier discipliné d'un rebelle, passible de douze balles dans la peau dans les fossés du fort de Vincennes. Et, ce qui est plus grave, j'avais engagé derrière moi neuf cents officiers, sous-officiers et légionnaires.

Et ce fut l'échec du putsch, la prison...

Le 5 juin 1961, j'ai été condamné à dix ans de réclusion criminelle, dont j'ai fait la moitié à la prison de Tulle avant d'être gracié. Bien sûr, là-bas, ce n'était pas Buchenwald, la souffrance physique était absente, les conditions matérielles acceptables. Mais, en déportation, il y avait au moins cette espèce d'appel quotidien à toutes les forces vitales qu'on pouvait tirer de soi-même, de son psychisme, de son physique, pour ne pas tomber. Alors qu'à Tulle, je me suis senti guetté par l'affaissement moral, une espèce de pourrissement intérieur.

Non, pas vous, à propos duquel un de vos codétenus confiait à un journaliste, des années plus tard : « En prison, il nous a tous dominés d'une tête[1] ! »

Plus d'une fois j'ai eu la tentation de me coucher sur mon lit et de tout abandonner.

Vous aussi, la prison vous a détruit ?

C'est irrémédiable. Dans la vie normale, il faut tout le temps se battre, on n'arrête pas, à toute heure du jour, de choisir de faire telle chose plutôt que telle autre. En prison, la vie est réglée d'avance jusque dans ses moindres détails ; on est dépossédé de sa liberté, mais aussi de sa responsabilité, de son autonomie. Une espèce d'atonie vous gagne, qui se voit tout de suite dans le regard : entre cent personnes, je reconnais tout de suite celui qui sort de taule.

Par-delà l'emprisonnement, y avait-il aussi la marque d'infamie ?

Je ne l'ai pas ressentie. Dieu sait que je me suis posé des questions sur le déroulement historique des événements et sur ce qu'il aurait fallu faire pour éviter cette fin honteuse des événements d'Algérie. Mais je ne me suis jamais dit : « Tu as fait une connerie. »

Jamais ?

Jamais. Je reste persuadé aujourd'hui que, sur le plan de l'honneur, il y avait des motifs assez forts pour légitimer l'attitude qui fut la mienne. Vous savez, l'honneur, pour moi, c'est d'abord d'agir, de choisir, de s'engager. C'est tellement plus simple de ne rien faire : ça vous vaut l'unanimité...

---

1. *L'Aurore*, 1er février 1970, article signé par Christian d'Épenoux.

Tout de même, vous n'étiez pas dans le vent de l'Histoire en voulant garder l'Algérie française...

Je n'ai jamais été un fanatique de l'Algérie française ; je penchais plutôt pour des solutions intermédiaires, style « indépendance dans l'association », qui auraient évité tout ce gâchis, les destins brisés, les espérances fracassées. J'ai du mal à comprendre ce goût abject pour l'adversaire qui consiste à le privilégier aux dépens de ceux avec qui on a établi des relations de confiance et d'amitié.

Déshonneur ou pas, vous avez été dégradé, on vous a enlevé vos décorations...

... On m'a privé de mes droits civiques. Pendant des années — bien au-delà de ma libération —, je n'avais plus de papiers d'identité, je ne pouvais plus ni signer un chèque, ni voter, ni voyager hors des frontières. Un sérieux handicap quand il faut se reconvertir dans le civil. Quand je suis sorti de prison, à quarante-quatre ans, j'étais un mort vivant.

La liberté, comment l'avez-vous reçue ?

Cette liberté retrouvée, c'était d'abord la joie formidable de retrouver ma femme et mes enfants ; mon père et ma mère étaient morts l'année d'avant. Mais une réelle angoisse aussi : au bout de cinq ans, je ne savais plus me conduire dans la vie normale. Conduire tout court, je ne m'y suis remis qu'après un certain temps, d'autant plus qu'en cinq ans le parc automobile s'était multiplié. Et puis j'avais tellement l'impression d'être étranger à ce monde... Autour de moi, les gens parlaient de choses bizarres, à mille lieues de mes préoccupations. Un jour que je rencontrais des officiers d'active restés dans l'armée, l'un d'eux m'a fait un vibrant éloge du général Massu, l'un de mes anciens patrons. A brûle-pourpoint, je lui ai demandé : « Est-ce que le général a des insomnies ? » Pour moi, c'était une vraie question : peut-on dormir en paix quand on a engagé des gars derrière soi et que, pour prix de leur fidélité, ils se sont faits massacrer ? Le brave colonel m'a regardé comme si j'avais dit une obscénité. Et il est parti sans mot dire.

Des gens vous ont déçu ?

Toute sa vie on refait son carnet d'adresses en éliminant les gens qui se sont évanouis. Disons que les épreuves accélèrent le mouvement... Nombreux sont ceux qui m'avaient abreuvé de promesses d'emploi : à ma libération, ils se sont défilés joyeusement. Le monde libre était bien différent de celui que j'avais imaginé derrière les murs de ma prison. Et il m'arrivait de rêver de me retrouver dans ma cellule, seul face à moi-même et délesté de tout souci.

Qu'est-ce qui va vous permettre de vous en sortir, vous, l'infirme social ?

Ne versons tout de même pas dans le masochisme !

Mais c'est vous qui vous êtes qualifié ainsi devant moi ! Alors ?

D'abord un contexte familial : Manette, ma femme, m'a beaucoup épaulé, c'est encore vrai aujourd'hui. J'avais des enfants à élever, une priorité absolue. Et puis, je crois que j'ai été très aidé — c'est bête à dire — par une certaine fierté de moi-même, l'impression de ne pas avoir été manchot dans certaines situations difficiles, l'idée que je pouvais encore me battre et gagner. A quarante-cinq ans, j'ai redémarré au bas de l'échelle, à Bourgoin, dans une petite affaire, grâce à un camarade de déportation, puis à la direction du personnel d'une entreprise lyonnaise.

« Vieil homme recru d'épreuves... » Citer de Gaulle devant vous est mal venu. Et vous n'êtes pas bien vieux ! Mais est-ce qu'il vous est arrivé de penser que l'épreuve vous a forgé tel que vous êtes aujourd'hui ?

C'est évident. J'aurais suivi une carrière militaire classique, j'aurais pris ma retraite à je ne sais quel grade, toujours vraisemblablement coulé dans le même moule, avec les mêmes références, la même éthique. Là, bousculé sans cesse, gravissant des raidillons, dévalant des pentes, roulant dans le fossé, je n'ai cessé de remettre en cause les certitudes de mes vingt ans. Dans un sens, je me sens beaucoup plus libre — je ne dis pas « libéré », c'est un terme dont je me méfie — que ceux de mes camarades qui ont marché sur une route plane tracée d'avance.

Libre en quoi ?

Je me sens si peu prisonnier des conventions qui s'attachent à un métier, une fonction, une classe sociale, un nom, même si ce sont là des choses parfaitement estimables. Seul m'importe de découvrir en chaque homme sa vérité profonde — et, je ne devrais pas le dire, j'y parviens assez vite. Et puis, cela me vaut un éventail de relations humaines exceptionnellement large et riche : des camarades communistes, d'autres d'extrême droite, des copains socialistes, des amis arabes, vietnamiens, des intellectuels de gauche ou de droite ; avec tous, je suis de plain-pied, sans piétiner mes convictions.

Avoir souffert vous a-t-il aussi appris à goûter la vie ?

Avant, vous savez, j'étais quelqu'un qui fonce sans trop regarder où il va. Avoir été privé de tout, au fin fond du trou, m'a appris à être sensible à la beauté des êtres. Rien ne m'émeut tant que de chercher à percer l'éloquence secrète d'un visage. L'amour, l'amitié, les enfants... Je pense que je vis tout cela beaucoup plus fortement. Le matin, je me lève un peu comme si chaque jour était mon dernier jour.

Si vous n'aviez qu'un souvenir de ces retrouvailles avec la vie, passé le temps de l'épreuve...

Ça se passait en 1952, au Vietnam. Nous avions combattu trois jours et trois nuits, face à la division vietminh 308, au prix de lourdes pertes dont celle, après une longue agonie, de mon adjoint, le lieutenant Lecœur : un lot de souffrances physiques terribles et la tristesse profonde d'avoir perdu un ami. Et puis, au petit matin, nous sommes arrivés avec ma compagnie dans un village thaï qui bordait une rivière, un village très bucolique avec sa haie de bambous égayée de mûriers, que les combats avaient épargné : des paysans vaquaient à leurs affaires, des cochons noirs trottaient dans la rue principale, des femmes avançaient en portant leurs seaux d'eau au bout d'un balancier, des petits enfants se bousculaient en riant de toutes leurs dents. Dans ce spectacle, je retrouvais la force de la vie. J'y ai puisé un extraordinaire apaisement, un sentiment très proche de celui qui m'a saisi un soir, dans les Aurès, après une dure journée de combats. En ces confins du désert, il faisait très froid, je me suis allongé sur le dos dans mon sac de couchage. Cette nuit-là, il y avait le plus beau ciel qui soit...

Globalement, les épreuves que vous avez traversées vous semblent-elles avoir un sens ?

C'est facile à dire après. Mais tant de gens en sont morts. Tant d'autres sont restés moralement infirmes pour la vie. Moi, c'est vrai, j'en suis sorti. Je me souviens de cette phrase de Musset qu'à mon retour de déportation j'avais notée sur un cahier d'écolier : « On ne sait jamais si on marche sur une semence ou sur un débris. »

Vous ne vous êtes jamais révolté ?

Oh si ! Souvent, à Buchenwald, à la guerre plus tard, je me suis demandé comment un Dieu bon pouvait infliger de telles souffrances à des hommes et à des femmes qui n'avaient pas demandé à vivre. C'est la grande interrogation qui peut saper la foi ; elle a plus d'une fois sapé la mienne.

Aujourd'hui encore ?

(Un silence.) J'ai du mal à parler de ces choses-là. Je ne saurais vous dire que trois choses. D'abord que, pour moi, les valeurs les plus hautes sont les valeurs spirituelles. Ensuite, avec Bernanos, que « sur vingt-quatre heures de doute, j'ai une minute de foi profonde ». Enfin, je ferais mienne cette phrase de Péguy : « Je crois croire. »

Vous arrive-t-il de dire : « Mon Dieu, j'ai eu mon lot. Épargnez-moi désormais ! »

Ce qui est sûr, c'est qu'au soir de la vie, quand les ombres s'allongent, une certaine fatigue vous gagne. Il y a des jours où il me semble avoir une très vieille carcasse... Et puis, qui peut être sûr, même s'il a jusqu'ici bien réagi, qu'il a en lui assez de forces pour supporter un nouveau drame ?

Pour affronter la mort ?

Là encore, que d'inconnues... Voyez *Le Dialogue des carmélites* — Bernanos encore et toujours : Mère Marie de l'Incarnation, admirable de caractère dans la tempête révolutionnaire, laisse ses sœurs carmélites — avec qui elle avait fait vœu de martyre — monter seules sur l'échafaud quand Blanche, la petite novice froussarde au point de laisser la porte de sa cellule ouverte le soir, affronte, elle, splendide, l'heure fatale...

Crises d'otages

L'un et l'autre ont été indûment privés de liberté — l'un, deux mois durant, l'autre pendant trois ans ; l'un et l'autre détenus dans des conditions effroyables — l'un par des malfrats, l'autre par des terroristes fanatisés. Deux voyages au bout de la nuit, au bout de la vie, dont ni l'un ni l'autre ne sont sortis indemnes. « Mon rapt, dit Édouard-Jean Empain dans son livre[1], est un carrefour essentiel de mon existence. » « Cette épreuve m'a nettoyé l'âme », reconnaît de son côté Jean-Paul Kauffmann.

A l'heure des faits, le premier, Édouard-Jean Empain, est à quarante et un ans au faîte de la gloire : héritier — à neuf ans — d'une dynastie de grands industriels belges, marié — à vingt ans — à une jolie Italienne dont il a trois enfants, il a conquis, six ans plus tôt, de haute lutte, le groupe Schneider malgré la résistance acharnée des pouvoirs publics français ; en 1975, il est le premier membre étranger à entrer au comité directeur du C.N.P.F. Enlevé en janvier 1978, il sera libéré soixante-trois jours plus tard, sans qu'ait été versée la rançon de quatre-vingt-dix millions de francs demandée. Soixante-trois jours à vivre sous une tente de camping dressée dans une pièce, entravé par des chaînes aux chevilles et aux poignets, sans pouvoir se lever, sans pouvoir se laver, encagoulé, enfermé dans une caisse cloutée quand on le trimbale d'un lieu de détention à un autre, amputé d'une phalange sans anesthésie...

Un jour — on a déjà en vain essayé de le joindre —, il vous

1. *La Vie en jeu*, éd. Lattès, 1985.

appelle tout de go : « Allô, ici monsieur Empain. » Ni secrétaire, ni musique douce, ni agenda bloqué sur trois mois : « Disons mercredi prochain, 10 heures ? » Le bureau, non loin de la place Victor-Hugo, dans le XVIe arrondissement de Paris, est moderne : un bureau fonctionnel avec une hôtesse standardiste, des plantes vertes. Et un patron qui vient vous quérir, sitôt annoncée, dans le hall, et vous accueille, affable, en ponctuant d'un bon rire nombre de ses phrases : le baron Empain, cinquante-cinq ans, héros de faits divers reconverti en homme ordinaire.

Il y a quinze ans, vous auriez dit comme cela : « Allô, ici monsieur Empain » ?

Non, bien sûr. Il y a quinze ans, il y aurait eu le barrage fait par mon secrétariat, on vous aurait posé des questions, et comme vous êtes journaliste, je ne vous aurais probablement pas reçue : le journaliste, c'était l'ennemi. Pas question, en tout état de cause, de parler de moi, de mêler vie privée et affaires : j'avais très à cœur, pour me protéger, d'établir un système de caissons étanches ; il fonctionnait à merveille.

Et puis votre vie, d'un roman rose, a basculé dans la série noire...

Attention, je n'étais pas non plus tel que la presse m'a décrit à l'époque du rapt : en gros un joyeux fêtard, un play-boy, un flambeur, un aventurier de la haute industrie. J'étais avant tout un homme organisé qui arrivait à 10 heures au bureau, en repartait à 19 h 30 le soir, prenait dix jours de vacances à Noël et un mois et demi en été : comme beaucoup de monde. C'est vrai que je jouais au poker, que je fréquentais les casinos, vrai aussi que j'avais des relations féminines hors mariage : comme beaucoup de monde. Mais j'élevais mes enfants, je m'entendais bien avec ma femme, j'avais un cercle réduit de bons amis, et dans mon travail un sens du devoir et un perfectionnisme presque excessif. Le bon type, quoi, plutôt gentil, pas contrariant, s'endormant où que ce soit trois minutes après s'être couché, et ne s'interrogeant guère sur le sens de sa destinée. Un type banal.

Votre enlèvement vous a d'abord révolté ?

Révolté, non. Il y a eu la peur, l'angoisse, la souffrance. Mais un certain fatalisme aussi. Jusque-là, j'avais été béni des dieux, j'avais été heureux en affaires, heureux avec ma femme, j'avais deux bras, deux jambes, deux yeux, je n'étais pas trop bête. Ce qui m'arrivait là, après tout, n'était que normal : chacun doit avoir sa part de drame ! Je ressemblais à ma sœur Huguette et à mon père, morts tous deux à quarante ans, et depuis longtemps je m'étais mis dans la tête que je mourrais à cet âge. Je ne me suis pas révolté, mais des heures, des jours durant, plongé dans le noir, le silence, l'oisiveté, privé de la notion du temps, j'ai relu ma vie, mon apprentissage de la solitude lorsque j'étais enfant à Bouffémont, la propriété de famille, mes années de formation chez les Oratoriens de Saint-Martin-de-Pontoise, les habitudes de discipline et de vie à la dure que m'avaient données le sport. Finalement, tout protégé par la vie que j'étais, j'avais été plutôt armé pour affronter l'épreuve : celle de mon rapt, en tout cas.

Que voulez-vous dire ?

Ce qui m'a physiquement brisé et moralement détruit, ce ne sont pas, comme on l'a rapidement affirmé, la claustration, les mauvais traitements, un doigt coupé, vingt-deux kilos perdus. Ce qui a fichu ma vie par terre, ce ne sont pas mes ravisseurs et leurs méthodes brutales, c'est tout bonnement le scandale.

L'étalement de votre vie privée ?

J'avais pris grand soin de la préserver. Ce déballage, je l'ai vécu comme un viol, une mise à nu sur la place publique, et ce, d'autant plus qu'il s'est déroulé en mon absence. En faisant son travail, la police — talonnée par une certaine presse — a visité mes « caissons étanches », ma case « famille » ou « poker » à Paris, ma case « sport » à Megève, ma case « chasse », ma case « vacances » dans le Midi, repérant ici un baron Empain cravaté, là un Wado (son surnom) en jean et blouson. J'avais un petit studio, rue Lord-Byron, où j'aimais me retrouver — ma tanière à moi, pleine de bouquins, de souvenirs : on y a fait venir ma femme, elle l'a mal supporté. Ce soir de Pâques où, lâché par mes ravisseurs, je me suis retrouvé place de l'Opéra, hébété, en vieux survêtement vert, cheveux longs et barbe en buisson, je n'avais en fait vécu que la première partie de ma captivité.

De qui étiez-vous désormais prisonnier ?

Des policiers, de mes proches, de mes collaborateurs. Du

personnage aussi qu'on voulait me faire jouer jusque sous les yeux du public, une espèce d'irresponsable, un zombie ayant perdu toute aura, toute autorité, un personnage plutôt louche. J'avais, l'été précédent, perdu, c'est vrai, deux millions de francs au casino du Palm Beach, le temple du jeu en France ; on multipliait par dix cette somme déjà considérable, on voyait dans mon amputation la punition des tricheurs... Même auprès de mes enfants, on me déconsidérait. Mais je n'avais pas à me justifier, je savais, moi, que j'avais toujours été un homme correct. Je n'avais pas d'autre solution que de faire le vide complet : huit jours après ma libération, j'ai fui vers New York après avoir démissionné de la présidence d'Empain-Schneider. Je n'avais plus de métier, plus de famille ; à vrai dire, je n'étais plus très sûr d'être quelqu'un.

Vous aviez de l'argent, tout de même ?

Je l'avais tellement dit que les gens avaient fini par le croire ; il fallait bien asseoir mon pouvoir, n'étant ni polytechnicien, ni centralien, ni énarque. Riche, je l'étais, disons, en dizaines de millions de francs : vingt, trente, peut-être — pas de quoi, en tout cas, vivre éternellement sur mes revenus.

Combien de temps va durer ce « trou noir » ?

Trois, quatre ans, avec des hauts et des bas. Des redémarrages avortés. Encore des suspicions, des trahisons. Une solitude terrible. L'impression d'être un *has been*. Et, pour couronner le tout, des douleurs abdominales effroyables, jusqu'à ce qu'on m'opère enfin, à Bichat, en juin 1982, d'un gros calcul dans le rein. Là, j'ai vraiment touché le fond, traversé le désert qui était en moi. Période dangereuse que celle où vous abandonnez un premier personnage pour devenir quelqu'un d'autre : un moine peut-être, ou un clochard, un créateur ou un assassin... Une chose était sûre : à mi-vie, il me fallait reconstruire pan par pan ma vie bousillée, reconstituer jusqu'à mes jardins secrets allégrement piétinés.

Quelles ont été les bases de votre nouvelle vie ?

Une femme, d'abord, Jacqueline, rencontrée début 1981. Elle m'a vu tel que j'étais, complètement par terre, et elle m'a accepté ainsi. Elle m'a respecté quand plus personne ne me respectait, démontré que j'étais capable de repartir professionnellement, dussé-je changer de métier, puisque les gens que je connaissais me tournaient ostensiblement le dos.

Mais, en elle, qu'est-ce qui vous a touché ?

Elle était assez belle, c'était une femme autonome — elle travaillait comme mannequin —, et cela, c'était nouveau pour moi. C'était surtout une femme blessée, elle aussi : l'homme avec qui elle vivait s'était suicidé par pendaison six ou sept mois plus tôt. Dans nos premières conversations, j'avais tendance à ne parler que de moi. Et puis j'ai appris à l'écouter, j'ai compris que je n'étais pas seul à être malheureux, je me suis retrouvé dans la peau de quelqu'un qui a le pouvoir d'en réconforter un autre. Nous nous sommes mariés en 1990 ; elle partage vraiment la totalité de ma vie, personnelle et professionnelle.

Plus besoin de « cases » ?

Plus besoin. L'impression enfin de ne former qu'un. Même si mon activité professionnelle est éclatée entre Paris, où je fais de la promotion immobilière, et Monaco, où je préside une société de *trading*, négociant pour le compte de l'un ou de l'autre des camions, des jeeps, de la viande, de la bauxite...

Êtes-vous un patron différent de celui que vous étiez ?

Chez Schneider, je n'avais affaire qu'à une quinzaine de grands collaborateurs qui étaient presque des patrons eux-mêmes ; en début d'année on réunissait le personnel, je faisais un discours, je mangeais trois petits fours, serrais quelques mains et rentrais dans mon bureau. Je savais parler aux ministres, pas aux secrétaires. Ici — nous sommes quinze à Paris, autant à Monaco —, j'ai dû apprendre les relations avec le personnel, piloter les petits cadres, discuter de son augmentation avec la standardiste qui, pour vivre, a besoin de cinq ou six cents francs de plus par mois.

Vous avez appris aussi à déléguer ?

Ah non, déléguer, j'ai eu par le passé trop tendance à le faire ! Aujourd'hui, je suis plus prudent. Je veux voir le courrier, signer les chèques...

Vous gagnez bien votre vie ?

Deux cent-trois cent mille francs par mois. Assez pour plonger dans la perplexité ceux qui, il y a dix ans, me voyaient complètement lessivé.

Dans votre livre, vous parlez d'un « empire » à remonter.

Qui sait, si l'occasion se présente ? Je suis homme d'affaires et on ne peut l'être à moitié.

Côtoyer la mort n'a pas réussi à vous faire passer le goût de l'argent ?

Mais je n'ai jamais eu le goût de l'argent ! J'ai eu le goût du pouvoir, c'est très différent. Quand on a le pouvoir, vous savez, on n'a pas besoin d'argent.

Tel Agnelli qui, dit-on, n'a jamais un sou sur lui !

A quoi bon ? Votre chauffeur est là pour vous conduire ; les billets d'avion, vous les ramassez sur votre bureau ; vous vous contentez de signer les notes de restaurant ou d'hôtel ; et quand vous entrez dans un magasin, vous faites envoyer la facture à votre secrétaire. Chez Schneider, tout mon train de vie — deux, trois, quatre millions par an peut-être — était couvert par la société. Maintenant, j'ai infiniment plus besoin d'argent qu'avant, je fais un budget, je signe des chèques dans les magasins, et quand je suis à découvert, mon banquier m'appelle !

Matériellement, votre vie a changé ?

La vraie différence, c'est que je me fiche des apparences : au 33, avenue Foch, j'habitais un luxueux trois cents mètres carrés ; j'ai aujourd'hui cent mètres carrés avenue Henri-Martin, et ça me va très bien ; à Monaco, je vis à l'hôtel. Dans le temps, j'avais la passion des belles autos, ma Mercedes 450 bleu foncé m'a même valu un certain nombre de contraventions pour excès de vitesse ; aujourd'hui, j'ai toujours trois superbes Ferrari au garage, mais je roule dans une vieille R.5, et peu m'importe qu'on voie le baron Empain dans cet attelage. Tout comme il m'indiffère d'aller à Londres en classe touriste, alors qu'il m'aurait semblé inconcevable pour mon standing de voyager autrement qu'en première. A Paris, je vais toujours à mon bureau à pied, quand je ne faisais pas deux cents mètres sans mon chauffeur...

Question de sécurité ?

La preuve que non !

Voyez-vous les mêmes gens ?

Quelques amis de chasse, de sports d'hiver seulement. Mais je ne vais plus dans les cocktails, dans les fêtes mondaines ; d'ailleurs, je n'ai même plus de smoking.

Le baron Empain n'a plus de smoking !

Et pour cause : pendant des années, je n'ai plus été invité nulle part. Plus un dîner, plus une partie de chasse, plus une carte de vœux pour la bonne année. Aujourd'hui, on m'estime de nouveau fréquentable ? C'est trop tard...

Vous doutez de tout, maintenant ?

Eh bien, étrangement, non. Je suis même devenu terriblement optimiste. Je crois vraiment avoir affronté le pire. Pas la peur de mourir, non, ça, ce n'était pas le pire, mais la perte de mon métier, de ma famille, de mes amis. Et je m'en suis sorti. Je suis blindé maintenant, prêt à tous les recommencements. Et animé d'un formidable désir de vivre.

Que vous n'aviez pas avant ?

Avant — comment vous dire ? —, je ne vivais pas tous les jours. J'avais tendance à me projeter sans cesse dans l'avenir : je pensais à mon rendez-vous d'après-demain, à ma réunion à New York dans quinze jours, à mes vacances dans trois semaines, mais j'oubliais souvent l'heure présente. Aujourd'hui, je goûte le fait de me lever, de prendre ma douche, de me laver les dents, de faire une marche à pied, de dîner avec des copains, de me disputer éventuellement avec eux, de vous parler aujourd'hui. Aujourd'hui, je vis tous les jours de ma vie.

Vous pensez parfois à vos ravisseurs ?

En tout cas pas comme à des êtres humains ; je ne les connais pas, ces gens-là, j'ignore encore tout de leurs motivations. Pourquoi m'ont-ils choisi ? Mystère. Pour moi, ils ne sont qu'un événement extérieur, le bras du destin. Un accident, une maladie, auraient peut-être eu la même influence sur le cours de ma vie...

Cap maintenant sur le XIVe arrondissement.

Au début du siècle habitaient là des horticulteurs de la plaine de Montrouge. Aujourd'hui, tout au fond de l'impasse aux pavés disjoints, Jean-Paul Kauffmann, quarante-huit ans, a remisé bêches et râteaux pour ne plus cultiver que les mots à la pointe de son stylo. Et très peu le passé, sinon par métaphores, évoquant à travers son amour du vin, dans *Le Bordeaux retrouvé* — un merveilleux petit livre édité hors commerce en 1989 —, son lent retour à la vie, avouant à mi-mot un appel lancinant à la solitude et au dépouillement dans son récit de voyage aux îles Kerguelen[1] — les îles de la Désolation, comme on les appelle, perdues à l'extrême sud de l'océan Indien, entre Australie et Afrique du Sud, à quinze jours de navigation de toute contrée civilisée, sur l'une des mers les plus désertes et les plus tourmentées du globe.

Car s'il est une chose que Kauffmann redoute par-dessus tout depuis son apparition, blafard et titubant, le 5 mai 1988, en haut de l'échelle de coupée, à l'aéroport de Villacoublay, c'est bien d'être coincé dans un statut d'« ancien otage » : « Ce n'est tout de même pas un métier, une fonction sociale ! Je me voyais déjà appelé à témoigner dans les émissions de télévision aux côtés de l'ancien mao, l'ancienne prostituée, l'ex-ministre du général de Gaulle. Et puis on devient si facilement le cabotin de sa propre souffrance... » Du coup, toutes ces dernières années, il s'est tu. Il parle aujourd'hui — par quel miracle ? Ou plutôt il réfléchit tout haut, souriant, sympathique, bien dans son siècle et dans sa jolie maison récemment restaurée, en jean et chemise rayée, Weston aux pieds, et pourtant loin de vous, loin de tout, les yeux enfoncés dans les orbites, cachés derrière de fines lunettes, fixant un ailleurs qu'il ne saurait livrer.

N'est-il pas dangereux de garder un tel drame enfoui tout au fond de soi ?

Attention, mes trois ans de détention n'ont jamais été pour

1. *L'Arche des Kerguelen, voyage aux îles de la Désolation*, Flammarion, à paraître en janvier 1993.

moi un sujet tabou : disons simplement que j'ai très vite instauré sur ce thème une sorte de « programme minimum », que j'ai fixé les frontières au-delà desquelles je ne souhaitais pas aller. Du coup, parler de cette période en répétant indéfiniment la même chose suscitait chez moi non de la souffrance, comme vous pourriez le croire, mais un profond sentiment d'ennui. En famille, ou avec quelques rares intimes, c'est très différent ; le ton adopté est d'ailleurs généralement celui de l'humour, un registre dans lequel Joëlle, ma femme, excelle.

Et vous ?

Je ne sais plus trop qui a dit : « L'humour est une façon de se tirer d'embarras sans se tirer d'affaire » ; c'est tout à fait ce que je ressens. Même au Liban, le cauchemar quotidien produisait parfois du burlesque ; ainsi des chaînes qui nous attachaient, Carton, Fontaine et moi, de sorte que l'on réveillait immanquablement les deux autres dès qu'on bougeait un peu la nuit. Pour survivre, il faut garder de la distance, ceux qui ont été dans les camps le savent, même si je me garderais bien de faire la comparaison.

Et pourquoi ?

Mon épreuve a été autre chose. Ce n'est pas un hasard si l'une de mes premières paroles a été pour dire : « C'était l'horreur, mais ce n'était pas les camps de la mort. La preuve : nous en sommes sortis. » C'est bien d'ailleurs pourquoi je ne suis pas un véritable otage. Michel Seurat, lui, en est un. Il y a laissé sa vie.

Quitter votre peau d'ancien otage vous a été plus facile du jour où vous n'avez plus eu besoin de témoigner pour les autres ?

C'est évident : je n'oublierai jamais le jour où Terry Anderson, le dernier otage, a été libéré — après sept ans de détention ! Là, je me suis senti vraiment libre ; j'étais alors dans le Médoc, à Haut-Brion, j'ai ôté le bracelet d'aluminium que je portais en incessant rappel de mes compagnons toujours enfermés, j'en ai même fait cadeau à la duchesse de Mouchy, propriétaire de ce vignoble, qui était près de moi...

Vous êtes resté proche de Carton et Fontaine ?

Ce n'est pas rien, pour des hommes, d'avoir été entravés par les mêmes fers ; désormais, nous avons le même sang. Nous nous appelons souvent. Marcel Carton est retraité du côté de Nice, Marcel Fontaine, toujours diplomate au quai d'Orsay, vient de regagner Paris après avoir été en poste en Australie, puis à Madagascar. Je revois aussi les Anglais et les Américains : Terry Anderson, Thomas Sutherland... Et tous les 4 mai, je retrouve à dîner ceux qui ont le plus œuvré à ma libération. Mais tout cela n'est qu'anecdotique ; l'essentiel est ailleurs, dans cette absence de culpabilité surtout, qui est pour moi l'un des premiers fruits de l'épreuve.

Que voulez-vous dire ?

N'est-ce pas la culpabilité qui fait marcher le monde ? Sans elle, les gens ne feraient rien. Moi, j'étais très marqué par cela, je me sentais coupable par rapport à ma femme, à mes enfants, à mon métier. Il m'a fallu cette descente aux enfers pour réaliser qu'il n'y avait pas une once de réalité dans mes « problèmes », que je m'étais jusque-là inventé mes propres maux, travesti en bourreau de moi-même.

Vous aviez été préservé, jusque-là ?

Complètement. J'avais eu une enfance très heureuse en Ile-et-Vilaine auprès de mon père boulanger et de ma mère, fine pâtissière. Plus tard, tout s'est plutôt bien déroulé : l'école de journalisme de Lille, la coopération au Québec, l'entrée à Radio France Internationale, puis à *L'Événement du Jeudi* : je n'en avais jamais vraiment bavé, sinon pendant mes années d'internat chez les pères de Sainte-Croix, près de Segré, dans le Maine-et-Loire. Là, loin de mes parents, j'ai été vraiment malheureux comme les pierres ; le collège était encore digne, dans les années 50, de la description faite un siècle et demi plus tôt par Balzac dans *Louis Lambert* ; c'est tout juste si l'on ne nous réveillait pas au son du tambour.

La souffrance, vous l'aviez au moins côtoyée par votre métier ?

C'est vrai. L'un de mes tout derniers reportages avant l'enlèvement, je l'avais fait en Éthiopie, dans les camps de réfugiés : durant les trois heures qu'a duré ma visite, cent cinquante personnes sont mortes ; chaque jour des gens arrivaient, d'autres mouraient, c'était presque mathématique. Mon ultime papier, lui, s'intitulait étrangement *L'Enfant au placard*, c'était l'histoire d'un enfant martyrisé par sa mère — une femme très rigide qui dérobait aux regards de tous cet « enfant du péché » conçu dans sa jeunesse. Cette souffrance des autres me touchait, bien sûr, mais ce n'était pas la mienne. Moi, je me tourmentais pour des problèmes infimes.

Et votre détention y a mis fin ?

Totalement. Sans doute est-ce le fait que l'otage, c'est celui qui paie pour les autres, c'est le bouc émissaire. Il n'a plus rien à se faire pardonner, c'est là un grand privilège. De fait, je me sens apaisé, plus en harmonie avec moi-même, plus heureux peut-être. Mais dans le même temps, cette culpabilité obsède l'homme, c'est un aiguillon qui le porte à se dépasser. Et cet aiguillon, cette force vitale, je l'ai perdu, tombant non pas dans le scepticisme, le désenchantement — car il y a des choses auxquelles je crois vraiment — mais dans une espèce d'« à quoi bon ? » plutôt tonique, qui imprègne ma vie aujourd'hui.

Pourquoi pas, si c'est pour se défaire de l'accessoire ?

J'ai fait, c'est vrai, le ménage dans ma tête. Avant, comme beaucoup de gens de ma génération, j'étais un peu éparpillé, touche-à-tout, et finalement insatisfait de tout. Et puis, brusquement, ma vie a tellement basculé dans l'élémentaire, dans le primitif, elle se résumait à si peu — manger, dormir, me protéger du froid... — qu'il m'a fallu, pour survivre, extraire l'essence des choses. J'y ai perdu le goût du détail.

Comment ce dépouillement se traduit-il aujourd'hui dans votre vie ?

Je n'ai en tout cas pas divorcé d'avec ma femme, quoi qu'en dise une rumeur tenace qui m'amuse beaucoup et qui a le don d'exaspérer Joëlle (à propos, elle n'a jamais été communiste...) ! L'origine en est d'ailleurs simple : par conviction féministe, ma femme avait toujours gardé, pour travailler, son nom de Brunerie, c'est encore sous ce nom que son cabinet de gynécologue fonctionne aujourd'hui. Joëlle Kauffmann, elle ne l'aura été qu'un temps, à son corps défendant, pour m'arracher du Liban... Non seulement, donc, nous n'avons pas divorcé, mais l'épreuve nous a beaucoup rapprochés : nous nous entendions bien, mais bon, nous étions mariés depuis douze ans... Notre couple aujourd'hui est plus fort, ce qui ne nous empêche pas de nous disputer parfois, comme tout le monde, pour des bêtises, quitte à stopper net au beau milieu en éclatant de rire devant le côté dérisoire de ces affrontements.

Au-delà de votre famille, qui voyez-vous ?

Très, très peu de gens. Cela aussi, c'est une de mes cicatrices. Il y a des gens avec qui j'étais très lié, je pense à un ami notamment, je ne l'ai pas revu depuis mon retour et je n'en ai pas envie. Dès que je peux, je pars pour ma maison des Landes, isolée au milieu des pins, j'y reste des semaines sans voir âme qui vive. Cette haute solitude me plaît, c'est celle que je suis parti chercher aux Kerguelen, celle que je m'en vais quérir dans quinze jours aux îles Kouriles. Il se trouve que je suis marié et père de famille et je m'en réjouis, mais je comprends très bien la tentation de la Trappe.

Ce dépouillement est aussi intellectuel ?

Regardez *(Jean-Paul Kauffmann lève la tête vers la bibliothèque de bois clair qui couvre l'un des murs du salon)*, les rayonnages ne sont même pas pleins... Longtemps, pourtant, j'ai eu un rapport très névrotique aux livres, ils s'empilaient partout, j'avais toujours peur d'en manquer, cette hantise s'est d'ailleurs vérifiée. Depuis mon retour, je n'en ai plus besoin, j'en ai donné beaucoup, aux prisons notamment. Non que j'aie perdu le goût de la lecture : je lis toujours, mais très peu de romans, des essais plutôt, de l'histoire ; et je relis les livres que je lisais là-bas.

C'est du masochisme !

De la reconnaissance plutôt à l'égard de ces pages qui m'ont sauvé la vie en me prouvant que l'on pouvait enchaîner mon corps, pas mon esprit. Il y entre aussi quelque nostalgie peut-être de l'extraordinaire acuité avec laquelle je lisais alors, une concentration que je ne retrouverai jamais. Les livres, c'était un tel luxe, on en était privé des mois, et puis, un jour, nos ravisseurs nous apportaient quelque vieux bouquin déchiré, maculé par des doigts graisseux, un Fleuve Noir parfois, ou un Harlequin, auxquels manquaient vingt ou trente pages qu'il s'agissait d'inventer soi-même. Et le pire navet faisait figure de chef-d'œuvre à mes yeux.

Qu'y trouviez-vous ?

Mais un livre, c'était d'abord un mois ou un mois et demi de gagné sur l'horreur ! C'était le moyen de meubler quelques-unes des seize ou dix-sept heures de temps conscient qui constituaient nos interminables journées (on dort peu quand on n'a aucune énergie à dépenser), c'était le moyen d'abolir l'atroce réalité. *Guerre et Paix* — avec l'œuvre romanesque de Sartre et la Bible, l'un des cadeaux de roi qui nous aient été faits —, j'ai bien dû le lire une vingtaine de fois, y puisant à chaque nouvelle lecture de nouvelles richesses.

La Bible, ce fut pour vous une découverte ?

Ah non ! Ma famille — d'origine alsacienne du côté de mon père dont l'aïeul avait émigré en 1871 vers l'Ile-et-Vilaine ; apparentée à Jean Chouan du côté de ma mère, ce qui me vaut de signer parfois « Jean Cottereau » (son vrai nom) dans *L'Amateur de Bordeaux*, sans que personne comprenne l'allusion —, ma famille, donc, était très catholique. Je vois encore mes parents m'offrir au collège une Bible de Jérusalem, ce qui n'avait pas plu aux pères, seuls aptes, pensaient-ils, à me délivrer la Parole. Tous les matins, on allait à la messe ; le dimanche, on avait en plus les complies et les vêpres.

De quoi vous écœurer définitivement ?

Non. Contrairement à Joëlle qui, élevée chez les Ursulines dans les mêmes conditions, a coupé radicalement le cordon et refuse toute transcendance, j'avais gardé la foi, mais une foi un peu tiédasse. C'est vraiment dans mes geôles libanaises que le Christ est entré dans ma vie.

Vous l'avez rejoint dans la souffrance ?

Oui, j'ai eu le sentiment de partager sa Passion, son état de déréliction, d'être moi aussi l'innocent condamné, abandonné de tous. Encore que la souffrance... Il y aurait tant à dire là-dessus ! Pour moi, la faim, le froid, les mauvais traitements, les simulacres d'exécution, les transferts, enfermés dans des cercueils de fer, toute cette souffrance physique comme morale n'a pas été l'épreuve la pire. Au fond, la souffrance, c'est comme le plaisir, ça occupe, ça comble le vide. La souffrance est une espèce de miroir dans lequel l'être humain se regarde, parfois se complaît ; elle comporte des degrés, des nuances, elle est encore un moyen de savoir qu'on est vivant. Tandis que le désœuvrement, l'ennui, l'acédie, comme dirait Jean de la Croix...

C'est là ce qui vous a semblé le plus dur ?

Oui. Je pense que pour l'homme, l'épreuve suprême est celle du temps. Dans une vie d'homme libre et actif, le temps, on ne le voit pas passer, les « temps morts » ne sont jamais que des instants de répit. Et voilà qu'un jour, on se retrouve enchaîné dans une cellule sombre, les yeux souvent bandés, avec l'idée qu'on sera peut-être prisonnier à perpétuité. Dieu sait pourtant si le temps, je l'ai berné en me servant de la boîte noire de ma mémoire, de toutes les images qu'elle avait enregistrées avant la catastrophe, et les lectures, et les poèmes, et le classement de 1855 (celui des grands crus de Bordeaux) que je me forçais à réciter tous les jours...

On s'habitue au pire ?

C'est évident. Le plus dur, dans ma détention, a été le premier jour, le premier mois, la première année. Vers la fin, j'avais à peu près déraciné tout ce qui me rappelait ma vie d'homme libre, maîtrisé la souffrance et l'ennui, je prenais ma situation presque comme un jeu, j'étais devenu une espèce de moine zen. Aujourd'hui, ma foi est moins violente, sans doute, la vie est là pour me distraire de l'essentiel, et c'est bien ainsi, mais le Christ est toujours un précieux compagnon pour moi.

Il demande le pardon des offenses...

Honnêtement, je n'ai eu aucun mal à pardonner à mes ravisseurs, l'esprit de vengeance m'est très vite apparu comme une seconde souffrance, il empoisonne l'existence. De là à les aimer comme le dit l'Évangile...

Avez-vous l'impression d'avoir acquis dans l'épreuve une nouvelle dimension ?

J'ai en tout cas le sentiment d'être épuré, comme dans l'épreuve alchimique où l'on brûle la gangue pour arriver au diamant débarrassé de ses impuretés. Mais à utiliser ce vocabulaire initiatique, on va encore me taxer de mysticisme !

C'est faux ?

Oui, bien sûr. Ce qui est terrible, c'est qu'à notre époque le simple fait de retrouver la foi et une certaine proximité avec Dieu est ressenti par beaucoup comme irrationnel, intolérable : alors on vous colle l'étiquette « mystique », ça vous a un côté un peu tapé qui rassure les foules. Mais bon, peut-être les gens n'ont-ils pas tout à fait tort, peut-être cette tension vers quelque chose d'absolu est-elle une forme de mysticisme...

Êtes-vous toujours dans le même esprit d'abandon ?

Est-ce abandon ? ou fatalisme ? C'est idiot à dire, mais je me sens désormais protégé. Comme dit ma femme en riant : « On a donné. » L'impression qu'après être sorti vivant de cette histoire, plus rien ne peut m'arriver, que la peur n'est plus de mise.

Même pas face à la mort ?

Surtout pas face à la mort. La mort, j'ai cohabité avec elle, j'ai entendu son pas qui s'approchait de Michel Seurat, j'ai senti son souffle sur lui, elle était là dans la cellule comme une personne physique. J'aurais plutôt de la curiosité à son égard.

Si d'aventure une nouvelle épreuve survenait, vous risqueriez cette fois de craquer ?

Franchement non ! Vous me direz, c'est facile de l'affirmer avant. Mais je crois vraiment être allé assez profondément dans ce qu'il y a de plus cauchemardesque dans la vie d'un homme. Je crois avoir balayé le spectre de l'horreur, et cela m'a prémuni à jamais contre ce narcissisme — cet amour-propre, cet orgueil, si vous préférez — qui est la plaie de notre société. A notre époque, on n'a plus que le mot « expérience » à la bouche ; pour être quelqu'un, il faut « vivre ses émotions », « aller au bout de soi-même » ; même les voyages deviennent prétexte à une confrontation de soi avec le Réel, l'exotisme exaltant — un comble ! — le nombrilisme. Regardez Mitterrand, c'est la plus belle incarnation du narcissisme contemporain ! Et ces cérémonies puériles qui entourent quotidiennement l'actualité politique... Mais on en crève, de cette autocélébration ! Si l'on est sur terre, c'est tout de même d'abord pour être responsable des autres ; ce qui compte, c'est la solidarité entre les êtres. A ressentir profondément cela, j'ai l'impression d'être mieux équipé pour dépasser mes problèmes personnels.

Et plus sensibilisé à la souffrance d'autrui quand vous regardez, par exemple, la tragédie yougoslave ?

La vérité m'oblige à reconnaître que non. On s'habitue à l'horreur quand on devrait éternellement garder à son égard une sorte d'innocence. La souffrance, je vous l'ai dit, rend un peu infirme, comme si un muscle avait été coupé : c'est vrai sur le plan de l'instinct vital, c'est vrai aussi sur le plan de la sensibilité.

Vous vous êtes durci ?

Ce n'est pas cela non plus, car je serais plutôt plus gentil qu'avant, plus aimable, plus bienveillant à l'égard des gens. Plus attentif aussi à ne pas causer involontairement quelque souffrance à autrui — c'est presque pour moi une obsession. J'en parle souvent avec mes garçons qui, à dix-sept et dix-neuf ans, sont, comme les jeunes de leur âge, un peu papillonnants. Mais si j'aime mieux, je crois, mon prochain, le paradoxe est que je ne le côtoie plus guère...

Vous êtes pourtant toujours journaliste ?

Mon métier ne laisse pas de me poser des questions. J'appartiens toujours à *L'Événement du Jeudi*, j'y écris des papiers de temps à autre, sur le vin, sur des livres, je signe des grands reportages — l'an dernier, je suis ainsi allé en Russie, à Königsberg, le berceau de l'ancienne Prusse, la patrie d'Emmanuel Kant, un vieux rêve. Je m'occupe toujours de *L'Amateur de Bordeaux*. La seule chose que je sache faire, c'est écrire, mais je serais incapable aujourd'hui de participer à la vie quotidienne d'une rédaction, et Jean-François Kahn en est conscient.

Un jour, vous livrerez le récit de votre détention ?

Je ne le crois pas. Si je devais écrire sans plus me cacher cette fois, ce serait plutôt sur mes retrouvailles avec la Liberté. Sur l'Épreuve, la vraie — l'autre vous a été imposée —, l'épreuve de vérité. On est là, tel Lazare sortant du tombeau, comme entouré de bandelettes, presque incapable de marcher, à moitié aveugle, et voilà que l'horizon soudain n'est plus limité, qu'on reçoit en pleine figure l'aveuglante lumière du jour — aujourd'hui encore, les lumières fortes me blessent les yeux. Tout est de nouveau possible, et c'est passablement effrayant.

Goûte-t-on mieux la vie quand on a failli la perdre ?

Évidemment. J'ai vraiment vécu ce 4 mai 1988 comme une seconde naissance, tout m'émerveillait : respirer, parler, me déplacer sans contraintes. Toucher mon premier arbre — depuis, je n'arrête pas d'en planter ! —, recevoir ma première pluie sur la tête, boire mon premier verre de vin. Ouvrir le matin ma fenêtre et voir les nuages qui filent dans le ciel. Une impression de liberté extraordinaire. Aujourd'hui, j'ai un peu perdu ce sentiment d'être un rescapé. Du coup, j'ai peut-être perdu aussi cette hypersensibilité aux plaisirs de la vie.

Vous voilà devenu un ascète ?

Ah non, pas du tout ! J'aime toujours le vin, la bonne cuisine, les beaux objets. Mais l'on me dirait : « Désormais, tout cela t'est enlevé », je serais condamné à une vie frugale, errante, je ne crois pas que j'en souffrirais. Cela dit, n'allez pas me voir comme une espèce de sage qui, du haut de sa souffrance passée, contemple avec indifférence les fourmis qui s'agitent autour de lui !

Prouvez-le-moi !

Si vous saviez le nombre de fois où j'engueule mes enfants — même si j'ai par ailleurs avec eux des rapports formidables — sur le gaspillage ! Est-ce le fait d'avoir été privé de tout ? Je ne supporte pas de les voir faire des dépenses stupides, laisser des lumières allumées derrière eux ou des choses dans leur assiette, cela me met hors de moi. Alors, ils ont beau jeu de me dire avec leur impertinence naturelle : « Dis donc, Papa, tes principes... Nous qui te croyions libéré de ces minables considérations matérielles pour ne plus te soucier que de l'Essentiel ! »

Et Dieu face au scandale du Mal ?

Prêtre salésien, théologien, professeur à l'Institut catholique de Paris, Xavier Thévenot attire dans ses deux cours de morale fondamentale et de morale sexuelle quatre fois plus d'auditeurs que d'élèves inscrits. Dans son repaire de l'Est parisien, il écoute aussi par centaines des éclopés de la vie, croyants envahis par le doute, couples en péril, veufs, séropositifs... Une ouverture à toutes les souffrances humaines, quelles qu'elles soient, de tradition chez les Salésiens : don Bosco, leur fondateur, pédagogue et thaumaturge aussi connu en son temps que l'est mère Térésa aujourd'hui, s'occupait déjà, dans les années 1850, des jeunes paumés de la banlieue de Turin.

La première fois que je l'ai entendu s'exprimer — magnifiquement — sur le sens de la souffrance[1], c'était à Lourdes où j'accompagnais une malade précieuse entre toutes à mes yeux : ma mère. A Paris, j'ai poursuivi avec lui sur ce thème une réflexion qui nous a menés loin, dévoilant derrière l'expert un homme qui n'avait pas été, lui non plus, épargné par la vie.

Faut-il vraiment passer par la souffrance pour accéder au sens de l'existence ?

Je pense que non. Ce qui fait s'interroger sur le sens de l'existence, c'est plus largement l'expérience d'excès. Et cet excès peut être soit dans le mal, auquel cas il ouvre sur la souffrance, soit dans le bien. Ce peut être la naissance d'un amour, avec

1. *Cf.* son livre *Souffrance, bonheur, éthique*, Salvator, 1990.

tout ce qu'il y entre d'illusion. Une expérience esthétique forte où l'artiste, soudain, par la magie de son talent, nous ouvre à un nouveau champ d'émotions. Ce peut être une expérience d'ordre intellectuel, l'« Eurêka ! » du chercheur ou, plus modestement, un livre, une discussion, un séjour à l'étranger qui, nous faisant prendre conscience de l'étroitesse de nos perceptions, nous invite à une remise en question. Ce peut être enfin une expérience mystique comme il en fleurit beaucoup aujourd'hui dans les milieux catholiques, la sensibilité charismatique aidant : le croyant a tout à coup le sentiment d'un surgissement de l'Autre, de ce grand Autre qu'est Dieu lui-même, qui l'arrache à son ronron quotidien et l'invite à un chemin d'infini. Autant d'expériences d'excès qui sont « comblantes » sans être « saturantes », qui apaisent notre quête en creusant le désir. Autant d'occasions de nous questionner profondément sur le sens de la vie.

La souffrance, elle aussi...

Elle aussi, en nous atteignant au cœur de nos évidences spontanées, fait surgir ces questions de fond que l'on se pose dans l'enfance avant de les refouler soigneusement.

Ce serait un moment « privilégié » !

Évidemment, elle n'est jamais perçue au départ comme telle... On la voit plutôt comme une chose écrasante dont il faut à tout prix se débarrasser, tant elle vous taraude le corps, l'esprit, occupant tout l'espace, vous empêchant de penser à quoi que ce soit d'autre. Violente, la souffrance est aussi violante : les gens en parlent comme d'un étranger qui vous pénètre de force alors que vous ne l'avez pas invité. L'image du cancer en petite bête qui vous ronge. Je parle alors de « mon » cancer comme s'il me faisait face ; ou bien je me laisse absorber par ma maladie, je suis « le Cancéreux », « l'Alcoolique », « la Femme plaquée ».

Jusque-là, rien de bien positif !

Cette expérience d'excès qui est celle du mal et de la souffrance restera écrasante tant qu'on n'aura pas pris à son égard la bonne distance : ni enlisement ni déni. Ma maladie est autre que moi, et pourtant elle est moi. Je suis malade, mais je ne me réduis pas à ma maladie. Alors seulement ce qui risquait d'être, pour qui subit l'épreuve, ferment de déstructuration, recul de la maturité, troubles de la personnalité, devient chance de croissance.

La première réaction de défense, dites-vous, est de rechercher les causes de cette souffrance...

Oui, c'est là un réflexe spontané de notre psychisme : « N'importe quel sens plutôt que pas de sens du tout ! » Toute épreuve lourde — un deuil, une maladie, la brisure d'un amour — est, dans un premier temps, vécue comme le surgissement de quelque chose d'absurde : « C'est con ! » comme disent les gens. Alors, plutôt que de reconnaître qu'il y a dans notre vie des zones privées de sens, on cherche à tout prix un coupable : soi-même, les autres, Dieu, le diable...

S'estimer à l'origine de sa propre souffrance, ce peut être justifié !

Je ne parle bien sûr pas des assassins qui se retrouvent en prison, des fumeurs invétérés qui se meurent d'un cancer du poumon, des époux volages qui paient le prix de leurs infidélités : ceux-là nieront d'ailleurs souvent leur culpabilité. Je pense plutôt à ceux qui s'en construisent une à partir d'éléments vagues, souvent empruntés au passé : telle Marie, cette toute jeune femme souffrant de troubles affectifs importants, qui me confiait aller d'échec en échec. En discutant avec ses parents à l'occasion de leur récent divorce, elle découvre qu'ils se sont mariés à cause d'elle, sa mère étant enceinte. Comme par hasard, elle ne cesse de répéter dans sa vie le même processus, se mettant en devoir de payer une faute qu'elle n'a pas commise. Notre inconscient, vous savez, a parfois des stratégies étonnantes, on voit des culpabilités qui passent ainsi d'une génération à l'autre.

Ces gens-là se posent plutôt en victimes...

C'est plus compliqué que cela. Ces culpabilités sont la plupart du temps des stratégies de toute-puissance. Se dire : « Je suis à l'origine de tout ce qui m'arrive, y compris de ce qui est inexplicable », est réducteur d'angoisse. Car c'est une des choses les plus difficiles qui soient, pour l'être humain, que de tolérer de n'être ni Dieu ni Diable. Ni tout-puissant dans sa volonté de construire, ni tout-puissant dans sa capacité de détruire. Mais simplement homme ou femme qui aurait pu ne pas être, qui traverse une vie où des événements surviennent par hasard, qui sera confronté un jour à l'épreuve de la mort. Or cette expérience de la finitude, de la radicale précarité du monde, n'est jamais aussi forte qu'au creux de la souffrance. D'où le besoin de maîtriser les choses.

Autre attitude : « Je n'y suis pour rien, ce sont les autres qui me veulent du mal »...

Le bénéfice est clair : dès que le responsable n'est pas moi, mais l'autre, il ne sert à rien de me convertir. Je me cale confortablement dans mon image narcissique. Et puis, être persécuté, c'est aussi exister pour celui qui vous persécute : or, justement, la souffrance vous donne le sentiment de ne pas exister, d'être happé par un pouvoir de mort, abandonné, mis hors du jeu social. Mieux vaut encore être quelqu'un, même au regard du diable...

Une réaction un peu primaire...

Détrompez-vous. Je suis frappé de voir, ces temps-ci, des gens hyperrationalistes, tel ce grand professeur de médecine atteint de problèmes psychologiques importants, se mettre devant la souffrance à évoquer le diable. Il n'y a qu'à voir combien le ministère de l'exorcisme, hier complètement abandonné, a repris du service dans l'Église catholique[1].

Une autre stratégie sera d'accuser la morale avec un grand M, telle une espèce d'instance flottante qui empêcherait de vivre. Je pense à cette femme qui s'était persuadée d'avoir raté sa vie conjugale à cause des interdits de l'Église catholique dans le domaine de la régulation des naissances. Et voilà que, pour raisons de santé, elle doit subir, encore jeune, une hystérectomie : plus de crainte d'une naissance non désirée, mais ses problèmes persistent avec son mari. Elle avait imputé à un interdit extérieur les problèmes surgis de ses propres impuissances.

Ultime recours contre la souffrance : en rendre Dieu responsable. Là, on dépasse de beaucoup les stratégies individuelles. Car

1. A Paris, les services de l'exorciste, rue Gît-le-Cœur, dans le VIe arrondissement, reçoivent de trente à cinquante personnes par semaine (pour plus de la moitié des Français d'origine métropolitaine).

comment justifier le scandale de la souffrance face à la toute-puissance de Dieu ?

Attention : une fois encore, il faut rendre à l'homme ce qui lui revient ; la souffrance d'un enfant maltraité par ses parents, d'un pauvre hère contraint pour survivre à un travail abrutissant, la souffrance du tiers monde due pour partie à l'égoïsme du Nord de la planète, toutes ces perversions de la liberté humaine...

Mais l'anéantissement d'un village dans une coulée de boue, la lente déchéance d'un petit myopathe, toute cette souffrance innocente, Dieu, dans Sa bonté, la tolère ! Vous comprenez, vous ?

Je n'ai pas de réponse satisfaisante. Certains adeptes de la théologie rationnelle (ce que, dans l'Église, on appelle la théodicée) disent : en créant le monde, Dieu ne pouvait qu'y intégrer les limites humaines...

C'est maigre !

... D'autres, pour innocenter Dieu, avancent que ces maux sont absence d'un bien, c'est-à-dire, dans leur jargon, du « non-être ». Ils n'ont pu donc être créés en tant que tels par Dieu, qui ne crée que de l'être. D'autres encore affirment que Dieu a fait le meilleur des mondes possibles, le Mal n'étant là que pour faire ressortir le Bien comme un peintre met dans son tableau des touches d'ombre pour mettre en valeur la lumière...

Du style : « Dieu t'éprouve parce qu'Il t'aime » ?

Oui, c'est cela, l'image d'un Dieu sadique qui utiliserait la souffrance des hommes comme un moyen de servir Sa gloire. Mais comment y croire ? Qui prendrait plaisir à accabler ceux qu'il aime ? Là encore, on retrouve la même racine psychanalytique : souffrir, c'est un moyen d'exister aux yeux de Dieu.

Un discours qui a tout de même entraîné une responsabilité historique de l'Église dans l'acceptation par les opprimés de leurs chaînes...

Il y a eu, c'est vrai, une récupération idéologique de l'Évangile, invitant à la soumission aux autorités en place, alors même qu'une étude historico-critique de la Bible montre à quel point la Croix est subversive : Jésus est une menace pour le pouvoir religieux du sanhédrin comme pour le pouvoir politique d'Hérode, il apprend par là même aux exploités la révolte.

Ces tendances masochistes, on les retrouve chez nombre d'auteurs spirituels.

Le grand péril, quand on lit ces mystiques, est de le faire de façon fragmentaire : c'est vrai qu'il y a chez Jean de la Croix, par exemple, des nuits purificatrices, des moments de désillusionnement profond où il semble faire l'apologie de la souffrance, mais ce ne sont là que des passages qui, dans le mouvement même de sa découverte de Dieu, débouchent sur une paix et une joie profondes.

Sainte Thérèse de Lisieux, en tout cas, me semble bien alimenter une vision doloriste de la vie chrétienne[1].

Je ne dis pas qu'elle soit à cet égard au-dessus de tout reproche. Il y a en elle, c'est sûr, de grandes immaturités psychologiques ; sa famille est mortifère — Thérèse perd sa mère à l'âge de quatre ans, ainsi que quatre frères et sœurs ; le statut de la sexualité y est plus que bizarre — les cinq filles survivantes entreront toutes au couvent ; très vite atteinte par la tuberculose, (elle en mourra à l'âge de vingt-quatre ans), elle semble plus d'une fois appeler de ses vœux les souffrances physiques, morales, spirituelles dans lesquelles elle se débat. Mais il est vrai aussi qu'à partir de là, laissant la grâce de Dieu opérer en elle, elle fait un chemin évangélique étonnant, apportant, s'il en était besoin, la preuve qu'on peut être saint sans être humainement équilibré.

Aujourd'hui, on ne porte plus le cilice et le jeûne n'est guère à la mode. Mais reste dans l'Église l'idée d'une valeur rédemptrice de la souffrance : le sauvetage de l'humanité passe par la mort du Christ, le souffrant par excellence...

Mais non ! Jésus n'a rien d'un recordman de la souffrance. Même les tourments de la Passion ne durent, oserais-je dire, que trois jours. C'est peu face aux douleurs terminales d'un cancéreux,

1. A la veille d'entrer au Carmel (elle a alors quinze ans !), elle écrit de Jésus : « Je ne craindrai pas ses coups car même dans les souffrances les plus amères, on sent toujours que c'est sa douce main qui frappe » !

au long calvaire d'un grand dépressif, au traitement qui fut réservé à nos otages au Liban.

La Croix reste bien l'emblème des chrétiens ?

Soyons clairs : ce qui libère, ce n'est pas la Croix en tant que telle, c'est la foi, l'espérance, l'amour, la solidarité que le Christ a déployés, malgré les extrêmes raisons qu'il avait dans l'épreuve de ne plus croire, de ne plus espérer, de ne plus aimer, de s'estimer abandonné.

Est-ce à dire qu'on peut, dans la religion catholique, faire l'économie de la Croix ?

On aurait pu faire l'économie de la Croix si le monde n'avait pas été pécheur. Dans un monde pécheur, c'est-à-dire marqué jusque dans ses structures par l'exploitation de l'homme par l'homme, si quelqu'un travaille comme l'a fait Jésus pour la justice, s'il fait preuve d'amour à l'égard des plus démunis, alors, parce qu'il dérange, il s'expose à en subir les conséquences.

De toute façon, sans mort, il n'y a pas de Résurrection possible ?

Oui, mais attention, le Christ n'est pas mort dans son lit, et cela change tout ! La Résurrection est la réponse de Dieu à un type de mort bien spécifique, la mort par persécution. De sorte que pour les chrétiens, cette Résurrection n'est pas seulement la victoire de la vie sur la mort, du printemps sur l'hiver, c'est la victoire de Dieu sur l'iniquité du mal. Il ne faut jamais séparer la réflexion sur la Résurrection de la forme historique qu'a prise la mort de Jésus, sous peine d'enlever au christianisme sa force de subversion contre un ordre injustement établi.

Pour vous, le christianisme ne justifie pas la souffrance ?

Pas du tout. Il suffit de regarder Jésus — c'est là d'ailleurs toute la force de la théologie spirituelle remise à l'honneur dans les années 60. Pour elle, tout est dans cette parole de Jésus : « Qui m'a vu a vu mon Père[1]. » Autrement dit, si je veux savoir quelle est l'attitude de Dieu face à la souffrance, et ce qu'Il m'invite à faire, il me suffit de regarder Son fils.

1. Jean, XIV, 9.

Et alors ?

Alors, à aucun moment je n'entends Jésus légitimer la souffrance. Au contraire, il n'a de cesse de la réduire, il guérit les malades, chasse les démons qui torturaient les esprits faibles, tend la main à tous les damnés de la terre : « J'étais nu et tu m'as vêtu, malade et tu m'as visité, étranger et tu m'as accueilli[1]... » Il s'est caché pour éviter d'être pris par ceux qui le poursuivaient, c'est bien pourquoi ses ennemis ont dû faire appel à Judas, le traître. La Croix, le Christ n'est pas allé la chercher, elle lui a été imposée — comme l'assassinat à Gandhi ou à Martin Luther King — du fait de sa solidarité avec les opprimés de tous bords. Les martyrs de la foi, qu'ils soient en Amérique latine ou, hier, derrière le rideau de fer, ne sont des martyrs que parce qu'ils paient leur lutte en faveur de la vérité, de la justice, de l'amour.

Comment Jésus va-t-il assumer sa souffrance ?

Il n'a rien du vertueux stoïque qu'on nous présente parfois. Sa souffrance, il la repousse, il n'en veut pas. Puis, quand il n'a plus le choix, il entre à Gethsémani dans cette phase de sidération qui suit l'annonce d'un diagnostic grave, d'un échec affectif, d'un deuil. C'est le cri de la bête, la noyade ; les questions métaphysiques sont loin. Certains s'installent dans un stade de non-désir, coupés qu'ils sont de l'envie de vivre : ils se laissent dépérir, sans manger, ni parler, ni sortir, ravagés par des larmes sans fin. Après seulement viendra la phase de réaction.

La même pour tous ?

Évidemment non. Bousculé par la souffrance, chacun réagit différemment. Certains se révoltent. Bon signe : c'est le sursaut de la vie en eux. Laisser s'exprimer une certaine agressivité vis-à-vis du corps médical, vis-à-vis des proches, vis-à-vis de Dieu, n'est mauvais que si cela se transforme en haine intérieure. Jésus, lui, les membres cloués, les paumes ouvertes, cherchant son souffle dans des râles longs et pénibles, interpelle son Père : « Mon Dieu, mon Dieu, pourquoi m'as-Tu abandonné[2] ? »

1. Matthieu, XXV, 31 à 46.
2. Matthieu, XXVII, 46.

On se sent au fond du trou. Et pourtant, le travail sur soi-même a déjà commencé ?

Oui, le propre de l'épreuve est de casser ces systèmes de compréhension du réel et du monde qu'on a mis parfois des années à bâtir et à sauvegarder tant bien que mal. Ces systèmes qui sont aussi illusion protectrice. Or, derrière le dépouillement qu'entraîne la souffrance, ce n'est pas la nudité qu'on découvre, mais un formidable grouillement de vie : l'être humain se révèle dans ses contradictions, il découvre qu'il est tissé de générosité extrême et d'égoïsme forcené, que son attachement à son conjoint était aussi une recherche de lui-même, que sa confiance aveugle en Dieu était une manière de fuir les vraies questions sur la vie. Il se croyait doux ? Le voilà plein de haine. Et travaillé par des désirs inassouvis, lui qui fustigeait les mœurs débridées. Une cure de souffrance est toujours une cure d'ambiguïté.

C'est dur à supporter !

Oui. Alors, pour survivre, certains se cantonnent dans des retranchements infantiles. Régressent au stade oral : manger, boire. Ou au stade anal : faire toujours plus pour éviter de penser, tels ces P.-D.G. mus par un activisme dingue, au péril de leur vie. D'autres qui, jusque-là, avaient vécu une vie de couple équilibrée, fuient dans la jouissance sexuelle, le donjuanisme. Autant de comportements qui, eux aussi, peuvent être à terme l'occasion d'un dépassement de soi, si l'on parvient à transformer en humilité l'humiliation que l'on ressent devant ses faiblesses.

La révolte, la régression... Certains n'ont pas même ces recours devant un excès de souffrance.

Ils s'effondrent. Oui, sur le chemin de la souffrance vous attend parfois la désespérance : vu le mal qui m'atteint, ai-je encore le goût de vivre ? Une désespérance d'ordre métaphysique — qu'on confond trop souvent avec une dépression psychique en ramenant ces temps-ci tout suicide à un problème pathologique.

Honnêtement, contre la tentation du suicide, vous croyez toujours à l'exemplarité du Christ ?

Mais regardez-le ! Au moment où tout laisse à penser que, lâché de tous, supplicié, il a raté sa vie, il fait profession d'espérance : « Aujourd'hui, dit-il au bon larron qui vit les mêmes affres que lui, tu seras avec moi dans le Paradis. Même si tu ne comprends rien à ce qui se passe ici et maintenant, je te dis, moi, que tu as un avenir possible. Un avenir sur terre, car, moi, je t'aime encore. Et un avenir au-delà de la mort... »

La solitude enfin vaincue...

L'isolement, surtout. Car le sentiment de solitude est sain en soi : vivre, humainement parlant, c'est intégrer le fait qu'on est radicalement seul, que la vie est faite, depuis la première rupture du cordon ombilical, de détachements successifs. Si tant de gens divorcent dans les premières années de leur mariage, c'est qu'ils ne sont pas capables de comprendre que, pour être deux, il faut être solitaire, c'est qu'ils refusent d'accepter le fait qu'une partie d'eux-mêmes est incommunicable à l'autre.

Ce qui est mauvais, par contre, c'est l'isolement, le refus de communiquer. Le sentiment que personne ne peut vous comprendre. Et il est consubstantiel à la souffrance.

Jésus accepte, lui, la présence de Marie et de Jean, le disciple bien-aimé, au pied de la Croix...

Tous deux muets, comme si, dans les moments d'extrême souffrance, seul le silence pouvait parler en vérité.

Ils sont impuissants à l'aider.

Oui, mais précisément leur impuissance est leur force. Comme tous ceux qui éprouvent de la compassion (*com-passion :* souffrir avec), Marie et Jean ne peuvent rien pour Jésus, seulement l'aimer au point de le rejoindre là où il est, dans le désert de la souffrance. Alors rejaillit une petite source d'amour, alors se renoue un lien fragile, alors se tisse une petite zone de sens : enfin quelque chose qui n'est pas de l'ordre du toc ! Le combat contre la souffrance est pratiquement perdu d'avance si cette rencontre-là ne se fait pas.

Encore faut-il avoir le courage du premier pas.

C'est vrai qu'il en faut beaucoup pour dépasser la fascination de l'isolement et dire à l'autre : j'ai besoin de toi... Pourtant, c'est une des expériences les plus fortes de l'amour. Le laissé-pour-compte, le malade, l'agonisant, même démuni de tout, peut encore faire don à autrui de son abandon : « Père, je remets mon esprit entre tes mains. » Dans notre société de toute maîtrise, grâce au progrès scientifique, c'est un beau cadeau que nous font tous les souffrants de la Terre quand ils nous acculent à comprendre que, pour être pleinement homme ou femme, il faut accepter non seulement de donner, mais aussi de s'abandonner.

Ce message, tout le monde peut-il le capter ?

On n'est pas là dans le domaine des certitudes mathématiques, mais du pari. Toute souffrance, inéluctablement, provoque un pari existentiel, que l'on soit croyant ou non. Car, pour savoir si ça vaut le coup de vivre, il faut vivre. Pour savoir si j'ai eu raison d'espérer, il faut espérer. Pour savoir si j'ai raison de me fier à l'humanité, je dois me fier à l'humanité. Pour savoir si j'ai raison de croire en Dieu, il faut croire en Dieu. Alors que tout fiche le camp, je parie qu'il y a encore du sens possible. A la sortie de toute souffrance, il y a une démarche de foi.

Mais il faut pour cela pouvoir articuler les épreuves avec des zones gratifiantes et joyeuses qui compensent partiellement le tragique de l'existence, permettant à l'homme de retrouver sa cohésion interne.

Vous parlez trop bien de la souffrance pour n'avoir connu que celle des autres...

Ce fut longtemps le cas. Et puis, à quarante-deux ans, j'ai été atteint de la maladie de Parkinson, aujourd'hui encore une maladie à l'évolution inéluctable. Alors j'ai vécu dans ma chair ce que je professais jusque-là du haut de ma chaire, si je peux me permettre un mauvais jeu de mots. J'ai renoué avec la douleur physique (une douleur déjà expérimentée quand, peu après avoir été ordonné prêtre, j'avais été à moitié écrasé par un camion), j'ai vécu des bouleversements psychologiques, douté de la bonté de Dieu, connu la tentation de l'isolement, la révolte, la régression. J'ai tenté de nier mon état : cette maladie, me disais-je, ce n'est qu'un mauvais rêve, et puis, tout à coup, un geste tout bête, faire trois pas, chercher un livre dans une bibliothèque, me ramenait à la réalité. J'ai cherché à dominer ma souffrance à la force de mes poignets, et, peu à peu, je l'ai acceptée comme une compagne qui ne cesse de me questionner.

Et qui vous permet d'aider les autres plus efficacement ?

C'est évident. Pour avoir côtoyé comme eux le gouffre de l'absurde, je me sens capable aujourd'hui de rejoindre les souffrants là où je ne pouvais les suivre. S'installe en moi une fécondité apostolique que je pensais impossible. Témoins ces cheminements humains et spirituels que certains vivent devant moi, dans mon bureau, et qui sont pour moi des moments d'émerveillement.

« La souffrance ! nous lui devons tout ce qu'il y a de bon en nous », disait Anatole France. Vous êtes d'accord ?

Attention, ce n'est pas la souffrance qui fait la grandeur de l'homme, c'est la façon dont il assume cette souffrance, ce défi lancé à sa liberté et à son espérance.

Elle vous a fait grandir ?

A cause d'elle, en tout cas, j'ai dû quitter mes évidences pour trouver autre chose, faire sur moi ce travail non pas seulement de deuil, comme disent les psychiatres, mais de Pâques, qui devrait être la démarche de tout chrétien. Quand on quitte ce qu'on avait construit et qu'on trouve plus de vérité humaine, alors, au cœur même de la souffrance s'instaure une paix qui n'est pas un état, mais encore un travail. Une paix tout de même, avec ses hauts et ses bas...

Coupés en deux !

Garches (Hauts-de-Seine), 7 h 15, l'hôpital Raymond-Poincaré se réveille. « Génial, c'est la nouvelle ! » murmure Christian à Étienne, dix-huit ans, regard candide et brosse blonde, qui embraie aussitôt à l'adresse d'Huguette, la jeune aide-soignante fraîchement débarquée dans le service : « Dis donc, j'suis crevé, j'peux boire mon café au lit ? » Vingt minutes de grâce, c'est toujours bon à prendre. Dans le service de rééducation neurologique de Garches — deux cents lits, le plus important de France — comme dans toutes les familles du monde, les jeunes ont un mal fou à se lever le matin.

Se lever... façon de parler ! Car, au deuxième étage du pavillon Netter, spécialisé dans les lésions de la mœlle épinière, tout le monde vit en fauteuil roulant : accidentés de la voie publique pour plus de la moitié, des motards bien souvent, mais aussi de tranquilles piétons ; victimes d'accidents du travail, tombées d'un échafaudage ou assommées par quelque objet ; sportifs malchanceux (au hit-parade des sports dangereux, le plongeon en eau insuffisamment profonde, le ski, l'équitation, le deltaplane, le football, le rugby, les sports de combat) ; défenestrés — l'un du septième étage ! — qui affirment souvent s'être seulement un peu trop penchés au balcon... Derniers clients de Netter II, ceux qui souffrent d'une maladie neurologique ou d'une tumeur, donnant en gros le même tableau clinique qu'un accident. Pour tous, l'important, c'est le niveau de la lésion : dorsale ou lombaire, elle donnera une paraplégie, c'est-à-dire une paralysie des membres inférieurs ; cervicale, une tétraplégie qui immobilise, elle, les quatre membres.

9 h 30 : même les plus indolents ont fini par enfiler leur

jogging, la tenue maison, aidés par les infirmières et les aides-soignantes. Dans les couloirs, les fauteuils naviguent en rangs serrés. Il y a foule dans la grande salle de rééducation, et, dominant cette foule, Candido, un Portugais de vingt ans, beau comme un jeune dieu, atteint accidentellement par une balle à la cervicale C4, incapable de bouger autre chose que la tête, droit comme un « i » dans le « Stabilo » qui le maintient une heure, chaque matin, en position debout — une verticalisation essentielle pour le cœur, l'appareil respiratoire, la calcification des os...

Allongé sur sa table de rééducation, Étienne, cette fois bien réveillé, travaille l'équilibre avec son kinésithérapeute, tandis que Vincent, vingt-quatre ans, sur la table d'à côté, cherche à renforcer ses muscles du poignet. Christine, vingt et un ans, renversée l'été dernier à bicyclette sur une route normande, s'essaie, le front en sueur, à marcher entre des barres parallèles, les jambes emprisonnées dans des attelles. Plus loin, à plat ventre sur une sorte de tatami surélevé, Marc, vingt-trois ans, un « D10 » (touché à la dorsale 10), soulève des poids posés par terre, guidé par Geneviève, « sa » kiné, celle qui l'a pris en charge à son arrivée dans le service, en décembre dernier, et ne le quittera qu'à sa sortie. Celle qui, chaque matin, pendant trois quarts d'heure, l'aide, dans un long et patient corps à corps, à récupérer autant que faire se peut, ses forces évanouies, en consacrant parfois la moitié du temps à écouter ses angoisses, sa révolte, son silence. Celle qu'il adore en ce moment, parce qu'il se sent poindre à nouveau des muscles dans l'abdomen et le dos, mais qu'il agressera peut-être demain si les miracles attendus ne se produisent pas : « Bien sûr, on ne voit pas tous les jours un patient tenter d'étrangler un kiné — c'est arrivé une fois ! —, mais il est plus que banal de laisser dans la bagarre une poignée de cheveux », constate, placide, Élyane Lemmenicier, la surveillante générale qui gère les douze kinés du pavillon.

Assis dans son fauteuil devant une table, dans l'atelier d'ergothérapie, Aymeric, dix-huit ans, essaie de mettre des petits cubes dans un grand : un, deux... Atteint aux cervicales C5 et C6, il ne peut pas bouger les doigts, mais arrive à faire la pince grâce à un mouvement de flexion du poignet. Cinq, six petits cubes... Aymeric s'arrête, épuisé, vous regarde, l'air navré : « Pourtant, ça a l'air idiot ! » L'an dernier, à la même époque, il était en seconde à Caen, rêvait d'être journaliste sportif. Et puis, le 21 mai, sur la plage, « par un temps génial », il a couru avec ses copains pour piquer une tête dans les vagues. Sa tête a heurté le sable. D'abord les autres, ne le voyant pas bouger, ont cru à une farce. « Moi aussi, avoue Aymeric, j'ai mis longtemps à réaliser. Je croyais qu'en fauteuil, on gardait au moins l'usage de ses mains. »

Mille-bornes, Mikado, puzzles : à voir les étagères, on se croirait en maternelle. Plus loin, un monsieur d'âge mûr joue au scrabble avec Christophe, l'un des quatre ergothérapeutes ; Liliane fait de la vannerie ; Anne, de la peinture avec un pinceau enrobé d'un caoutchouc de plomberie, pour faciliter la prise ; Marcel cherche à abattre un fantôme sur un écran d'ordinateur. A la disposition de tous, il y a aussi un labo-photo, un atelier de menuiserie, un coin-cuisine où René, trente-sept ans, s'essaie à faire des crêpes, un exercice périlleux... et totalement illégal, puisque œufs, lait et farine, porteurs potentiels de salmonelles, sont en principe bannis par l'administration. « Avec nous, dit Christophe, ils réapprennent l'autonomie : manger, écrire, signer un chèque — pour eux, essentiel ! »

Des activités qui rééduquent les gestes, mais aussi les fonctions supérieures, quand le cerveau est lésé. Car, au pavillon Netter, à côté des para et des tétraplégiques, il y a aussi les hémiplégiques (l'un des hémisphères du cerveau est touché) et les traumatisés crâniens, une pathologie encore plus sévère que les lésions de la moelle.

10 heures : troisième tête-à-tête entre Hélène, orthophoniste, et Justine, une Guadeloupéenne de trente et un ans, accidentée en novembre, arrivée ici après trois semaines de coma. De l'accident, elle a tout oublié, le trou noir. Le reste lui revient peu à peu : le nom du président de la République, la liste des grandes villes de France. En revanche, Hitler, « connais pas ! » Il y a encore du chemin à faire... Certains « traumas » perdent la mémoire ancienne, comme Nicole, vingt-huit ans, incapable de se souvenir qu'elle est mariée et a eu des enfants ; incapable donc de ressentir le moindre chagrin de la perte dans l'accident de sa petite fille de dix-huit mois, un deuil qui ne la concerne pas. D'autres traumatisés crâniens sont, eux, c'est le cas le plus courant, privés de mémoire immédiate, c'est-à-dire de toute faculté d'apprentissage. Forme aiguë de ces troubles, l'oubli « au fur et à mesure » : « Rien de plus terrible, dit Hélène. On

demande au patient d'aller ouvrir une porte : il se lève et s'arrête en chemin, l'ordre rayé de sa conscience. »

Pertes de mémoire ; troubles sensoriels de la vue, de l'ouïe ; privation du langage ; dérive du raisonnement ; modification radicale du caractère, qui transforme un brave type en homme violent ; le tout parfois associé à des dégâts moteurs : le handicap du traumatisé crânien, difficile à appréhender, déjouant tous les pronostics de récupération, laisse le malade complètement désorienté dans l'espace et le temps. « Le traumatisé, c'est un puzzle dont les morceaux seraient éparpillés, dit le Pr Bernard Bussel, chef du service. On essaie de les réassembler. »

Parfois, on arrive à reconstituer le puzzle : David, couvreur, deux mois de coma profond, trachéotomisé, est reparti six mois plus tard sur ses pieds et a fait un second enfant à sa femme ; Denis, étudiant en médecine, deux ans et demi de passage à vide, a repris le cursus normal et réussi cette année l'internat. Mais de rares miracles ne peuvent faire oublier l'infinie tristesse de ces regards croisés au hasard des couloirs : celui, implacable et muet, de Lionel, un Zaïrois de vingt-deux ans, embouti à l'arrêt alors qu'il attendait au volant le feu vert, sa sœur à ses côtés (hier, quand on lui a enfin appris sa mort, il a à peine réagi) ; celui de Damien, vingt-deux ans lui aussi, hémiplégique gauche à la suite d'une tumeur au cerveau, opposant déterminé à toute tentative de rééducation, si agressif qu'on a fini par le mettre seul dans une chambre. « Sa famille a tendance à l'oublier, nous aussi », reconnaît avec franchise le Dr Olivier Dizien, trente-neuf ans, l'assistant du Pr Bussel, pourtant un champion des déblocages tous azimuts grâce à son tonus, à son sens de la blague et à l'amour évident qu'il porte à ses patients. Avec Damien, rien à faire, pas un bonjour. Au médecin, il broie la main, puis la porte à ses lèvres. Dizien laisse faire, tout en sachant qu'il a déjà mordu méchamment l'une des trois psychologues.

Dans la salle commune de seize lits où sont regroupés les moins de trente ans, Guy rêvasse, le nez au plafond, ses compagnons de chambre partis en rééducation ou, pour les plus jeunes, au lycée qui fonctionne au rez-de-chaussée. Même calme plat du côté des « médullaires » (les lésés de la moelle) où les peluches, une espèce animale qui prolifère à Garches, montent la garde sur des lits vides. Jean-Luc, lui, depuis son arrivée ici, le 11 septembre, n'a pas quitté sa chambre ni la position allongée : touché à la cinquième cervicale après avoir, en juillet, dévissé de trente mètres dans le massif du Mont-Blanc — il a attrapé une pneumonie en prime lors de son évacuation, les portes de l'hélicoptère n'ayant pas réussi à se fermer sur son 1,93 mètre ! —, ce gaillard de vingt-trois ans, élève ingénieur à Grenoble, grand amateur de ski et de tennis, bénéficie, faute de pouvoir bouger les bras, d'un des six postes de « contrôle d'environnement » que possède le service, un appareillage électronique qui permet de commander à la voix l'ouverture des fenêtres, l'allumage du plafonnier, le changement de chaîne à la télé. « On a parlé de m'asseoir la semaine prochaine, c'est bon signe », dit Jean-Luc, angoissé malgré tout de voir manipuler son corps douloureux. « La rééducation, confirme le Pr Bussel, ce n'est parfois, pendant les premières semaines, qu'une main que l'on tient, un front que l'on caresse. »

Plus loin, dans le secteur des lits fluidisés où les patients sont en suspension sur des billes de silice soufflées par une ventilation, des images insoutenables, comme celle d'un grand brûlé d'une cinquantaine d'années, sondé de partout, trachéotomisé. Un cas désespéré ? « Lui aussi, on le mettra en fauteuil », assure Dizien.

12 h 30 : les chariots chargés de plateaux-repas circulent dans les couloirs. Chacun rentre dans sa tanière pour déguster le boudin tiède. Dans l'aile des jeunes « para » et « tétra », ils sont cependant huit à avoir récemment décidé de prendre leurs repas en commun dans la salle à manger : encore un coup de Laurence, la seule fille du groupe (les garçons sont ici l'écrasante majorité), une jolie brune aux yeux verts pétillants d'énergie, qui se préparait à repiquer sa première année de médecine quand un double tonneau sur une route de campagne lui a fait faire un vol plané de dix mètres. Quand, après l'opération, elle a, à travers le brouillard, entendu « paraplégique », elle a compris et décidé de se battre : « Dès que je suis prête, le matin, je fonce en rééducation. Si je pouvais, j'y resterais toute la journée ! »

Une vraie bande que ces huit-là, qui bavardent jusqu'à plus soif et se lancent des défis pour progresser. « On se foutait un peu de sa gueule, dit de son copain Vincent, Étienne, le benjamin du service, mais aussi le plus ancien (plus d'une année qu'il est là) ; alors, à force de voir qu'il était en retard sur nous, il a essayé de faire tout seul ses transferts (passer de son fauteuil à son lit). » Une lucidité gouailleuse que cet apprenti plombier de Chatou s'applique à lui-même : « Je préfère me dire que je ne remarcherai pas, pour ne pas être déçu. Mais si ça devait arriver, alors, avec mon père, on s'est promis de prendre ce jour-là la cuite de notre vie. » Au-dessus de son lit, une moto en pleine course : « La mienne, j'ai pris mon pied tout juste un an avec. »

Pour Vincent, la chevauchée n'aura duré que deux mois. Pour fêter son mariage avec Marine, en mai 1989, cet animateur commercial, radioamateur et fervent de danse et de saxo, s'offre enfin l'engin de ses rêves, une Kawasaki 900. Deux mois plus tard, les tourtereaux sont accidentés à une sortie de périphérique et Vincent se retrouve tétraplégique : « La mort, j'y avais bien pensé. Mais à me retrouver coupé en deux, jamais... » Lors de son arrivée dans le service, il y a trois mois, il était en fauteuil électrique, à peine capable de bouger les épaules. Au rythme de trois à quatre heures de travail par jour, les muscles supérieurs reviennent peu à peu : « L'autre jour, j'ai pu me gratter derrière la nuque. La joie ! » Mais, quand il parle de Marine, la voix se casse : « C'est elle qui m'a fait comprendre que, même handicapé, il y avait une vie possible. Pourtant, ce que je lui avais promis, ce n'était pas cette vie-là. »

« Cette vie-là », précisément, Marc, vingt-trois ans, n'en veut pas. « J'ai trop bien vécu jusqu'à maintenant, dit ce chauffeur-routier aux cheveux roux ficelés derrière, paralysé depuis son opération d'une tumeur à la moelle en novembre dernier. T'imagines, le pavillon des parents à L'Haÿ-les-Roses, les copains, une voiture à moi, la boxe anglaise, de six à sept mille balles par mois, perdre tout ça... » Au début, il n'arrêtait pas de « chialer », il s'en est sorti ici grâce aux copains — « on rigole bien » —, mais se refuse toujours à mettre le nez dehors, histoire de ne pas se montrer « comme ça ». « Si je ne remarche pas, je me fous en l'air », conclut-il, persuadé dans son for intérieur qu'il recouvrera un jour l'usage de ses jambes. Un rêve auquel Gilles, vingt-quatre ans, un motard fou de sport, ne croit plus. « Mon accident date d'il y a un an et demi et je n'arrive toujours pas à assumer. Quand je vois un type à moto, j'ai la haine ! »

Un jour, il y a longtemps, un tétraplégique a basculé, le soir venu, dans la piscine de rééducation avec son fauteuil électrique. Un trauma, l'an dernier, a réussi à briser une vitre du troisième étage ; on l'a retenu à temps. Mais les suicides sont bien plus souvent tardifs — quatre, cinq ans après l'accident —, surtout pour les traumatisés crâniens qui se découvrent incapables de se réinsérer professionnellement et socialement, seuls, malheureux, déclassés. « Plusieurs sont, par amitié, venus me prévenir qu'ils allaient se suicider », dit le Pr Bussel, et, d'une voix sourde : « Deux l'ont fait. »

Pas de recette, en tout cas, pour amener chacun à faire le deuil de sa « vie d'avant » et assumer sa nouvelle existence : pour Jean-Pierre, ce sera la passion retrouvée du karaté à l'heure où, sombrement déprimé, il refusait toute rééducation ; pour d'autres, les activités proposées par le club de loisirs de l'hôpital et ses trois cent cinquante bénévoles : art floral, peinture sur soie, visites de Paris, cinéma surtout, le mardi soir, dans une salle des environs. Autant d'occasion de s'évader, même dans sa tête, de ce milieu carcéral qu'est de toute façon l'hôpital. Autre planche de salut : l'atelier d'informatique qui en prépare plus d'un à un reclassement professionnel. Mylène, blonde et rose, faisait les marchés avec sa famille ; on lui apprend à utiliser un logiciel, à contrôler la gestion des stocks. Philippe, vingt-deux ans, est, lui, bien décidé à terminer, malgré l'accident, ses études d'expert-comptable : deux ou trois heures par jour, il est là à pianoter sur son clavier avec une baguette tenue dans sa bouche pour suppléer ses mains inertes.

Un client modèle pour les trois assistantes sociales du service, chargées de préparer les retours à la maison, appelées d'ordinaire à trouver des solutions à des situations inextricables. Celle d'Amin, vingt-trois ans, par exemple, moniteur sportif fauché par un accident de ski et farouchement opposé à l'idée d'exercer tout autre métier, étranger démuni de toute allocation, allergique à l'idée de réintégrer le domicile de ses parents, lui qui avait pris depuis longtemps sa liberté.

Un logement adapté : le problème numéro un des handicapés. Introuvable, surtout en région parisienne. D'où de tristes histoires comme celle de Daniel, trente-deux ans, sorti plutôt vaillant de Garches : mais l'appartement était au troisième étage, sans ascenseur, sa femme devait le monter sur son dos, puis redescendre chercher le fauteuil, puis regrimper avec le plus jeune de leurs trois enfants sous le bras. Au bout de deux ans, l'héroïne, fatiguée, est partie avec les petits, et Daniel est revenu provisoirement ici.

Les familles... « Nous travaillons beaucoup avec elles », insiste le Dr Dizien, encore remué d'avoir dû, le matin, annoncer à des parents que leur fils de dix-huit ans ne remarcherait pas. « Sa mère m'a fixé indéfiniment, sans comprendre. Atroce. Et pourtant, il faut leur dire la vérité, leur faire prendre conscience qu'ils en ont pour quarante, cinquante ans : qu'il ne faut pas casser l'équilibre familial, déménager n'importe où, pour la femme arrêter son travail. » Au lendemain de l'accident, c'est facile de dire : « Je serai toujours près de toi, mon amour. » Mais, le temps passant, on se met à penser tout haut : « Si je n'avais pas dû m'arrêter de travailler pour toi, on serait plus à l'aise... »

16 h 30 : arrêt de toutes les structures de rééducation. Les visites, elles, ont le champ libre. C'est le moment d'aller à « Carlebach », la salle qui réunit au troisième étage les enfants traumatisés crâniens (les petits paraplégiques et tétraplégiques, sont, eux, dans une autre aile de l'hôpital) : toute l'innocente souffrance du monde incarnée dans six petits corps infirmes. La maman de Michaël, dix ans, arrive de Poissy : huit ans qu'elle vient ainsi tous les jours de 13 h 30 à 16 heures avant de filer à l'école récupérer ses trois autres enfants. Huit ans qu'elle prête main-forte au personnel pour les soins et les repas donnés à la cuillère ; huit ans qu'elle prend Michaël sur ses genoux, lui lit des contes, chante pour lui, lui montre des photos de la famille, sans que jamais l'enfant, privé de conscience depuis un arrêt cardiaque au cours d'une banale opération des amygdales, lui réponde. « C'est vrai, pourtant, que quand sa maman arrive, il ébauche une sorte de sourire », reconnaissent les infirmières. Tout comme Maxime, onze ans, un joyeux petit diable transformé en juillet 1989 par un chauffard de Nanterre en un enfant trop sage, tassé sur son fauteuil, l'air absent, incapable de s'exprimer autrement que par des sons inarticulés. Mais aucune visite ne viendra éclairer, cet après-midi, le regard de Laura, treize ans : la dernière fois que sa mère est venue, il y a trois mois, elle n'a même pas réussi à embrasser ce pauvre fantôme de vie.

Julien, neuf ans et demi, poussé par sa mamie, s'apprête à aller faire un tour dehors, déguisé en bonhomme de neige, en parka et bonnet de laine. Julien, l'enfant du miracle, donné pour mort l'été dernier après un accident de voiture en Corse, renaît lentement à la vie, fait quelques pas, aidé d'un déambulatoire, réapprend à lire et à écrire, même si sa vue reste basse. Chaque vendredi, une ambulance le ramène — comme plus de la moitié des pensionnaires de Netter — pour le week-end à la maison. « On les voit revenir de chez eux fatigués, mais ayant fait d'énormes progrès, dit le Pr Bussel. Il n'y a pas de meilleur remède que d'être stimulé par les gens qu'on aime. »

19 heures : du côté des « para » et des « tétra », les visites battent leur plein. On va de lit en lit : tout le monde se connaît ici. Les cousines de Candido entourent Étienne ; la mère d'Étienne va voir Laurence, qui commence une phlyctène, une mauvaise plaie du pied. Mariette, l'animatrice du club de loisirs, leur amie à tous, propose pour le prochain cinéma le nouvel Eddie Murphy. Côté drame psychologique, on a ce qu'il faut ici, merci. L'aumônier, le père de Senneville, depuis dix ans à Garches, montre à Sylviane, toujours un peu en marge du groupe, les photos de son nouveau filleul, fils d'une tétraplégique repartie il y a trois ans chez elle et mariée à un prof de musique valide. Ce Toulonnais expansif se défend de tout prosélytisme et organise chaque année un méchoui à la fin du ramadan. Un peu plus tard, dans la chambre de Christine, c'est l'heure — « toujours affreuse » — des adieux avec papa-maman.

21 heures : arrivée de l'équipe de nuit. Toutes les trois heures, il faudra à Murielle, Jeanine et Marie-Paule, les trois infirmières de Netter II, veiller aux soins, « posturer » les dormeurs, c'est-à-dire les tourner pour éviter la formation d'escarres, réveiller carrément ceux qui sont en rééducation de vessie. Lourdes tâches, manque de personnel : le tableau classique. Qui prend cependant une allure à la Kafka lorsqu'on voit, le vendredi soir, le lent exode des malades non permissionnaires, tous rapatriés dans une même aile afin de faciliter la surveillance. Le manque d'argent se reflète aussi dans les locaux, plus que spartiates : peintures vertes d'un autre âge, lourdes portes palières impossibles à pousser depuis son fauteuil, boutons de commande inaccessibles dans les ascenseurs...

Autre faiblesse du pavillon Netter : la multiplicité de ses accès. Impossible de contrôler les entrées et les sorties, un danger pour les traumatisés crâniens, volontiers fugueurs, souvent inconscients du danger. « Jean-Pierre ! » : au troisième étage, les infirmières partent à la recherche d'un accidenté de cyclomoteur qui semble s'être volatilisé. On prévient le poste de garde d'un ton peu rassuré... Personne, à Netter, n'a très envie d'aller errer à la recherche du poulain échappé dans les rues de Vaucresson, la nuit.

Soudain, une voix claironne : « Le voilà ! » Du fond du couloir surgit Jean-Pierre, mince silhouette à la démarche somnambulique, walkman sur la tête, large sourire devant les mines défaites : « Ben quoi ! J'suis allé faire un tour dehors. » Et il ajoute, comme dans un éclair de lucidité retrouvée : « Quand j'me ferai vraiment la malle, je vous préviendrai... »

L'étage en dessous sent l'oignon à plein nez : dans la cuisine, Laurence et Bertrand, de leur fauteuil, préparent une fricassée : « Ras le bol des plateaux ! Ce soir, on se fait une petite bouffe italienne. » A huit dans la salle à manger. Plus l'aide-soignant qui nourrit Candido.

Toléré, interdit ? A Netter, on ne se pose pas trop la question. Les séjours y sont longs : quatre mois environ pour un « para », plus du double en moyenne pour un « tétra ». Il faut bien ouvrir l'hôpital sur la vie. Les horaires de visite y sont plus souples qu'ailleurs, les enfants admis, les amoureux protégés, on peut fumer et boire dans les chambres, et il arrive qu'au petit matin une légère odeur de haschisch flotte dans les couloirs. « On ne va pas les priver de tout ça aussi ! » dit le Dr Dizien. « Ici, c'est tout sauf un hôpital », déclare Marc, le routier redevenu sympa au contact de tous ces gens « super ». « Super » : alias aimants, patients, fermes aussi, faisant face avec le sourire et à longueur d'année à ce bloc de souffrances.

Ce soir, le dîner terminé, Bertrand engage une partie d'échecs avec Candido, en déplaçant pour lui les pions, tandis qu'Aymeric et Vincent foncent en fauteuil dans les couloirs déserts pour se faire les muscles. Laurence, elle, oublie son énorme pied bandé entre Christian, Marc et Étienne. Courtisée, l'égérie ? « Oh non, répond-elle en riant, on est seulement compagnons de galère ! » Et quand l'un craque ? « Ça n'arrive pas : jamais aucun de nous ne s'est mis à pleurer devant les autres. Il arrive seulement qu'on dise : “Salut ! je vais me coucher”, un peu trop brusquement. »

C'était à Garches, un reportage pour *Le Point*, en mai 1990.

Un an plus tard, j'ai voulu retrouver deux des jeunes rencontrés à l'hôpital Raymond-Poincaré, afin de voir ce qu'ils devenaient dans la vie « d'après ».

Un bébé vieux de dix ans

Je me souvenais d'abord du petit Julien. Il devait aller sur ses onze ans maintenant. Je l'ai retrouvé avec ses parents, dans leur appartement du côté de la Bastille. C'est Claude, son père, qui m'a ouvert la porte. La quarantaine sympathique, volontaire d'emblée pour « témoigner ». Derrière lui, Céline, la mère de Julien, plus réservée, mais un grand sourire elle aussi. Tous deux guettent sur mon visage la surprise. Car, au fond du couloir, voici Julien qui avance, avec toujours son regard porcelaine, toujours son épi blond sur la tête, mais bien ferme sur ses jambes aujourd'hui !

La vie, c'est sûr, tourne autour de lui. Les souvenirs aussi. Celui, surtout, de ce 29 juillet 1989 où les Fallot — lui, contrôleur général dans une société de bourse, elle, responsable de l'audit informatique au Crédit agricole —, en vacances depuis deux semaines avec leurs enfants, Julien et Emmanuelle, son aînée de deux ans, dans un club de vacances près de Porto-Vecchio, décident, à la veille du départ, de faire une grande balade avec le ménage d'amis qu'ils ont entraîné en Corse et leur fils Damien, contemporain de Julien. « On a loué deux voitures, raconte Claude, une 4 L et une R.5 blanche. Sur le coup de 3 heures, il faisait si chaud qu'après avoir visité la vieille ville de Bonifacio, nous avons décidé de monter au col de Bavella ; Julien a insisté pour aller dans la voiture de Damien. » « Je le vois encore, reprend Céline, en short écossais avec une chemise style Lacoste vert pomme et sa chaîne de baptême autour du cou. » Claude, qui conduit la R.5, grimpe en tête la route en lacets — « à 40 kilomètres à l'heure » —, surveille machinalement la 4 L dans son rétroviseur : « Soudain, dans un tournant, je l'ai vue basculer dans le vide. J'ai crié : "Oh non ! ce n'est pas possible !" »

15 h 23 : le cauchemar des Fallot commence. Pas de traces sur la route, la 4 L comme volatilisée. Les gardes forestiers, tout de suite sur les lieux, descendent au fond du ravin, encordés. Les curieux s'approchent avec des appareils photo, font tomber des pierres sur les sauveteurs. Les deux hélicoptères du Samu de Sartène se posent sur la route. Un bulletin tombe sous les yeux de Claude : « DCD. » Puis un premier corps hélitreuillé, celui de

Bénédicte, leur amie informaticienne, tuée sur le coup. De cette pêche macabre réalisée cinquante-trois mètres — quatorze étages d'immeuble — plus bas émergera ensuite Damien qui hurle — il n'est en fait que légèrement blessé —, puis Guy, l'autre père de famille, sous le choc, mais presque indemne. Et, trois heures et demie après l'accident, Julien, enfin : « Son bras pendait hors du brancard », se souvient Claude à qui l'on interdit de s'approcher — Céline et Emmanuelle ont déjà été ramenées vers la vallée —, « j'ai vu son poing qui se serrait et je me suis dit : mon fils vivra ! » Il est bien le seul à le croire. Le médecin du Samu, lui, devant ce petit corps déchiqueté, sait qu'il ne sert à rien de se battre. On pourrait bien sûr faire à Julien une injection de morphine pour qu'il souffre moins, avec le risque qu'elle soit fatale : « C'était une tentation, dit Claude, celle de la lâcheté, nous aurions perdu un enfant, nous aurions pleuré. » Et pourtant, il dit non. Non, non, tout comme le dira spontanément Céline qui, fille de vétérinaire, a pourtant toujours milité en faveur de l'euthanasie, « par respect de l'être humain ».

Et qu'importe si la logique médicale est formelle. Les lésions de Julien ne pardonnent pas : hémorragie cérébrale, atteinte des vertèbres cervicales, pneumothorax, trois arrêts cardiaques au cours du transfert. La logique de Claude et de Céline est, elle, celle de l'amour : pour eux, Julien, né à six mois et une semaine, pesant 1,300 kg, en pleine détresse respiratoire, est déjà l'enfant du miracle. Resté deux mois et demi en couveuse, sensible au moindre microbe jusqu'à l'âge de deux-trois ans, l'enfant chétif est devenu un gamin vigoureux, sportif : poussés par Jean-François Lamour, champion olympique de sabre, un ami proche, les Fallot ont mis leur fils à l'escrime ; Julien s'entraîne trois fois par semaine au Racing Club de France ; en juin dernier, il a même gagné le tournoi de sabre des benjamins. Plutôt timide à l'extérieur, il est à la maison « une vraie petite bombe ». En classe, il suit son CM 1 sans problème.

Julien a défié la mort une fois, alors pourquoi pas deux ? Évacué par avion sanitaire sur l'hôpital de La Timone, à Marseille, il y arrive dans un état si désespéré et souffrant tellement qu'on ne peut même pas pratiquer sur lui l'I.R.M. (Image par résonance magnétique) nécessaire. C'est là que les Fallot, rapatriés avec difficulté — en cette fin juillet, tous les avions de retour de Corse sont bondés —, retrouveront en salle de réanimation intensive leur petit garçon, trachéotomisé, intubé de partout, recroquevillé sur lui-même à cause d'une hypertonie du côté gauche : « Jusqu'au dernier moment, avoue Céline, j'ai espéré qu'on s'était trompé sur l'identité de l'enfant, que ce petit corps torturé était celui de Damien, que Julien, lui, n'était que légèrement blessé. » Hébergés dans un foyer catholique proche de l'hôpital (Emmanuelle a été envoyée chez ses grands-parents), Claude et Céline perdent en un mois neuf kilos chacun, ils ne mangent ni ne dorment : « On avait trente-sept et trente-neuf ans, tous les plaisirs de la vie s'étaient évanouis, on ne se parlait pas beaucoup mais on se tenait la main, pendant tout ce mois on n'a pas pu faire l'amour. On accumulait les promesses insensées : on ne boira plus que de l'eau, on grimpera tous les jours les trois cent soixante-sept marches jusqu'à Notre-Dame-de-la-Garde... »

Transféré à l'hôpital Necker, à Paris, au bout de quatre semaines, Julien est toujours dans le coma, il le restera encore deux mois. « Le grand professeur qui l'a accueilli, après l'avoir observé dix minutes, nous a dit : "Votre fils est tétraplégique, traumatisé crânien, aveugle : il sera un légume toute sa vie." On avait tenu le coup depuis l'accident : là, tous les deux, on a craqué, à notre tour on est tombés dans le ravin. »

Mais, le lendemain matin, Claude est à son travail, Céline aussi. Avec des aménagements d'horaires qui leur permettront de se relayer auprès de Julien, à Necker puis à Garches où il a été transféré fin septembre. Une fois, on l'opérera des vertèbres cervicales, deux fois du cerveau pour tenter de rétablir la circulation du liquide céphalo-rachidien. « Même inconscient, se souvient Céline, il réagissait déjà aux bisous et à la main serrée ; on lui parlait tout le temps pour le stimuler, on lui lisait sa collection de "J'aime Lire". Mais le retour à la vie s'est vraiment fait par la musique : déjà, à Marseille, quand il était dans un coma profond, on lui mettait son walkman sur les oreilles pour lui faire écouter Patrick Bruel, Roch Voisine, Gold, Renaud, ses idoles. Je lui chantais ses comptines de maternelle : un jour, à Garches, il a continué sans moi... » Dans les premiers temps de son réveil, Julien agonit tout le monde de jurons — « La honte de notre vie ! » —, jusqu'aux infirmières qui toutes les heures ôtent ses attelles et massent ses membres pour éviter les escarres.

A la Toussaint 1989 — trois mois après l'accident —, Julien, toujours enfermé de la taille à la tête dans une cagoule de plâtre, revient passer le week-end chez lui, boulevard Jules-Ferry : « On s'est donné un tour de reins et on a passé une nuit blanche. » Mais quelle revanche sur le destin de voir revivre peu à peu l'enfant blond, qualifié de « légume » deux mois auparavant ! Les week-ends à la maison seront vite érigés en institution, même si les retours sont durs, le dimanche soir, Claude ou Céline dans l'ambulance qui ramène Julien sur Garches, l'autre suivant en voiture ; puis, de peur de négliger Emmanuelle, l'un des deux seulement raccompagnant Julien — toujours dans l'ambulance — et revenant seul par le train.

De chaque progrès, on tient la minutieuse comptabilité. Peut-être parce que son père à lui est aveugle de guerre — fait prisonnier dans la poche de Dunkerque, il est resté cinquante-quatre mois en captivité et est revenu de là-bas les rétines brûlées à l'arc électrique —, Claude est obsédé par l'idée que son fils reste privé de vision : des heures durant, il joue avec ses doigts devant le visage de Julien, à l'affût de ses réactions (aujourd'hui, ce dernier a recouvré un œil gauche normal et 8/10e de vision à l'œil droit, assortie d'une réduction du champ visuel de 45 % de ce côté-là). Mais, pour Julien, c'est la marche qui est la priorité : le jogging, le vélo, l'escrime, il veut tout recommencer. En février 1990, on l'emmène aux sports d'hiver : il marche avec un déambulateur, « style youpala pour bébés ». En juillet suivant, il fait, soutenu par ses deux parents, ses premiers pas sur une plage de l'Atlantique. Fin août 1990, de retour à Garches, il marche dix mètres tout seul avec ses cannes, un casque de vélo tout-terrain arrimé sur la tête pour amortir les chutes. Fin septembre, on supprime une fois pour toutes le fauteuil.

Une deuxième naissance pour ce vieux bébé de dix ans qui ne sait plus ni lire, ni écrire, ni compter. La plupart des mots d'usage, il les a oubliés. Une amnésie quasi totale. A Garches où il est encore aujourd'hui en hospitalisation de jour (un taxi-ambulance vient le chercher à 7 h 30 du matin, le ramène à 6 h 30 le soir), il suit maintenant la troisième année de maternelle. « Nous gardons l'espoir, dit Claude, qu'il récupérera tout, même au prix de plusieurs années d'efforts. » Ce qui n'empêche pas ce caractère pragmatique, spécialiste dans son métier de l'appréciation des risques, de prévoir de solides sécurités financières au cas où Julien stagnerait intellectuellement à son niveau d'aujourd'hui, celui d'un enfant de six ans.

Julien, lui, me confie gravement son rêve absolu : devenir vétérinaire, comme son grand-père maternel, peut-être aussi par amour pour Elios, le teckel à poil dur qui l'accueille chaque soir en jappant de joie. L'accident ? « Fini, je n'ai plus envie d'en parler. Faut plus y penser. » Pas plus qu'à toutes les souffrances endurées. Pas plus qu'à ces soirées passées à pleurer dans son lit-cage — « ma prison » —, parce que c'est dur, à neuf ans, même si les infirmières sont gentilles, d'être loin de Papa et Maman. Ne plus y penser. Reste cette petite cicatrice au coin du nez, comme un léger témoin de bouleversements plus profonds. « On nous a pris un enfant, on nous en a rendu un autre », disent Claude et Céline. Un enfant qui, libéré de sa timidité naturelle, tutoie tout le monde et a un parler plutôt vert ; un enfant qui se bute facilement, en vient très vite aux larmes ; un enfant blessé, que blesse la souffrance d'autrui : « L'autre jour, à la télé, dit la voix flûtée, j'ai vu un reportage sur les handicapés, il y avait des enfants en fauteuil roulant : j'ai trouvé ça injuste. » Un temps de silence. « Mais peut-être aussi qu'ils n'ont pas fait assez d'efforts ? »

Dur avec les autres, Julien l'est aussi avec lui-même. Des efforts, il en a tellement faits pour marcher, pour lire, pour écrire ! Ces temps-ci, il s'est mis dans la tête d'intégrer une école « normale » : « J'en ai marre de ma classe de bébés » (cinq élèves à l'hôpital de Garches). La semaine dernière, il est retourné pour la première fois à l'escrime : « Un jour, tu verras, affirme-t-il confiant, je referai de la compétition. » La vie, sabre au clair ! Avec l'envie plus tard d'être un « supermec », un costaud qui se fasse respecter : « Celui qui me bouscule, je lui casse la gueule », affirme d'ores et déjà l'angélique blondinet.

L'épreuve a changé Julien. Mais pas lui seulement. Pour Emmanuelle aussi, il y a un avant et un après. Un mois après l'accident, elle rentrait comme prévu en sixième, dans une nouvelle école. Elle n'a parlé de rien à personne : « Ça suffisait de vivre ça à la maison. » Pas de jalousie pourtant, chez celle qui, chaque soir, réceptionne son petit frère à son retour de Garches, les parents étant encore au bureau. Mais leurs relations ont changé : « Avant, j'étais un peu sa seconde mère, maintenant il me voit plutôt comme une copine. » Sérieuse, trop sérieuse

Emmanuelle, brillante élève souvent isolée par rapport à son groupe d'âge : « Mes amies, je les trouve trop gâtées, elles ne profitent pas assez de la vie heureuse qu'elles mènent. Bien sûr, certaines ont des problèmes : l'autre jour, Julie est arrivée déprimée, car ses parents se séparent ; je lui ai remonté le moral en lui disant qu'un divorce, c'était tout de même moins grave qu'une mort ou un handicap. »

De leur côté, bousculés par la vie, Claude et Céline, en bons matheux qu'ils sont, ont appris à faire naturellement le tri entre ce qui était pour eux l'essentiel et ce qui ne l'était pas. Dieu ? « Nous étions catholiques non pratiquants, dit Céline. Un prêtre m'a dit : "Réjouissez-vous de voir votre enfant appelé par le Seigneur." Ça m'a braquée à jamais contre les hommes d'Église. » Chez Claude, au contraire : « La foi m'a aidé, elle a aidé Julien aussi. Tous les après-midi, à Garches, on allait à la chapelle. Julien tutoyait la Vierge ; au lieu du signe de croix, il faisait le salut militaire. » L'amitié ? « On a découvert des gens super ; d'autres, qu'on croyait proches, n'ont rien compris. » Leur couple ? « Entre nous, c'était du béton, ça l'est plus encore. Mais des antennes nous ont poussé : on comprend mieux l'autre, on se respecte davantage. » Le risque, bien sûr, est de s'enfermer dans le petit clan familial : « On a toujours tout fait à quatre. Hier soir, nous sommes sortis, invités par des amis : les enfants étaient furieux. »

Quant à la vie professionnelle... « Au bureau, j'étais assez soupe au lait, se souvient Céline. Maintenant, les choses me passent au-dessus de la tête. Il y a eu le mois dernier un reclassement, j'ai perdu deux échelons. Et alors ? Ma carrière n'empiétera jamais sur ma vie privée. » Ce qui n'a pas empêché Claude de progresser dernièrement en responsabilités et en salaire en changeant de société : « Avec Julien, on ne peut plus prendre de risques ; et puis il y a maintenant, ancré en moi, ce goût d'aller jusqu'au bout, de travailler encore plus à fond mes dossiers, sans jamais tricher. Pour moi, un contrat même moral — il y en a beaucoup dans mon métier — doit être honoré. »

Plus authentiques, plus responsables, plus unis : le malheur serait-il fécond ? « On est aussi heureux qu'avant, affirment Claude et Céline, même si notre vie n'est plus la même. Si on commence à jouer les nostalgiques, il n'y a pas de solution ! »

Reste l'angoisse chevillée au corps : « Avec les enfants, on est épouvantables, avoue Céline. Emmanuelle sort de classe à 16 h 15 ; à partir de 16 h 20, je panique si elle ne répond pas au téléphone ; un jour, à 16 h 30, il n'y avait toujours personne, j'ai quitté le bureau en trombe. » Même contrôle téléphonique pour Julien, que l'ambulance ramène en principe à 18 h 30. Reste aussi, au fond du cœur, le sentiment de la fragilité : « On s'est blindés pour l'épreuve en question, dit Claude, Père-Courage, mais pas pour le futur. Il me retomberait une tuile sur la tête — un problème de chômage, une faillite, un deuil, un divorce — que j'aurais bien peur de craquer... »

DOMMAGE QU'ELLE M'AIT RATÉ !

Parmi les jeunes rencontrés à Garches, il y avait aussi Gilles. Gilles, ou l'ironie du désespoir. Gilles le dur, le révolté, celui que seule, disait-il, la mort pourrait consoler. J'ai mis des mois à le retrouver. Et puis, un jour, prévenu par le Dr Dizien, il m'a spontanément appelée. Il travaillait de nouveau à mi-temps comme technicien chez Alsthom, à la Défense. On a décidé de se retrouver un après-midi, sur le coup de 4 heures, chez ses parents, à Colombes, dans la banlieue nord de Paris. Là où il vit.

Du bout de la rue, je le vois arriver au volant de sa R.21. Léger sourire de reconnaissance. D'un coup de volant habile, il franchit le portail équipé d'un automatisme électronique, s'engouffre dans le garage, ouvre la porte de la voiture, attire à lui le fauteuil stationné à proximité (un autre, plié à l'arrière de la voiture, lui sert dans la journée lorsqu'il va travailler). Il se hisse dehors, usant de ses bras comme de leviers, l'un posé sur la roue arrière du fauteuil, l'autre arc-bouté au toit de la R.21. Une prouesse physique qui lui prend quelques secondes. Par le plan incliné bétonné qui a remplacé le perron d'origine, nous entrons dans le petit pavillon.

Au rez-de-chaussée, c'est son domaine : deux petites pièces — hier, sans doute le salon et la salle à manger — transformées pour lui en chambre et en bureau, avec chaîne hi-fi à portée de main, lit électrique surmonté d'une potence, salle de bains spécialement équipée : « Quand je suis revenu à la maison, un an et demi après l'accident, les parents avaient fait tout aménager.

J'ai trouvé ça normal, je n'ai même pas dit merci. » D'emblée, le ton est donné : Gilles — il l'affirme très fort — est « une pourriture-née ». Et « ça ne fait qu'empirer » !

Normal. En lui volant son corps, l'accident lui a tout volé : « Le sport, je ne pensais qu'à ça... » Et Gilles de rouler prestement dans la pièce voisine pour revenir en me tendant un petit carnet de photos : Gilles à seize ans en maillot et cuissard à une compétition cycliste ; Gilles à dix-huit ans en sokol et léotard (la tenue de gymnaste) aux barres parallèles, aux anneaux, au cheval d'arçon : « Je m'entraînais presque tous les jours de la semaine. » Gilles escaladant un rocher en forêt de Fontainebleau, Gilles sur un court de tennis, Gilles au ski, Gilles à vingt-deux ans à moto...

Un virus contracté à l'armée : « Dans mon régiment du train, on pouvait passer le permis moto toutes cylindrées, j'en ai profité. » Sa première « bécane » — une 125 cm^3 —, Gilles l'achète au printemps 1987, quelques mois après être entré à la division ferroviaire d'Alsthom : « Je travaillais à la Défense : de Colombes, entre le train, le métro et le bus, j'en avais pour trois heures aller et retour. » Bon prétexte. Car, pour ce solitaire, la moto est bien plus qu'un moyen de transport, une clé pour l'évasion. Un instrument de liberté. Très vite, la 125 cm^3 a cédé la place à une 350 Yamaha. Quand son père, commerçant en pneumatiques, « un homme dur mais juste », tient à table un propos qui ne lui convient pas, Gilles attrape son casque et file sur l'autoroute ou les périphériques, faire du slalom entre les voitures à 200 à l'heure. Grisant.

La peur ? « Pas à moto. Si je ne me sentais pas bien dans ma tête, je coupais les gaz. » Par contre, en escalade... « Un jour, je me suis retrouvé au milieu d'un rocher, du petit gratton sans aucune aspérité ; impossible de désescalader, et à cinq-six mètres, c'était trop haut pour sauter. J'ai fini l'ascension avec, par flashes, l'image d'un fauteuil comme accroché à la paroi. » Mais l'accident, c'est en salle de gymnastique que Gilles le redoute, depuis ce jour de 1987 où, devant ses yeux, l'un de ses camarades de sport s'est mal reçu. « Tétraplégique » : ce mot, il le connaît grâce à Didier, l'acrobate fracassé, à qui il rend visite de temps à autre. Sans trop mesurer l'étendue des dégâts. « Il était allongé sur son lit, malade comme quelqu'un qui a la grippe. » De toute façon, décrète Gilles, impossible aux valides de comprendre ce qu'est une vie en fauteuil. Lui n'aura pas longtemps à attendre pour se retrouver doté de cette lucidité.

30 mai 1988. Gilles a vingt-trois ans. Sur Paris, au petit matin, tombe une pluie battante. Mais l'idée de se trimballer en train jusqu'à la Défense... D'ailleurs, l'après-midi, le soleil est de retour. Au moment de quitter le bureau, Gilles lance un « Bon métro ! » moqueur à son ami Gilbert — un autre fou de moto habitant Boulogne qui, ce matin-là, a prudemment opté pour les transports en commun. Retour allègre sur Colombes. « A six cents mètres d'ici, alors que je venais de démarrer au feu vert, une Peugeot m'a coupé la route. Une femme. Refus de priorité à droite. J'ai freiné à mort, ma moto s'est couchée. » Gilles percute la voiture, tête la première. Un choc terrible, même à trente à l'heure. Bilan : une luxation des sixième et septième vertèbres cervicales, un traumatisme crânien, huit jours de coma, un an à Garches et six mois de rééducation au centre de Bouffémont, dans le Val-d'Oise. « A Garches, un matin que j'avais la tête un peu plus claire, j'ai décidé de me lever pour me raser. Impossible de soulever le bas du corps. J'ai pivoté en travers du lit ; c'est ainsi que l'infirmière m'a retrouvé. » Ce matin-là, Gilles se découvre tétraplégique. Comme Didier.

La seule issue pour lui est vite très claire : finir le boulot que la conductrice de la Peugeot a commencé. « Pour ceux qui passent leur vie à boire ou à regarder la télé, ce n'est peut-être pas trop grave de le faire en fauteuil. J'en ai rencontré des paquets. Mais, pour moi, la vie privée de jambes, ça n'a pas de sens. Quand je pense qu'avant d'opter pour un BTS en électronique, j'ai failli, par goût du sport, devenir pompier ! Maintenant, je sais que sauver les gens à tout prix, comme ils le font parfois, ce n'est pas toujours la solution. » Par deux fois, quand il était encore en semi-hospitalisation, parti en fauteuil faire du tout-terrain en forêt, Gilles a appuyé sur son cœur la lame d'Opinel qui ne le quitte pas : « Je n'ai pas eu le courage. » Depuis son retour de Garches, il a fait deux « TS » (tentatives de suicide) : « Une fois, les parents partis en vacances, j'ai voulu en profiter, je me suis enfilé toutes les boîtes qu'on m'avait données contre les contractures, deux cents comprimés à la suite, ça m'a bouffé la main droite » (cette main dont, à force d'exercices, il avait réussi à récupérer l'usage). Aujourd'hui, s'il est toujours « persécuté » par l'idée de mourir, Gilles a baissé les bras. Et s'il avait une arme à feu ? « Je serais encore capable de me louper », dit-il avec un triste sourire.

Un sourire qui ne le quitte pas quand il évoque sa vie d'aujourd'hui. Un sourire plus dérangeant que des larmes. « Les jambes, s'il n'y avait que ça !... Le pire, c'est ce qu'on ne voit pas. » L'humiliante perte de contrôle sphinctérien : « L'autre jour, j'étais au self. J'ai senti que j'étais en train de "fuiter". Et, tout de suite après, une odeur nauséabonde. J'ai remis mon plateau et j'ai filé. » Les problèmes sexuels : « Six mois après l'accident, j'ai recommencé à voir une fille, mais je digère mal l'idée que c'est à elle d'avoir les initiatives. » Depuis un an, il a une aventure avec une femme mariée, mère de famille, plus âgée que lui, « une bonne copine ». « De toute façon, il est hors de question pour moi de vivre avec une femme, d'être dépendant d'elle », dit Gilles, blessé dans son âme par l'abandon de Catherine, la petite amie avec qui il projetait de s'installer quand est survenu l'accident : « A vrai dire, c'est plutôt moi qui l'ai jetée, je ne voulais pas qu'elle se sente obligée. Elle n'a pas tellement insisté... » Un temps : « Je l'aime encore, tu sais... »

Lourde aussi à porter, l'interdiction de ne jamais négliger ce corps tombé à cinquante-huit kilos, toujours menacé par les infections de tous ordres, et dont la moindre rougeur peut se transformer, en moins d'une heure, en une escarre qui, elle, prendra des mois à guérir : d'où le manège préventif de Gilles qui, en permanence, se soulève de son fauteuil en prenant appui sur ses solides triceps.

Autre tourment : les contractures qui agitent régulièrement ses jambes maigres. Elles se multiplient. Gilles s'agite de plus en plus dans son fauteuil. Et soudain, au bout d'une heure et demie de face-à-face, un « j'en ai marre » calme, toujours souriant, qui brise là les confidences. Marre de dire cette vie gâchée. Marre de décrire ces maux que les mots ne peuvent exorciser. Marre : « J'avais un caractère de chien, ça n'a rien arrangé. » Ce soir, face à des parents aux petits soins pour ce fils unique, il dînera sans mot dire, complètement bloqué. Peut-être regardera-t-il la télé, pour penser à autre chose, pas pour relativiser son cas face à la souffrance des autres : « Elle m'indiffère. »

Gilles caparaçonné de souffrance, imperméable à l'amour, qui lance pour me faire fuir une ultime provocation : « Je verrais sur l'écran un enfant qu'on décapite, je me contenterais de changer de chaîne. » Gilles que, de la rue, je surprends, après mon départ, la tête entre les mains. Gilles qui, courageusement, repartira au travail demain.

Gilles qui, six mois plus tard, quand je lui téléphone pour que nous relisions ensemble son témoignage, me répond d'une meilleure voix : « Maintenant, j'ai abandonné mes idées de TS (jamais il ne m'a parlé autrement que par initiales de ses tentations suicidaires) ; je commence à bien éponger. » Il a acheté un fauteuil d'athlétisme et s'entraîne tous les week-ends, au parc de la Courneuve ou sur l'île de Chatou, à rouler de plus en plus vite, avec son meilleur ami — « le seul, à vrai dire » — qui court à côté de lui. Il cherche un club de tennis de table, « un sport qu'on peut pratiquer en milieu valide. J'en ai ras le bol du milieu cassé ! » Le basket, Gilles a aussi essayé, mais c'est dur, sans abdominaux et avec des mains « pourries ». Quant au ski, il s'est inscrit à un stage : « C'était tellement mal organisé que j'ai fini par claquer la porte ; maintenant je le regrette. »

Il s'est acheté aussi un studio à Ermont, pas loin de Colombes, avec garage en sous-sol et accès direct par l'ascenseur. Dès qu'il l'aura fait aménager, Gilles s'y installera. Seul. Un pas décisif dans sa reconquête de l'autonomie. Et, évidemment, un moyen de rétablir des rapports plus sains avec ses parents.

Pour ce qui est du travail, en revanche : « Je m'y ennuie à mourir, lâche Gilles. Le seul avantage que j'y vois, c'est la cantine à midi. » Mais, cinq minutes plus tard, il avoue tout de même qu'il a « une piste », toujours chez Alsthom, pour faire de la conception de logiciels ; que, d'ailleurs, il pourrait bien postuler un jour au grade supérieur, celui de chef de division. Un nouveau poste, un logement neuf, le sport, des mots qui ont un goût de vie... Comme si, peu à peu, celle-ci s'était glissée en Gilles à son corps défendant.

Une fois à terre, un homme libre...

Michel Gillibert est lui aussi un ancien de Garches. La première fois que je l'ai vu, il présidait à l'inauguration d'un nouveau service à l'Hôtel-Dieu de Paris, assis très droit dans son fauteuil roulant, masque d'empereur romain émergeant d'une éternelle écharpe de soie blanche, l'air un peu dur, presque arrogant. Il m'a intriguée : un handicapé, pour moi, attirait immédiatement la sympathie ; pas lui. Aussi, ai-je souhaité revoir le secrétaire d'État aux Handicapés dans son bureau ministériel de l'avenue Raymond-Poincaré, une grande pièce couverte de bibliothèques aux rayonnages supérieurs déserts.

Avec son regard bleu pâle et ses costumes rayés, avec son mètre quatre-vingt-quatre plié à jamais, Gillibert est devenu presqu'un symbole aujourd'hui : le défenseur inconditionnel de ses frères cassés ; l'homme qui porte son handicap comme un étendard, affirmant que celui-ci a été la chance de sa vie, fêtant même naguère l'anniversaire de cette seconde naissance avec des amis. Suspect, forcément suspect. Surtout lorsque, comme lui, on a eu toutes les chances *avant*...

Enfance bourguignonne, parents épatants : lui, homme d'affaires austère ; elle, aristo au grand cœur. Petit dernier de quatre enfants. Études chez les Jésuites (chez lesquels est entré l'un de ses frères aînés, aujourd'hui influent aumônier de Sciences-Po et d'HEC), puis aux Beaux-Arts. Mariage, trois enfants. Un manoir XVIIIe en Saône-et-Loire. L'amour de la nature — aujourd'hui encore, Gillibert entretient une magnifique volière dans sa maison de Saint-Cloud —, des sports — équitation, chasse, parachute, aviation... — et des jolies femmes. Un job plus que rentable de promoteur immobilier spécialisé dans la restauration d'immeubles anciens et la création de lieux de loisirs.

Le vendredi 20 septembre 1979 — il a trente-quatre ans —, Michel Gillibert a signé dans la journée à Paris le contrat de sa vie, un projet de construction de village sur la colline de Ramatuelle. La veille, il a passé la soirée avec une femme qui n'est pas la sienne, à l'« Hôtel », rue des Beaux-Arts, son gîte parisien : « Pas vraiment une liaison, une amie avec qui je passais des moments ; j'ai toujours été pour une philosophie de l'instant... »

Air Inter est en grève : Gillibert tient à rentrer chez lui, ses amis l'attendent pour l'ouverture de la chasse. Il déteste le train, il loue un hélicoptère : en dépit de l'interdiction de la météo — il fait un temps de chien —, le pilote décolle d'Étampes, se pose une première fois dans un champ près de Cosne-sur-Loire, redécolle à la première éclaircie. A un kilomètre de là, le rotor de queue accroche une ligne à haute tension. L'Alouette, déséquilibrée, est plaquée au sol dans une grande gerbe d'étincelles : le pilote est indemne, le passager grièvement blessé. « J'entendais les gens murmurer : "Dépêchez-vous, il ne passera pas la nuit." Et moi, je pensais : "Dépêchez-vous, la chasse ouvre demain !" »

Les perdreaux peuvent voler tranquilles : Gillibert est hors d'état de nuire. Traumatisme crânien, lésions cervicales. Transporté à Sainte-Anne, puis à Garches, il est enfin opéré à la Pitié, mais trop tard : il restera tétraplégique. En réanimation, les visites se succèdent : « De quoi donner à penser que j'étais condamné. » Mais la mort ne l'inquiète pas : avant, il n'y avait jamais pensé ; à l'hôpital, il conserve quelques cachets libérateurs près de lui, comme il gardera plus tard à portée de main un pistolet chargé, « histoire de me prouver que je voulais vivre ».

Un séjour encore à la clinique protestante de Lyon — perfusé de partout, il trouve déjà le moyen de recevoir ses amis à dîner —, et voilà, après six mois d'absence, Gillibert de retour au bercail : « L'occasion de faire le point et de décider de l'avenir. » Une mise à plat tout à la fois physique — pendant l'été 1980, une bronchite foudroyante, puis une septicémie générale manquent encore de l'emporter — et morale, d'autant plus radicale que, quelques mois après son retour, sa femme le quitte : « Je ne me faisais pas d'illusions ; avant même de revenir à la maison, je savais que j'allais la perdre. Comment lui en vouloir ? J'étais alors tellement mal en point que vivre avec moi, c'était vraiment veillée funèbre tous les soirs. Et puis, de bons esprits, pour la "consoler", lui avaient assez dit, quand on me jugeait perdu, que j'étais loin d'avoir été un mari parfait. »

Début octobre 1980, la grande maison au milieu des bois et des étangs devient un désert : plus d'enfants — ils sont partis avec leur mère —, plus de chiens de chasse — on les a donnés —, plus de chevaux : « Ces journées sans fin me déchiraient le cœur », avoue Jérôme, le héros de *Rien, passionnément*[1], le « roman »-exutoire commis par Gillibert. « J'observais ce dépouillement sans terreur, précise-t-il aujourd'hui, vaguement fasciné par l'idée qu'il y avait un envers à la vie ; qu'une existence heureuse et facile comme la mienne, si absorbante fût-elle, pouvait basculer du jour au lendemain. Toutes les choses que

1. Édition n° 1, 1987.

j'avais si ardemment désirées — ce contrat de Ramatuelle, par exemple, pour lequel j'avais bataillé plus de deux ans — me semblaient soudain dérisoires. Il me restait à faire ma révolution culturelle. »

Elle durera tout un automne, tout un hiver. Pendant la journée, Michel est aidé par Roger, son jardinier, son factotum, un solide gaillard qu'il a surnommé John Wayne ; la nuit, la cuisinière reste dormir, ou des gens du village ; chaque matin, une infirmière est là pour la toilette et pour les soins. Dès que possible, Gillibert réattaque, se fait conduire par Roger à Lyon, à une heure et quart de là, le temps d'un dîner au restaurant : « On me faisait des piqûres pour tenir le coup, car j'avais des problèmes de tension ; ça ne m'a pas empêché de tomber dans les pommes de temps en temps. » Parfois, on vient le voir de Lyon ou de Paris, des amies surtout : « Je n'avais pas perdu mon intérêt pour les femmes. Mais je ne m'interrogeais pas sur mes rapports futurs avec elles ; le stress, la peur, ce sont de toute façon des mots que je ne connais pas. Et puis, le désir est revenu peu à peu. Dieu merci, ayant eu la mœlle comprimée mais non sectionnée, je pouvais encore avoir une vie sexuelle presque normale. »

Au printemps 1981, une amie d'enfance rejoint Michel dans sa retraite : « Nous avons vécu deux ans ensemble. » Une arme, l'amour d'une femme ? « Un poids, aussi. La force, je l'avais en moi. » Les moyens matériels, eux, lui sont donnés par l'octroi d'une pension d'accidenté du travail. Bientôt, Michel Gillibert amorce des allers et retours sur Paris, couché dans un break, tenaillé par une seule idée : monter son association. Car, tout faible qu'il soit encore, il a décidé de prendre à bras-le-corps le problème du handicap, le sien et celui de ses semblables. Pour cela, il faut inventorier les thérapeutiques disponibles, dans l'attente hypothétique d'une miraculeuse greffe de la mœlle épinière. Il faut sensibiliser les administrations. Faire bouger les assureurs. Imaginer des solutions aux problèmes familiaux. En 1982 est créé le Mouvement de défense des grands accidentés de la vie.

Incurable battant, Michel Gillibert mène son association comme il gérait ses affaires. Mise sur le Tout-Paris médiatique, se fait pousser par sa meilleure alliée, Jane Birkin, sur les plateaux de télévision, réussit, en février, l'exploit de mettre un jour entier des personnalités du monde des arts, de la médecine et du spectacle en fauteuil roulant après leur avoir plâtré les deux jambes. En 1984, il crée avec des industriels l'Institut de recherche sur la mœlle épinière, fait connaître son action par des lâchers de ballons dont le dernier, aux allures de vaste kermesse, a lieu à l'Élysée au milieu d'enfants handicapés. En 1987, on le retrouve animateur d'une émission de radio quotidienne sur Europe 1, interviewant des stars de tous poils pour conclure avec eux : « Vive la vie ! » — le titre de son émission. Quand il reçoit la Légion d'honneur, c'est devant un aréopage œcuménique — de Danièle Mitterrand à Micheline Chaban-Delmas — qui lui vaut une double page dans *Match*. Le 26 juin 1988, enfin, il est nommé secrétaire d'État aux Handicapés. Revanche sur le sort ? « Le jour de la présentation officielle du gouvernement devant le Sénat, progressant au milieu d'une haie de gardes républicains sabre au clair, je me suis seulement dit : "Tiens, c'est la première fois qu'on rend les honneurs à un fauteuil roulant !" » Car ce ministère, c'est d'abord pour lui un fantastique moyen d'action.

Avec un peu de provocation à la clé — « un formidable moyen de communication ». Un jour qu'Antenne 2 tourne une séquence montrant Jane Birkin donnant la becquée à Michel, celui-ci déclare tout de go : « Si on me propose de me rendre les mains, je refuse ! » La phrase est coupée au montage. Mais nul ne peut rien contre l'humour grinçant que Gillibert apprécie au plus haut point : à déjeuner au Fouquet's avec la même Jane, il se fait mettre par elle sa serviette autour du cou. Un couple, hilare, les imite. Et, à la fin du repas, regarde, effaré, Michel que l'on roule vers la sortie : « Vous en faites pas, leur confie-t-il au passage, le fauteuil roulant, c'est aussi pour rigoler !... »

Mais la meilleure arme de Gillibert, c'est encore son réalisme : ne pas mythifier le passé, ne pas se torturer pour l'avenir, affronter le quotidien. Ainsi de l'incontournable dépendance à l'égard des tiers : « J'ai quelqu'un qui me suit tout le temps, le jour comme la nuit, une autre personne le week-end, je ne peux m'en passer, c'est vrai. Mais, sans déshumaniser la chose, ils sont là pour accompagner mes gestes, point. C'est pour eux un boulot comme un autre, il faut être exigeant à leur égard ; le risque, avec une tierce personne, c'est qu'elle prenne le pouvoir à la maison. »

Ce pouvoir sur sa vie, Michel Gillibert n'entend le déléguer à personne : « Mon accident, répète-t-il, m'a dégagé d'un système qui n'était pas fait pour moi, trop égoïste, trop répétitif ; il m'a permis de découvrir des gens que je n'aurais jamais rencontrés sans lui, de trouver un sens à ma vie. Une fois à terre, je me suis enfin senti un homme libre. Heureux. Un homme debout ! »

L'homme de ma vie

Un immeuble à deux pas de la place des Vosges. Dans le fond de la cour, une petite maison. Au bout d'un escalier un peu raide, une porte donnant sur un autre escalier. Là s'ouvre le royaume de Christine, une longue pièce étroite et basse de plafond, autrefois sans doute une enfilade de petites chambres, avec, en mezzanine, une chambre d'enfant.

Drôle de lieu pour une drôle de fille, vive, rieuse, au visage semé de taches de rousseur perdu dans l'abondance des cheveux roux ; une fille d'allure résolument moderne dans son pantalon noir et sa veste vert pomme à petites basques. Attachée de presse free-lance, Christine vient de monter avec succès une course cycliste de Strasbourg à Nice au profit des enfants leucémiques ; elle écrit pour des journaux « branchés » ; elle peint aussi. Elle a trente-cinq ans, un fils de douze ans, un jeune amant avec qui elle fait des projets d'avenir. Elle a aussi, quelque part, dans un autre arrondissement de Paris, François, trente-huit ans, son ex-mari, l'homme de sa vie.

« Quand je l'ai rencontré, je vivais depuis cinq ans déjà aux États-Unis, une façon de prendre l'air après une enfance délicieuse et engourdissante : père fonctionnaire, mère décoratrice, jeannettes le dimanche et catéchisme à Notre-Dame-de-Lorette le jeudi. Après mes études à l'université de Californie, je m'étais lancée dans les relations publiques. J'avais dix-neuf, vingt ans, peut-être. Après sa période *peace and love*, l'Amérique avait viré au *clean*. Je faisais de la gymnastique, du jogging, j'avais une indépendance terrible, j'aimais les hommes à ma façon, plutôt avant-gardiste. Pendant plus d'un an, j'ai eu une aventure avec un homme beaucoup plus âgé que moi, très riche, un aristocrate italien. Il m'offrait une vie de rêve, je le retrouvais dans les plus grands palaces d'Europe et d'Amérique, poursuivant sans doute à travers lui l'idéal imprimé en moi par mon père, un homme très beau, doté d'une grande force physique, qui avait mal accepté mon départ de France. A un moment donné, mon ami italien a voulu divorcer pour m'épouser, et là, j'ai pris peur : j'étais trop jeune, il m'aurait enfermée, telle une poupée de porcelaine, dans son univers doré.

Et puis François est entré dans ma vie. Un hasard : nous nous sommes rencontrés pour une transat sur un bateau, en Floride ; je ne devais pas faire ce voyage, lui non plus. C'était un homme de taille moyenne — pardon, je ne sais pas parler de lui autrement qu'à l'imparfait —, un brun au teint mat, avec une grande douceur dans le regard. Il était reporter ; ce métier de haute liberté me fascinait. Deux jours plus tard, je lui ai dit que je le désirais ; il a détesté cette franchise. Mais nous étions sur le même bateau pour huit jours encore, on ne pouvait s'éviter. Alors, on a bavardé.

Il venait d'une famille pied-noir, son arrière-arrière-grand-père, un grognard de Napoléon, avait, ses campagnes finies, ouvert le premier relais de poste en Algérie, mais c'était surtout au Maroc que François avait vécu. Une enfance sur fond de palmeraies et de grand soleil, avec des nounous chérifiennes et une grand-mère douairière autoritaire et possessive qui, revenue en France après l'indépendance, l'avait pour ainsi dire kidnappé, le gardant auprès d'elle à Cannes près de deux années. Jeune homme, il avait fait l'école hôtelière de Toulouse avant de se mettre à sillonner, bardé d'appareils photo, le monde entier. A notre arrivée au Sénégal, nous étions embarqués dans une passion partagée.

Mais on sait ce qu'il en est des amours de croisière : au port, beaucoup font naufrage. A Paris, nos chemins se sont séparés, je rentrais aux États-Unis, François repartait pour la Grèce. Mais là, rien ne s'est affadi : on s'appelait d'un bout à l'autre du globe, on s'est beaucoup écrit, je découvrais que je ne pouvais vivre sans lui. Il m'a retrouvée à New York ; quand il est revenu sur la France, je suis repartie avec lui.

Je n'avais jamais travaillé en France et je m'imaginais débarquer nimbée de mon aura américaine ; ce fut une claque énorme. François m'a entraînée dans le journalisme, ensemble nous avons fait de beaux reportages sur les mouvements alternatifs à Berlin, sur les premières femmes "marines" américaines dans la rade de Toulon, sur la magie en France aujourd'hui. Et puis des portraits de chanteurs, de créateurs. Le tout — texte et photos — diffusé par l'agence de François.

Il était ma vie et j'étais la sienne. Je nous voyais bien vieillir ensemble, nous aurions de belles rides, je les effleurerais du doigt sur son visage pour qu'elles me racontent notre histoire. Très vite, nous nous sommes mariés, civilement d'abord, avec seulement nos témoins et Maman ; le mariage religieux, lui, a eu lieu bien plus tard : Aymeric, notre fils, gambadait près de nous dans l'église.

Jamais je n'aurais imaginé pareil amour : François m'acceptait telle que j'étais, un tourbillon, une furie, versatile, exigeante envers moi-même et envers les autres ; il croyait en moi, à mes talents de créatrice ; il me rassurait sur moi-même comme je le rassurais sur lui quand le métier de reporter s'avérait trop difficile et que, revenant de loin avec un beau sujet, il n'arrivait pas à le placer. Il y avait une telle complicité entre nous, une telle complémentarité, entre la part de féminité de François, sa sensibilité, sa pudeur, et ma part de masculinité, ma force, mon ardeur... Notre relation était fusionnelle au point que le langage, souvent, n'était plus nécessaire. Et puis les absences de François permettaient à notre couple de se régénérer sans cesse, elles nous vaccinaient contre l'habitude, creusant en chacun de nous le désir de l'autre. Quand nous faisions l'amour, ce qui me frappait le plus, c'était cette impression d'être formidablement vivants des pieds à la tête, un état de grâce inouï pendant lequel le temps était comme suspendu dans la pièce. Nous savions que nous pouvions nous perdre, que l'amour, ce n'est jamais gagné. A chacun de ses départs, je m'imaginais qu'il pouvait mourir, ne pas revenir ; en revanche l'idée de l'accident qui vous laisse vivant mais cassé ne m'a jamais effleurée. La jalousie ? Elle ne nous hantait guère. Une fois seulement, aux sports d'hiver — nous étions alors mariés depuis cinq ans —, j'ai été foudroyée par le regard d'un autre homme, sans que nous échangions même une parole. De retour à Paris, j'en ai parlé à François. Il m'a dit : "Va le voir !" J'ai repris le train vers les montagnes, j'ai dîné avec cet homme, l'illusion s'est dissipée sur-le-champ, je me suis sentie soudain très bête loin de mon mari et de mon petit garçon.

Juste avant la naissance d'Aymeric, nous sommes partis vers le sud de la France, j'avais une angoisse terrible de faire un bébé à Paris : je n'allais tout de même pas prendre avec lui le métro, le promener dans la poussière des squares... Loin de nous séparer, l'enfant renforça encore nos liens ; il en était comme la continuité. Quand François dut partir un mois et demi pour la Grèce, nous nous sommes écrits plus que jamais, de longues lettres très belles ; elles apaisaient mon désarroi d'être seule là-bas, privée de lui, avec ce petit bébé dans mes bras. Est-ce du fait de ses absences répétées ? Entre Aymeric et moi s'est peu à peu installée une grande connivence, nous avions nos codes, notre langage aussi, je ne lui parlais qu'en anglais. Pour lui, j'ai voulu rompre encore une fois avec l'éducation rigide qui avait été la mienne, j'ai rejeté en bloc ce que l'on m'avait appris, refusé par exemple de lui apprendre à dire merci : quel sens peut avoir une reconnaissance exprimée par un bébé de cet âge ? Nous habitions au bord de l'eau, séparés de la plage par un simple muret qui s'élevait progressivement : au début de la saison, Aymeric sautait sur le sable d'une hauteur de dix centimètres ; fin septembre, il sautait d'un mètre, et les gens m'insultaient en me voyant applaudir aux exploits de ce bout de chou.

Quand Aymeric a eu trois ans, nous sommes revenus sur Paris, ce n'était plus un bébé, il avait besoin d'une vie sociale, et moi aussi. J'ai commencé à retravailler dans les relations publiques. François, lui, ayant compris que la photo ne suffisait pas à faire vivre son homme, travaillait aussi comme cameraman à la télé. Nous habitions une grande maison à côté de Rambouillet.

A Pâques 1986, nous avons passé huit jours à Porquerolles dans un cabanon perdu dans une crique, avec Aymeric et une petite nièce. Porquerolles, pour nous, c'était un lieu magique, nous y avions déjà emmagasiné tant de souvenirs, tant de vacances, tant de soleil, les premiers pas d'Aymeric... Nous avons décidé d'organiser une gigantesque chasse au trésor pour les enfants. Mais les enfants, c'était nous aussi : la nuit venue, François et moi bourrions de pièces en chocolat des petites caisses en bois, dressions des cartes, brûlions les bords de mystérieux parchemins, nous étions de généreux explorateurs, d'infâmes pirates. Pendant ces huit jours, j'ai eu tellement de bonheur que cela m'a fait presque peur. Et puis, le dimanche soir, les pirates sont rentrés en Renault sur Paris avec les enfants, les deux chats, les valises.

Et François a repris ses reportages. Le jeudi soir, nous avions envie d'être seuls, nous avons annulé un dîner, débranché le téléphone. François avait décidé, le lendemain, de rester à l'agence pour répertorier ses archives. Sur le coup de 11 h 30, ne craignant plus les appels, il a rebranché le téléphone. Dix minutes plus tard, celui-ci sonnait : un copain de M6 qui ne pouvait assurer un reportage sur le Paris-Roubaix — un neveu de Ben Bella, je crois, qui avait peint des fresques sur les pavés ; il lui demandait de le remplacer. François, bon prince, a accepté.

Le lendemain matin, nous sommes partis dans une seule voiture pour Paris, chacun devant vaquer à ses occupations avant de retrouver, le soir, Aymeric chez Maman. A 9 heures du soir, pas de François ; j'appelle M6, me sentant carrément stupide : on ne risque pas grand-chose à deux-cents kilomètres de Paris. A minuit trente, faute de nouvelles, je passe à la chaîne ; toujours rien. Je m'inquiète vraiment. Impossible de regagner Rambouillet : François avait les clefs de voiture, le dernier train était depuis longtemps parti. Chez Maman, la nuit, j'ai fait un cauchemar terrible dans lequel mon mari était tout à la fois mort et vivant.

C'est à 6 h 30, le lendemain, que j'ai appris l'accident : "Rien de grave", m'a-t-on dit. Immédiatement, j'ai réveillé mon plus proche ami, un ami d'enfance, un peu astrologue et voyant : il m'a confirmé que François n'était pas mort, non, mais qu'il ne serait jamais plus comme avant. Il n'était pas mort, c'était la seule chose qui comptait. Je suis partie pour l'hôpital de Gonesse où il était en réanimation. Et là, ça a été le choc : mon homme était là, inconscient, les bras percés de perfusions, bandé de partout ; je revois surtout ses mains gonflées, des mains qui sentaient la mort. Il faisait chaud, la chambre puait l'éther, je me suis évanouie.

Le chirurgien m'a parlé d'une "petite lésion de la moelle épinière, mais, avec de la patience..." La grande fable de la Science. Des amis médecins, eux, ont eu le courage de me dire ce qu'il en était vraiment. La moelle sectionnée à hauteur des cervicales C3, C4, donc très haut — assis à l'arrière du break, il avait reçu, lors de l'accident, les caisses de matériel dans le dos avant d'être éjecté —, François était tétraplégique, privé de l'usage de ses quatre membres. Bien plus tard, j'ai pensé qu'il aurait mieux fait d'y rester ; j'en ai voulu à la médecine moderne, au Samu : à quoi bon être allé le repêcher dans la nature (dans le noir, les deux autres occupants du break, indemnes, l'avaient perdu), à quoi bon l'avoir trimbalé, rafistolé avec deux plaques d'argent pour le laisser aussi effroyablement mutilé ?

On l'a gardé deux ans à l'hôpital, un temps à Garches, puis très vite à Montpellier, dans une petite unité médicale située dans un endroit superbe. J'ai passé l'été avec Aymeric dans un petit hôtel à côté. Je suis partie aussi jusqu'en Amérique pour voir ce qu'il était possible de tenter ; j'ai atterri à Denver, au Colorado, dans le centre mondial de la tétraplégie ; là-bas, ils auraient pu beaucoup pour François, mais pas le camper sur ses deux pieds : or, c'était la seule chose qui l'intéressait.

Il est resté allongé quatre mois ; puis il s'est assis. Il lui a fallu un an pour réaliser qu'il ne marcherait plus jamais. Le mensonge s'est installé entre nous : "De toi, me disait-il, je sais que je peux attendre la vérité." Mais il y a des choses que vous ne pouvez pas dire à l'homme que vous aimez. Il y a eu la première sortie, le premier week-end, j'ai porté mon époux, je l'ai lavé, habillé, nourri, tout cela dans un état de sublimation totale. On vivait une farce absurde, mais on y arriverait, on s'aimerait envers et contre tout.

Et puis le quotidien nous est peu à peu tombé dessus. Un jour que je poussais son fauteuil roulant, je l'ai même perdu dans la rue, son corps de chiffon est tombé par terre. Mon époux était là, gisant sur la chaussée, mon petit garçon à côté ; il m'a fallu demander aux passants de m'aider à le hisser sur son siège. A la merci des autres, nous l'étions sans cesse : nous décidions d'aller au cinéma, et voilà qu'il y avait des marches à gravir. Alors je lui disais : "Des gens vont nous aider." Et hop ! On était dans la salle. Mais séparés, lui devant la sortie de secours, moi assise dans une rangée. Et, à la fin de la séance, il fallait encore mendier quelques bonnes volontés. Le soir, je m'allongeais près de lui, il y avait entre nous de la tendresse, mais plus de sexualité possible ; à compter de l'accident, j'ai été incapable de désirer François, un vrai blocage psychologique. Sans doute est-ce différent lorsqu'une femme rencontre un homme déjà handicapé, avec tout ce que cela entraîne, l'appareillage vésical, les érections purement mécaniques. Alors peut s'installer un imaginaire, une forme d'érotisme, je le crois volontiers. Mais, pour moi qui venais de vivre sept ans de passion physique, ce simulacre était tout simplement impossible.

Le regard des autres me blessait aussi, ce regard fait tout à la fois de compassion et de suspicion. Vous êtes là, jeune, jolie, habitée à l'évidence d'une formidable envie de vivre, et on vous voit pousser votre époux tassé sur un fauteuil. Alors on ne peut s'empêcher de douter de votre sincérité : quel amour anime donc cette femme, s'interrogent les gens, pour qu'elle se dévoue ainsi à un paralytique ? N'y aurait-il pas en elle, façon “Belle de jour”, quelque secret masochisme ?

Tout cela était affreusement dur. Mais surmontable, j'en suis persuadée encore aujourd'hui. J'avais en moi assez de forces, assez d'amour pour renverser les montagnes. Parfois, je mettais Aymeric sur les genoux de François pour qu'il sente contre lui la chaleur de son fils, mais des contractures survenaient et il fallait faire descendre l'enfant. Nous avons fait des choses très folles, je ne craignais rien ni personne, ensemble nous avons voyagé, parcouru le Maroc, mis de la musique sur la plage pour qu'il danse, porté par l'eau salée de la Méditerranée, nous avons crapahuté dans l'arrière-pays de Montpellier, je poussais François jusqu'au bord des gorges pour qu'il se repaisse de beauté... Même en fauteuil, il pouvait encore aimer la vie.

Mais il ne l'aimait pas, il ne l'aimait plus. Elle s'était arrêtée pour lui le 11 avril 1986. Chaque semaine, chaque mois qui passait renforçait cette évidence : depuis son accident, François n'était plus le même homme. Le visage restait beau, mais l'absence totale d'exercice, la dégradation de ses sens avaient transformé son corps. Son esprit aussi. Quand il était encore hospitalisé et que je ne le voyais que pour des week-ends ou des vacances, j'avais l'impression de le retrouver chaque fois un peu différent. Un homme qui s'éloignait de moi, de tout, de lui-même. Comme une lampe perd peu à peu de sa force, de sa lumière, François s'éteignait, s'enfonçait dans l'amertume, la passivité. Moi, je croyais vraiment que l'amour pouvait sauver un être. Je lui disais : “Qu'importe la perte de ta force physique. Mais sois au moins présent, participe, aide-moi à décider de notre vie.” Je lui disais : “Éblouis-moi, tu en es capable, je le sais.” Je lui disais : “Tu seras de nouveau journaliste.” Je me suis battue avec le C.F.J.[1], je lui ai trouvé un stage, j'ai fait installer dans l'appartement un banc de montage, il avait très peu de force dans les mains, mais suffisamment tout de même pour manipuler les touches grâce à un système d'attelles. Je lui ai assuré une vie digne.

Ce furent des années folles. La première année, j'ai dépensé tellement d'énergie que j'ai fait — à vingt-neuf ans ! — un malaise cardiaque. Plus tard, quand nous avons de nouveau habité ensemble, j'ai cru encore en un avenir possible. Mais il y avait cette promiscuité terrifiante, un infirmier 24 heures sur 24, des soins en permanence. Et Aymeric qui, à six ans, trouvait par jeu tout naturel de déambuler en fauteuil roulant dans l'appartement ou d'accrocher par une bandelette de caoutchouc, sur son petit sexe, étuis péniens et poches à urine. Mais il y avait l'arrêt pour moi de toute vie de femme, non par devoir et sens moral, mais tout simplement parce que l'idée de regarder ailleurs ne m'effleurait même pas l'esprit. J'ai tenu des mois, des années. Puis j'ai vraiment eu le sentiment de me perdre, et, du haut de ma foi, de mon espoir, j'ai sombré. Un jour — c'était quatre ans après l'accident — je suis devenue folle, j'ai tout cassé dans l'appartement, j'ai hurlé que je voulais faire l'amour, que je voulais vivre. Tout cela était trop moche, trop sordide. Devant nous se sont alors ouvertes les portes du néant. Pour nous trois, il n'y avait plus d'autre solution que de disparaître.

Cette mort, François n'avait même plus l'optimisme d'y croire. Mais il a su qu'il allait me perdre. J'ai eu quelques aventures sans lendemain, elles ont eu le pouvoir de me faire sentir que j'étais vivante. Avec François, nous en avons parlé. D'autres femmes auraient peut-être choisi de mener une double vie, mais c'était trop cruel pour lui, et puis je ne sais pas tricher. Une autre Christine a commencé à renaître, dans l'angoisse, les larmes, une solitude terrible ; je n'étais pas prête encore à accepter la perte de l'Autre. Dans mes rêves, je continuais à voir François debout ; à chaque réveil, je le retrouvais brisé. J'ai fui aussi dans le travail, fait avec passion un livre d'architecture qu'on m'avait commandé. Quatre mois de suite, je me suis réfugiée à Porquerolles pour tenter d'y écrire notre histoire, une forme de catharsis. Et là, chose extraordinaire, j'ai retrouvé

1. Centre de formation des journalistes.

François. J'ai cru de nouveau en lui. Je l'appelais chaque soir au téléphone, d'une cabine publique dont la mer léchait les pieds ; je lui décrivais ce que je voyais, la vie, la lumière, il vibrait. Puis je suis revenue, et la réalité a repris le dessus.

Des mois plus tard, j'ai rencontré Vincent. Il était encore étudiant, il avait dix ans de moins que moi, un côté un peu dandy, nous prenions ensemble des cours de théâtre — un moyen de me défouler de mes problèmes. Un jour qu'entre deux répétitions nous marchions le long de la Seine, dans l'île Saint-Louis, il m'a dit qu'il m'aimait. J'ai éclaté de rire, il en a été blessé. Je lui ai raconté un peu de ma vie : l'enfant, le mari handicapé, mon âge, tout ce qui nous séparait. Tomber amoureuse, ça ne pouvait plus m'arriver. Mais mon cœur s'était remis à battre. Alors seulement j'ai trouvé la force de quitter François pour habiter avec Vincent. La vie repartait, et pas seulement pour moi. Aymeric, l'enfant trop sage, retrouvait lui aussi un formidable copain avec qui jouer à cache-cache, tirer à l'arc, avec qui se battre, exister enfin.

J'avais été une sainte, une martyre. Je devenais pour mon entourage une salope, une sorcière. Comment dire à ces gens que, pour sauver François, j'étais allée le plus loin que je pouvais, sur ces terres extrêmes de la souffrance et de l'effort où nul ne pouvait me rejoindre, comment leur dire que si mon époux avait eu toujours en lui la force d'aimer et de vivre, je ne l'aurais jamais quitté ? Après tout, je n'avais pas à me justifier. François non plus n'a jamais accepté que je puisse renouer avec la vie ; dès qu'il m'a vue radieuse, transfigurée par mon amour pour Vincent, il a demandé le divorce. J'aurais pu rester sa sœur, nous aurions pu nous aimer autrement, mais cela non plus, il ne l'a pas voulu, c'était sans doute trop lui demander. Nous nous voyons pourtant, j'emmène Aymeric chez lui, nous dînons ensemble, mais il me dit : “Tu as changé”, et très vite il repart à la pêche aux souvenirs. Vers la vie d'avant, sa seule vie. »

Tant de choses à dire... La perte de l'être aimé. La lente reconstruction de soi. Déjà quatre heures et demie : Aymeric rentre de classe avec un copain : il a douze ans, de grands yeux noirs, des cheveux raides comme des baguettes, des jambes qui n'en finissent pas ; il grimpe dans sa tanière en serrant contre lui une maquette, une espèce de station orbitale construite avec des pots de yaourt. Il redescend : sur la table, le goûter est prêt. « Merci, Maman chérie. » Christine sourit.

Elle dit : « Pendant toutes ces années, Aymeric ne m'a pas quittée. Le soir, on lisait ensemble, on se racontait des histoires, on en écrivait. Par lui, la poésie n'avait pas tout à fait déserté la vie. Et puis... ».

Christine se tait. Elle ranime un peu le feu dans la cheminée. Allume une cigarette. Puis se retourne, les yeux brillants, la voix brisée, quand, pour conter le cauchemar de l'accident, elle avait souri constamment. « Et puis ? »

« Et puis il y a eu un deuxième choc. Deux, trois fois par an, Aymeric partait en voyage avec son père et l'infirmier de ce dernier, un homme tout dévoué à François, faisant office de chauffeur, de majordome, de cuisinier, devançant ses moindres désirs : un verre, une cigarette, un peu de musique. Or, un jour de novembre dernier où je parlais avec Aymeric, assise sur le bord de son lit, l'enfant m'a dit ce qu'il n'avait jamais pu me dire. Cet homme — c'est tellement dur de parler de ça —, depuis trois ans, violait mon fils, quasiment devant son père, abruti la nuit de soporifiques (dans l'angoisse d'un malaise, François prenait systématiquement une seule et unique chambre à l'hôtel).

Alors on est retombé dans le sordide, le Quai des Orfèvres, la Brigade des mineurs. Ne serait-ce que lire la déposition qu'a faite mon fils... Heureusement, un enfant, c'est formidablement concret, ça ne s'apitoie pas sur lui-même. On a fait ce qu'il fallait, pris un avocat, mis le bourreau derrière les barreaux. Aymeric va bien, aujourd'hui.

Pour moi, ç'a été un nouveau coup, une peine terrible ; bien plus, je crois, que si la chose m'était arrivée à moi. On m'avait volé cette fraîcheur, cette naïveté qui avaient été, depuis l'accident, ma ressource de vie. L'impression d'une tragédie qui n'en finissait pas. Mais huit mois ont passé ; et, de nouveau, une substance en moi s'est régénérée, une confiance nouvelle, le sentiment de mon invincibilité. Un sentiment qui, en fait, ne m'a jamais vraiment quittée depuis ce 31 décembre — j'avais alors dix-sept ans — où j'ai assisté à l'agonie de mon petit neveu, le fils aîné de ma sœur ; il avait une malformation du foie : au matin, vaincu par la maladie, l'enfant s'est éteint, telle la petite chèvre de M. Seguin. Alors j'ai marché indéfiniment dans les rues de Paris et, étrangement, je me suis juré que rien, jamais, ne m'arrêterait dans ma volonté de vivre.

Aujourd'hui, j'ai grandi. J'ai vécu le deuil de l'amour, j'ai perdu l'homme de ma vie, je sais que l'on peut perdre, et que perdre une vie n'est pas forcément perdre la vie. De François au moins, je garde le nom, et un petit garçon : il y a encore un « nous » quelque part, autrement.

Remue-ménage

Encore un psychiatre ? Encore un, l'un des plus brillants de sa génération, le Pr Édouard Zarifian, cinquante ans, ex-élève du Pr Jean Delay, aujourd'hui titulaire de la chaire de psychiatrie et de psychologie médicale au C.H.U. de Caen, auteur à succès, en 1988, des *Jardiniers de la folie*[1] où il dresse un tableau sans complaisance de la psychiatrie contemporaine.

Avec le Pr Pélicier, j'avais parlé de la relativité de l'épreuve, de la façon différente dont chacun l'appréhende. Avec le Pr Zarifian, j'ai voulu explorer les bouleversements psychiques qu'elle entraîne chez ceux qui en sont touchés.

Pour prendre une image, l'épreuve serait une pierre qui vous tombe dessus...

Plutôt un obus qui vous crible d'éclats et entaille les chairs. L'épreuve — je parle évidemment d'épreuves majeures — vous modifie en profondeur. Vous avez un certain mode de vie, une certaine relation au monde, un certain bagage de valeurs, vous avez surtout une image précise de votre identité — ce qui vous fonde vraiment en tant qu'être humain. De votre identité sexuelle : vous êtes homme ou femme. De votre identité sur le plan de la filiation : on est toujours l'enfant de quelqu'un, on a des ascendants — dans le meilleur des cas, des modèles d'identification ; dans le pire, des repoussoirs, mais cela vaut encore mieux que de ne rien avoir, si l'on en croit la difficulté à vivre

1. Ed. Odile Jacob.

des enfants de l'Assistance abandonnés par leurs parents. On a enfin une identité sociale et professionnelle. Et voilà que quelque chose arrive, parfois avec une brusquerie inouïe, qui remet en question l'équilibre patiemment construit. L'épreuve volatilise vos repères.

Cela se comprend quand il s'agit de l'identité sociale — ainsi, du chômeur honteux d'être improductif —, mais comment peut-elle remettre en cause une filiation ?

Bien sûr, on ne se retrouve pas du coup privé de père ou de mère, c'est sur le plan symbolique que les choses se passent. Prenez le baron Empain, héritier d'un empire industriel, soudain exilé de son trône par la faute de ses ravisseurs, confronté à un nouveau regard sur lui, contraint de s'interroger sur le bien-fondé de sa fidélité à sa lignée ; et bifurquant du coup vers une autre vie. Prenez ces douze astronautes américains qui, entre 1969 et 1972, ont foulé le sol de la Lune, sélectionnés pour leurs compétences, leur stabilité émotionnelle, en vue d'une expérience qui était pourtant leur suprême accomplissement professionnel, le rêve de leur vie : aucun d'eux n'est sorti indemne de cette « épreuve ». De là-haut, ils ont vu notre Terre infiniment petite, et leur vision du monde en a été littéralement changée. Ils se sont mis à relativiser les valeurs qui étaient les leurs ; un seul mis à part — lui s'est reconverti dans l'industrie aéronautique privée et y a réussi —, tous les autres ont été déstabilisés, l'un a eu maille à partie avec la justice, l'autre (James Irwin, décédé à l'été 1992) avait fondé à Colorado Springs une secte évangéliste, un troisième médite avec une longue barbe au sommet d'une montagne...

Peut-être est-il plus heureux en anachorète qu'en brillant pilote de chasse...

Peut-être. Le problème n'est d'ailleurs pas de savoir si l'on sort meilleur ou non de l'épreuve. On en sort en tout cas plus « soi » ; quand il n'y a pas éclatement — ce qui reste le risque —, il y a recentrage. L'épreuve met en lumière l'écart entre ce que nous sommes profondément et ce que nous sommes devenus sous l'effet de notre éducation et de nos conditionnements sociaux et culturels. Voyez le nombre de vos interviewés qui se disent « bruts de fonderie », imperméables au « qu'endira-t-on », indifférents aux classes sociales. Face à la mort, on ne peut plus tricher.

L'épreuve n'est pas forcément une confrontation avec la mort...

Dans presque toute épreuve, la mort est en filigrane, qu'elle soit réelle — dans le cas d'une guerre, d'une catastrophe naturelle, d'un accident, d'une maladie — ou, là encore, symbolique : la rupture d'un couple, la perte d'un emploi, tous ces événements vous font mourir un peu à vous-même, à vos habitudes, à vos certitudes.

La vieillesse peut avoir ce même effet.

C'est une épreuve aussi, même si elle est plus progressive ! Jusqu'à un certain âge, nous avançons dans la vie en niant l'idée de la mort ; et puis, entre quarante et cinquante ans, on observe chez certains une période de déstabilisation, une véritable crise existentielle qui est douloureusement vécue et amène elle aussi les gens à procéder à un réaménagement de leur existence.

Ces crises menacent-elles plus les hommes ou les femmes ?

Peut-être les femmes. On en voit souvent qui ont eu jusque-là une existence très pleine sur le plan professionnel et personnel, de jolies femmes généralement, qui, à l'approche de la ménopause, réalisent que leur corps se transforme, que leur pouvoir de séduction s'émousse. C'est le moment où les enfants quittent le foyer ; au bureau, des femmes plus jeunes menacent leur influence. Et elles vivent cela très mal. Je pense à une avocate de quarante-huit ans, blonde, charmante, heureusement mariée, mère de quatre enfants, déjà deux fois grand-mère, que je recevais récemment : pour elle, c'est l'hospitalisation pour un cancer du larynx de sa belle-mère — une femme autoritaire dont elle ne se sentait pourtant pas très proche — qui a tout déclenché, la forçant soudain à affronter le pourquoi de l'existence, à s'interroger sur l'irréversibilité du temps écoulé et sur cet autre versant de la vie qui se présente à elle. C'est un moment clé, dans la vie des gens, que celui où ils voient disparaître la génération d'au-dessus, où ils réalisent qu'ils sont désormais en première ligne.

La retraite, parfois, n'arrange pas les choses...

Libération pour certains, elle est pour d'autres une catastrophe.

J'ai en tête l'exemple d'un de mes amis, directeur d'une filiale d'une grande entreprise japonaise, avec tous les insignes du succès — salaire considérable, voiture avec chauffeur, reconnaissance annuelle de ses mérites lors de la fête d'entreprise, avec félicitations de ses supérieurs. Et puis survient une fusion, l'un des deux patrons doit sauter et, presque du jour au lendemain, il se retrouve à cinquante-huit ans en préretraite, matériellement dorée, mais qui provoque en lui, tant cette réussite professionnelle était « sa » chose, une blessure narcissique presque impossible à réparer. Encore que... Peut-être y parviendra-t-il, c'est un homme d'une forte richesse intérieure...

Vous avez toujours défendu l'idée que tout homme « normal » portait en lui le germe de la folie, que tout homme, sans exception, pouvait à la seconde basculer dans un autre monde. Une épreuve majeure peut-elle être justement l'occasion de tels bouleversements ?

La folie, vous savez, n'est jamais qu'un diagnostic porté de l'extérieur. Et ce qui est jugé par les autres comme un « coup de folie » peut être vu par l'intéressé comme le véritable accomplissement de lui-même. J'ai été récemment confronté au cas d'un professeur de droit de cinquante-trois ans, notable provincial, trente ans de vie conjugale, des enfants déjà grands. Passionné de navigation, il a fait naufrage et cru sa dernière heure arrivée ; une nuit entière, accroché à sa coque qui dérivait, il a fait le bilan de son existence. Au retour, il plaqua tout : femme, vie confortable, considération sociale, et pas pour une jeune maîtresse, non, pour une vie de solitaire consacrée à la lecture et aux sports qu'il aimait. Il s'affirme parfaitement heureux, enfin libéré de l'environnement coercitif qui l'avait jusqu'ici empêché d'exister. A ses yeux, l'épreuve lui a donné le courage, l'audace — l'inconséquence ? — de tout remettre en cause, d'aller jusqu'au bout de lui-même. Combien d'entre nous, confrontés à une épreuve majeure, n'ont pas eu, à un moment ou à un autre, cette tentation de changer de vie, sans aller forcément jusqu'au bout de ses aspirations ?

Au-delà d'une remise en cause de notre fonctionnement quotidien, l'épreuve peut-elle déboucher sur une pathologie caractérisée ?

Dans des cas extrêmes, certes. Confrontés à des traumatismes gravissimes — un attentat, un accident d'avion —, peu de gens sortent indemnes, au moins temporairement, de troubles psychiques. Mais il faut savoir que notre cerveau à nous, gens « normaux », est parfaitement capable, dans des circonstances extraordinaires, de fabriquer n'importe quel type de maladie mentale. Fournissez-moi une dose de LSD, et j'aurai immédiatement des hallucinations visuelles comme un grand schizophrène (ou raréfiez l'oxygène de cette pièce, et cela aura à peu près le même effet, je verrai alors des lutins et des éléphants roses, comme les alpinistes atteints du mal des cimes). Faites-moi une injection intraveineuse de lactate de soude et j'entrerai dans un état de panique aiguë. Donnez-moi du cardiazol et j'aurai une crise d'épilepsie généralisée ; de la réserpine — un médicament hypotenseur aujourd'hui oublié — et je ferai un épisode dépressif. La seule différence entre les gens « normaux » et les « malades mentaux », c'est qu'en face d'épreuves bien réelles, cette fois, ces derniers ont un seuil de vulnérabilité infiniment plus bas que les premiers : il leur en faut peu pour basculer ; et ils mettront plus longtemps à récupérer.

Des gens « normaux » peuvent-ils rester durablement marqués ?

Bien sûr. Je pense à ce jeune homme qui a assisté à la mort accidentelle de son père. Il était indemne de tout problème avant ; depuis il n'a cessé d'être la proie de troubles anxieux et phobiques, se refusant absolument à conduire ou même à prendre place dans une voiture, incapable de trouver le sommeil, sinon pour sombrer dans des cauchemars affreux.

Même quand le deuil ne revêt pas cette dimension traumatique, il peut être insurmontable ?

On connaît bien maintenant les mécanismes du deuil. Le départ d'un être cher — la « perte d'objet », dit-on dans notre jargon — ouvre sur un travail de deuil qui passe par des manifestations d'affliction, des rituels, notamment aux dates anniversaires, parfois des blocages devant tout ce qui rappelle le cher disparu : on donne ses vêtements, on change d'appartement, on fuit le cimetière. Quand, la personne se révélant incapable d'équilibrer cette perte par d'autres investissements affectifs, les effets du deuil se prolongent au-delà d'une année, lorsqu'ils sont à ce point intenses qu'ils entraînent la perte totale des désirs, du sommeil, de l'appétit, de la projection dans l'avenir, qu'ils bloquent toute activité, alors on parle de deuil pathologique (qui va parfois jusqu'à des conduites spectaculaires, dignes de la rubrique faits divers, du genre « la veuve inconsolable gardait chez elle depuis trois semaines le cadavre de son bien-aimé... »).

Dans votre prochain livre[1]*, vous mettez pourtant en garde contre la tendance actuelle à soigner la dépression consécutive à un deuil à coups de médicaments.*

Attention, là, je parle de « vraie » dépression — d'ailleurs souvent provoquée moins par une épreuve que par une accumulation d'épreuves, par une situation conflictuelle qui dure et reste sans solution : dans sa forme extrême, la mélancolie, elle empêche tout simplement de vivre. Mais, aujourd'hui, on qualifie volontiers de dépression toute tristesse existentielle, avec prescription abusive d'antidépresseurs à l'appui.

Vous êtes contre ?

Il appartient à chaque médecin de juger de la situation de son patient. Mais je crois, moi — et là, je me place sur un plan philosophique —, au respect des épreuves, à la légitimité de la souffrance. Devons-nous vraiment vivre dans une société du tout-confort ? On mène ces temps-ci le combat contre la douleur, mais toutes les femmes doivent-elles accoucher sous péridurale ? Devons-nous de même gommer pharmacologiquement toute douleur morale ?

Regardez les gens privés de la capacité de faire leur deuil. Je me rappelle, enfant, notre voisine, avenue de Breteuil, mère de deux garçons dont j'étais l'ami. Son mari, officier, a disparu en Indochine. Pendant des années, elle s'est accrochée à l'idée qu'il reviendrait. Aujourd'hui, quand il y a un accident d'avion, on remet un cercueil aux familles, on sait très bien ce qu'il en est, mais au moins les rituels peuvent-ils être respectés.

De l'utilité des couronnes de fleurs et des visites au cimetière...

Bien sûr. Le deuil, même ainsi socialisé, reste terriblement pénible à vivre, mais il a une fonction dans notre vie, il réaménage nos investissements, l'image de nous-même, les relations que nous avons avec nos proches. Moi, je revendique le droit de

1. *Les Médicaments du cerveau*, à paraître aux éd. Odile Jacob.

vivre mes deuils sans anesthésie ; j'en ai eu récemment de douloureux, je n'aurais pas voulu en faire l'économie.

Prenons un autre exemple moins dramatique : le trac. Si celui-ci vous paralyse, peut-être faut-il faire quelque chose, en effet. Mais le trac avant un examen, c'est normal ! C'est une expérience existentielle, elle aussi, et, comme de toute expérience, on peut en tirer profit. Sous réserve, bien sûr, de ne pas être doté d'une structure de personnalité trop fragile, de sorte que l'épreuve entraîne une brusque décompensation.

Toujours cette idée, indéfiniment récurrente, qu'il n'y a pas d'égalité devant l'épreuve. Ne peut-on voir, dans ces moments de crise, émerger soudain des personnalités supérieures ?

Je ne crois pas à ce genre de génération spontanée. Je crois en revanche que certaines personnes ont un « moi » plus fort que d'autres, qu'il leur ait été donné en héritage ou qu'il ait été forgé par les circonstances, parfois de façon totalement délibérée, comme dans les Services secrets. Là, on prépare vraiment les gens à affronter l'épreuve, la douleur, la pression morale, la déstabilisation psychologique. Il y a des techniques pour cela. Mais il est aussi d'autres éléments qui, face à l'épreuve, constituent de formidables atouts, comme la force spirituelle.

Modèle sainte Blandine entonnant des cantiques dans la fosse aux lions ?

Moquez-vous ! C'est tous les jours que mon expérience clinique me confirme que les gens totalement démunis sur le plan spirituel sont en état de faiblesse. Une analyse qui vaut d'ailleurs plus largement pour notre société occidentale, quand d'autres civilisations, comme celles de l'Orient, continuent à s'ancrer dans une spiritualité très forte et produisent des personnages comme Gandhi. Des gens que l'on peut condamner à la misère noire, mettre en prison, torturer, et qui, lorsqu'ils en sortiront, auront maturé, quand d'autres seront devenus des zombies. Un autre atout, c'est l'acquis culturel : en témoigne l'aventure de ces prisonniers de guerre qui ont tenu à bout de bras le désespoir en déclamant des vers d'Homère, quand leurs compagnons de chambrée se laissaient couler, aspirés par l'angoisse du lendemain.

Les intellectuels tiennent mieux le coup que les autres ?

Tout dépend. Je lisais hier le récit d'une expérience — la simulation en plein désert d'une panne d'avion — faite auprès de deux groupes témoins très différents, le premier constitué d'officiers supérieurs, le second de troupes de choc. Les gradés se sont totalement décompensés, oscillant entre la peur et l'exaspération, inquiets de tout : des réserves d'eau, des pillards qui hantaient la région, des rendez-vous qu'ils allaient devoir manquer. Les soldats des troupes de choc, eux, sont sortis tranquillement de l'appareil, se sont mis à l'abri du fuselage, ont commencé à taper le carton après avoir lancé les fusées d'alerte, parfaitement maîtres d'eux-mêmes. Si frustes soient-ils, ils avaient de la ressource, confrontés à des problèmes de survie. A chacun selon ses moyens : mettez un normalien au milieu de la forêt amazonienne, il s'en sortira moins bien qu'un bûcheron. Mais le bûcheron incarcéré comme prisonnier politique s'en tirera très probablement moins bien qu'un intellectuel, faute de pouvoir s'évader dans sa tête.

L'épreuve du feu

« Tu crèveras, pharisienne. L'Islam aura ta peau ! » Debout à la barre de la cour d'assises spéciale de Paris qui juge en ce mois d'avril 1992 Fouad Salah, l'organisateur des attentats meurtriers de 1985 et 1986, Françoise Rudetzki, présidente de S.O.S.-Attentats, partie civile au procès, reste impassible sous les injures. Et continue d'une voix ferme à parler au nom des cent dix membres de l'association qui, brisés par l'épreuve, n'ont pu endurer le choc d'un face-à-face avec l'accusé.

Victime, elle l'est pourtant tout comme eux, celle qui n'a pas craint, pour plaider inlassablement la cause qui lui tient à cœur, de rencontrer dès mai 1986 François Mitterrand à l'Élysée ; de harceler depuis lors députés et sénateurs ; de rencontrer, à la demande de celui-ci, l'ambassadeur d'Iran en France, désireux de la convaincre de l'innocence de son pays ; de rendre visite au sous-secrétaire général de l'ONU, mandatée par les proches des 170 morts du DC 10 d'U.T.A. qui explosa en 1989 au-dessus du Niger ; de se rendre même à Antenne 2 sur le plateau de *La Nuit des héros*...

Prête à tout, elle l'est, sauf à donner l'adresse où elle a récemment emménagé — seul moyen de se protéger contre les menaces anonymes, mais surtout contre l'envahissement et des victimes et des journalistes. Alors, c'est elle qui se déplace au volant de sa voiture à conduite automatique et qui débarque chez vous, soutenue par ses béquilles, dans un tailleur-pantalon bleu roi de bonne coupe, la jambe gauche raide, mais le visage étonnamment lisse, cheveux noirs bouclés, yeux bruns, nez mutin et sourire ravageur — un sourire de petite fille armé de deux attendrissantes canines.

Elle a quarante-quatre ans. Elle en avait trente-six le 23 décembre 1983. Ce jour-là, Françoise et Maurice Rudetzki décident de fêter dignement leurs dix ans de mariage. Enfin ! Car depuis le 5 novembre — la vraie date —, impossible de caser un dîner en amoureux, entre les vacances de la Toussaint à Pompadour, au Club Méditerranée, pour un stage intensif de tennis avec Deborah, leur fille de neuf ans, et le travail de fous — « sept jours sur sept, dix-huit heures par jour » — accompli en novembre à la Grande Braderie de la Défense, un *must* dans le secteur du prêt-à-porter où ils œuvrent l'un et l'autre, Maurice comme directeur commercial d'une grosse firme, Françoise comme P.-D.G. d'une petite affaire qu'ils ont remontée, trois ans plus tôt, et qui tourne maintenant avec dix employés.

Samedi 23 décembre : Deborah est partie depuis deux jours à la neige ; les affaires sont plus calmes en cette avant-veille de Noël. Maurice, quelques semaines plus tôt, a voulu retenir pour ce soir-là une table au Grand-Véfour, mais le célèbre restaurant du Palais-Royal affichant complet, il s'est rabattu sur le délicieux Le Divellec, esplanade des Invalides. Par acquis de conscience, il rappelle cependant le Grand-Véfour : « C'est bon », lui répond le maître d'hôtel qui a eu deux défections dans la matinée. Va pour le Grand-Véfour et son cadre un peu magique. Françoise enfile un joli tailleur noir, l'un de ses préférés, même si elle n'a jamais accordé à la mode une importance excessive, malgré son métier.

« Au restaurant, raconte-t-elle, nous nous sommes assis côte à côte sur la banquette, ce qui ne nous arrivait jamais. Je me rappelle une ambiance feutrée, un cadre légèrement vieillot, des peintures plus très fraîches. Et un serveur attentif à nos moindres gestes qui, sur le coup de 22 h 30, a étrangement disparu, remplacé par un autre. » Des plats dégustés, en revanche, Françoise ne s'en souvient plus (« J'ai ainsi perdu des pans entiers de mémoire »), sauf d'un, le dessert, un feuilleté chaud aux pommes : « Nous ne l'avons jamais mangé. »

A 22 h 45, une énorme déflagration envahit le restaurant : « Je me suis sentie projetée en l'air. » Ni peur alors, ni douleur. Seulement un cri : « Mes jambes ! » La lourde porte métallique qui donne sur le Palais-Royal s'est abattue sur Françoise. Elle a encore le temps de donner aux pompiers le numéro de téléphone de son frère médecin, de voir devant elle Maurice, les vêtements déchirés, tachés de sang — il a été légèrement blessé par des éclats de verre —, mais debout et vivant (quand, assis en face d'elle, il aurait risqué le pire) : « Ça ira ? » lui demande-t-il. « Je te le promets... » Et voilà Françoise qui sombre dans l'inconscience.

Transportée en réanimation à la Pitié, elle y restera quatre-vingts jours, les trois premiers dans un coma profond. Si sa jambe droite est sévèrement touchée, la gauche, elle, est affreusement broyée. Très vite, il est question de l'amputer. Mais Françoise dit non : « Je me serais retrouvée avec une jambe en moins quand j'ai ouvert les yeux, ç'aurait été très dur, mais je n'aurais pas eu le choix. Il s'est trouvé que, devant ma forme physique exceptionnelle — j'étais jeune encore, sportive, je ne fumais pas —, le chirurgien qui m'a opérée la première nuit pendant dix heures a tenté une première, un pontage artériel. Il s'est longtemps demandé s'il avait bien fait, ce jour-là. »

Françoise, elle, ne se pose pas ces questions. Elle ne supporte pas, c'est tout, l'idée qu'on puisse toucher à son intégrité physique : « On me disait : "Avec une jambe artificielle, vous marcherez mieux ; dans la rue, les gens n'y verront que du feu." Mais ce qui m'importait, ce n'était pas le regard des autres, mais le mien et celui de mon mari : vous imaginez, enlever une prothèse et se retrouver avec une seule jambe dans un lit... » A Maurice, elle a promis de s'en tirer. Entière. Elle tiendra parole.

Un pari fou. Car, pour reconstruire ses deux jambes, il faudra à Françoise Rudetzki pas moins de neuf ans. Neuf ans de souffrances atroces, quarante et une anesthésies générales, des greffes de peau, de muscles, de nerfs, d'os, deux septicémies. « Ce combat a été mon luxe : il y fallait du temps, des ressources financières. » Une énergie hors du commun, aussi. A sa sortie de la Pitié, elle restera un temps chez elle, en hospitalisation à domicile, avant de partir en centre de rééducation. Ce n'est qu'en 1990 — sept ans après le drame — qu'elle quittera définitivement son fauteuil roulant. Reste quatre-vingt-dix pour cent d'invalidité, une autonomie de marche très réduite, l'impossibilité de pratiquer aucun sport, un sentiment de fatigue permanente, une santé fragile, quand elle ignorait jadis la maladie — au point d'avoir mille difficultés, après l'attentat, à retrouver l'adresse de son centre de Sécurité sociale !

Physiquement, donc, un calvaire. Mais l'esprit reste solide :

« Mon champ de réflexion s'est seulement incroyablement rétréci. Très peu de choses comptaient : ma santé, ma fille, mon mari. Quand j'ouvrais un œil, je réglais de menus problèmes d'organisation pratique — j'avais la chance, pourtant, d'être relayée à la maison par ma belle-mère (une solide Franc-Comtoise, teinturière de son état). Mais jamais je ne me suis demandée : « Pourquoi une bombe, pourquoi moi ? Lorsqu'on se bat pour sa survie, il n'y a plus de place pour les interrogations métaphysiques. » Pas de place non plus pour le monde extérieur : lorsque au bout d'un moment, les médecins voudront faire installer un téléviseur dans la chambre de Françoise pour la distraire, elle refusera, à leur stupéfaction. « Je ne pouvais me permettre d'être ainsi divertie. » A l'époque, elle reste aussi nichée des jours entiers sous ses couvertures : « Ils m'imaginaient déjà refusant le monde, murée dans ma souffrance. Mais la réalité, c'est qu'il n'y avait pas de volets et que je n'ai jamais pu dormir à la lumière du jour... »

L'épreuve, elle veut l'assumer de front. Sitôt rentrée chez elle, Françoise jette à la poubelle, avec la bénédiction de William, son frère médecin, la multitude de comprimés multicolores qui encombrent sa table de nuit : « Je ne voulais pas de tranquillisants. J'ai gardé seulement des cachets pour dormir. » Car, la nuit, c'est trop de souffrances et, dans la foulée, trop d'angoisses, de cauchemars : « Mais jamais je n'ai revécu la scène de l'attentat. » Jamais Françoise ne développera de blocages, de phobies : « Dès que possible, nous avons recommencé, avec Maurice, à faire des petits dîners au restaurant ; n'était l'attitude des propriétaires du Grand-Véfour, j'aurais d'ailleurs pu y retourner sans problème. »

En 1988, en pleine psychose d'attentats, les Parisiens se terrent chez eux ; les Rudetzki, eux, en profitent pour sortir. Même superbe inconscience pendant la guerre du Golfe : « Un jour, nous nous sommes retrouvés avec Deborah dans une salle de cinéma complètement vide. Elle était mal à l'aise. On l'a rassurée : "Écoute, ce genre de choses, ça n'arrive pas deux fois dans une vie." » Pas question, pour les Rudetzki, d'être obnubilés par la sécurité de leur fille : « Le problème est ailleurs, dit Françoise, dans ces absences répétées qui m'ont donné l'impression de rater une partie de son enfance : du coup, je l'ai trop aidée dans ses études, pas assez autonomisée. C'est tout juste si, cette rentrée, je n'ai pas rempli à sa place son dossier de fac. » Non, décidément, pour cette pragmatique, le physique n'a pas déteint sur le mental : « On retrouverait mes poseurs de bombe (l'attentat du Grand-Véfour n'a jamais été revendiqué) que je ne craindrais pas de leur parler. »

Elle est là, sur votre divan, à deviser d'une voix douce, abondante, à rire souvent. Elle a la force tranquille des gens qui ont tout traversé. On s'interroge : un heureux caractère, un couple solide, une forte capacité de travail, une vie matérielle confortable — week-ends de ski, dîner entre copains et tennis en nocturne chaque jeudi soir —, ça ne fait pas forcément une héroïne en puissance. La foi, alors ? « Je n'étais pas croyante avant, répond Françoise, je ne le suis pas devenue. » La famille ? « Un milieu petit-bourgeois, des parents commerçants dans le Marais. » Mais encore ? « Mon père était tailleur, ma mère l'aidait à la boutique. » Des émigrés, venus de Pologne vers 1933 ou 1934. Des Juifs, mais athées militants. Le père de Françoise, après quatre ans de STO, sera emmené en Russie où il découvrira l'horreur du goulag : homme de gauche — « rad-soc », disait-on à l'époque —, il acceptera de se taire pour ne pas gêner les copains inscrits au P.C. La mère de Françoise, elle, a réussi à fuir en zone libre : toute sa famille périra, comme celle de son époux, dans la grande rafle du Vél' d'Hiv. « J'ai toujours admiré, dit Françoise Rudetzki, cette génération qui, après avoir connu l'horreur, a réussi à repartir. » A faire des enfants : Françoise en 1948, William en 1953. A travailler comme des fous. A s'amuser beaucoup.

Double leçon de vie : le courage, c'est bien ; la joie, c'est mieux. « Pour ma fille, ce n'était pas évident de se retrouver soudain, à neuf ans, avec une mère handicapée, je sentais bien sa gêne quand nous sortions ensemble dans la rue ; pour elle, nous avons voulu avoir la vie la plus normale possible. » L'année d'après l'attentat, Deborah partira — comme prévu —, dans le cadre d'échanges interscolaires, trois semaines aux États-Unis, avant de recevoir — comme prévu — sa correspondante à la maison... où Françoise est toujours immobilisée sur son lit d'hospitalisation à domicile. Côté vacances, si les sports d'hiver sont définitivement compromis, on fait vite des plans pour l'été. C'est en Amérique que les handicapés ont la vie la plus facile sur tous les plans, qu'il s'agisse du regard des autres ou de la meilleure accessibilité aux bâtiments ? Qu'à cela ne tienne, le trio Rudetzki sillonnera en 1985 le Québec et la Nouvelle-Angleterre, en 1986 la Floride, en 1987 la Californie. L'été 1992, ils ont été en Corse : « L'idée m'inquiétait un peu, mais le pays m'a emballée. » Quant aux copains, ils continuent à débarquer chez les Rudetzki comme ils l'ont toujours fait : « Nous n'en avons pas perdu un. » Parmi les grands souvenirs, celui du retour de Françoise au bercail : « La maison n'était plus qu'un parterre de fleurs. Magnifique ! »

Pour Maurice, pour Deborah, Françoise avait voulu garder sa jambe. Et le moral. Pour qu'ils soient fiers d'elle, elle va bientôt engager un second combat : « Jusque-là, je ne m'étais pas souciée de mon indemnisation, il me suffisait de savoir que j'étais prise en charge par la Sécurité sociale. » Tout démarre au printemps 1985, un an et demi après l'attentat, avec la phrase malheureuse d'un journaliste commentant, photos à l'appui, la résurrection du Grand-Véfour : « La bombe aura fait plus de bruit que de mal. » « Je vois encore le chirurgien entrer dans ma chambre en brandissant le magazine ; je venais de subir une transplantation osseuse, mon état n'était pas glorieux. » Françoise demande un droit de réponse. Lequel suscite l'intérêt de Jacqueline Alexandre, qui anime alors sur Antenne 2, avec Patrick Poivre d'Arvor, l'émission « A nous deux », dont le but est de régler les litiges entre deux personnes. La famille Taittinger, propriétaire du Grand-Véfour, se dérobe, elle n'est pas responsable, la bombe était placée à l'extérieur devant un soupirail : « Traduction libre : on rembourse la porcelaine cassée, mais pas les membres broyés. » Françoise Rudetzki trouve l'argument un peu court, surtout venant d'une tribu qui compte en son sein un ancien ministre de la Justice et le vice-président du Sénat : « J'aurais reçu de leur part ne serait-ce qu'une lettre gentille, un bouquet de fleurs, je n'aurais sans doute jamais bougé. »

Mais la colère est là. Et les moyens d'agir ; Françoise est juriste de formation : une licence à la faculté d'Assas, deux DESS de droit public et de sciences politiques ; elle a même travaillé un temps au ministère de l'Industrie. Maurice, Sciences-Éco et Sciences-Po, est lui aussi un passionné de la chose publique, il connaît en outre à l'Élysée Jean-Claude Colliard, un de ses anciens chargés de travaux dirigés. A l'été 1985, Françoise commence à arroser des gens bien placés de lettres dans lesquelles

— « au-delà de mon cas personnel... » — elle dénonce le vide juridique existant en matière d'indemnisation des victimes du terrorisme. Pas de réponse. Elle commence aussi à contacter les victimes en question — un restaurateur, client de Maurice, qui a perdu un œil en 1978 dans l'attentat du Bazar de l'Hôtel de Ville ; les personnes blessées en juillet 1983 à Orly devant le comptoir de la Turkish Airlines : « Partant en vacances deux jours après, nous avions, Maurice et moi, été choqués par ce spectacle de désolation, les cloisons éventrées, les mesures de sécurité... » A l'automne 1985, S.O.S.-Attentats est créé dans l'indifférence générale. Le 7 décembre, des bombes éclatent au Printemps et aux Galeries Lafayette (51 blessés) : « Le lendemain dimanche, nous avions toute la presse à la maison. »

Au début 1986, la campagne des Législatives est l'occasion d'interpeller de nouveau l'opinion — une pétition lancée dans l'émission de Pierre Bellemare, « Au nom de l'amour », suscitera l'envoi de 500 000 cartes postales —, d'obtenir des engagements des différents partis politiques. Lorsque se produisent les meurtriers attentats de septembre à l'Hôtel de Ville (1 mort, 16 blessés), à la Défense (43 blessés), au Pub Renault (2 morts, 1 blessé), à la Préfecture de police (1 mort, 45 blessés) et rue de Rennes (7 morts, 54 blessés), Françoise Rudetzki a déjà, par son opiniâtreté, décroché ce qu'elle voulait : votée en juillet — elle sera promulguée le 9 septembre 1986 —, une loi d'indemnisation unique au monde assure aux victimes d'attentats sur le sol français (et ce, quelle que soit leur nationalité) la réparation intégrale des préjudices subis et le bénéfice d'un fonds de garantie.

Françoise ne s'en tiendra pas là. Sillonnant les ministères, toujours poussée par Maurice dans son fauteuil roulant, elle obtient bientôt la rétroactivité de la loi au 1er janvier 1985, afin d'assurer un traitement égal à toutes les victimes. Elle plaide aussi pour que soit pris en compte, dans l'indemnisation, le stress post-traumatique (*cf.* le chapitre : La misère des rescapés) — à concurrence de quarante pour cent des blessures physiques. Plus fort encore, elle décrochera en 1990, pour les victimes d'attentats, malgré un non catégorique de tous les ministères, le statut de victimes civiles de guerre, qui, s'il apporte peu sur le plan financier — sinon la gratuité des soins et le statut de pupilles de la Nation pour les orphelins —, est essentiel sur le plan moral :

« Est-ce mon côté juriste ? J'ai toujours refusé les indemnisations à titre gracieux, les collectes sur la voie publique, toutes ces formes de mendicité. Ce que je voulais, c'était une véritable reconnaissance par la Nation des méfaits du terrorisme. » Un mot qui fait désordre dans un État de droit. Reste, aujourd'hui, à trouver le financement d'un lieu d'écoute — « mon seul échec à ce jour », reconnaît Françoise Rudetzki.

Dans ce combat mené parfois jusqu'à la limite de ses forces, elle a beaucoup appris. Elle qui n'avait jamais milité que sur les bancs de la fac en 1968 — « J'étais farouchement contre la peine de mort, je n'ai pas changé d'idée » —, ou fugitivement au syndicat CFDT du ministère de l'Industrie, elle a découvert les vertus du système associatif, « le seul aujourd'hui en France à faire bouger les choses, le monde politique n'étant jamais qu'à la remorque ». Elle s'est passionnément investie dans le processus de fabrication des lois, « ce qu'il y a de plus noble dans le domaine public ». Elle a rencontré des gens qu'elle n'aurait jamais connus, elle a compris, avec son cœur plutôt à gauche, que la valeur des hommes transcendait les clivages politiques, qu'il y avait aussi à droite « des gens formidables », et à gauche de sombres égoïstes, ulcérés à l'idée d'étendre le bénéfice de l'indemnisation à des non-Français. Elle a aimé les sourires et les encouragements glanés auprès d'inconnus dans la rue — « Mais jamais, j'en suis très fière, on ne m'a demandé un autographe... ». Elle a un peu oublié sa propre souffrance à force d'être confrontée à celle d'autrui : à cette femme qui, en apparence légèrement blessée au casino de la Défense, traîne depuis une dépression gravissime ; à ces victimes que leur conjoint — le cas n'est pas rare — a laissé tomber ; à cette vendeuse des Galeries Lafayette qui, sévèrement brûlée au visage, se terre, n'osant plus affronter les regards ; à ce jeune homme de trente ans qui, souffrant de terribles bourdonnements d'oreilles depuis l'explosion au cinéma Rivoli-Beaubourg, s'est suicidé l'été dernier.

Mais trop c'est trop, et Françoise rêve aujourd'hui de passer la main : « A force de me voir m'investir dans l'association vingt-quatre heures sur vingt-quatre, les gens n'imaginent même plus que je suis bénévole, ils m'assimilent à l'État, trouvent totalement normal que je me démène pour une inscription scolaire, la recherche d'un emploi, m'engueulent quand un dossier d'indemnisation traîne... et disparaissent de la circulation lorsque leur cas personnel est réglé ! Trop de victimes se contentent d'être des victimes ; j'ai côtoyé beaucoup d'égoïsme. » Elle aimerait reprendre une activité rémunérée, pas dans le prêt-à-porter — « Dès le départ, j'ai su que je n'y travaillerai plus » —, mais dans le secteur associatif ou humanitaire, ou bien dans tout ce qui touche aux affaires publiques, chez le Médiateur, par exemple, ou dans une municipalité : « Mon drame, c'est que je suis trop marquée, aujourd'hui. Les gens ont peut-être peur de mon côté combatif, ils m'imaginent comme une perturbatrice professionnelle. »

Nostalgie de la vie d'antan ? « Mais évidemment ! » lance Françoise que les discours triomphalistes de Michel Gillibert sur sa « nouvelle naissance » indisposent : « Il y a là de quoi décourager complètement les handicapés qui, eux, arrivent péniblement à assumer leur vie au jour le jour. » La semaine dernière, elle a été « horrifiée » par un sourd qui, à *La Marche du siècle*, affirmait se sentir bien mieux que s'il entendait : « Mais ce n'est pas vrai, ce n'est pas possible, la personne qui dit cela doit se mentir à elle-même ! » Françoise s'emballe : « Écoutez, j'ai eu dans mon malheur toutes les chances, j'ai sauvé ma jambe, mon équilibre psychique, ma famille, j'ai tout gagné sur le plan législatif, j'ai eu un bon succès médiatique, j'ai été portée par un courant de sympathie. Mais, malgré tout cela, rien ne vaudra jamais la vie d'avant ! »

« Bien sûr, on va plus à l'essentiel ; bien sûr, on n'a plus peur — mais alors plus du tout ! — de la mort ; bien sûr, on était autrefois plus futile ! Et alors ? On était plus heureuse aussi. » Sans béquilles ni souffrance physique. Sans l'insupportable tristesse de parents déjà sévèrement meurtris. Sans l'angoisse — toujours nichée au coin du cœur — de ne plus être la même pour Maurice. Sans cette difficulté permanente à accomplir les menus gestes de la vie : « On s'épuise. »

Elle est là devant vous, dans son tailleur bleu roi, elle est jolie et gaie, elle est la vie même. Elle dit pourtant qu'elle a trop donné : « Il m'arriverait quelque chose demain, un deuil, une maladie, j'aurais une grave inquiétude pour ma fille, j'ai l'impression que je ne ferais plus face, que je voudrais en finir très vite. »

La misère des rescapés

C'était vers la fin 1986, quelque temps après l'attentat de la rue de Rennes. Au C.H.U. de l'hôpital Saint-Antoine (Paris XIIe), le Pr Jean-Marc Alby, responsable du département de psychiatrie et de psychologie médicale, reçoit un jeune homme ne souffrant apparemment, depuis l'explosion, que d'une détérioration de l'ouïe — une « hypoacousie » : « Ce malheureux, raconte le professeur, avait été traîné d'hôpital en hôpital, oublié au fond des salles d'attente, on avait plus urgent à soigner. Quand nous l'avons vu, il était dans un état de choc tel que, sans prise en charge psychiatrique immédiate, il ne pouvait s'en tirer. » Dès 1987, Alby, homme aux rondeurs affables, monte à Saint-Antoine un service spécialisé dans les « névroses traumatiques », en association avec le médecin général Louis Crocq, un grand type sec à la belle gueule d'officier, cheveux en brosse et rosette à la boutonnière, récemment versé en seconde section, un expert en ce domaine.

Car longtemps avant les attentats terroristes, les détournements d'avion et les braquages de banque, les médecins militaires se sont penchés sur ces « blessés psychiques » qui jonchent les champs de bataille. Pendant des années, à l'hôpital du Val-de-Grâce, Crocq a reçu à leur retour d'Indochine ou d'Algérie des officiers et des soldats durement marqués par les combats, que la mort les ait frôlés ou ait fauché l'un de leurs camarades, ou qu'ils éprouvent une lourde culpabilité après avoir tué un ennemi ou provoqué la mort de civils au cours d'accrochages. Pour prévenir ces « névroses de guerre » — baptisées « P.T.S.D. », *Post-traumatic stress disorders* par les Américains au Viet-nam —, il importe d'agir vite : pendant la guerre des Six jours, les Israéliens enverront des équipes psychiatriques dans les unités de l'avant pour qu'elles interviennent déjà sur le terrain.

On n'en est pas là en France : plus d'un siècle après la première description de ces troubles par le psychiatre allemand Oppenheim (Berlin, 1884) — il étudiait déjà les victimes des accidents de chemin de fer —, suivi par Freud lui-même en 1921[1], l'équipe de Saint-Antoine n'aura pas la tâche facile pour rencontrer, fût-ce avec retard, les victimes des attentats terroristes de 1985-1986 ; lors de la guerre du Golfe, les Affaires étrangères, en charge des rapatriés du Koweït et d'Irak, s'efforceront de les disperser au plus tôt dans leurs familles respectives afin d'éviter tout regroupement susceptible de donner lieu à des communications non contrôlées avec les médias...

« C'est dommage, affirme le Pr Alby, car en offrant aux gens l'occasion de revivre intensément, grâce au langage, un événement traumatique, on leur permet d'extirper d'eux-mêmes ce qui n'était jusque-là que bouillonnement inorganisé. » A certains patients, une seule séance suffira ; d'autres reviendront chaque semaine, cinq, dix, vingt fois. Mais, « le plus souvent, note Crocq, on observe, avec ces thérapies dites d'"abréaction", une nette amélioration en six à huit séances ».

Bien plus de temps, en tout cas, qu'il n'en a fallu au traumatisme pour faire son nid, la brusquerie du choc étant un des éléments de sa cruauté. L'aurait-on senti venir qu'on aurait eu la possibilité de développer cette « angoisse objectivante » chère à Freud, la plus efficace des défenses. Mais non, en un instant, la bourrasque vous a enveloppé, il y a eu du bruit, des cris, du sang peut-être, la mort était là quand vous vous croyiez immortel, le monde était soudain violent, méchant, quand vous lui aviez jusque-là fait crédit. Et quand l'effet de souffle est retombé, vous vous êtes senti isolé, privé de secours — un abandon qui va vous marquer toute votre vie, vous rendant terriblement dépendant d'autrui.

Car l'onde de choc se prolonge bien au-delà de l'événement lui-même. Oh, rien de très apparent dans l'immédiat. Il y a

1. Dans *Au-delà du principe de plaisir.* Il lui faudra avoir trois fils et plusieurs de ses élèves au front pour accepter l'idée que l'épreuve du feu est tout de même d'un autre ordre que la kyrielle de traumatismes nés des frustrations de la petite enfance...

d'abord un temps de latence pendant lequel le sujet, perplexe, rumine son problème ; à l'armée, un observateur averti noterait que le soldat se mêle moins à ses camarades ou qu'il développe au contraire une euphorie paradoxale. Parfois, ce temps se prolonge jusqu'à ce que l'individu se retrouve hors de portée du danger, au casernement, voire chez lui. Alors — ce peut être un jour ou six mois après — apparaissent les premiers symptômes de la névrose traumatique.

Des symptômes qui ne trompent pas. Ainsi du syndrome de répétition qui amène le sujet à revivre malgré lui l'expérience traumatisante qu'il n'a pas digérée : il a des cauchemars qui le font bondir, crier, tomber de son lit au milieu de la nuit ; des visions quasi hallucinatoires de la scène tragique, accompagnées de suées, d'une intense frayeur ; de simples sursauts qui sont une forme archaïque de la répétition, au cours desquels il improvise les gestes qu'il aurait dû avoir au jour J ; des accès émotionnels irraisonnés ; un besoin compulsif d'« en » parler ; une attirance pour les spectacles violents au cinéma ou à la télévision... Ces syndromes de répétition surgissent soit spontanément, soit à la suite d'un stimulus accidentel, une actualité sombre à la radio, la pétarade d'une mobylette dans la rue ; ils peuvent se produire une à deux fois par mois seulement, comme plusieurs fois par jour, jusqu'à gêner considérablement la vie du sujet, surtout s'ils s'accompagnent de phobies qui l'empêchent de sortir dans la rue, de prendre le métro...

Interviennent aussi, à côté de ces syndromes de répétition, des modifications de la personnalité : « Le *moi* est bloqué à trois niveaux », explique le médecin général Crocq avec une rigueur toute militaire. Un : il est incapable de filtrer l'environnement. Le sujet est constamment sur le qui-vive, scrutant le journal pour en extraire les mauvaises nouvelles, balayant la rue du regard pour y dénicher quelque tireur embusqué, s'interdisant de traverser les places, espaces à hauts risques. La nuit encore, il fait le guet, et, quand il s'écroule enfin, garde un sommeil léger. Deux : il n'a plus d'intérêt pour rien, ni pour ses loisirs, ni pour son travail — certains, d'ailleurs, vont se faire mettre à la porte par leur employeur —, comme si l'avenir avait perdu ses couleurs. Trois : le sujet atteint de névrose traumatique est désormais incapable d'une ouverture vers les autres, personne ne le comprend, personne ne l'aime, pas même sa famille proche, la société encore moins (d'où la nécessité d'une indemnisation rapide pour mettre fin à cette surenchère dans la sinistrose). « Si, avec le temps, les syndromes de répétition s'espacent, conclut le docteur Crocq, les troubles de la personnalité, eux, s'enkystent peu à peu. J'ai ainsi rencontré des combattants de 14-18 qui étaient devenus de véritables clochards. »

Certains ont sombré, d'autres ont vacillé, beaucoup se sont, comme on dit, « aguerris ». Une fois encore, l'épreuve, si massive soit-elle — tellement moins sujette à interprétation, semble-t-il, qu'une rupture affective, par exemple —, n'a pas été vécue pareillement par tout le monde. « Dans un attentat, remarque le Pr Alby, il y a le fait d'être plus ou moins proche du centre de l'explosion, le fait d'être accompagné ou non, la façon dont on sera pris en charge... » D'où la grande misère des rescapés, déjà évoquée : « Il semblerait, confirme le Dr Crocq, que les névroses les plus graves se développent chez les sujets qui étaient à proximité, mais n'ont été que peu ou pas blessés : eux "n'avaient rien", ils étaient les chanceux, on s'occupait des autres par priorité. Parmi nos patients, il y a aussi beaucoup de gens qui ont eu peur pour leur enfant ; ainsi cette mère qui, lors de l'attentat au bureau de poste de l'Hôtel de Ville, a soudain perdu de vue sa petite fille derrière un rideau de fumée... »

Par-delà l'intensité du drame, d'autres données interviennent — toujours et encore les mêmes... —, comme la personnalité antérieure du sujet, son état de préparation au moment du traumatisme. Un tableau tout en nuances peint en 1945 par Otto Fenichel[1], disciple de Freud, qui distingue trois cas de figure parmi les soldats en guerre. Celui-ci est un type solide, équilibré, il est reposé, il a de bons chefs, il se sent paré pour la victoire : un obus lui tombe dessus, qui tue l'un de ses camarades, il a peur pour lui, pleure son ami, mais il réussit à maîtriser ses émotions, il ne fera pas de névrose traumatique. Supposons maintenant que ce même soldat n'ait pas dormi, pas mangé, qu'il soit épuisé, ait perdu ses chefs, nombre de ses camarades : le même obus va provoquer chez lui un traumatisme qui, faute d'être affronté par lui sur-le-champ, risque de provoquer à terme une névrose — entièrement due à cet événement extérieur. Dernière hypothèse : le soldat en question est déjà névrosé,

1. Dans *Théorie psychanalytique des névroses*.

traversé d'angoisses, de frustrations, de phobies. Il peut avoir de bons chefs, être reposé, avoir à portée de main des chocolats fins et un matelas épais : toute son énergie sera accaparée par le maintien de son équilibre précaire. Une simple pichenette — une balle qui lui érafle l'épaule — suffira pour provoquer en lui une névrose traumatique majeure, parce que venant se greffer sur une névrose antérieure : « Mais ce n'est le cas, précise Crocq, que d'environ un sur cinq de nos patients. La névrose traumatique touche le plus souvent des gens sains qui n'auraient jamais basculé sans cette épreuve du feu — qu'elle soit sanglante ou non. »

Car si l'on parle des circonstances du drame, le type d'épreuves n'est pas indifférent non plus. Les traumatismes subis par des militaires à la guerre — les civils, c'est une autre histoire — seraient ainsi mieux supportés que d'autres, grâce au sentiment, présent chez les combattants, d'appartenance à un corps, grâce aussi à leur investissement dans une mission qui les dépasse. Et puis, à la guerre, il est presque normal d'être blessé, choqué, on sait quels risques on prend. Rien de tel dans les attentats ou les accidents vécus, eux, comme un hasard aveugle, le fruit de la malchance. On était parti faire ses courses, cabas au poing, rue de Rennes. Ou bien, entre copains fanas de foot, on avait décidé d'aller soutenir la Juventus au stade du Heysel. Ou bien encore, on avait grimpé dans l'avion du retour, revenant du Club Méditerranée, en bermuda, tout beau, tout bronzé. Et on se retrouve soudain plongé dans un film d'horreur, il y a des hurlements, du sang partout, des corps disloqués. Alors on se demande : « Mais pourquoi faut-il que cela m'arrive, à moi ? » Si, en plus, dans la panique, on se retrouve piétiné par ses congénères, on a vraiment l'impression que le monde entier est ligué contre soi. Dans les catastrophes naturelles, au moins, cyclones, tremblements de terre, les gens semblent accepter avec plus de fatalisme la vengeance des dieux, le rouleau compresseur du destin.

D'autres épreuves, physiquement moins violentes que d'autres, sont presque plus mal supportées : ainsi de ces détournements d'avion ou de ces prises d'otages crapuleuses où les sujets n'ont pas même la possibilité de donner libre cours à ces réactions de stress qui, immédiates et sans séquelles, restent, aux yeux de Louis Crocq, la meilleure parade contre la névrose : « Vous traversez la rue en rêvant à votre fiancée, et un type se met à arroser la foule avec une mitraillette. Soudain, plus de fiancée, plus de fleurs à lui faire porter, toute votre attention est focalisée sur la situation présente, vous repérez une porte cochère où vous abriter, vous reviennent en mémoire spontanément des réflexes appris ; se coucher à plat ventre, si possible sous un banc. Vous pouvez même prendre la fuite. Ou hurler. Ou encore être atteint d'immobilité stuporeuse (c'est-à-dire paralysé), mais, là encore, cette manifestation de stress, si elle vous expose à un danger présent, est positive en ce qu'elle écarte vraisemblablement de vous beaucoup de dangers futurs : car, à votre manière, vous aurez réagi. »

Mais, retenu en otage en avion ou dans une banque, que faire ? On ne peut ni fuir cet espace confiné, ni crier — on recevrait une balle —, ni même parler à son compagnon d'infortune pour partager son angoisse : « Reste la possibilité, reprend le Dr Crocq, pour se défendre, soit de se faire une représentation mentale du danger — le type armé est là, si la police arrive, elle enfoncera cette porte ; il y a un bureau, je me planquerai derrière —, soit, à défaut, de s'abstraire de la situation, de compter les lignes du plafond, de se remémorer les menus faits de son enfance. Faute de quoi, il est à craindre que l'attention du sujet étant tout entière mobilisée par le ravisseur, il ne vienne à développer ce célèbre syndrome de Stockholm[1] qui, bien au-delà d'une convergence d'intérêts (l'attaque de la police risque d'être fatale aux agressés comme aux agresseurs), modifie profondément les références morales, philosophiques, éthiques des gens pris en otages, jusqu'à leur faire épouser la cause — sinon la personne, comme dans le cas de l'une des employées de banque de Stockholm — de leur ravisseur.

En tout état de cause, même les sujets qui sortent indemnes de ces violences — ou ne souffrant que d'un traumatisme éphémère — voient à cette occasion tout leur système de valeurs remis en cause. Chacun évoluant bien sûr à sa manière : cet

1. Dénommé ainsi pour avoir été analysé la première fois lors d'un braquage dans la capitale suédoise, en août 1973, où l'on vit, après douze jours de négociation, quatre otages — trois femmes et un homme — sortir de la banque en faisant rempart de leur corps aux deux ravisseurs, qui ne les menaçaient d'aucune manière.

homme simple, pragmatique bon teint, que la peur de mourir a cueilli à froid, puisera dans cette rude expérience des leçons d'hédonisme ; ce bel esprit, méprisant la mort, sera hanté par le problème du mal et l'effondrement du mythe prométhéen de l'homme maître de la Nature ; ce père gauchiste, jusque-là plutôt favorable aux terrorismes à base idéologique, basculera du tout au tout, sa fille ayant été blessée dans un attentat.

Point commun, en tout cas, à ceux qui s'en sortent : les voilà désormais plus présents au monde, non pas dans cet état d'alerte permanente qui signe la névrose, mais moins insouciants, moins innocents, plus expérimentés. « Dotés d'une armature plus solide », constate calmement le Pr Alby. « Arrachés à notre condition de veaux », décrète, martial, le médecin général Crocq.

Capables de faire face, le jour où... ? « C'est là, reprend-il, une triple affaire d'éducation, d'instruction et d'entraînement. » L'éducation ? « C'est la transmission par la famille et la société de ces données de base que sont le courage civique — la volonté de ne pas se laisser imposer la volonté de l'agresseur —, la solidarité — dans un bâtiment en flammes, il ne suffit pas de me sauver, moi, encore faut-il sauver les autres —, le respect des hiérarchies. » L'instruction ? « C'est la connaissance des dangers et des moyens d'y faire face. » Ainsi de cette plaquette *Force et calme des troupes*, éditée lors de la guerre du Golfe par le SIRPA[1] à l'usage des combattants. L'entraînement ? « C'est l'application de l'instruction de manière répétitive jusqu'à ce que l'on ait la mémoire des bras et des jambes. » Pour que jamais, plus jamais l'épreuve du feu ne sonne, pour ceux qu'elle a épargnés dans leur corps, le glas de l'esprit, le glas de la vie.

1. Service d'information et de relations publiques des armées.

Le monde à l'envers

Animal imprévisible que l'homme ! On le préserve — sous nos latitudes, en tout cas — de la faim, de la soif, du froid, on lui assure la liberté d'aller et venir, et le voilà qui jeûne pour mieux prier son Dieu, gravit l'hiver la face nord de l'Eiger, s'enferme seul toute une année dans une grotte obscure avec des instruments de mesure, traverse l'Atlantique à la rame, supportant gaillardement des galères auxquelles il se condamne lui-même.

D'autres, qui subissent des épreuves à leur corps défendant, non contents d'en tirer profit, ne les vivent pas même comme telles : ainsi Manuel, qui ne se sentit jamais aussi libre qu'en prison. D'autres encore vivent comme des épreuves ce qui devait, en toute logique, faire leur bonheur : c'est le cas d'Hubert, dont l'« heureuse retraite » a tourné au piège.

Hubert, cinquante-six ans, retraité des Chemins de fer. Un petit homme mince à lunettes, aimable, peu bavard, en bleu et casquette à carreaux. Dix-huit mois déjà qu'il a quitté son travail en banlieue parisienne pour revenir sur sa Vendée natale : « Dix-huit mois d'enfer. »

Sa retraite, pourtant, Dieu sait qu'il l'attendait ! Non qu'il n'aimât pas son travail : dans le temps, avec les copains — il avait démarré à Juvisy en 1960 comme cantonnier auxiliaire —, ils formaient même une bonne équipe, toujours prête à travailler sur les voies pour y couper un rail à la scie, graisser ou serrer des boulons, balayer la neige à la main afin de dégager les aiguilles. Quarante-huit heures de travail au départ, samedi compris, par des températures de – 15°, – 18°, et souvent la nuit.

Un boulot dur et dangereux, avec pour toute protection un gars chargé d'annoncer les trains quand il les voyait arriver ! Un soir, à Athis-Mons, en pleine gare, trois des copains se sont fait ramasser. Puis le réseau s'est modernisé : plus de scies à métaux, mais des tronçonneuses, plus de boulons, mais des rails soudés sur huit cents mètres de long ; Hubert est passé agent d'entretien qualifié ; sur la fin, il ne travaillait plus que ses trente-neuf heures. Malgré tout, l'ambiance n'y était plus ; des entreprises venaient travailler de l'extérieur ; le matin, vu le trafic — au bas mot, un train toutes les minutes —, il était carrément impossible de faire des interventions sur les voies. Vivement la retraite !

Surtout lorsque, comme Hubert, on a au pays une maison qui vous attend. S'il l'a quittée au retour de ses vingt-huit mois d'Algérie, c'est seulement qu'il n'y avait pas de quoi vivre, à deux frères, sur une ferme de onze hectares. Alors l'aîné est resté, et le cadet s'est fait cheminot. Puis, tout en continuant d'exploiter les terres, l'aîné a fait construire de son côté et Hubert s'est mis en tête de restaurer, en prévision de ses vieux jours, les anciens bâtiments dont sa mère n'occupait plus qu'une pièce. Avec Lucienne, sa femme, fille du pays elle aussi, de quatre ans sa cadette, il a fait consciencieusement crépir la tour du XVIe siècle, refaire les toitures, rectifier les murs, aménager le premier étage. Tous les quinze jours, ces dernières années, il y est revenu par le train — l'avantage de circuler gratis —, taillant sa vigne, soignant le potager comme il avait soigné des années durant, par plaisir et pour améliorer ses fins de mois, les jardinets à côté de chez lui. Le dimanche soir, il rentrait épuisé mais ravi de la tournure que prenait son petit palais. A Lucienne, il disait aussi : « On voyagera, tu verras. » Autant de raisons pour elle de laisser sans trop de regrets son travail comme aide-ménagère dans une maison de retraite.

Le 2 janvier 1991, Hubert quitte officiellement son poste : « On a loué une salle pour faire une petite fête. » Et inaugurer dignement un repos bien gagné après trente ans de loyaux services. Mais, à partir de là, tout dérape. Huit jours plus tard, Hubert est hospitalisé à Juvisy pour un premier ulcère, puis pour un second : des lésions « d'origine nerveuse », précise le médecin. On impute l'anxiété d'Hubert aux difficultés qu'il a à vendre son pavillon de Vigneux-sur-Seine — trois pièces, quatre cent quatre-vingt mètres carrés de terrain —, préalable au départ en Vendée.

Le préavis de vente sera signé en mars, dans de bonnes conditions : « Soixante-quatre millions anciens », précise Lucienne, qui sagement placés, compléteront heureusement les cinq mille francs de retraite de la S.N.C.F.

Fin mars, Hubert se retrouve enfin en Vendée. Le printemps éclate sur le bocage. Hubert, lui, tourne en rond : « Je ne profitais pas. Je m'y prenais mal. On oublie qu'on a vieilli, on n'est plus aussi costaud qu'on était. » Le bricolage, la vigne, le potager, ça le connaît pourtant. Mais il n'a pas le courage : « C'est trop de boulot, trop d'entretien », répète-t-il, submergé, à Lucienne qui sait bien que ce même travail, il le bouclait sans problème, jusque-là, en deux week-ends par mois.

Bref, c'est la dépression. Une dépression lourde qui ira parfois jusqu'à des idées de suicide et qui se double bientôt de problèmes cardiaques d'origine psychosomatique, comme l'étaient les ulcères. Hubert le dynamique, le bon vivant, est devenu « M. A-quoi-bon ? ». Le matin, il se lève à dix heures, traîne autour de son petit déjeuner, bricole un peu, déjeune, repart pour une sieste jusque vers quatre heures, fait un tour au jardin. Après souper, il regarde *Tournez manège*, puis les informations, avant de se coucher sur le coup de 21 h 15. Efficace en gros trois-quatre heures par jour, et encore, si Lucienne est là pour lui prêter main-forte. A elle de tout décider pour lui : l'endroit où l'on plante les pommes de terre, le bois qu'il faut faire pour l'hiver, la tenue qui convient — « Je quitte le bleu, tu crois ? » — s'ils ont un rendez-vous à la ville voisine. Pour leurs trente ans de mariage, à l'été 1991, elle a organisé toute une réunion de famille : « Ça ne lui a même pas fait plaisir. » La semaine, elle s'arrange pour inviter des amis, on fait une belote ; parfois, le dimanche, on organise une sortie. Le premier été de leur retraite, Hubert et Lucienne sont partis en Auvergne ; l'été suivant, ils ont loué un gîte rural en Alsace avec deux autres ménages : « On avait choisi un pays de vignes, un pays magnifique. Il a à peine réagi. » Et quand, en novembre dernier, ils sont allés jusqu'aux Baléares, Hubert a même réussi à « piquer une crise », un soir qu'il y avait une « animation » à l'hôtel. De même, lorsqu'on a monté dans la cuisine en Vendée des éléments flambant neufs, il a fait la gueule tout au long des travaux.

« Je ne le retrouve plus », dit la gentille Lucienne, démontée. Avec Hubert, plus de dialogue possible quand, dans leur couple, malgré leur regret de ne pas avoir eu d'enfants, tout avait jusque-là bien marché : « Le pire, c'est que, depuis quelques mois, il n'accepte même plus de se faire soigner ; du coup, c'est moi qui, pour tenir, prends quelquefois un demi-Temesta... »

« Pour Hubert, ajoute Lucienne, la vie semble s'être arrêtée. » Comme elle s'est arrêtée pour sa mère, quatre-vingt-cinq ans cette année, une femme autrefois gaie et forte, au jour de la mort de son mari, même si ce malade, les poumons rongés après la guerre, n'avait jamais repris les rênes de la ferme. Contagion mélancolique (la vieille dame dispose de sa propre chambre-cuisine mais prend les repas de midi avec eux) ? Peut-être. Mais, pour Hubert, difficulté surtout de vivre dans un monde où les trains roulent sans lui, où, chaque matin, l'équipe part sur les voies en le laissant sur le quai, en rade. Des copains, il en a bien retrouvé certains au bourg : un contrôleur qui avait même, dans le temps, travaillé avec lui ; son groupe d'Anciens Combattants avec qui il a visité le Puy-du-Fou, la Grande Brière. « Mais on ne se reconnaît plus trop », avoue Hubert.

Alors il se replonge dans *La Vie du rail* et découvre, stupéfait, qu'on va construire encore deux voies supplémentaires à Juvisy : « Vous imaginez, quand il y en a déjà six ! » Son œil s'anime. On parle prolongation du TGV-Atlantique, réanimation dans l'Est d'une voie de chemin de fer désaffectée. On a besoin aussi — un hasard — d'une information sur les trains disponibles : alors le retraité morose, vif comme pas un, plonge soudain la main dans la poche de son bleu, en extirpe une fiche et vous donne, rayonnant, l'horaire du prochain train pour Paris...

Après le Vendéen, l'homme du Sud : forte gueule, accent chantant, voici Manuel, cinquante-cinq ans, dit « Manu ».

Employé d'une petite entreprise de peinture en lettres travaillant pour la décoration et la publicité, implantée à La Garde, la zone industrielle de Toulon, il rachète en 1983 la boîte de son patron en s'associant avec Patrick, un autre ouvrier. Deux ans plus tard, soucieux de clarté, Manuel fait appel à l'ancienne comptable de l'entreprise, la propre mère de Patrick. Au bout de six mois, il se trouve viré de sa propre boîte par ses deux acolytes ! Motif invoqué : les absences répétées de Manu qui, père de famille nombreuse (il a aujourd'hui neuf enfants de deux mariages successifs), semble avoir quelque mal à gérer sa tribu.

« J'étais tellement écœuré que je n'ai même pas cherché à négocier, j'ai ramassé ma blouse et mes pinceaux et je suis parti. » Se retrouvant à Paris sans le sou, ayant besoin d'argent pour les enfants, Manuel tombe bientôt dans une combine de chèques falsifiés. Un jour qu'il se présente à la frontière allemande, il est arrêté — « Un coup de ma femme ; par jalousie, elle m'avait balancé » — ; après deux jours passés au bloc, il est incarcéré à la prison de Bois-d'Arcy.

« Jamais je n'avais eu maille à partir avec la justice. Oh, je ne dis pas que j'étais un saint, je me débrouillais bien un peu, comme tout le monde, mais enfin, je n'avais rien d'un gangster, j'avais surtout travaillé dans ma vie. »

Dans sa cellule, en préventive, Manuel se retrouve avec deux autres détenus, un petit jeune et un homme de son âge, Rafaël, inculpé, lui, de coups et blessures. Lequel va très vite devenir l'ombre portée de Manu, ne le quittant pas d'une semelle, jusque sous la douche ou presque : « On finissait par nous prendre pour des homos. » Mais c'est d'une autre fascination qu'il s'agit : car, depuis son entrée en prison, Manu, adepte des techniques bouddhistes de méditation, a le sourire aux lèvres. Depuis des années, glosant sur le thème de la liberté personnelle, il s'est convaincu que l'homme a mentalement le pouvoir de façonner le monde à son gré : « Rien que des mots. L'heure, enfin, était aux exercices pratiques. » Dès lors, le taulard refuse tout bonnement l'idée d'être séquestré : « Pour moi, la porte de ma cellule n'était pas fermée, un point c'est tout. Bien sûr, j'entendais des bruits de clefs, mais ce n'étaient rien que des bruits. La porte, tout au long de ma détention, je ne l'ai jamais poussée. »

Un jour, on lui propose de travailler à l'infirmerie de la prison pour gérer les médicaments : « J'ai dit oui, c'était un excellent moyen de passer le temps. » Entre deux malades, Manuel fait des croquis des infirmières pour ne pas perdre la main. Lesquels croquis, transmis au médecin psychiatre de l'endroit, lui valent bientôt une invitation à décorer le couloir central de la prison : « Deux cent cinquante mètres de long, un parcours lancinant ! J'ai proposé comme thème : l'évasion. Et fourni une maquette à l'appui, coloriée au vin et au nescafé. »

Ciels bleus, plages de rêve, flamants roses : la direction,

rassurée, donne son accord. Aidé de deux autres détenus, Manuel a désormais toute latitude pour mener à bien son projet : pas d'horaires, un atelier à sa disposition. « Je me promenais dans toute la prison avec une échelle et sans gardien. » Un jour, c'est la juge qui, au tribunal de Nanterre, a décidé son incarcération, qui lui rend visite. Un autre jour, des « huiles » de l'administration pénitentiaire. Un autre encore, les caméras de la télévision : « Une prison décorée, ça ne s'était jamais vu. »

Les mois passent : quatre, cinq... « Rentré à Bois-d'Arcy un 26 septembre, je ne pouvais être gardé en préventive au-delà des six mois réglementaires, j'étais donc libérable le 26 mars. Mais, ce jour-là, je n'avais pas encore fini le travail. » Chose promise, chose due : question de conscience professionnelle ! Manuel va rester quinze jours de plus en prison de son propre chef ! Le 10 avril, enfin, les galonnés viennent apprécier l'ouvrage fini et apportent à Manuel, dans sa cellule, son bulletin de sortie : « Alors, pour la première fois depuis que j'étais là, j'ai poussé la porte. Elle était ouverte. J'étais un homme libre. Même prisonnier, je l'avais toujours été... »

Outre sa préventive, Manuel pense écoper, une fois jugé, de deux ou trois ans de prison : « A ma sortie de Bois-d'Arcy, j'ai débarqué chez ma maman à Toulon. C'était l'année des Législatives. J'ai demandé ma carte d'électeur, je l'ai reçue ! Cela signifie que je ne suis ni amnistié ni gracié, mais absous ; je suis réputé ne jamais être allé en prison ! » Seule trace de sa levée d'écrou : l'attestation du directeur de Bois-d'Arcy selon laquelle M. Manuel X... a savamment décoré douze cent mètres carrés de murs dans l'enceinte carcérale. Une épreuve pour Manu, la prison ? « Disons plutôt une belle expérience... »

Le Saint se rebiffe

La dernière fois que j'ai vu l'abbé Pierre, c'était à Charenton, en mars 1991, avant que la maladie et le poids des ans — on a fêté son quatre-vingtième anniversaire le 5 août 1992 — ne le contraignent à se réfugier en maison de repos, puis à l'abbaye bénédictine de Saint-Wandrille (Seine-Maritime), depuis des années son asile secret.

A Charenton, ni cloître gothique ni belle ordonnance de bâtiments XVIIe, rien qu'un trois pièces-cuisine au dixième étage d'une HLM de banlieue parisienne. Avec une pancarte sur la porte indiquant : « H.-A. Grouès-Pierre[1]. » Et, à l'intérieur, un « salon » meublé de chaises en formica, de quelques plantes grasses et d'une table recouverte d'un plastique à fleurettes. Un vieux bouledogue au poil gris traîne ses griffes sur le plancher privé de cire. Dans la chambre-bureau de l'abbé Pierre, un cagibi avec vue imprenable sur les sablières de la Seine, un lit en fer surmonté d'un crucifix et recouvert d'un plaid tricoté à carreaux, des boîtes en carton dûment étiquetées (« chemises », « chandails », « médicaments »...), des livres grignotant les murs (des poésies de sainte Thérèse à l'annuaire des cabinets ministériels), et une banderole de papier : « Souviens-toi d'aimer. »

Le visage envahi par une barbe en désordre et de grosses lunettes, silhouette pâle en soutane de serge grise, un méchant gilet de laine noire sur les épaules, de vieux après-ski aux pieds, l'abbé Pierre parle — chuchote plutôt —, les yeux mi-clos, le dos voûté. Comme épuisé de trop de souffrances partagées. Mais, avant-hier, il était encore au Liban, dans Beyrouth meurtrie ; il

1. Henri-Antoine Grouès est son nom pour l'état civil.

y a quinze jours, il était au Sahel, « la faim y est telle que les gens y mangent leurs semences » ; l'hiver prochain, si des familles d'émigrés expulsées vont planter leur tente sur quelque terrain vague, il sera à coup sûr à leurs côtés. Toujours prêt, si l'on reste indifférent à leur sort, à fulminer d'une sainte colère, jusqu'à refuser de porter ses insignes de grand officier de la Légion d'honneur. Toujours au premier rang des secouristes dès qu'il y a du malheur dans l'air.

Un malheur qui lui parvient non tamisé : Père Jean-Pierre, qui vit avec lui, étant sorti faire les courses, voici l'abbé Pierre promu standardiste qui répond longuement aux appels — incessants —, sans jamais manifester la moindre impatience, acceptant une énième conférence, la signature d'une motion, jurant d'intervenir en faveur de telle petite vieille chassée aux premiers beaux jours de son appartement du XVe arrondissement. Cette permanence au chevet des plus démunis lui semble normale, il y a tant d'années qu'il la mène...

Précisément depuis ce jour de 1949 où, jeune vicaire décoré pour faits de résistance, élu après la guerre député M.R.P. de Meurthe-et-Moselle, il recueille un ancien bagnard suicidaire dans l'Auberge internationale de jeunesse qu'il vient d'installer dans une grande maison délabrée de Neuilly-Plaisance, en s'y faisant maçon et menuisier entre deux séances à l'Assemblée. Avec Georges le forçat, l'abbé — coup de génie — joue le contraire de la bienfaisance : « Tu veux mourir ? Tu n'as plus rien à perdre ? Viens donc plutôt m'aider à sauver d'autres déshérités ! » Emmaüs est né.

Aujourd'hui, fort d'un mouvement qui compte plus de trois cents communautés réparties dans trente-deux pays — rien qu'en France, quatre mille compagnons —, l'abbé Pierre est devenu une sorte de mythe, l'apôtre des mal-logés, le Bon Samaritain version XXe siècle, l'un des Français les plus populaires avec le commandant Cousteau, ce qui lui a valu, le 10 novembre 1991, invité un dimanche soir sur le plateau de *7 sur 7*, de faire 17,5 points d'audience, un record, deux fois plus que le président de la République en exercice, son concurrent sur une autre chaîne !

En février 1954, c'est brusquement qu'il est propulsé sur le devant de la scène de l'actualité. L'hiver est glacial. Un bébé meurt dans un baraquement ouvert à tous vents. L'abbé qui, avec ses premiers compagnons chiffonniers, s'est, en cet après-guerre, donné comme priorité de loger décemment les gens, lance sur les ondes un appel aux Français. Naît alors ce qu'on appellera l'« insurrection de la bonté ». En quelques heures, les dons affluent : couvertures, poêles, tentes. Trois cent mille lettres arrivent, lourdes de plus de cinq cents millions de francs de l'époque, qui permettront, dans les années à venir, de bâtir neuf mille logements. De quoi abriter cinquante mille personnes. Charlie Chaplin accourt à l'hôtel Crillon, donne 5 millions. Au Parlement, on multiplie par dix le milliard réclamé en vain un mois plus tôt pour la construction des cités d'urgence. « J'étais, dit-il, comme un enfant qui aurait, sans le savoir, appuyé sur un bouton déclenchant une invraisemblable tornade. »

La tornade ne l'épargnera pas. « La presse a fait de lui un héros », dit Pierre Lunel, l'un de ses biographes[1]. « Son nom, sa photo s'étalent à la une, son image pénètre dans chaque foyer de France et au-delà des frontières. On l'accrocherait volontiers à côté du crucifix, avec des fleurs autour. » Pour un peu, on sanctifierait l'abbé sur-le-champ, sans même instruire de procès en canonisation. *Le Canard enchaîné* le surnomme affectueusement « saint Jean Bâtisse » ou « saint Vincent des Piaules » ; le voilà bientôt qui trône en effigie au musée Grévin. Une célébrité inouïe qui va se révéler, à l'usage, une épreuve redoutable, manquant d'écraser l'abbé Pierre sous son poids.

Au départ, la célébrité, c'était plutôt plaisant, non ?

C'était flatteur, bien sûr ; la sympathie, l'admiration m'ont touché, elles m'ont fait un moment chaud au cœur. Et puis, tout devenait extraordinairement facile quand, depuis cinq ans, nous nous débattions au milieu de tant de problèmes inextricables ! Mais, croyez-moi, quand elle atteint des proportions inimaginables, comme ce fut le cas un temps pour moi, l'adulation devient très vite invivable. C'est la pire rosserie qu'on puisse faire à un ami.

1. *L'Abbé Pierre. L'insurgé de Dieu*, Stock/Edition n° 1, 1989. *Quarante ans d'amour*, Édition n° 1, 1992.

Un mythe, c'est dangereux ?

Mais oui ! Vous provoquez une sorte de stérilisation, un détournement du but. On crée un culte et, à l'occasion du culte, on oublie le plus important : les familles et les gosses sous la tente. Que demain je vienne à casser ma pipe, et Emmaüs aurait sombré avec moi. Et puis, la célébrité, c'est affreusement humiliant.

Comment cela ?

Tout le monde a besoin de modèles, de héros. Et parce que vous avez été, vous, l'instrument d'actions belles et bonnes (tout cela, on ne l'a pas « fait », ça vous est arrivé, au mieux on s'est trouvé dans certaines circonstances et on a dit oui), voilà qu'on vous attribue la perfection de ces actions. Mais vous, situé à l'intérieur et non en spectateur, vous en connaissez les limites. Et, à moins d'être stupide, vous savez bien que vous n'êtes pas ce que les gens croient. On se connaît, avec ses défauts et ses failles ; et l'écart entre l'image et la réalité est tel qu'on ne peut qu'en être blessé.

Sans vouloir jouer les confesseurs, en quoi, Père, ne vous sentiez-vous pas à la hauteur ?

Je pensais justement à cela en revoyant récemment le premier film à avoir été tourné sur Emmaüs, dans lequel André Reybaz, un grand acteur de la Comédie-Française, aujourd'hui décédé, tient mon rôle. Une séquence le montre allant mendier dans les rues, comme je l'ai fait ; c'était en décembre 1953, depuis longtemps déjà j'avais signé chez le notaire ma renonciation à ma part d'héritage *(Henri Grouès est né dans une famille fortunée de soyeux lyonnais)* ; deux ans plus tôt, j'avais perdu mon indemnité parlementaire qui nous faisait vivre à dix-huit ; nous avions, en plus, tout un programme de construction de logements sur les bras. Il n'y avait pas d'autre solution si nous voulions manger le lendemain. Je me vois encore — c'était mon second jour de mendicité — entrer dans une petite boutique d'horlogerie, rue Saint-Martin. Quand j'ai poussé la porte, la patronne m'a décoché un sourire commercial et puis s'est renfrognée quand j'ai tendu la main. Elle m'a donné quelques pièces. En sortant dans la rue — il faisait déjà noir, il devait être six heures du soir —, j'ai pleuré comme un enfant. C'était dur : j'avais faim, j'avais froid, j'étais las. Mais si je suis tout à fait honnête, j'éprouvais aussi au fond de moi une espèce de jubilation à faire ce qui ne se faisait pas, à épater le bourgeois.

Vous ne pouvez nier, en tout cas, vous être complètement donné aux autres ?

Le fait-on jamais totalement ? Avant d'atteindre le vrai détachement, vous savez... Un exemple, tenez : plusieurs responsables de la communauté, tout comme des compagnons, se sont engagés à ne plus boire du tout pour soutenir des alcooliques dans leur volonté de guérir. Moi, je ne l'ai jamais fait, avec toujours d'excellents prétextes : ces périodes d'hospitalisation, par exemple, où il me fallait « retrouver des forces » à tout prix...

De vos vœux religieux, lequel vous a le plus coûté ?

En tout cas, pas la pauvreté ! C'est ce que j'ai répondu il y a deux ans, quand on m'a posé la même question, lors du cinquantième anniversaire de mon ordination, fêté dans une propriété familiale en bordure du Rhône, avec mes cent dix neveux et nièces. Tant que j'étais moine *(l'abbé Pierre a été capucin pendant sept ans, avant que sa santé ne l'oblige à quitter le plus pauvre des ordres mendiants)*, je menais certes une vie frugale, mais les soucis matériels étaient l'affaire du Père supérieur. Plus tard, j'ai connu non pas la pauvreté, mais la misère, l'incertitude totale du lendemain : là encore, une expérience tellement excessive qu'elle comportait sa part de griserie. Non, vraiment, le vœu de pauvreté ne m'a guère coûté, non plus que celui d'obéissance. Le plus dur, toute ma vie durant, ce fut le renoncement volontaire à la tendresse.

Le vœu de chasteté ?

Oui, mais c'est un manque qui dépasse de beaucoup le problème de la sexualité. J'avais choisi le célibat consacré : pour le vivre dans la sérénité, il me fallait accepter d'être privé de cet élément clé — l'amour d'une femme — qui fait la douceur de la vie. Il me fallait tout l'amour du Christ pour y parvenir.

Avez-vous été aussi éprouvé dans votre foi ?

A quinze ou seize ans, je me suis mis soudain à douter de

tout, de la réalité de ma vocation — depuis l'enfance, j'avais décidé d'être missionnaire —, du sens de la vie ; bientôt, j'ai été saisi d'une sorte d'envoûtement panthéiste. Ce n'est que trois ans plus tard que j'ai repris le chemin de la foi, aidé par une rencontre avec saint François à l'occasion d'un pèlerinage à Assise. Depuis, c'est étrange, jamais je n'ai douté de Dieu, alors même que ma vie était une suite d'interrogations perpétuelles.

Revenons à cette célébrité torturante, à ce sentiment de votre indignité : fin 1957, vous tombez gravement malade. Est-ce un hasard ?

Non, bien sûr. A partir d'un certain degré de harassement, il n'y a plus d'autre solution que la fuite. Et la fuite, pour moi, ça a toujours été la maladie, depuis qu'à quinze ans je suis resté allongé un hiver entier sous le soleil de Cannes. Le surmenage des débuts d'Emmaüs, la ferveur populaire dont j'étais l'objet m'ont submergé, écrasé. Entre 1956 et 1958, j'ai fait vingt-deux mois de clinique, subi six opérations — aux yeux, à la mâchoire, à l'estomac. Avant la dernière, j'étais sans forces, sans sommeil, incapable même d'écrire durant des semaines, en larmes le plus clair du temps. Un effondrement physique et psychique. Pour soigner cette dépression, on m'envoya faire une cure de sommeil en Suisse...

Là, vous avez touché le fond ?

Mais pas du tout, pas du tout ! Paradoxalement, les moments d'anéantissement ont aussi été des moments de précieuse consolation. Il y a eu, oui, un moment dans ma vie qui reste en moi comme un absolu dans la souffrance. C'était en 1955, 1956 peut-être, j'étais alors à Chicago, confronté à de graves oppositions de personnes à l'intérieur même du mouvement, c'était l'époque des schismes, des excommunications[1]. Le mois passé à Prengins me laisse au contraire le souvenir d'une sérénité extraordinaire : souvenir du silence, de l'unité enfin reconstituée d'un puzzle que la folie des événements avait éparpillé...

1. C'est aussi l'époque où l'abbé Pierre doit répondre aux accusations sinon de malversations, du moins de mauvaise gestion : on ne recueille pas impunément dix milliards de francs...

Même lorsqu'on vous annonce qu'il vous faut mettre un terme à vos activités, donc renoncer à secourir votre prochain, à votre raison de vivre ?

Surtout à ce moment ! Je vois encore ce médecin hongrois, un jeune auxiliaire de la clinique, s'asseoir sur mon lit et m'annoncer la chose avec toutes les précautions oratoires possibles. J'étais triste, bien sûr. Je suis sorti sur la terrasse, c'était une belle journée de mars, le parc dominait le lac de Genève. Je disais mon chapelet en marchant et, tout à coup, j'ai repassé dans ma tête les événements de ma vie, mon enfance gâtée, le scoutisme, les années monastiques, ma vie de député, Emmaüs... J'avais eu une vie tellement privilégiée ; dans le pire des cas, je pouvais bien jusqu'à quatre-vingts ans traîner mes savates sans rien faire ! Alors je suis rentré dans ma chambre, je me suis allongé sur mon lit et endormi immédiatement quand, depuis des mois, je ne pouvais fermer l'œil sans médicaments.

Une sorte de sacrifice d'Abraham ?

C'est cela... Un mois après, ragaillardi, je partais pour Vienne. Dans la foulée, j'ai fait la Suède, l'Argentine, l'Inde, parcourant trente-cinq pays en deux ans. Mais attention : je parle d'épreuves vécues dans la foi. Et il est sûr que j'aurais été emporté par ma vie imparfaite et pécheresse si sept ans passés chez les Franciscains ne m'avaient donné le pli de l'Adoration — on se réveillait chaque nuit pour prier de minuit à deux heures du matin, la première heure psalmodiée, la seconde plongée dans l'obscurité, sans même pouvoir s'aider d'un livre, et on faisait encore trois quarts d'heure d'adoration dans la journée. En bonne logique humaine, c'était pourtant là une préparation absurde à la vie d'action qui allait être la mienne...

Devant votre fragilité physique, psychique, on ne peut s'empêcher de penser à saint Paul : « Là où est ta faiblesse, là est ta force[1]. » N'est-ce pas exactement votre histoire et celle de vos compagnons ?

N'allons pas dire que la misère fait le berceau des héros ! Mais c'est vrai que le principe même d'Emmaüs, c'est de dire à celui qui se sent « de trop », bon à rien : « Mais tu peux donner, toi

1. Corinthiens, II, 10.

aussi ! » De ton temps. De ton amitié. Cette parole de saint Paul, c'est d'ailleurs une parole de vérité universelle, on l'éprouve tous les jours, non ? Regardez, hier soir, j'avais accepté de participer à une veillée de prières dans une église, je revenais tout juste du Liban, j'étais épuisé, je me sentais incapable d'exprimer une pensée bien construite. Mais, qui sait, peut-être mes paroles hésitantes de ce soir-là ont-elles porté plus de fruits qu'un beau discours prononcé un jour que je me sentais apte à convaincre les foules ?

Au total, l'épreuve vous semble féconde !

Ce que je vois, en tout cas, c'est qu'il entre de la paix dans les moments d'extrême déréliction. La terrible parole de Jésus au Calvaire : « Mon Dieu, pourquoi m'as-Tu abandonné ? » n'est-elle pas immédiatement précédée de l'apostrophe au Bon Larron : « Ce soir, tu seras avec moi dans le Paradis » ? J'ai eu à connaître cinq anesthésies générales, elles ont été à coup sûr les moments les plus heureux de ma vie. Rien à voir avec la tentation du suicide. Le repos dans l'abandon de soi-même... L'impression d'être un petit enfant dans les bras de sa maman... La mort, ce sera ça aussi.

Mais Dieu, semble-t-il, ne veut pas de vous. Pas encore...

Voilà bien la plus grande épreuve de ma vie. Depuis le jour où l'on m'a fait entrer dans la pièce où reposait mon grand-père maternel — j'avais six ou sept ans, peut-être —, j'ai compris que la mort n'était séparation que pour ceux qui restent. Dès lors, le désir de mourir ne m'a jamais quitté. Mais, vous voyez, ça ne m'a guère réussi, puisque je suis toujours là ! Alors quand, avant de me quitter le soir, les gens me demandent gentiment : « Père, vous n'avez besoin de rien ? », je réponds souvent en blaguant : « Si, si : de la Vie éternelle... »

Un condamné à mort s'est échappé

C'est un homme de quarante-huit ans, vivant en France. Ni grand ni petit, ni gros ni maigre. Un homme simple, sans prétentions. Jouissant d'une honnête aisance. Et d'une maison plutôt agréable, en banlieue parisienne, qu'il a, avec Jacqueline, sa femme, assistante sociale, agrandie peu à peu. C'est un homme qui va bientôt mourir.

Sa maladie, une sclérose latérale amyotrophique (S.L.A.) — autrement dit, une forme de myopathie qui ronge les muscles et débouche à terme rapproché (un an ou deux) sur la mort par asphyxie —, André Legendre l'a apprise il y a quatre ans : « Vous voyez, me dit-il en souriant, je résiste à tous les pronostics. » Si les membres sont sévèrement touchés, s'il doit, le souffle court reprendre souvent haleine, André réussit toujours, si laborieusement que ce soit, à parler. Un miracle quand on sait que l'atrophie des cordes vocales condamne d'ordinaire rapidement au mutisme les gens atteints de S.L.A. La maladie gagne du terrain, mais lentement.

Et on en vient à se demander si cet homme-là, par son courage tranquille, ne tient pas la mort en respect.

En 1986, André Legendre a quarante-quatre ans. L'agence de voyages parisienne qu'il a créée quatre ans plus tôt fonctionne plutôt bien : finances saines, bonne atmosphère. On ne s'embête pas, avenue Victor-Hugo, dans ses bureaux en sous-sol, avec un patron comme André, plutôt jovial et bon vivant, philosophe de formation reconverti dans l'évasion — quatre-vingt-huit pays à son actif, du Spitzberg au nord à Ushuaia sur le cap Horn, de

Tahiti plein ouest à Tokyo vers l'est : « Si je n'avais pas fait mes vingt-cinq mille kilomètres dans l'année, cela me manquait. » Atavisme ? Le grand-père d'André est lieutenant de vaisseau, son père capitaine au long cours, son frère commandant de marine marchande.

Une lourde charge, au demeurant, que cette PME de quinze salariés. Quand il n'accompagne pas un groupe de clients vers quelque terre lointaine, André travaille douze heures par jour, réfléchit le week-end à la stratégie à suivre. Mais, bon, c'est un métier qu'il aime et qui nourrit bien son homme. « A deux, avec Jacqueline, nous gagnions environ quarante mille francs par mois. Largement suffisant. La maison de Bagneux, quand nous l'avons achetée en 1984, était un petit taudis : nous avons remboursé en cinq ans l'emprunt contracté pour l'aménager. » S'ils ont beaucoup d'amis, les Legendre n'ont pas d'enfants. Un regret : « On a pensé en adopter, mais c'est moi qui ai coincé — l'impression que ce ne serait jamais tout à fait le mien. Et puis, par tempérament, je suis pour me plier aux lois de la nature. » Que le ménage ait souffert de cette absence, sans doute : « Chacun travaillait beaucoup, mais dans des univers un peu impénétrables : Jacqueline en psychiatrie, à l'hôpital de la Cité universitaire ; moi, essayant de gérer au mieux ma boîte. Entre nous, ça s'est un peu défait. » C'est tout de même avec Jacqueline qu'André passe ses meilleurs moments, sac au dos, à travers l'Amérique, l'Inde ou l'Indonésie, quand ses affaires lui en laissent le temps.

Un samedi d'octobre où ils lambinent un peu au lit, Jacqueline signale à son mari que son biceps gauche bouge tout seul. Sans doute un signe de fatigue, cette fibrillation, « banale chez les vieux chevaux », commente André, jovial.

En janvier 1987, à l'occasion d'une visite de contrôle chez son médecin généraliste, par un petit matin frisquet, il est incapable de défaire le bouton de sa manche droite ; le docteur le fait pour lui, l'examine, contrôle ses réflexes. Appelle le copain neurologue qui travaille à côté. André sort de là avec une ordonnance pour passer une R.M.N. (résonance magnétique nucléaire). Rendez-vous est pris pour mars avec un spécialiste de la Salpêtrière. Il n'y a pas urgence.

« C'était une fin d'après-midi, à la mi-mars. Tout de suite, le neurologue m'a dit : "C'est grave, je ne peux rien pour vous." Selon lui, il fallait m'hospitaliser pour pratiquer un électro-myogramme et une ponction lombaire. Il m'a parlé aussi d'"amyotrophie spinale", sans prononcer toutefois les mots "S.L.A." ou "maladie de Charcot", son autre nom.

J'ai repris la voiture. En sortant de l'hôpital, je me suis garé le long du trottoir, là où le métro aérien enjambe le boulevard. Alors j'ai pleuré *(la voix d'André Legendre s'étrangle à ce souvenir)*, c'était la première fois de ma vie que ça m'arrivait. Je m'effondrais : demain, je serais mort ; il fallait que je règle tout dans la semaine. Arrivé à la maison, j'ai crâné auprès de Jacqueline, ce n'est pas mon style de faire porter aux autres ma propre détresse. Deux jours plus tard, de nouvelles analyses ont confirmé le premier diagnostic. J'étais bien atteint de sclérose latérale amyotrophique, une maladie qui touchait six mille personnes en France, sans qu'on connaisse son origine, ni les moyens de la guérir. »

Au médecin qui l'a ainsi mis brutalement en face de la réalité, André n'en veut même pas : « L'électrochoc a été plutôt salutaire, ç'aurait été pis encore d'être traîné de mensonge en mensonge. »

Première réaction de celui que la médecine a ainsi condamné : aller compulser à la librairie Masson, boulevard Saint-Germain, un bouquin sur les maladies neurologiques. Au chapitre « S.L.A. », on parle de « motoneurones », « synapses », « corne antérieure de la moelle » : autant de mots abscons. Pour compléter son information, André va, pendant quatre mois, faire le tour de piste des différents praticiens possibles. En commerçant habitué à lancer des appels d'offres, il soupèse soigneusement ce que chacun lui propose. Et puis, qui sait, à la Salpêtrière, on s'est peut-être trompé ?... Las, à l'hôpital Necker, l'électro-myogramme réalisé à la demande d'André est, lui aussi, formel.

Il n'y aura pas chez lui de révolte, « seulement le besoin de faire le tour de mon existence ». Et d'afficher très vite sa première exigence : continuer à diriger sa vie. « Pas question qu'on attente à mon corps sans me demander mon autorisation. » Une visite à un acupuncteur zélé, qui lui a planté des aiguilles dans l'oreille et sur le sommet du crâne avant qu'il ait eu le temps de dire ouf, lui a servi de leçon. En fin de compte, André retiendra autour de lui trois médecins : un neurologue spécialiste de la S.L.A. (« il ne peut rien pour moi, mais je lui apporte un bon cobaye »), un homéopathe (« qui travaille sur mon système immunitaire, m'épargne les rhumes, les angines ») et un généraliste (« pour fortifier le terrain, mettre de l'engrais où il faut : là des vitamines, là des décontractants musculaires ; pour m'autoriser à boire de temps à autre un petit coup de vin »). Mais quand le généraliste en question proposera à André Legendre des antidépresseurs, celui-ci refusera tout net : « Par sotte fierté, peut-être. »

Ce n'est pas qu'il joue les bravaches, André. L'idée de la mort, c'est dur, bien sûr. « Mais, au début de ma maladie, l'échéance était beaucoup plus proche : certains m'avaient annoncé un an de survie, les autres trois au plus. Maintenant, je me dis que j'en ai peut-être pour dix ans. » Et puis, pour lui, la mort est chose familière. Est-ce son expérience à l'hôpital militaire de Metz où, fantassin de deuxième classe pendant son service, il est employé à la morgue et chargé de préparer les corps ? « Je me souviens encore de l'agonie d'un grand cancéreux. J'avais vingt ans et je pensais déjà à ma propre mort : elle est toujours restée dans mon horizon ordinaire. » Est-ce sa foi chrétienne ou ses études de philosophie ? Pour André Legendre, en cela disciple de Heidegger, la mort fait partie de la vie et l'homme n'est le « berger de l'être » que parce qu'il est le « lieutenant du néant ».

La mort au bout du chemin, dans un an, dans dix ans. Demain, peut-être ? « Le suicide, bien sûr, j'y ai pensé, quand j'ai vu le bras gauche qui se prenait, puis le bras droit, puis le jour où j'ai compris qu'à terme, si je voulais échapper à l'étouffement, il faudrait accepter une trachéotomie. J'ai même imaginé deux solutions : jeter ma voiture contre un arbre ou me gaver de médicaments. Mais le suicide n'est pas dans ma culture : jeune homme, j'ai même été écoutant à S.O.S.-Amitiés. Aujourd'hui, la question est réglée : je ne peux plus ni conduire ni boire tout seul... » Et André de sourire : « Vous voyez l'avantage d'être de plus en plus malade, ça me sauve la vie !... »

La maladie, *cette* maladie, une des plus atroces qui soient — une chance ? « Dans un sens, oui, reprend André ; c'est une chance inouïe de savoir qu'on va mourir bientôt ; ma mort, je peux la préparer au lieu de m'y écraser le nez comme tant d'autres. J'ai tout le temps d'en faire ce que je veux. »

Mais c'est vivre qui compte aujourd'hui : « Dès que je me suis su fichu, j'ai pensé qu'il fallait en profiter à mort », confie André, désormais adepte du précepte rabelaisien : « Fais ce que voudras. » Le travail ? Important pour rythmer les journées, mais à pratiquer avec détachement — aujourd'hui trois après-midi seulement par semaine, en se défaussant sur d'autres des contacts avec la clientèle et en organisant à terme la succession. Les relations ? A reconsidérer une à une, en écartant les gens qu'on voyait par devoir et en renforçant les vraies amitiés. Les voyages ? L'hiver 1990, André a dû renoncer une bonne fois à accompagner un groupe de clients en croisière dans les Caraïbes. Il lui manquera toujours d'avoir visité le Pérou, l'Afghanistan et l'Éthiopie[1].

« La maladie, dit André, m'a fait entrer dans une autre vie. » Une vie où le regard des autres sur vous n'est plus le même. Parce qu'un homme qui marche en titubant dans la très chic avenue Victor-Hugo ne peut être qu'un ivrogne ou un drogué. Parce que ça fait tout de même bizarre, à la brasserie du coin, de voir le serveur couper la viande en petits dés dans l'assiette d'un type qui, avec sa bonne bouille ronde, ne fait pas pitié. Parce que les amis, même les vrais, sont soudain terrifiés à l'idée de devoir faire répéter à André une phrase qu'il a mal articulée. Parce que c'est une épreuve de prendre son repas face à ce joyeux camarade, hier amateur de bons bordeaux et de confits d'oie, aujourd'hui réduit à mâchonner consciencieusement les aliments, en courant à tout moment le risque d'un étranglement fatal.

« C'est à moi, estime André, de normaliser les relations, d'apprendre aux autres à être naturels, à leur remonter le moral. Il ne faut pas que ma propre angoisse rejaillisse sur eux. » Que ce soit humiliant, parfois, de se montrer dans cet état... Un jour — il conduisait encore —, André s'est difficilement extrait de sa voiture pour rentrer chez lui à Bagneux. Mais, à quelques mètres du portail, il est tombé. Impossible de se relever. Personne ne s'est arrêté. Suspect, un type vautré sur la chaussée... Autre souvenir cuisant pour André : sa première arrivée en fauteuil roulant à une inauguration. « Tout le monde était debout, et moi assis à regarder en l'air, le cou tendu. Exténuant ! Et puis, un fauteuil, ça prend quatre fois plus de place qu'un corps debout. » Récemment, dans un magasin, le vendeur s'est adressé à son

1. Mais, en août 1992, je reçois cette carte d'André : « Un grand bonjour du Canada ! »

accompagnateur en faisant mine d'ignorer André : « En fauteuil, on passe facilement pour un débile mental. »

Cette autre vie inaugurée par la maladie, c'est aussi l'apprentissage de la dépendance, la chose la plus difficile à accepter pour un être comme André, au « sale caractère » et au farouche appétit de liberté. Cette dépendance, il l'a combattue par tous les moyens. Physiques, d'abord, en s'astreignant chaque jour à une épuisante gymnastique musculaire pour raviver ses forces, et en exerçant son élocution deux fois par semaine avec une orthophoniste, pour limiter l'empâtement progressif du langage : « Mais, le matin, quand les muscles sont froids, il faut vraiment se dire : "Hardi petit ! Te fais pas plus malade que tu n'es !..." »

La dépendance, André la repousse sans cesse par sa débrouillardise. « Rien de tel que la paresse pour vous rendre inventif. » Sur ses chemises, il a fait remplacer les boutons par du velcro ; il a opté pour les chemises à col officier afin d'éviter d'avoir à nouer une cravate. A sa mère, il a même demandé de tricoter des chaussettes à poignées — mais en vain, il n'arrivait pas à les tirer. Lire, autre problème, et surtout faire en sorte que le livre reste ouvert : dans un premier temps, il a collé un peu de pâte à modeler au bout d'une aiguille à tricoter ; puis il a fait construire un lutrin en bois avec, à la base, deux taquets de plastique permettant de tenir les pages. Et il s'est muni d'un doigtier en caoutchouc, comme les caissiers de banque, pour les tourner. Mais cela ne suffisait plus : hier, il a fait installer une potence avec un équilibreur de tension permettant sans mal d'élever son bras en l'air. Pour demain, il rêve à un appareil de prise de vue spécial, permettant de photographier le livre et de le repasser sur l'écran de télé.

Le problème, avec la S.L.A., c'est que le handicap progresse si vite que le temps de trouver une nouvelle parade, celle-ci est souvent déjà dépassée. En 1988, André a troqué son break Peugeot pour une Peugeot 309 automatique à direction assistée. En mai 1990, il est arrivé un jour au bureau tremblant de peur, épuisé, sachant qu'il ne conduirait jamais plus. Depuis, quand il doit se déplacer, il a recours aux services d'un copain rugbyman en mal d'emploi, ravi de se faire quelques sous. Pour permettre la mobilité, il y a eu les attelles fixées aux jambes afin de soutenir les muscles défaillants, puis il y a eu le déambulateur, il y a maintenant le fauteuil. Pour le choisir, André, une fois encore bon commerçant, est allé jusqu'à Düsseldorf, en 1989, visiter le salon Reha, spécialisé dans le matériel d'assistance aux handicapés. Aujourd'hui, il a deux fauteuils : l'un, léger et maniable, pour la voiture ; l'autre, électrique, qui permet une verticalisation « Et puis, ajoute André, pouvoir parler aux gens en face, ça change tout ! » Un tel fauteuil — du matériel suisse — coûte cher : soixante-dix mille francs. La somme a été avancée à André par l'A.F.M. (Association française des myopathes). Il se démène en ce moment pour obtenir un remboursement au moins partiel de la Sécurité sociale et de sa Mutuelle.

Face au pouvoir médical, garder jusqu'au bout les rênes. Alors, André, les yeux ouverts, est allé au-devant de ce qui l'attend : le choix crucial entre l'assistance respiratoire et la mort par étouffement. Il a visité à Montoire, dans le Loir-et-Cher, l'Hospitalet, une vaste maison médicale de quatre-vingts chambres presque entièrement consacrée aux trachéotomisés. Il y a rencontré un patient de son âge atteint de S.L.A., muré dans sa chambre depuis quatre ans sans parler ni bouger, sinon les genoux et les yeux, mais entouré d'un téléphone à synthèse vocale et d'un contrôle d'environnement par ordinateur qui lui permet d'actionner ses volets, son téléviseur ou de redresser son lit. Pas un mot de trop chez André pour décrire ce lent calvaire : « J'ai vu, dit-il seulement, ce que serait mon univers si je faisais ce choix. » Est-ce un hasard ? Huit jours plus tard, il visitait aussi l'unité de soins palliatifs de l'hôpital de la Cité universitaire, ce service où, renonçant à soigner, on aménage pour le malade la mort la plus douce possible. S'il en fait la demande, promis, André y aura sa place.

Reste à vivre une perte d'autonomie contre laquelle toutes les astuces du monde ne peuvent rien : « Cela m'est impossible de rester seul plus de deux heures d'affilée », dit André qui a besoin aujourd'hui de toute une chaîne de solidarité autour de lui. Jacqueline lui a bien proposé de prendre elle-même une année sabbatique, mais il a refusé : « Tu dois prendre l'air aussi. » Alors il se débrouille entre la femme de ménage et les amis, chacun aidant en fonction de ses disponibilités et de ses talents. Il y a les copains experts en conseils administratifs ou fiscaux, les bricoleurs, les préposés au rangement — « la tâche la plus délicate : comme les gens se succèdent, si l'un n'a pas mis, comme je le lui ai demandé, le dossier bleu dans le deuxième tiroir à gauche, je deviens fou furieux ! » Il y a les écrivains publics : « C'est dur de dicter son courrier à quelqu'un, la négation même de toute intimité. Me voilà désormais livré corps et âme à mes amis, au kiné, aux médecins, à ma femme... »

Apprendre à lâcher prise quand, patron d'une société, on a eu l'habitude de dominer, de construire, de maîtriser les choses. Vivre au quotidien sa propre décroissance dans un monde d'expansion continue : « Si je ne trouve pas à cette évolution un sens positif, je sombre dans la neurasthénie. Mais si je me dis que mourir à tout — à sa mobilité, à son intimité corporelle, jusqu'à ses transports du cœur qu'il faut faire transiter par un autre —, si je me dis que mourir à tout cela, c'est peut-être revenir à l'essentiel, alors tout devient différent.

Jusqu'à quand reste-t-on un homme ? Aujourd'hui, c'est la seule question qui m'importe vraiment. Jusqu'à quand resterai-je André ? Moi, je connaissais André chef d'entreprise, il n'existe plus. Je connaissais André, époux de Jacqueline ; il l'est aujourd'hui si peu. Maintenant, je vais vers un André que je ne connais pas, un André privé de voix, donc de toute communication, puisque je n'écris déjà plus. Un André qui, bientôt, ne pourra même plus appuyer sur le bouton de sa télé. Un André frustré de tout ce qui fait la vie d'ordinaire, de l'avoir, du paraître, un André réduit à l'être. J'approche du *noyau*. Et ce noyau — cela, je le sais déjà —, c'est l'amour. Il y a longtemps qu'au cours de mes voyages, j'ai compris qu'au-delà des paysages, des visages, des langues, des coutumes, il y avait quelque chose qui rapprochait tous les êtres humains, et que c'est leur capacité à dire “Je t'aime”. Et cela, je peux, je pourrai le faire. Même si ce n'est pas forcément en paroles, pas forcément en gestes.

Une dernière fois, je suis parti en voyage, parti en voyage au pays de la S.L.A. — car la maladie aussi est une terre étrangère. La frontière a été rude à franchir, les gendarmes médecins ont dû me bousculer un peu. Maintenant, je vais à la découverte d'étranges coutumes auxquelles la France ne m'avait guère habitué : dans le pays où je suis, il y a toujours quelqu'un d'autre pour vous laver, vous habiller, vous faire manger, vous conduire aux toilettes. C'est bizarre, sans doute, mais je m'acclimate. J'ai toujours voulu être américain avec les Américains, indonésien avec les Indonésiens, péruvien avec les Péruviens ; je dois être S.L.A. avec les S.L.A. Même si j'y suis en résidence forcée.

Mon épreuve a-t-elle un sens ? Humainement, c'est bien clair : non. C'est inhumain de ne pouvoir bouger, travailler, communiquer, inhumain de ne pouvoir exprimer un peu de tendresse à Jacqueline, être obligé de lui dire : "Viens, j'ai envie de t'embrasser", alors que c'est si simple d'aller vers les gens. Le seul sens que peut avoir mon épreuve est du domaine de la foi.

"Une âme qui s'élève élève le monde", disait la petite Thérèse de l'Enfant Jésus. J'y crois dur comme fer. Je pense que par ma prière, ma façon de vivre, je peux aider mes proches, bien sûr — cette belle-sœur récemment opérée du cœur, par exemple —, mais aussi des gens que je ne connais pas. Il y a huit mois, j'ai constitué un petit groupe avec sept autres S.L.A.[1] ; deux sont déjà morts, mais leurs conjoints sont restés dans le groupe : parmi nous, il y a un pépé de quatre vingt un ans, une commerçante des Sables-d'Olonne à la retraite, une Vietnamienne bouddhiste de quarante-cinq ans, tellement poids plume qu'elle a du mal à trouver un fauteuil à sa taille, une sœur franciscaine de soixante ans... Nous avons une lettre circulaire où nous échangeons des nouvelles, mais aussi des réflexions, l'une sur un sujet pratique ("Comment faites-vous pour vous déplacer ?"), l'autre plus philosophique ; dans la prochaine lettre, chacun parlera de son choix en faveur de l'inhumation ou de l'incinération, et, partant, du rapport qu'il a avec son corps. Et puis, ceux qui le peuvent encore se téléphonent — une lumière dans la journée, dit André en ajoutant : « Désormais, ils ont la première place dans ma vie. »

Gentil organisateur de cet ultime voyage, André n'a pris que l'espérance pour léger bagage : « Une idée me soutient : ce pays de la S.L.A., je ne fais que le traverser. J'ai encore une autre frontière à passer ; et là, de l'autre côté, ma foi me dit que tout sera lumière. Quand je regarde la vie du Christ, lui aussi a vécu de diminution en diminution, Fils de Dieu mort en croix comme un voleur. Trois jours après, il était en pleine gloire à la droite du Père. Parfois — c'est sans doute péché d'orgueil —, il m'arrive de penser que les chemins de croix mènent plus vite que d'autres au paradis... »

1. Tous membres de l'A.R.S., Association pour la recherche sur la sclérose latérale amyotrophique, Forum Saint-Eustache, 1, rue Montmartre, 75001 Paris, tél. : 45.08.04.00.

Nous sommes tous des gueules cassées

Son œil clair de myope traque depuis plus de vingt ans, avec une acuité rarement démentie, les évolutions de la société française contemporaine : P.-D.G. depuis fin 1991 de COFREMCA-France, Gérard Demuth, quarante-neuf ans, est le père d'idées-forces abondamment reprises, comme la « déconsommation ». Question du jour : notre société, en nous protégeant, nous et nos semblables, ne nous rend-elle pas moins aptes à réagir, le jour où il nous faut affronter des temps difficiles ? Réponse : un « Non ! » énergique...

Pour vous, sociologue, le terme d'« épreuve » a-t-il un sens ?

C'est d'abord, bien sûr, un terme de morale. Mais qui, pour un sociologue, évoque immédiatement des situations de rupture, de brusque changement, individuelles ou collectives.

Les grandes menaces — les guerres, les cataclysmes naturels[1] *— qui pesaient sur nos aînés sont tout de même moins présentes ?*

Il y a, me semble-t-il, dilution des grandes peurs identifiables du passé : sous nos latitudes, en tout cas, on craint moins, par exemple, un affrontement armé massif, entraînant la mort d'un grand nombre de personnes. Par contre, on voit surgir çà et là — pas si loin de nous, à constater ce qui se passe en Yougoslavie — des menaces confuses, à mi-chemin entre la guérilla urbaine

1. Quelques semaines après cette interview se produisait le drame de Vaison-la-Romaine...

et l'opération de police ; ou c'est encore la crainte de l'utilisation éventuelle d'un vecteur atomique par une maffia qui aurait épousé un intégrisme.

Côté cataclysmes naturels, les volcans d'Auvergne sont muets depuis des millénaires, et les lignes de faille de l'écorce terrestre ne passent pas sous la tour Eiffel ; mais la pollution est là, insidieuse, pour nous rappeler que la Nature, quand on l'agace, reste très capable de se venger.

Les grandes épidémies ?

Là, c'est moins clair. Une fois enterrés la peste et le choléra, on pouvait se croire à l'abri. Et puis le sida a surgi... Mais, en matière de criminalité, par exemple, la dilution des risques est évidente. La violence n'est plus, comme dans le temps, l'apanage des pirates et des brigands, ou d'une pègre dont les caïds réglaient entre eux leurs comptes : elle s'est déspécialisée. Il y a progression d'une criminalité diffuse due à des frustrations ou à des fragilités psychologiques aggravées par la concentration urbaine. Un braquage de banque est de moins en moins, comme dans les films de Gabin, un coup monté par des « pro », et de plus en plus le sous-produit de la rencontre fortuite de deux paumés. Le risque n'est pas évacué, mais il est tellement aléatoire qu'au total, on espère bien passer à travers les balles perdues...

Et puis, avant tout, dans nos sociétés occidentales d'Europe du Nord et d'Amérique — certaines poches de pauvreté mises à part —, on ne craint plus la faim ni la misère noire. Devant la maladie, on est moins démuni grâce aux systèmes de protection sociale.

Même la mort est évacuée du paysage...

Je dirais pourtant qu'elle est moins abstraite qu'il y a quinze ans. D'abord parce que, avec l'augmentation de la durée de vie, il y a de plus en plus souvent, dans les familles, un grand-parent ou un arrière-grand-parent qui se meurt lentement, souvent atteint d'une dégénérescence cérébrale, et qu'un jour se pose le problème de savoir s'il faut le maintenir en vie ou pas. Et puis les jeunes, parce que leur monde s'est élargi, finissent toujours par connaître un type de leur âge qui est mort d'un accident, d'une overdose ou bien du sida.

Pour vous, notre société n'a donc pas évacué tout à fait l'épreuve ?

Elle l'a, je vous le disais, diluée. C'est vrai au niveau collectif. C'est vrai aussi au niveau individuel. Dans le passé, il y avait les éprouvés patentés ; les tuberculeux, les infirmes civils et militaires, les veuves et orphelins de guerre... Aujourd'hui, nous sommes tous, peu ou prou, des gueules cassées.

Et pourquoi ?

D'abord parce que nous vivons plus longtemps et que, du coup, presque mathématiquement, nous avons, si j'ose dire, plus le loisir d'être éprouvés. Parce que aussi nous sommes passés d'un état de dépendance étroite à deux ou trois éléments forts : le Travail, la Famille, la Patrie... — si cette dépendance se rompait, on allait droit à la catastrophe —, à une multiplication de conditionnements affectifs, humains, spirituels, économiques, professionnels, tous importants, mais pas forcément vitaux.

Du coup, chacun est plus libre ?

Plus vulnérable aussi. Car des liens plus nombreux signifient fatalement des ruptures plus nombreuses. Plus d'épreuves en perspective. Mais les relais existent. Et les gens, moralement, ont peut-être une plus grande capacité à faire face.

N'est-il pas besoin d'en avoir bavé pour résister aux coups durs ?

Une société molle, nimbée de vapeurs adolescentines, a pu culminer dans les années 1968-1970. Mais regardez : en 1973, la crise économique démarre — la première grande épreuve collective depuis la guerre —, on pouvait craindre une débandade. Et voilà que les Français se révèlent au contraire étonnamment adaptables, ils modèrent leurs dépenses d'énergie et accroissent leur recherche d'épanouissement personnel : même la mère Denis agrandit son moi intérieur ! On n'a pas besoin d'être Saint-Exupéry pour bien se comporter dans la vie. Du coup, au lieu de signifier un repli, 1973 a donné à notre société un formidable coup de fouet.

Autre exemple : la guerre du Golfe. Avant le 13 janvier 1991, toutes les personnes interrogées s'affirmaient contre la guerre. Mais, du jour où elle éclate, ils sont tous fermes : « Bien sûr, il faut foncer. » Encore une réaction collective qui est signe de tonicité.

Quelle morale tirez-vous de ces histoires ?

Mais que notre société de consommation n'a pas, comme on l'imaginait, endormi les gens, qu'elle n'a pas atténué leurs défenses immunitaires contre les épreuves ! Au contraire. En les libérant des besoins primaires — être nourri, logé, soigné, pas tué —, encore d'actualité dans les années 50, elle semble les avoir tirés vers le haut, stimulés, enrichis sur le plan de l'expérience humaine.

Dans quel sens ?

Le premier luxe offert par cette société d'abondance a été de permettre à chacun de se découvrir plus complexe qu'il ne croyait. Qui voit encore la vie comme un long fleuve tranquille ? Vous vous viviez de gauche, tolérant, et, muté par votre boîte dans le Midi, vous vous découvrez raciste face à des immigrés envahissants. Vous étiez un parangon de vertu conjugale, votre femme vous quitte, et, le choc amorti, vous vous découvrez des besoins sexuels que vous n'imaginiez pas. Vous aviez l'impression d'avoir un bon contact avec vos enfants, et l'un d'eux fait une tentative de suicide. Vous aviez tout misé sur votre job et, mis à pied à l'occasion d'un licenciement économique, vous vous découvrez d'autres raisons de vivre. Que ce soit en bien ou en mal, les schémas préétablis volent en éclats.

On en vient à douter de tout. Voire de la réalité des épreuves...

Mais non, la souffrance reste la souffrance. Et une rupture conjugale un échec, même si l'on connaît la fréquence statistique des divorces. Quant aux gens privés d'emploi, ils ne sont pas moins malheureux parce qu'on approche des trois millions de chômeurs. La banalisation de l'épreuve au niveau social n'est pas intériorisée par chacun. Non, la vraie différence avec autrefois, c'est que les gens se reprogramment, font fonctionner d'autres ressorts de leur être, rehiérarchisent leurs priorités, refusent d'être à vie la « veuve Untel »...

C'est peut-être vrai des épreuves majeures. Mais ne sommes-nous pas plus fragiles devant des traumatismes mineurs, ainsi qu'en témoigne l'abus de tranquillisants ? Tout est « stress » maintenant.

Il y a une évolution, c'est sûr : dans le temps, on était dans une morale de l'effort, du sacrifice ; on perdait ses quatre fils à la guerre ou on vous coupait une jambe gangrenée sans anesthésie, on n'avait qu'à serrer les dents. Style : ça passe ou ça casse.

Aujourd'hui, on aurait plutôt tendance à se demander si, dans tel geste de son conjoint, il n'y aurait pas une amorce d'agression symbolique, on comptabilise les microtraumatismes subis depuis le berceau, et même avant, par nos chères têtes blondes. On est incontestablement sensible à des doses d'épreuves plus fines. Mais est-ce parce que nous sommes plus douillets ? Ou tout simplement parce que nous sommes plus vivants ?

Dans une société comme celle-là, on apprend à devenir homme plus doucement.

Oui, il n'y a plus de transition brutale, comme dans ces sociétés traditionnelles où les rites d'initiation projetaient tout à coup un individu dans le groupe d'âge supérieur. Dans nos sociétés de multidépendances où l'on n'a plus à s'identifier à un groupe et à un seul, l'initiation s'égrène. Il n'y a plus d'avant ni d'après. C'est même extraordinaire de voir comme les choses ont changé en une génération : le mariage, dans les années 60, était encore un rituel, nombre de jeunes filles y arrivaient vierges. Aujourd'hui que la mixité est généralisée, nos gamins sont habitués dès l'école à s'asseoir sur les mêmes bancs que les filles. Adolescents, ça ne les gêne en rien de dormir en toute amitié, garçons et filles, dans la même chambre. Dans les relations amoureuses aussi, il y a une espèce de gradation.

On se marie à petit feu...

Et c'est la même chose dans le travail. Avant, soit on travaillait, soit on ne travaillait pas, c'était clair et net. Maintenant, il existe une multiplicité de sas — stages, petits boulots, travail intérimaire, TIC, TUC, TOC... —, on ne sait plus trop ce que cela veut dire de rapporter sa première paie. Tout se passe par glissements successifs. A partir de quand devient-on adulte ? A dix-huit, vingt et un, vingt-cinq, trente ans ? Comment le savoir, quand des jeunes parfaitement mûrs vivent indéfiniment, par goût du confort, aux crochets de leurs parents ? A partir de quand devient-on vieux ? A cinquante-cinq ans, au moment du départ en préretraite ? A soixante ans, l'âge de la carte Vermeil ? Ou jamais, puisque la science, en promettant de remplacer l'un après l'autre les organes déficients, ressuscite le mythe de l'éternelle jeunesse ?

Au total, vous semblez plutôt optimiste !

Il y a de quoi l'être, quand on voit aujourd'hui le nombre de gens qui, comme dit la publicité, « positivent » assez formidablement les coups durs de l'existence ! Ce n'est pas un hasard si ce thème — tirer parti des crises de la vie — fait florès dans les émissions les plus populaires.

Quand j'étais petit garçon à la campagne, pendant la guerre, il y avait au village un cordonnier qui avait perdu sa femme. Mais il refusait l'idée qu'elle soit morte. Et, tous les jours, il allait déjeuner sur sa tombe pour prolonger le dialogue avec elle.

Mon gentil cordonnier m'émeut toujours, mais je ne peux m'empêcher de penser que, dans le monde d'aujourd'hui, il aurait peut-être, après avoir pleuré, retrouvé une nouvelle compagne, rebâti un foyer, conscient que la vie est, comme disait M. Prudhomme, un « tissu de coups de poignard qu'il faut boire goutte à goutte... », mais aussi un sacré tonique ! Et que, pour les « gueules cassées », la chirurgie réparatrice existe...

Les exonérés

J'avais un ami. La vie l'avait comblé : enfance protégée dans une famille de hauts magistrats parisiens ; physique agréable ; brillantes études d'ingénieur ; mariage avec une femme charmante, peintre à ses heures ; quatre enfants — deux garçons, deux filles —, tous réussis ; un métier plus qu'honorable, à défaut d'être passionnant ; pas mal de biens au soleil ; pour seul problème de santé, un tour de taille à surveiller. Cet homme-là avait, comme on dit, « tout pour lui ». Mais pas l'amour de la vie.

Non qu'il fût dépressif. Seulement désespéré, vide de désirs, de projets. Il sortait, il souriait. Un délicieux convive que tous appréciaient pour sa solide culture et son humour caustique. Et il m'avouait être hanté par l'idée de mourir : « Mais je ne me suiciderai pas, c'est un mauvais exemple pour les enfants. » Bon prince, le destin lui a prêté la main : un soir de juin, le petit avion qui l'emportait à un congrès s'est fracassé dans la montagne, son corps n'a pu être identifié. Ses « intimes » ont longtemps parlé de cette « fin tragique qui jurait tellement avec sa vie ».

Qui connaîtra jamais la vérité de chaque homme ? Et combien de détresse derrière des sourires cravatés ? Certains, qui n'ont jamais reçu de coups, portent la vie comme une blessure. Pas tous, heureusement. Pas ceux-là, en tout cas, que j'ai voulu rencontrer parce qu'ils incarnaient un peu, à mes yeux, le bonheur sur terre, un bonheur inscrit dans leur regard, dans leur rire. Avec ces hommes — le vice-président du Conseil d'État, un grand mathématicien, un ermite retiré du monde —, j'ai voulu explorer cette question restée en suspens : l'homme peut-il vivre *sans* épreuves ?

Le premier de la classe

Première rencontre : Marceau Long, vice-président du Conseil d'État (c'est le Premier ministre qui en est président d'office) et, à ce titre, premier fonctionnaire de France, chargé chaque année, à l'occasion du Nouvel An, de présenter au président de la République les vœux des corps constitués.

Un petit homme souriant à l'œil bleu, au visage rose et rond, à l'accent légèrement chantant ; un homme discret, malgré son prénom républicain et guerrier ; ignoré du grand nombre, quoique l'un des hommes phares de la fonction publique ; la caution idéale : pas un organisme, pas une commission qui ne souhaite l'avoir pour président — hier la commission de réforme du code de la nationalité, ou *Le Siècle*, ce club qui réunit chaque mois pour un dîner par petites tables la fine fleur des décideurs parisiens ; aujourd'hui, le Haut Conseil de l'intégration, la commission de la transparence financière des élus, le conseil d'administration de l'ENA. En mai 1981, lors de l'arrivée de la gauche au pouvoir, il reste à son poste clé de secrétaire général du gouvernement (S.G.D.G.), symbolisant la permanence de l'État. Nommé en février 1987 par Jacques Chirac à son poste actuel, Marceau Long l'aurait sans doute été aussi bien par Laurent Fabius si ce dernier était resté à Matignon.

Des épreuves, il en a eu très tôt à franchir, mais avec un petit « e » et au pluriel : « Honnêtement, avoue-t-il, je ne les ai pas vécues comme telles, j'ai eu plutôt l'impression que c'était un chemin à faire pour, sinon m'élever dans la hiérarchie sociale — à cet âge-là, ça ne signifie pas grand-chose —, du moins devenir quelqu'un. » A l'école des sœurs, puis au lycée Mignet d'Aix-en-Provence, sa ville natale, ce fils unique — couvé par un père chef de bureau à la Société des eaux de Marseille et par une mère au foyer dotée seulement de son brevet élémentaire — collectionne les prix d'excellence, puis bientôt les peaux d'âne : ayant présenté l'ENA « presque par hasard » — à l'époque, il potassait surtout l'agrégation de droit —, il y est reçu quatrième ; il sortira major de sa promotion devant des condisciples au brio consommé comme André Chandernagor ou Valéry Giscard d'Estaing. « L'épreuve — si épreuve il y a ! — a été plutôt celle du dépaysement : sauf pour une étape de quarante-huit heures, je n'étais jamais venu à Paris. En petit provincial que j'étais, issu d'un milieu modeste et timide à l'extrême, je devais faire mes classes. Lors de mon stage de préfecture à Arras, j'ai appris l'art des plans de table, reçu des délégations de "gueules noires", expulsé des locataires dans les corons, assisté aux obsèques des marins disparus en mer... Je ne pouvais plus être le même. »

A partir de là, Marceau Long suit un parcours professionnel sans fautes. Mais non sans embûches. « Bien sûr, je n'ai pas eu de coups durs. Mais des problèmes à surmonter, oui, des choix à faire. Je crois que, dans la vie, chacun a sa chance à un moment donné ; certains s'en saisissent, d'autres non. » On n'est pas impunément jeune attaché d'ambassade à Rabat en 1957, aux lendemains de la décolonisation, chargé de rapatrier en trois ans plus de cent mille Français ; directeur de la fonction publique à trente-cinq ans ; secrétaire général du ministère des Armées à l'heure de la reconversion d'une armée d'effectifs en une armée de type moderne moins nombreuse et mieux équipée ; P.-D.G. de l'ORTF en 1973, juste avant son éclatement, chargé par Giscard de jouer les liquidateurs : « Là-bas, j'ai traversé vraiment des moments difficiles : cette animosité autour de moi à laquelle je n'avais jamais été habitué, ces gens à l'affût de la moindre erreur, ces chefs syndicalistes — pas ceux de la C.G.T., eux ont été durs, mais loyaux — qui m'accusaient de trahison, ces centaines de collaborateurs qu'il me fallait licencier sans avoir le temps de connaître à fond leur dossier, avec à tout moment le risque de commettre des injustices. » Un jour d'octobre 1974, Marceau Long est même séquestré de longues heures dans son bureau.

Des moments décapants, tout comme cette solitude vécue à Matignon en mai 1981 —, ou comme cette confrontation soudaine à une autre logique, celle du profit et de la compétition internationale, quand Marceau Long est nommé en 1982 président d'Air Inter, puis d'Air France.

Ultime défi : la renaissance du Conseil d'État. A cette vieille maison qui s'enlisait à son arrivée sous la paperasse — vingt-sept mille dossiers de contentieux administratif en suspens ! — et avait perdu beaucoup de son autorité, il redonne en peu de temps efficacité et crédibilité, royalement à l'aise dans cette fonction que, sauf imprévu, il devrait occuper jusqu'à sa retraite, en 1995, à soixante-neuf ans.

Au total, une réussite exemplaire, presque lassante, comme ses prix d'excellence : que Marceau Long se plaise avec quelques amis à compiler *Les Grands arrêts de la jurisprudence* et ce « Long, Weil, Braibant » devient un manuel incontournable pour les étudiants en droit, un best-seller vendu à ce jour à trois cents mille exemplaires. Des ennemis, pourtant, on ne lui en connaît pas, quand son aptitude à franchir le cap d'une alternance qui envoya bien des fonctionnaires au tapis aurait eu de quoi exciter bien des jalousies. A l'appui de cette rare unanimité, une compétence reconnue sans failles ; un appétit de travail peu commun — pas un soir où il ne reparte chez lui, les bras chargés de dossiers ; le refus des étiquetages politiques, lui dont le père fut un temps conseiller municipal radical-socialiste ; et une affabilité à toute épreuve. A quatre ans déjà, Marceau, dit « Ceauceau », décrochait le prix de gentillesse. Soixante ans plus tard, il n'a toujours pas son pareil pour parler du même ton aux ministres et aux huissiers.

« En gymnastique, se rappelle un de ses copains de lycée, Marceau gagnait toutes les courses de fond et de demi-fond. Mais son style était inimitable : buste droit, coudes collés au corps, on avait l'impression qu'il n'avançait pas... » Quand on est premier de classe, on peut faire l'économie du paraître. A d'autres le soin de briller avec des formules. Lui progresse sans faire de bruit : aux armées, on l'appelait « Mistigri ». Sereinement Français moyen, il habite un pavillon à Saint-Maur, alors qu'il dispose au Conseil d'un des plus beaux appartements de fonction de Paris, et il a fêté l'an dernier son quarante-cinquième anniversaire de mariage avec Josette, blonde et effacée — l'amour aixois de ses quinze ans — dont il a eu cinq enfants. « Mon seul véritable chagrin a été de voir partir mes parents, mon père surtout, mort très jeune d'un infarctus alors qu'il regardait la télévision ; ma mère, elle, a vécu jusqu'à quatre-vingt-treize ans. Pour le reste, le sort, jusqu'ici, nous a gâtés, nous sommes heureux en famille : ni accidents ni problèmes de santé. Mes enfants, apparemment, se débrouillent bien dans la vie, il n'y a parmi eux — et mes sept petits-enfants — ni athée, ni marginal, ni drogué. Notre aînée, qui est orthophoniste, s'est arrêtée de travailler pour élever ses trois enfants ; une autre fille est infirmière ; des deux garçons, l'un est tour-operator et voyage partout, l'autre est dans l'informatique. »

A l'évidence, pas de drames majeurs. Des épreuves ? « Tout dépend tellement du sentiment que chacun s'en fait ! Ainsi, j'aurais peut-être aimé que l'un de mes enfants fasse comme moi des études de haut niveau, mais cela ne s'est pas trouvé, j'en prends mon parti. De même, il est certain que je ne serai jamais riche (au Conseil d'État, au plus haut poste de la fonction publique, Marceau Long, toutes primes comprises, gagne moins de cinquante mille francs par mois). Cela ne m'affecte pas spécialement, à partir du moment où je vis très convenablement. Mais c'est vrai que j'ai longtemps rêvé d'un petit château, une espèce de gentilhommière, et que je me contente aujourd'hui, dans la banlieue d'Aix, du vieux mas familial. J'ai rêvé aussi d'une belle voiture... *(et Marceau Long de partir d'un de ces longs rires frêles qui ponctuent souvent ses phrases)*. C'est inavouable, mais, pour moi, une Mercedes est le comble du chic ! »

Bien sûr, dans le secteur privé, Marceau Long aurait pu multiplier son salaire par trois ou quatre. Pas négligeable, surtout quand on a une nombreuse famille : « Mais cela comptait somme toute assez peu pour moi. Affaire de culture familiale et personnelle, sans doute, et puis j'ai toujours été passionné par ce que je faisais. D'ailleurs, je vais peut-être vous étonner, mais je n'ai pas été abreuvé de propositions, j'étais trop marqué "service public". » On a moins l'idée de courtiser une femme, même parée de toutes les grâces, quand elle est ostensiblement heureuse en ménage. Une fois seulement, Marceau Long a vraiment été tenté : on lui proposait la présidence de la Société des eaux de Marseille — là où avait travaillé son père. Il y avait cet attrait sentimental, il aurait gagné plus qu'à Air France, il se serait installé dans le Midi : « Finalement, j'ai dit non. Le sentiment que ce n'était pas ma vocation... » A la place, il prend la vice-présidence du Conseil d'État, amputant pour le coup de moitié son salaire...

Repoussées les sirènes du privé. Vite écartée aussi, la tentation de la politique, quand on propose à Marceau Long, alors secrétaire général du Gouvernement, la municipalité de Saint-Maur (quatre-vingt-cinq mille habitants), avec, à terme, de bonnes chances d'accéder à la députation. Le bonheur serait-il le fruit de la sagesse ? « Il y entre une part de volonté, c'est vrai, mais de chance aussi », souligne Marceau Long que la réussite n'a pas isolé de la vraie vie. Président du haut comité à l'intégration, il ne se contente pas de travailler sur dossiers, mais multiplie les contacts personnels ; hier encore, il recevait une fille de vingt-huit ans aux parents maghrébins totalement illettrés, qui tient lieu de chef de famille à ses douze frères et sœurs, assiste à leurs conseils de classe, gère la maison. Quand il s'est penché sur la « double peine », il a demandé à rencontrer certains jeunes menacés d'expulsion : « Comment rester insensible à ce genre de cas ? » Plus largement, comment, pour ce chrétien non pratiquant, échapper à la question du mal ? « L'autre jour, dit-il, je me promenais avec une de mes petites-filles, elle est tombée dans un buisson d'orties. Une fois sortie de là, elle m'a demandé en pleurant : "Dis, grand-père, c'est Dieu qui a créé les orties ?" C'est toute la question : pourquoi y a-t-il des orties sur terre ? »

ILLUMINATIONS MATHÉMATIQUES

Dans le *Petit Larousse*, il trône entre Marlène Dietrich et Dieulefit, chef-lieu de canton de la Drôme. L'un des meilleurs mathématiciens français de ce siècle — même s'il n'obtint jamais pour ses travaux la médaille Fields (équivalent du prix Nobel en mathématiques), comme nombre de ses admirateurs l'auraient souhaité —, membre de l'Académie des sciences, le Pr Jean Dieudonné, quatre-vingt-six ans, tout inconnu soit-il du grand public, est un de ces hommes qui sont « l'honneur de l'esprit humain » (le titre d'un de ses livres).

Une fois seulement, j'avais croisé ses pas lors d'un très sérieux colloque sur le thème « Anxiété et expression culturelle », à l'hôtel PLM Saint-Jacques à Paris. Ce jour-là, une noria de scientifiques, d'écrivains, d'artistes s'étaient succédé à la tribune pour y dire leurs doutes, leurs passages à vide, leurs déchirements internes. Puis un beau vieillard a pris le micro ; un homme grand, soigné, œil clair, blazer marine, rosette à la boutonnière ; dans un large sourire, il a affirmé que « l'anxiété n'avait jamais été pour lui une force de création, puisqu'il ne l'avait jamais rencontrée ». Pendant le quart d'heure que dura sa communication, la salle retint son souffle : stupéfiante, non, cette démonstration de sérénité dans un monde peuplé d'intellectuels tourmentés ? Et, à la fin, les applaudissements ont éclaté, tandis que, mis en verve, le psychiatre animateur des débats relevait que

« les mathématiques au plus haut niveau représentaient sans doute l'anxyolitique suprême, la meilleure alternative aux benzodiazépines... »

J'ai voulu retrouver ce provocateur. C'est lui, toujours affable, qui m'ouvre la porte de son appartement parisien, face à l'UNESCO, qui m'introduit dans un grand salon clair et me lance, sitôt calé dans son canapé : « Pourquoi le cacher ? La vie m'a souri de bout en bout ; je n'en voudrais pas d'autre, s'il me fallait recommencer. » Le don du bonheur ? D'abord un atavisme familial. Petit employé des filatures ayant réussi à devenir l'associé de ses patrons, bientôt prospère industriel lillois propriétaire de plusieurs usines de lin, le père de Jean Dieudonné lui montre tout jeune la voie : « Je l'ai admiré toute ma vie. » Pour sa réussite acquise à la force du poignet, belle maison à Lille, vacances sur les plages belges, puis, à mesure que l'aisance gagne, sur la Méditerranée. Pour son appétit de vivre : initié tout enfant aux joies de la gastronomie dans les meilleurs restaurants, Jean suit bientôt son père et sa mère, autrefois institutrice, dans de passionnants périples à travers l'Europe. M. Dieudonné père ne cache d'ailleurs pas les ambitions qu'il nourrit pour son unique rejeton mâle (Jean a une sœur, de huit ans sa cadette) : à quatorze ans, Jean, régulièrement prix d'excellence, est envoyé un an dans une public school anglaise dont il reviendra parfaitement bilingue. Quand l'héritier présumé des filatures annonce à son père qu'il préfère les mathématiques aux affaires, ce dernier l'avertira seulement qu'il fait là le choix d'une existence autrement moins dorée. « "Oui, ai-je répondu, mais j'y serai plus heureux." Et il s'est incliné. »

La passion des mathématiques, Jean l'a contractée outre-Manche : détestant le sport, il dévore, allongé dans l'herbe, des bouquins d'algèbre quand d'autres s'essoufflent au cricket. Revenu en France, il est toujours dans cette matière d'un an en avance sur le programme scolaire, refait les démonstrations « deux fois pour le plaisir » : « J'aimais cette rigueur. » Reçu à Polytechnique, il choisit d'entrer à l'École normale supérieure de la rue d'Ulm — second : « "Tiens, comment se fait-il ?" m'a seulement dit mon père. » Les choses rentrent dans l'ordre : il en sortira premier. Dans sa promotion, en section sciences, Hugues Néel, futur prix Nobel de physique, Henri Cartan, aujourd'hui mathématicien mondialement connu ; côté lettres, Sartre, Aron, Nizan,

Canguilhem, un festival d'intelligences : « J'étais heureux comme un prince. » Nourri, logé, payé par l'État, Jean n'a même pas besoin, comme d'autres camarades moins cossus, de se faire « tapir » — répétiteur — pour compléter les maigres fins de mois qui leur sont allouées. Côté sorties, il faut dire qu'il ne dépense guère, absorbé qu'il est dans ses livres : « Je n'étais pas, avoue-t-il, du genre dissipé. »

Elles sont si belles, les mathématiques ! Reçu — premier — à l'agrégation, docteur à vingt-cinq ans après une thèse sur *Les Zéros des polynômes*, Jean Dieudonné gravit un à un tous les échelons de la hiérarchie universitaire : chargé de cours, maître de conférences, professeur. A partir de 1935, afin de rénover un enseignement jugé trop statique depuis que la saignée de 14-18 l'a privé de ses meilleures têtes pensantes, il fonde avec une dizaine d'amis le groupe Bourbaki, lequel produira un gigantesque traité mathématique en quarante volumes qui fait encore autorité. Explorer sans cesse des domaines nouveaux, c'est le dada de cet impénitent curieux qui a toujours préféré la recherche à l'enseignement, publiant une vingtaine de livres et quelque cent cinquante articles scientifiques qui assoieront sa réputation : « Mais, précise-t-il, modeste, pas au "top niveau". Disons que si je jouais au tennis, je serais non pas première série, mais tête de deuxième série. » Un jugement que ne partage pas toujours autrui.

Chercher. Mais pour quoi, pour qui ? « Pour soi-même, pour le plaisir de trouver », affirme le professeur qui, en mathématicien pur et fier de l'être, revendique le fait de « n'avoir jamais écrit une seule ligne de mathématiques qui puisse servir à quelque chose ». « Des illuminations, ajoute-t-il, j'en ai eu trois ou quatre fois dans ma vie. Il y a là-dessus un très beau texte de Poincaré — un génie, lui, célèbre à trente ans, membre de l'Académie à trente-quatre —, qui raconte comment, jeune ingénieur des Mines en poste à Caen, il travaillait en vain depuis deux mois sur sa théorie des fonctions fourciennes. Et puis, un jour de 1880, en excursion avec des amis, il monte dans l'omnibus et, en posant le pied sur la marche, il entrevoit clairement, tout à coup, la solution de son problème. Moi, à mon niveau, bien sûr, il m'est aussi arrivé de ressentir la même émotion : je me vois encore dans la bibliothèque de l'université où je me trouvais, près de Chicago, brusquement envahi par la *certitude*. Je m'intéressais à l'époque (vous tenez vraiment à le savoir ?) aux "modules sur un anneau non communicatif". C'est un bonheur prodigieux qui vous tombe dessus. Un peu comme une illumination mystique : le dieu mathématique est là qui entre dans votre vie. J'imagine assez bien les évangélistes transportés de la même manière.

Bien sûr, ces fulgurances ne vous épargnent pas, après, le temps austère de la remise en forme. Ni les déconvenues ou les désillusions quand vous découvrez que votre géniale intuition, quelqu'un l'a eue quinze jours avant, ou lorsqu'un ami attentionné vous indique un biais dans votre raisonnement. Et puis, il arrive aussi à l'homme de science de traverser de longues périodes de sécheresse : pendant une année entière — j'avais alors quarante ans, et, professeur à Nancy, j'avais déjà publié pas mal de choses —, je me suis retrouvé vide d'idées. Mais *vide*, vraiment. Alors j'ai pensé à Gauss qui, lui, chercha pendant cinq ans le signe d'une expression algébrique... Et j'ai pris ça avec le sourire. Les échecs aussi font partie de la condition humaine, on ne va pas en faire un monde ! »

Jean Dieudonné rit ; à vrai dire, il n'arrête pas de rire de mes questions, de ses réponses. Il rit d'un bon rire franc, sonore. Les mathématiques, il adore. Sa femme Odette aussi, épousée quand il avait vingt-neuf ans : « C'est comme l'illumination scientifique. Quand je l'ai rencontrée — elle travaillait à l'époque dans un laboratoire de chimie —, j'ai tout de suite su que c'était la bonne. Après cinquante-six ans de mariage, nous sommes toujours heureux ensemble. On se bagarre bien un peu de temps en temps, mais, en tout cas, jamais je n'ai eu la tentation de chercher ailleurs. » Pas de problème non plus du côté des enfants, un garçon, une fille, lui polytechnicien doté d'une belle situation dans une boîte américaine, elle, langues O, travaillant dans une société de commerce avec la Russie. Des cinq petits-enfants, l'aînée est déjà mariée et mère de famille, assurant à Jean Dieudonné le vénérable statut d'arrière-grand-père.

Douce vie. Bien sûr, il y a eu la guerre, les guerres : à huit ans, Jean descend à la cave quand les Allemands entrent dans la ville ; à neuf ans, réfugié à Paris, il a très peur quand la grosse Bertha canonne ; il voit des maisons démolies, mais pas de morts ; à trente-trois ans, en 1939, il est mobilisé comme tout le monde, lui qui « déteste l'armée » tout en essayant de se montrer « bon citoyen ». Envoyé à Tours comme lieutenant dans la défense antiaérienne, il rejoint ensuite Nevers, où les Stukas mitraillent le poste d'à côté, traverse la Loire : « A deux heures près, j'étais fait prisonnier. » La chance, toujours.

Bien sûr, il y a eu la mort des parents — « la seule véritable épreuve » —, à soixante et soixante-dix ans, et l'impuissance ressentie devant leurs souffrances ; il y a eu la mort de deux amis chers, le premier à soixante-cinq ans, le second il y a peu de temps, à quatre-vingt-trois ans : « Maintenant, il n'y a pas de mois sans qu'il n'en parte un. » C'est la vie.

Bien sûr, il y a la retraite. « Ah, mais la retraite, ce fut merveilleux, au contraire ! Plus de cours à faire, le rêve ! » Il faut dire que, peu avant, en mai 68, Jean Dieudonné, à l'époque doyen de la faculté des sciences de Nice, avait cumulé les problèmes : « Un milliard de francs d'appareils sous ma responsabilité, et les étudiants qui menaçaient de tout casser. » La retraite, c'est enfin pour lui la tranquillité retrouvée — lire, écrire, voyager aussi, ce qu'il a toujours fait depuis son premier séjour comme boursier à l'université de Princeton, dans les années 30 : « J'en ai profité pour sillonner les États-Unis jusqu'à la côte ouest, je n'ai pas arrêté depuis. » Cours, conférences, congrès, tout est prétexte au professeur pour explorer le vaste monde, du Japon au Brésil, de l'Afrique du Sud à Tahiti... Il sera même expulsé de Tchécoslovaquie en fourgon cellulaire pour avoir tenté, avec d'autres universitaires, d'assister au procès de Vaclav Havel...

« Je n'ai rien d'un ascète », aime à répéter ce bel intellectuel qui jardine, cuisine à merveille — parmi ses spécialités, le koulibiak de saumon et les rôtis en croûte — et a gagné incognito nombre de concours à la radio. Et puis il y a la musique : « A côté des mathématiques, l'autre enchantement permanent de ma vie » ; éclectique dans ses goûts, « des clavecinistes du XVIe siècle jusqu'à Bartok — au-delà, je ne comprends plus » —, il joue lui-même du piano une à deux heures par jour en s'accompagnant parfois de la voix. « A vous seul, vous êtes un bouillon de culture », concluait Bernard Pivot, en septembre 1991, en recevant sur le plateau d'Antenne 2 cet homme aux curiosités multiples.

Mais pas infinies. Car jamais Jean Dieudonné ne regarde la télévision, jamais il ne lit un journal : « Seulement un magazine de temps à autre ; le détail sordide de ce qui se passe à droite ou à gauche, je m'en moque complètement. » Aveu d'une nature « assez indifférente » qui a du mal à se passionner pour les souffrances du monde entier : « Il y a les missionnaires, les médecins sans frontières, c'est beau, j'admire, mais ce n'est pas ma vocation. Moi, passé ma famille et mes amis proches... Je ne vois aucune raison de me sacrifier pour des gens que je ne connais pas ; d'ailleurs, pour eux, je ne peux pas grand-chose... Je ne fais pas de mal, conclut le professeur, je ne fais pas de bien non plus. »

L'égoïsme sacré comme condition du bonheur ? Il y a de cela chez Jean Dieudonné, un égoïsme presque revendiqué — quand d'autres, tout aussi indifférents, se montrent plus hypocrites —, qui cadre avec son absence totale d'interrogations métaphysiques, religieuses, philosophiques. « J'ai été baptisé, j'ai fait ma communion, je me suis même marié à l'église pour faire plaisir à mes parents. Mais, très vite, j'ai commencé à lire des textes sur l'histoire des religions qui m'ont complètement dessillé les yeux. Et puis, le tempérament de mathématicien a besoin de choses précises, rigoureuses ; j'évacue tout ce que je ne peux pas expliquer : Dieu, l'âme, la vie éternelle, pour moi ces mots ne signifient rien. » Que de remarquables savants concilient sans problème leur rigueur scientifique et leurs convictions religieuses, c'est un fait : « Mais à chacun sa voie : eux se délectent de Kierkegaard, moi il me tombe des mains. Je suis sensible à la musique, et la peinture comme la poésie me laissent de marbre... »

Pourtant, cette mort qui approche ?... « Elle ne m'angoisse pas, non, je suis persuadé que, comme tous les animaux, je disparaîtrai intégralement. Et alors ? » La seule chose que Jean Dieudonné redoute, c'est la déchéance physique. Depuis dix ans, sa santé — « éclatante » — chancelle, il se fatigue, marche mal : « Mais j'ai mes modèles, Socrate, Montaigne, ils m'enseignent l'art de prendre ces désagréments le mieux possible. Heureusement, je ne déménage pas encore du cerveau ! » Une chance encore ? Ou une vigilance constante chez cet homme qui s'exerce chaque jour à mémoriser des textes et s'est remis il y a cinq ans à apprendre le latin et le grec ? « Aujourd'hui, je suis prêt à partir. On me dirait "dans un mois", ce serait parfait. Je n'en réclame pas plus, j'ai eu tout ce que je voulais de la vie... »

UN DIVIN TÊTE-A-TÊTE

Cinq kilomètres de mauvais chemin en voiture. Puis deux kilomètres encore de sentier rocailleux, raviné, où les pierres se dérobent sous vos pieds. Et là, tout en haut, perché sur son piton, dominant la plaine du Var, l'ermitage Saint-Quinis, une petite merveille bâtie entre les XIe et XVIIe siècles, avec sa chapelle remplie d'ex-voto : quatre fois par an, les gens de la vallée y montent en pèlerinage pour implorer « leur » saint — un ancien évêque de Vaison-la-Romaine —, censé guérir les yeux, le foie, la rate et, accessoirement, les chagrins d'amour.

Quatre jours dans l'année, de bruyants déballages de prières et de sandwiches, au terme desquels le silence retombe sur l'ermitage. Et sur le père François de Sales, un moine cistercien qui occupe ces lieux depuis quatorze ans. Un ermite ? *L'Ermite* ! Tel qu'on n'imaginait pas qu'il puisse en exister encore aujourd'hui, avec sa grande robe brune, son visage mangé par la barbe, ses sandales de cuir même en plein hiver, et cet air de sainte gaieté qui ne le quitte jamais.

Peut-on pourtant, en notre fin de XXe siècle, imaginer vie plus rude que celle de cet homme presque octogénaire, grand infirme de guerre de surcroît, contraint de se déplacer avec une canne à cause de sa patte raide ? La solitude est son lot quotidien, même si, aux beaux jours, les randonneurs se font plus nombreux, et si, en toutes saisons, les âmes blessées savent trouver auprès de lui une oreille compatissante : « Il m'arrive, dit-il, de rester des semaines sans voir personne. Surtout s'il fait mauvais. Je me retrouve souvent seul à Noël ou à Pâques. Mais cela ne me gêne pas. »

Il y a bien les chats, « Gros Matou » et « Mon Coco », mais ce sont, précise-t-il, « des animaux trop égoïstes pour être une compagnie ». Leur seule fonction à Saint-Quinis est de pourchasser les loirs, comme celle de l'ânesse Sophie fut longtemps de monter les sacs de ciment et les parpaings nécessaires à la restauration de l'ermitage. Un chien, père François n'en a jamais voulu : « Ce serait une bouche inutile. »

L'idée de se défendre ne le traverse pas : « Mais de quoi aurais-je peur ? Des sangliers qui viennent déloger la nuit mes pommes de terre ? Je mange alors du riz. Des voleurs ? Mais il n'y a rien à voler. Des assassins ? Et alors, je suis prêt ! » L'été qui a suivi l'arrivée du père, la montagne a pris feu, les flammes dépassaient les dix mètres : « Je n'ai réalisé qu'après, quand, par précaution, on m'a descendu dans la vallée. » Un jour aussi, père François est tombé d'une échelle, se cassant plusieurs vertèbres ; il a réussi à se traîner jusqu'à son lit : « J'avais un cageot d'abricots à côté de moi ; quand j'avais faim, j'y plongeais la main. J'ai pensé que j'allais mourir ainsi. Et puis, le lendemain, des gens sont passés et m'ont entendu appeler. » Évacué par hélicoptère, l'ermite a gagné dans l'équipée ce téléphone dont le menaçaient depuis longtemps ses amis inquiets.

Le poste est là qui trône, incongru, dans la chambre-bureau-salon-cuisine du père. Un bric-à-brac maigrement éclairé le soir par une unique ampoule, alimentée par un capteur solaire situé sur le rebord de la fenêtre. En guise de lit, une paillasse posée sur un cadre de bois, recouverte d'une grossière couverture beige. Une planche pour bureau, soutenue par deux trépieds. Et un poêle à bois comme radiateur-cuisinière, sur lequel père François mitonne chaque soir son unique repas de la journée. « J'ai commencé à jeûner à midi en novembre, il y a deux ans, un jour que je n'étais pas content de moi. J'ai eu peur d'avoir faim, et puis non, je me suis trouvé au contraire tellement bien, l'estomac dégagé, que j'ai continué. Les jours de fête, c'est presqu'une mortification de revenir aux trois repas ! »

Pour le reste, à l'inverse d'autres ermites qui cultivent les privations, le père François ne montre pas de goût excessif pour l'ascèse, il dort ses huit heures par nuit et trouve plus facile d'être installé dans le Midi : « Si des ermites, dans le temps, préféraient vivre au pôle Nord et avoir des stalactites dans leur barbe, grand bien leur fasse ! lance-t-il, jovial. Moi, je ne cherche pas à m'écraser les doigts, pas plus que la solitude n'est pour moi une fin en soi, ni l'éloignement une fuite devant le monde. Mon seul et unique but est de me rendre plus disponible pour la prière. »

Dieu, premier servi. « Au monastère, dit père François, il m'arrivait de prier. Ici, il m'arrive de ne pas prier. » Parmi les temps forts de la journée, les sept offices dits quand il lui plaît, sans y être convié par la cloche de l'abbaye — « Ce matin, sachant que vous veniez, j'ai enfilé d'un coup l'office de nuit, laudes, tierce et sexte ! » — et la messe célébrée chaque jour à

5 heures du soir dans le petit oratoire qu'il a aménagé près de sa chambre. Parfois, il va prier au bord de la falaise, infatigable guetteur de l'Éternel, face à l'admirable panorama qui s'étend, par temps clair, jusqu'à la Méditerranée. Parfois, de sa voix cassée, il chante quelques versets des *Psaumes*, même s'il n'a plus, comme dans ses premiers temps ici, de cithare pour l'accompagner. Émouvant tête-à-tête du Vieil Homme et de son Créateur ; images d'un être vraiment libre, parce qu'il a tout donné.

Drôle d'itinéraire pour un enfant gâté : François Decupper naît en 1913 à Paris, place de la Madeleine (juste au-dessus de l'épicerie Hédiard), dans une famille de bourgeois aisés, heureux propriétaires rue Royale de la maison Delvaux, une luxueuse boutique de verrerie et de porcelaine. « Mon père, de famille plus modeste, pharmacien de son état, avait été le vingt-septième prétendant de ma mère ; tous deux travaillaient beaucoup ; à quatre-vingt-quinze ans, Maman tenait encore la caisse. » Pour les trois enfants Decupper — deux garçons, une fille —, la vie est uniformément rose : « Une fois, une seule, je ne sais plus trop pourquoi, mon père s'est fâché, a jeté sa serviette sur la table ; cinq minutes plus tard, on l'a vu réapparaître de fort belle humeur. Une autre fois, c'est ma mère qui m'a donné une fessée en public, déculotté, parce que j'avais traversé seul la place de la Madeleine. » Ces deux instants tragiques mis à part, le petit François, coiffé à la Jeanne d'Arc, est un enfant sage, plutôt solitaire : « A la Panne, où nous allions l'été, la première plage belge à partir de la frontière, je restais indéfiniment devant la mer à regarder le jour qui tombait. En vacances dans le Midi, je m'évadais dans mon canoë. A Paris, je restais des heures seul face à mon meccano, dont j'allais compléter les pièces au "Train bleu" : entre commerçants, on se faisait dix pour cent de remise... » En classe, c'est moins brillant, et François se retrouve régulièrement bon dernier : « Le jour du bac, je ne suis même pas allé voir les résultats... Qui sait ? Peut-être suis-je reçu... »

A défaut de bonnes notes, François le cancre a toujours su récolter avec succès des haricots d'Espagne dans les bacs placés devant ses fenêtres. On l'expédie à dix-sept ans vers l'École d'agronomie de Grand-Genève, près de Fribourg (Suisse), dont il sortira trois ans plus tard : « Une moitié de travail théorique, une moitié de travail pratique, ça me convenait tout à fait. » Là-bas, l'ingénieur agronome en herbe se sent une âme de découvreur et enregistre avec passion les cris des corbeaux pour faire peur à ces prédateurs. Mais, en labourant derrière les bœufs — autre exercice imposé par l'école —, il va surtout attraper un autre « virus », celui de la vie contemplative.

La foi chrétienne, il l'a reçue en héritage. De son père, surtout : « Il prétendait que de la maison au magasin, le plus court chemin était de traverser l'église de la Madeleine. Il y a servi la messe trois fois par jour tous les jours de sa vie, y compris celui de sa mort, à soixante-treize ans, d'une congestion cérébrale. » Autre influence : celle des pères marianistes chez qui François a fait toutes ses études, depuis le collège Sainte-Marie de Monceau jusqu'à l'École d'agronomie. A sa sortie en 1933, le doux enfant, devenu « jeune homme sérieux, peu porté sur les sorties, la rigolade », est décidé à consacrer sa vie à Dieu. « Mais pas dans une paroisse : je n'avais envie ni de faire des sermons ni de confesser mon prochain. Pas non plus dans un ordre comme celui des Dominicains, trop intellectuels, trop perdus dans leurs livres. Les Trappistes, eux, avec leur réputation de culs-terreux, me convenaient bien. D'une certaine façon, je restais dans le métier ! »

En 1938, après son service militaire comme élève officier à Saint-Cyr, puis à Belfort, un an de philosophie à Sainte-Croix de Neuilly et trois ans de séminaire, François Decupper rejoint l'abbaye cistercienne de Sept-Fons, dans l'Allier : il y restera quarante ans, moins trois intermèdes comme aumônier de communautés féminines dans l'Isère, les Vosges et les Pyrénées. Intermède obligé aussi, celui de la guerre : mobilisé le 27 août 1939, le sous-lieutenant Decupper reçoit le 18 septembre, à Saint-Louis-les-Bitche, au nord de la Moselle, un éclat d'obus dans la jambe gauche à l'occasion d'une sortie « stupide » imposée par son capitaine : « Il n'y a même pas eu "engagement au combat", comme le dit ma citation, je n'ai tué ni fait tuer personne, nous avions seulement mission de poser une ligne de barbelés. » A côté de François, ses trois camarades sont déchiquetés ; lui, opéré sur place, aura la bonne surprise de voir débarquer à son chevet sa mère, nantie d'une autorisation spéciale en tant que fidèle cliente de la cristallerie de Saint-Louis toute proche...

Une épreuve enfin que celle de la guerre au cœur de cette

existence préservée ? « Non, affirme père François, je suis trop vite tombé dans le coma *(il en aura tout de même pour deux ans et demi d'hôpital).* L'épreuve, la seule peut-être de ma vie, ce fut de réclamer en vain pendant dix ans d'être ermite. » A l'École d'agronomie déjà, la visite de la chartreuse de Valsainte, au nord-ouest de la Suisse, a fait découvrir à François une qualité de silence inédite, même s'il rêve alors d'une vie plus active. « Et puis, le désir de solitude a peu à peu grandi en moi ; la vie communautaire me semblait faire obstacle à une plus grande proximité de Dieu. En 1968, je me suis décidé à demander au père Abbé l'autorisation de partir comme ermite au Pérou. Il m'a répondu : "Je pensais justement à vous comme maître des novices".... » Comme la quasi-totalité des pères supérieurs, celui de Sept-Fons n'appréciait guère l'idée de voir ses brebis s'exiler.

« J'insistai. Alors le père Abbé m'a proposé de quitter purement et simplement la Trappe, mais cela, je ne le voulais pas. Je tenais à cette vie familiale qui me liait à mes frères moines : un enfant qui part, disons pour l'Afrique, on ne le déshérite pas pour autant. Pourquoi aurais-je dû, pour me faire ermite, rompre le vœu de stabilité qui m'attachait à ma communauté *(l'un des trois vœux prononcés par les moines cisterciens, avec celui d'obéissance et de conversion des mœurs)* ? Au bout de quelques années, j'ai réussi à obtenir un local tranquille où j'étudiais l'hébreu. Un jour enfin, le père Abbé — je l'avais tellement barbé ! — m'a dit : "Allez-y !" »

Ultime formalité : le vote — obtenu à une voix de majorité — du chapitre général de l'abbaye en faveur de l'"indult" de père François, l'autorisant à s'éloigner physiquement de sa communauté tout en en restant moine à part entière (quoique non habilité à participer aux votes). Début mars 1978, père François débarque en train à Toulon, en robe blanche et scapulaire noir : « Je connaissais le Var pour y avoir souvent passé des vacances, mes parents avaient été parmi les premiers à bâtir à La Ciotat, nous avions alors la plage pour nous tout seuls. » On lui a signalé Saint-Quinis, il s'y rend en éclaireur, couchant dans l'écurie, « le seul bâtiment où il ne pleuvait pas ». S'enflamme pour l'endroit, bien que l'évêque de Toulon lui conseille de porter son choix sur d'autres ermitages en moins piteux état. Revient sur Sept-Fons pour rendre compte à son supérieur. C'est accompagné de ce dernier que père François montera pour de bon à Saint-

Quinis, le 21 mars 1978, avec une brouette et un ultime marché payé par le père économe, quitte à se débrouiller après — pas question, pour l'exilé volontaire, de rester à la charge de son abbaye.

Qu'à cela ne tienne : l'homme n'est pas manchot. Troquant sa robe de bure contre un bleu de travail, il défriche le potager, y plante fleurs, salades, artichauts, installe des ruches, relève peu à peu les murs écroulés, les toits effrondrés, se fait, toujours clopin-clopant, couvreur, peintre, menuisier. De l'argent, il n'en dépense guère, logé gratuitement par l'État (c'est bien le moins, vu le travail de Titan accompli ici), nourri par son jardin et par ses visiteurs : « On me donne trop, beaucoup trop, proteste-t-il ; alors, tous les mois, je finis par faire des colis pour les gens d'en bas ! » Seule pénitence involontaire : la consommation forcée de petits-beurre plutôt que de pain frais : « On ne pense pas à m'en apporter ! »

Bon, d'accord, il y a l'épreuve des petits-beurre... Mais, ceci mis à part, comment ne pas envier l'évident bonheur de vivre de père François, lui qui cumule pourtant tout ce qui fait le malheur ordinaire de l'homme moderne ? La pauvreté ? Mais elle ne signifie rien dans une vie sans besoins : avec les deux mille cinq cents francs de pension d'invalidité (non imposables) qu'il touche chaque mois, père François aide six orphelins du tiers monde, deux en Inde, un au Vietnam, un au Bangladesh, deux handicapés au Liban. La chasteté ? « Elle ne m'a jamais posé de problèmes. Jeune, j'étais plutôt naïf : un jour que je traversais la place de la Madeleine, chargé de peaux de phoque, car nous partions skier, une brave prostituée m'a abordé — j'ai cru qu'elle me demandait son chemin ! Plus tard, c'est vrai, davantage peut-être que le regret d'une femme, j'ai éprouvé celui de ne pas avoir d'enfants. Mais comme j'en aurais voulu plusieurs douzaines... » La solitude ? Elle lui est douce. Le doute spirituel ? Jamais il ne l'a taraudé. Non plus que la crainte de la mort : « Pour moi, elle n'est que l'aboutissement de la vie, le jour de la Rencontre, aussi. Lorsque j'ai appris la mort de ma mère en 1974 — elle avait cent ans et six mois —, j'étais en train de fendre du bois ; j'ai seulement cogné un peu plus fort.

Heureux ? Et pourquoi ne le serais-je pas ? J'ai voulu faire de l'agriculture ? J'en ai fait. Entrer à la Trappe ? J'y suis entré. Devenir ermite ? C'est le cas. » Quant à l'idée qu'il serait peut-être plus utile ailleurs ? « Ah non, là j'ai tous les papes pour moi ; si j'étais missionnaire, jamais je n'aurais la même efficacité. » Deux fois par jour, père François, sur sa radio à piles — l'une de ses rares dépenses — se met à l'écoute du monde : « La souffrance des autres me touche, je la porte dans ma prière. Mais regardez — il me montre sur sa table une carte postale — ce Christ en croix, un Christ de bois du XIVe siècle qui orne une stalle de l'abbaye de la Maigrauge, à Fribourg : il porte le malheur de l'humanité et pourtant il est là, béat. » Tout est sans doute plus facile quand les choses ont déjà saveur d'éternité...

Trois hommes épargnés par le sort. Trois hommes comblés au soir de leur vie, l'un par sa passion du service public, l'autre par son amour de la science, le troisième par la proximité de Dieu. Tous trois, à leur manière, des sages qui, pour parvenir au but qu'ils s'étaient fixés, atteindre leur dimension d'homme, ont su émonder les branches inutiles : la richesse, l'ambition, les intempérances du cœur, parfois aussi le malheur d'autrui... Des hommes vraiment heureux, mais sans triomphalisme : « Il peut encore m'arriver des catastrophes », dit en me quittant le Pr Dieudonné.

Et le vieil homme de citer ce dialogue, rapporté par Hérodote, où Crésus, roi de Lydie, conquérant radieux et colossalement riche, demande au législateur athénien, Solon, s'il connaît homme plus comblé que lui. « Nul, avant sa mort, répond celui-ci, ne peut être salué du nom d'"heureux". » Les années passent. Or, sur la fin de sa vie, voilà Crésus accablé de malheurs : son fils meurt à la chasse, il est défait par les Perses. Condamné à mort par Cyrus, son vainqueur, il montera sur le bûcher en invoquant par trois fois le nom de Solon qui, lui, avait vu juste sur la fragilité de toute conquête humaine, éveillant l'émotion de ses bourreaux par le rappel de tant de vicissitudes et suscitant la clémence de Cyrus...

Jean Dieudonné s'est éteint le 29 novembre 1992, ayant tout reçu de la vie, y compris cette mort qu'il appelait désormais de ses vœux.

Épilogue

Longtemps, dans nos sociétés civilisées, les grandes douleurs n'ont eu que le droit d'être muettes : les veuves s'enfouissaient dans leurs voiles noirs, les femmes abandonnées trépassaient de langueur, les hommes déshonorés s'embrochaient sur le pré ; les gens mourant tôt de toute façon, les épreuves de la vie ne faisaient qu'accélérer le mouvement. Seul le poète — ou le peintre, le musicien — avait légitimité à exprimer sa souffrance : il la transformait en œuvre d'art... Et puis, Papa Freud aidant, on a compris que refouler ses traumatismes était le meilleur moyen de s'empoisonner littéralement l'existence. Aujourd'hui, si l'on n'en est pas comme chez les Kabyles à tatouer les anciennes cicatrices pour les rendre plus visibles, la souffrance a droit de cité. On en parle, sur les divans des « psy » et jusque sur les plateaux de télé. On en fait même parfois des livres...

Et les éprouvés qui, plus que d'autres, ont fait l'expérience radicale de leur solitude, découvrent, plus que d'autres, les bienfaits de la solidarité : André Legendre, le gentil organisateur, constitue un groupe de malades atteints de S.L.A. en vue de l'ultime voyage ; Françoise Rudetzki œuvre pour les victimes d'attentats, Anne-Marie Debarbieux pour les parents de petits trisomiques, Nicolas de P. pour les chômeurs ; entre cent personnes, Hélie de Saint-Marc repère, à son seul regard, celui qui sort de taule et Jean-Paul Kauffmann visite les prisonniers. La solidarité transcende le coude à coude, ce serait plutôt une fraternité d'armes entre souffrants de tous poils : Édouard-Jean Empain s'éprend d'une femme meurtrie, elle aussi, Anny Duperey, en écrivant sur la mort de ses parents, verse enfin sa quote-part « à ce fonds commun de souffrance qui appartient à tous les êtres humains ». Car peu de gens, surtout l'âge venant, échappent à l'épreuve : « Nous sommes tous des gueules cassées », lance le sociologue Gérard Demuth. Sinon dans les faits, du moins en puissance, la fragilité accrue de la vie aidant.

Il y a épreuve et épreuve ? Bien sûr mais qu'importe : « L'être humain atteint si vite le degré maximal de la souffrance », dit Geneviève Jurgensen en affirmant bien fort qu'il n'est pas besoin de perdre, comme elle, tous ses enfants d'un coup pour avoir droit au label : « Un divorce, un chômage, l'exil, sont aussi, bien sûr, des souffrances atroces si c'est vraiment là, dans votre couple, dans votre travail, dans votre patrie, que vous aviez mis le cœur de vous-même. » L'essentiel, ce n'est pas la matérialité de l'épreuve mais le regard porté sur elle : de quoi réserver bien des surprises lorsqu'on entend Montalembert certifier qu'il a moins souffert de son aveuglement que de la rupture — décidée pourtant d'un commun accord — avec sa femme ; ou cette jeune Marseillaise, mère d'une petite fille déficiente mentale, reconnaître que la découverte de l'homosexualité de son frère fut pour elle « un choc plus terrible encore » que celle du handicap de son enfant. Pour moi, je ne suis pas près d'oublier le sourire de ce père — un chrétien militant mais pas un illuminé — qui avait perdu dix jours plus tôt son fils aîné dans l'effroyable accident de la gare de Lyon : « Notre premier souci, disait-il, en tant que parents, n'est-il pas de savoir nos enfants heureux ? Là où il est, je ne me fais pas de souci pour Thomas. »

En aura-t-on assez parlé, dans ce livre, de la relativité de l'épreuve... De cette bombe qui, vous éclatant au visage, ne vous blesse jamais comme votre plus proche voisin, l'effet de souffle étant tempéré ou renforcé par votre situation au moment du choc, votre caractère, votre état de santé, votre histoire personnelle, le bagage d'amour qui a lesté votre enfance. Comme dit Raymond Devos dans l'un de ses plus beaux sketches[1] : « Il y a des gens à l'intérieur de qui il n'y en a pas un pour relever l'autre. » Déterminants aussi, les antidérapants dont l'on dispose, famille, amis, métier, sécurités matérielles.

Encore que... A côtoyer le gouffre, nombreux sont ceux qui y tombent, que la vie semblait avoir jusque-là prédestinés au succès. Une image : la mince silhouette, chapeau noir enfoncé

1. « La vie, je me la dois », *Matière à rire*, Éd. Olivier Orban, 1991.

sur la tête de Menahem Begin, héros du sionisme, ex-premier ministre d'Israël, brisé par la mort de sa femme Alisa après quarante-trois ans de mariage et lui rendant chaque jour visite au cimetière des Oliviers avant de l'y rejoindre dix ans après. Image encore, l'ombre fugitive de Romy Schneider, cachée derrière de larges lunettes noires, shootée au chagrin, à l'alcool et aux tranquillisants jusqu'à ce que mort s'ensuive, après l'accident survenu à son unique fils. Et Nimeno II encore, le plus célèbre matador français, se suicidant en novembre 1991 à trente-sept ans, deux ans après avoir eu les cervicales brisées dans les arènes d'Arles, incapable d'admettre qu'il ne porterait plus jamais l'habit de lumière. Et ce coopérant de cinquante ans, faisant de même, faute d'avoir jamais réussi à retrouver un emploi d'ingénieur agronome après son retour forcé six ans plus tôt d'Afrique.

On crève donc, ou on s'en sort. Non sans être passé parfois par une époque troublée : Paul-Loup Sulitzer le spolié risque de devenir un voyou, Claire S. après son viol une nymphomane, Hooshang l'exilé un dépressif chronique, Anny l'orpheline une écervelée. Et combien d'époux trompés n'ont, en esprit du moins, rêvé d'être un peu assassins ? La souffrance est une drogue dure dont on se désintoxique avec peine. Le sevrage enfin opéré, n'inaugure d'ailleurs pas forcément une ère de fécondité : pour un Michel Gillibert affirmant avoir décollé une fois cloué sur son fauteuil, un Nicolas régénéré par vingt et un mois de chômage, une Anne-Marie découvrant à travers son enfant trisomique une autre dimension de la vie, combien de temps perdu à cause de l'épreuve, combien de souffrances vaines, combien de folle énergie dépensée à vide ? « Du massacre à l'état pur », commente Gérard Garouste, traqué par le délire, convaincu qu'il serait « un meilleur artiste s'il n'avait vécu tout cela ». « Mes filles sont mortes en pure perte », reprend Geneviève Jurgensen qui se dit « fondamentalement la même » avant et après le drame. Et Françoise Rudetzki : « Rien ne vaudra jamais la vie d'avant. »

Mais il y a ce qu'ils disent. Et puis ce que l'on voit : des gens formidables. Ayant réussi l'impensable : sortir du trou noir pour devenir, taraudé par la souffrance, un grand créateur ; forcer la vie — et la joie — à sortir de nouveau de ses entrailles ; quitter le prêt-à-porter, le prêt-à-penser, pour conduire une révolution dans les mentalités. Garouste, Jurgensen, Rudetzki : de ces gens que l'on aime pour leurs doutes mêmes, parce qu'ils trébuchent et repartent, de ces gens dont on aimerait être l'amie. Comme de Jean-Paul Kauffmann, enfin apaisé, libre de toute culpabilité, et amputé pourtant, dit-il, de son instinct vital, illustrant ce propos du père Thévenot : « Toute cure de souffrance est une cure d'ambiguïté. »

Et à l'évidence, de tonicité, si l'on en juge par le nombre de gens que la souffrance a poussés sur le devant de la scène : Christine de Pisan, au XVe siècle, notre première femme de lettres, « capable de mener des navires », dit-elle, au terme d'un douloureux veuvage précoce. Ou Montaigne, comblant par ses *Essais* le vide laissé par la mort à trente-trois ans de l'ami La Boétie. Ou encore, plus près de nous, ces acteurs du monde moderne rencontrés au hasard d'un reportage, qui révélaient si souvent avoir puisé dans l'épreuve leur force actuelle : P.D. James, la grande dame du nouveau roman policier anglais, récemment promue baronne par la reine, convenable (ô combien !) en robe à fleurs et chaussures à boucles, amenée sur le tard à l'écriture — cadavres exquis garantis et plongée dans les cloaques de l'âme humaine — pour faire pièce à la dure réalité de la vie, deux filles à élever et un mari, médecin de l'armée des Indes, rentré du front en 1944 incurablement schizophrène ; Robert Badinter, petit-bourgeois de Paris, brillant sujet du très chic lycée Janson-de-Sailly, devenu soudain à douze ans en 1940 un enfant juif, errant, traqué, bientôt orphelin d'un père gazé à Auschwitz, et tirant de ces années tragiques sa force d'infatigable défenseur des droits de l'homme ; Raymond Devos, retiré un jour de sa classe en plein cours parce que son père, commerçant failli, ne pouvait plus payer le collège, fort des Halles à treize ans, réfractaire au STO puis déporté à vingt ans, et s'évadant du marasme dans l'humour et la jonglerie verbale ; Betty Mahmoody, l'auteur de *Jamais sans ma fille*[1] (le récit vendu à quinze millions d'exemplaires dans le monde de sa fuite loin d'Iran, d'un mari abusif et de l'islam intégriste), muée par la force des choses, elle, la gentille Américaine du Michigan, en héroïne de roman ; Valéry Giscard d'Estaing enfin, fils de famille et éternel premier de classe, blessé par les attaques portées contre lui — au point de

1. Ed. Fixot, 1988.

ne pouvoir pendant des années ouvrir un quotidien ni regarder un journal télévisé ! — puis par l'échec de 1981, et se livrant du coup à une fructueuse auto-analyse : « Là, j'ai compris », me confiait-il en mai 1991, dix ans après, « que la vie est un foisonnement dans lequel on a peut-être tort de trop distinguer le succès ou l'échec. Car tout pousse, les plantes de l'échec comme celles du succès. »

« Souffrir passe, avoir souffert ne passe pas », avouait aussi l'ancien président de la République dans le second tome de son autobiographie[1], citant Madame Louise, l'une des filles de Louis XIV qui écrivait cette phrase sur les murs du carmel de Saint-Denis. L'épreuve, de fait, laisse sa trace. Croire le contraire relève, selon Jean-Paul Kauffmann, du « syndrome de Luis de Leon », cet universitaire espagnol du XVe siècle, professeur à l'université de Salamanque, qui après avoir passé dix années terribles dans les geôles de l'Inquisition, reprit une fois libéré son cours en commençant par cette phrase : « Comme je le disais hier... »

Hier était un autre jour, il suffit pour s'en convaincre de voir à quel point l'épreuve est un moment clé qui détermine l'avant et l'après. Une sorte d'hégire au petit pied à partir de laquelle un nouveau calendrier naît. « Ma vie était une page blanche », dit Andrée Putman, aujourd'hui diva de la décoration internationale, contrainte à mi-vie à repartir à zéro, après avoir en moins d'un an perdu son mari, sa maison, son métier, et projetant sa douloureuse faillite conjugale dans son art, un art de la soustraction, de l'épure, de l'absence, qui marquera la décennie 80 : « Chaque mot écrit sur cette page blanche, reprend-elle, chaque meuble réédité, sauvé de l'oubli, chaque lieu mis en scène par mes soins, était une démarche de survie. Plus de ratures, plus de griffures dans la marge... » Un dépouillement plus manifeste encore chez Geneviève Jurgensen — « la pauvreté, la seule chose que les filles m'aient laissé en héritage » —, chez Hélie de Saint-Marc, découvrant en lui « l'homme nu » à Buchenwald, chez Jean-Paul Kauffmann transformé en moine zen sur la fin de son calvaire, chez André Legendre s'avançant vers un « André frustré de l'avoir, du paraître, réduit à l'être ». Passer d'un statut social

1. « L'Affrontement », *Le Pouvoir et la vie*, Compagnie 12, 1991.

à une réalité humaine, c'est peut-être là le premier effet de l'épreuve.

Le second étant d'apprendre à goûter le moment présent : « Maintenant, je vis tous les jours de ma vie », dit Édouard-Jean Empain, disciple à sa façon de Montaigne : « Mon dessein... n'est pas fondé en grandes espérances ; chaque journée en fait le bout. Et le voyage de ma vie se conduit de même[1]. » Plaisir pour Kauffmann de la terre qu'on hume, du vin retrouvé, du nuage qui passe dans le ciel. Plaisir, pour Andrée Putman, de l'eau du bain, chaude à point, de l'odeur des toasts le matin, plaisir d'avoir dans une maison juste ce qu'il faut, les objets qu'on a envie de toucher, les livres qu'on a envie de lire : « C'est là pour moi un grand enseignement, conclut-elle, carrément lyrique, l'idée que du mal sort le bien, que la souffrance est le prix à payer pour accéder à l'extase. » Une extase qui saisit Angelo, le héros du *Hussard sur le toit* de Giono, échappé aux horreurs du choléra, quand un petit coup de vent du nord vient faire vibrer les feuilles de la forêt et flatter la croupe de son cheval.

« Qui sait tout souffrir peut tout oser », disait Vauvenargues. Savourer la vie à grandes lampées. Envoyer balader les conformismes étriqués. Pour survivre, tout est bon — sinon faire du tort à autrui — : acheter un braque de Weimar ou de coûteux canapés de cuir, dérisoires substituts à deux petites filles mortes ; avoir des copains dans tous les milieux quand on est aristo de bonne souche ; vivre avec un serveur de bistrot plus jeune que soi parce qu'on a payé cher les méfaits d'une éducation assez étriquée pour vous donner envie de faire le mur ; être carrément tête brûlée quand vos yeux le sont déjà, en accumulant sports et voyages à hauts risques.

Quant à savoir si cette force d'âme, ce bel appétit de vie, cet esprit de liberté conférés par l'épreuve, seront des armes efficaces pour résister, si le malheur venait à montrer de nouveau le bout de son nez... « Contre la souffrance, je crois être mithridatisé », dit Jean-Paul Kauffmann ; « Moi, j'aurais bien peur de craquer », murmure Françoise Rudetzki. Au crédit en tout cas des vieux routiers du coup dur, une naïveté sévèrement entamée, de sorte qu'on peut raisonnablement penser que l'effet de surprise — un facteur de déstabilisation essentiel, on l'a vu, dans les événements

1. *Essais,* tome 3.

de la vie comme dans les rites initiatiques — aura moins de prise sur eux. Même attitude plus sereine à l'égard d'une mort moins exilée que par le passé de la vie dès lors qu'on y a, ne serait-ce que symboliquement, goûté : « Car, ce qui fait la mort étrange et difficile, dit Rilke dans cette mince merveille qu'est *Le Livre de la pauvreté et de la mort*[1], c'est qu'elle n'est pas la fin qui nous est due mais l'autre, celle qui nous prend avant que notre propre mort soit mûre en nous... Ô mon dieu, donne à chacun sa propre mort, donne à chacun la mort née de sa propre vie. » « Ma mort, dit André Legendre, je peux la préparer au lieu de m'y écraser comme tant d'autres le nez. »

Un héros, André ? Un homme, pleinement homme, c'est tout. Car l'épreuve ne substitue pas un personnage à un autre, il n'y a pas génération spontanée d'un individu supérieur, non, les gens continuent sur leur erre : André était déjà philosophe, Geneviève Jurgensen donnée aux autres, Gilles — le sportif cassé en deux — un révolté bon teint, Jaroslav Sedivy un optimiste à tout crin, Michel Gillibert un individualiste, Christine — la femme évanescente — une incorrigible amoureuse des hommes et de la vie. L'épreuve ne change pas un homme : elle le révèle à lui-même. « Il est des endroits de notre pauvre cœur, écrivait Léon Bloy, qui n'existent pas encore et où il faut que la souffrance entre, afin qu'ils soient. »

Mais devenir soi-même, c'est aussi découvrir parfois celui que l'on n'imaginait pas : face à l'épreuve maximale, celle qui vient bouleverser votre carte du monde, le système de défense et d'appréhension du réel dans lequel on naviguait jusque-là, il y a, selon l'analyse désormais classique de l'école californienne de Palo Alto, deux types d'attitude psychologique possibles. La première, dite de « changement 1 » est le règne du « toujours plus » : ma souffrance, je la prends à bras-le-corps, je décide de m'en rendre maître. La seconde attitude, dite de « changement 2 », invite, elle, à un recadrage de l'épreuve, elle inaugure le règne du « différemment ». C'est l'histoire de Luther qui, moine ambitieux, tente de s'élever par l'accumulation de ses mérites et une ascèse mortifère jusqu'à Dieu, avant de réaliser un beau jour que seule une attitude de foi confiante, de simplicité, une profonde remise en cause de lui-même, peuvent l'ouvrir à

1. Éditions Actes Sud, 1992.

une relation vraie. C'est l'histoire — citée par Paul Watzlawick[1], le pape de l'École de Palo Alto — de ce village flamand, mis en scène dans le film *La Kermesse héroïque*, dont les bourgeois, sommés de se rendre par l'armée espagnole, s'apprêtent à vendre chèrement leur peau quand leurs femmes avancent cette idée géniale : tous les hommes du village s'enfuiront, abandonnant leurs familles derrière eux, frustrant par là même l'ennemi du combat annoncé et le contraignant — galanterie oblige — à offrir aide et protection aux femmes délaissées...

C'est l'histoire de tous ces souffrants de la Terre, qui ont cessé de crier « Pourquoi moi ? », qui « dans notre société de toute maîtrise » dirait Thévenot, acceptent de s'abandonner, de faire confiance aux autres.

L'épreuve n'est pas bonne. Elle est hideuse parfois. Rien ne la justifie. Mais il arrive qu'une chose mauvaise produise de beaux fruits. En chinois, le mot qui traduit « crise » ne signifie pas seulement danger, paraît-il, mais chance, occasion... Il en est du malheur comme de ces dessins style Almanach Vermot où l'on voit un pêcheur assis sur son pliant au bord de la rivière. Il a perdu les trois poissons qui étaient dans son panier et la dame qui voulait les acheter : en tournant le dessin dans tous les sens, on finit par retrouver bien cachés dans les feuillages la dame et les poissons. Même les catastrophes peuvent porter un message positif, pour peu qu'on les prenne dans le bon sens.

Et puis, de toute façon, l'épreuve, c'est la vie, l'éthologue Cyrulnik l'affirme, le neurobiologiste le confirme, et le psychiatre et le moraliste. Et l'Ecclésiaste : « Il y a un temps pour pleurer et un temps pour rire... » La souffrance fait partie de l'humaine condition. Impossible de se défiler, nombre de ceux qui se sont exprimés dans ce livre l'ont compris qui ont repoussé les tranquillisants qu'on voulait leur donner. Les deuils, il faut les vivre pour les dépasser. Ne jamais accepter de s'en laisser déposséder. C'est le seul moyen de comprendre que la vie n'est jamais qu'une succession de séparations.

« Trop souvent, dit le Dr Jean-David Nasio, psychanalyste d'enfants, nous avons devant un défi, un examen, le sentiment du tout ou rien : comme le gamin qui voit avec désespoir son ballon s'enfuir dans le ciel, comme l'adolescent dont le monde

1. Dans *Changements, paradoxes et psychothérapie*, Points, Seuil, 1975.

s'effondre parce que sa petite amie l'a plaqué. Il nous faut prendre conscience peu à peu que l'enjeu de nos vies et de nos actes n'est pas tout, qu'en gagnant, nous ne gagnons pas tout, qu'en perdant, nous ne perdons pas tout. » Qu'il y aura d'autres ballons, d'autres petites amies, qu'il y aura d'autres hommes qu'on aimera peut-être, qu'on tiendra même un jour — l'inconcevable — d'autres enfants dans ses bras. Que le Temps, « le grand Séparateur », disait Sartre, s'il vous laisse en vie, a raison de — presque — tout.

Accepter de perdre, c'est peut-être cela, devenir adulte.

Mes remerciements vont d'abord aux véritables auteurs de ce livre, à ceux et à celles qui m'ont fait la confiance de témoigner ici du moment crucial de leur vie, prenant ainsi le risque de s'exposer, parfois crûment, au regard d'autrui. Ils m'ont donné une belle leçon de courage, de lucidité et d'indépendance d'esprit.

Mes remerciements vont aussi aux experts — chacun faisant autorité dans son domaine — qui ont pris de leur temps pour répondre à mes interrogations, permettant, grâce à leurs coups de projecteur, à l'enquête de progresser.

Mes remerciements vont enfin à Agnès Bolzinger qui a assuré la mise en forme de ce manuscrit, à Jean-Claude Lamy, dont l'œil exercé m'a aidée au stade de son élaboration finale et à Claude Durand, mon éditeur, qui dès le départ m'a encouragée dans mon projet.

Table

Tous les dragons de notre vie...

Composition réalisée par
C.M.L., Montrouge

Impression réalisée sur CAMERON par
BRODARD ET TAUPIN
La Flèche

pour le compte des Éditions Fayard
en décembre 1992

Imprimé en France
Dépôt légal : janvier 1993
N° d'édition : 2004 - N° d'impression : 6488G-5
Codification : 35-57-8992-01
ISBN : 2-213-03048-0

35.8992.6